北京市社会科学界联合会社会组织重点资助项目

京张冬奥发展报告

2018

北京改革和发展研究会◎编

陈　剑　任　亮◎主编

 中国文史出版社
CHINA CULTURAL AND HISTORICAL PRESS

《京张冬奥发展报告 2018》编辑委员会

　　2016年4月1日，京张冬奥研究中心主任陈剑（左六）、福建茶叶学会会长冯廷诠（左七）等在张家口市宣化区调研。图为宣化区委书记张聪（右七）与调研团一行合影

2016年10月29日，京张冬奥研究中心在京举办"首届京张冬奥会与京西发展论坛"

　　2016 年 11 月 26 日，京张冬奥研究中心在京举办"魏纪中奥运生涯座谈会"。图为国际排联终身名誉主席魏纪中（中）、中国第一块奥运金牌获得者许海峰（左）、中国第一块冬奥奖牌获得者叶乔波（右）在会场

　　2016 年 12 月 30 日，京张冬奥研究中心在京举办"2016 冬奥发展论坛暨《京张冬奥发展报告 2016》首发式"

　　2017 年 1 月 17 日，京张冬奥研究中心与北京中华文化学院在张家口共同举办"《京张历史文化及当代发展》出版发布会"

　　2017 年 7 月 9 日，京张冬奥研究中心与北京联合大学应用文理学院共同举办"冬奥商机与冬奥市场开发研讨会"

2017 年 9 月 20 日，京张冬奥研究中心杜巍研究员在韩国江原道举办的"2017冬奥经济合作论坛"上发言

京张冬奥研究中心主任陈剑向江原道知事（省长）崔之洵先生赠送北京改革和发展研究会主编的《京张冬奥发展报告 2016》

京张冬奥发展论坛2017
JING ZHANG WINTER OLYMPIC DEVELOPMENT FORUM 2017
—— 冬奥筹办 冰雪产业 区域发展 ——

2017年10月28日，"京张冬奥发展论坛2017"在崇礼云顶酒店举办。图为魏纪中（左二）、叶乔波（左五）为"冬奥之友"获选者单兆鉴、徐达、林志华颁发荣誉证书

张家口市委常委、崇礼区委书记三彪在"京张冬奥发展论坛2017"上演讲

　　2018 年 4 月 15 日，由京张冬奥研究中心举办的"刘以林艺术作品研讨会"在国家游泳馆（水立方）举办。图为部分参会代表合影

　　2018 年 6 月 28 日，韩国济州岛国家会议中心，京张冬奥研究中心主任陈剑受邀参加韩国济州论坛，并进行大会发言与嘉宾对话

序

蒋效愚 *

　　中共十九大报告指出："广泛开展全民健身活动，加快推进体育强国建设，筹办好北京冬奥会、冬残奥会。"目前，距离 2022 年冬奥会还有三年多的时间，在这短短的三年多的时间里，如何全面落实绿色、共享、开放、廉洁的冬奥筹办理念，如何高质量、高效率做好各项筹办工作，是当前冬奥筹办工作面临的现实而又紧迫的大事。

　　北京冬奥会是我国重要历史节点的重大标志性活动，它不但是展现国家形象、促进国家发展、振奋民族精神的重要契机，更是推动京津冀协同发展的有力抓手，是促进全民健身强有力的催化剂。因此，看待冬奥会，不但要从宏观层面强调它的政治历史意义，还要衡量它对区域经济发展的带动作用，以及对举办城市的社会发展、精神文明、生态环境、基础设施建设等方面的促进作用。2008 年北京奥运会，对首都北京的经济发展、社会进步、国际化程度提升起到了极大的推动作用，短短七年的筹办时间就使北京的城市建设、现代化管理迈上了新台阶。那么，2022 年冬奥会，将会给举办地区带来什么样的机遇和变化，能否通过举办冬奥会的契机，促进京张地区间

---

* 序者为京张冬奥研究中心名誉主任，曾任第 29 届奥组委执行副主席。

产业发展的融合与升级？能否减少京张地区社会经济发展的不平衡？能否推动京张地区旅游业和冰雪产业的快速发展？能否助力北京在建设国际一流和谐宜居之都上迈出新步伐？这些都是值得我们研究的问题。对于这些问题，需要我们抓住时机，投入更多的精力深入研究，以期对现实工作有所帮助。

冬奥会带给我们的，不仅仅是对区域经济发展的推动作用，更重要的还有对人文建设的促进作用。中国是世界冰雪文化的发源地之一，冰雪文化传统古老悠久、历史深厚。2015 年，中国、挪威、瑞典等 18 个国家和地区的滑雪历史研究专家联名发表《阿勒泰宣言》，中国新疆阿勒泰作为人类滑雪发源地这一观点得到了国际公认。冬奥会赛事的设立，绝大部分源自于世界古代各民族共性的冬季生活技能和冰雪运动形式。冬奥会的众多仪式融合了各民族的人文特点和内涵，成为现代世界冰雪文化集大成的盛会，从这个意义上讲，冬奥会也是冰雪文化交流的国际平台。因此，我们应当充分利用好 2022 年冬奥会这个国际大舞台，提升我国冰雪运动的软实力，彰显中国冰雪运动的"人文"特性。一方面，要对我国传统冰雪运动文化进行全面、深入的梳理挖掘，着力打造具有中国冰雪运动文化特点的亮点活动；另一方面，要通过这次冬奥会，培养更多冰雪领域的优秀科研人员、专家学者，以此为契机奠定中国冰雪领域人才研究的基础。要借助 2022 年冬奥会的平台，将我国传统体育文化与世界冰雪运动文化加以融合，向世界进行推广，讲好中国冰雪文化故事。

在冬奥会的筹办过程中，我们还要始终把握绿色、可持续发展的理念。国际奥委会于 1999 年制定的《奥林匹克 21 世纪议程》、于 2014 年通过的《奥林匹克 2020 议程》，都明确奥林匹克运动要全力推动全球可持续发展和环境保护事业。"尊重环境""生态发展"已成为奥林匹克运动的重要理念和可持续发展的保障。北京在申办 2022 年冬奥会时，就提出了"以运动员为中心，可持续发展和节俭办赛"的三大理念。申办成功后，习近平总书记和党中央又及时提出了"绿色、共享、开放、廉洁"的"四大"办奥理念。2022 年冬奥会的筹办工作，必须始终尊重和坚持这些理念，贯彻和践行这些理念。在理论研究领域，要超前谋划、创新研究，增强研究的针对性和实效性。例如针对产业发展的承载力进行预期研究；对风险因素进行科学研判，提出预警防范对策；如何通过筹办工作，促使社会人文系统、经济系统、生态环境系统协调发展。特别是在场馆建设和城市基础设施建设方面，要借鉴历届夏奥会、冬奥会尤其是 2008 年北京奥运会成功的经验，立足于京张地区的实际，对 2022 年冬奥会遗产的管理和利用进行前瞻性分析，不但要考虑举办赛事的需要，还要综合考虑冬奥会结束后的可持续利用。在衡量冬奥会的举办对区域、城市、产业等方面正面价值的同时，也需对"后奥运"时代的低谷效应做出科学的提前预判和提出合理应对。要注意从京津冀协同发展、资源综合利用、生态环境建设等多方面、多维度地分析在筹办冬奥会的过程中，对京张地区经济社会发展可能带来的各种影响，提出积极应对措施。

《京张冬奥发展报告 2018》是由北京改革和发展研究会主持编写的第二部有关 2022 年冬奥会的年度报告。本年度的报告在上期报告的基础上，增加了很多创新性的研究成果。尤其是经过三年多的冬奥筹办，各地区、各部门以及专家学者都在实践中积累了宝贵的经验和研究成果，这些经验和成果许多以课题的形式在本次报告中予以体现，使这本报告更加具有指导意义和参考价值，更加接地气，相信它将会对下一步的冬奥筹办工作提供宝贵的借鉴和参考。

今年是北京 2008 年奥运会成功举办 10 周年，也是北京 2022 年冬奥会成功申办的第三个年头。随着第 23 届平昌冬奥会落下帷幕，冬奥会已正式进入"北京周期"，世界的目光将从韩国平昌转向中国，转向北京和张家口。让我们共同努力，为举办一届精彩、非凡、卓越的冬奥盛会而奋斗！

「目 录」

冬奥报道

奥运规划

冬奥文化

习近平在张家口市考察冬奥会筹办工作：
科学制定规划集约利用资源
高质量完成冬奥会筹办工作[*]

中共中央总书记、国家主席、中央军委主席习近平23日在河北省张家口市考察北京冬奥会筹办工作。他强调，筹办2022年北京冬奥会，是国家的一件大事。各有关地方有关部门要着眼于办成一届精彩、非凡、卓越的奥运盛会，科学合理制定规划，节约集约利用资源，按进度高质量完成筹办工作各项任务。

隆冬时节的华北山区，群峰苍茫，银装素裹。23日上午，习近平从北京乘专机到达张家口市宁远机场。一下飞机，就在河北省委书记赵克志、省长张庆伟陪同下，冒着严寒驱车来到冬奥会张家口赛区临时展馆考察。

位于崇礼区的张家口赛区被誉为"华北地区最理想的天然滑雪区域"。北京冬奥会雪上项目主要比赛场地设在这里。习近平听取崇礼区地理地貌、自然气候、历史文化和经济社会发展等情况介绍，结合沙盘了解赛区主要功能分布，观看赛区规划视频短片，到

---

* 《人民日报》2017年1月24日第一版。

展馆外平台远眺冬奥会相关场地规划用地。他对赛区各项筹办工作按计划有序推进表示肯定，强调北京冬奥会筹办千头万绪，首先要按照科学和先进的理念搞好规划。这个规划既有总体规划，又有专项规划、分区规划，既有工作规划，又有场馆和设施建设规划，涉及时间和空间的摆布、资源和要素的配置、目标和责任的分解，需要系统思维和专业素养。

习近平指出，张家口赛区规划要同北京冬奥会筹办总体规划、北京市筹办规划紧密对接，全面落实北京冬奥会赛事和配套服务各项功能需求。要周密思考，对已有工作进行分析盘点，该完善的完善，发挥规划的导向作用。各项规划都要体现节约集约利用资源、最大限度发挥资金使用效益的原则，不要贪大求全、乱铺摊子。

习近平强调，北京冬奥会所有建设工程都要按照绿色办奥、共享办奥、开放办奥、廉洁办奥的要求，坚持百年大计，精心设计、精心施工，按规划和计划推进，做到从从容容、保质保量，确保成为优质、生态、人文、廉洁的精品工程。比赛设施建设一定要专业化，配套建设要有自己的特色，体现中国元素、当地特点，严格落实节能环保标准，保护生态环境和文物古迹，让现代建筑与自然山水、历史文化交相辉映，成为值得传承、造福人民的优质资产，成为城市新名片。

习近平指出，河北省、张家口市要抓住历史机遇，紧密结合实施"十三五"规划，紧密结合推进京津冀协同发展，通过筹办北京冬奥会带动各方面建设，努力交出冬奥会筹办和本地发展两份优异答卷。

离开临时展馆，习近平乘车来到云顶滑雪场考察。他首先到雪具大厅，了解头盔、雪帽、雪镜、雪服、雪鞋、雪板等各式雪具的不同功用。大厅里的游客和滑雪爱好者们热情向总书记问好、向总书记拜年，习近平频频向他们问候致意，祝他们新春快乐、玩得开心。

之后，习近平来到滑雪场练习区考察，听取比赛场地规划和改建情况介绍，了解滑雪运动的项目设置、场地要求、技术要领和比赛规则。得知该滑雪场主要由马来西亚云顶集团投资建设，已经有一定赛事运行经验，为成功申办北京冬奥会作出过贡献，习近平对外商表示感谢。他指出，不管投资主体是谁，场馆建设标准都是一样的，管理考核也是一样的。习近平希望云顶集团认真落实规划，确保雪道建设和相关配套设施建设高质量。

一些正在练习的滑雪爱好者看到总书记来了，激动地围了过来。习近平同他们亲切交流，询问他们的滑雪体验。在一群正在这里参加滑雪冬令营的少年儿童中间，习近平俯下身子，问他们多大了、从哪里来、练滑雪难不难，鼓励他们好好学习、健康成长，在滑雪练习中既勇于挑战，又注意安全。

习近平看望了正在云顶滑雪场集训的国家滑雪队运动员。大家向总书记汇报了训练和参赛情况，表示要勇攀高峰，争取最好的成绩。习近平强调，冰雪运动难度大、要求高、观赏性强，很能点燃人的激情。随着筹办北京冬奥会各项建设和工作深入推进，相信会有越来越多的人关注冰雪运动、关注冰雪运动员，国家会全力为运动员训练和比赛提供各方面保障条件。希望国家队勇于担当责任，坚持刻苦训练，不断提高技战术水平，努力为国争光。

习近平指出，人生幸福快乐，强身健体十分重要。中国是一个13亿多人口的大国，体育是重要的社会事业，也是前景十分广阔的朝阳产业。我们申办北京冬奥会，一个重要目的就是推动我国冰雪运动快速进步，推动全民健身广泛开展。我们提出，要努力带动更多人参与冰雪运动，北京冬奥会是一个重要推动，对冰雪运动产业也是一个重要导向。希望更多投资者关注中国冰雪运动产业发展，在经营中壮大实力，在支持中作出贡献。

总书记的殷切希望和热情勉励，使在场所有人都倍感温暖，大家报以热烈的掌声。

王沪宁、栗战书和中央有关部门负责同志陪同考察。

习近平在北京考察：
立足提高治理能力抓好城市规划建设 着眼精彩非凡卓越筹办好北京冬奥会[*]

　　中共中央总书记、国家主席、中央军委主席习近平近日在北京考察时强调，北京城市规划建设和北京冬奥会筹办工作是当前和今后一个时期北京市的两项重要任务，要认真贯彻党中央决策部署，坚持首善标准，解放思想、开阔思路，求真务实、攻坚克难，统筹生产、生活、生态，立足提高治理能力抓好城市规划建设，着眼精彩非凡卓越筹办好北京冬奥会，努力开创首都发展更加美好的明天。

　　北国早春，春寒料峭，雪后的首都阳光明媚。2 月 23 日至 24 日，习近平在中共中央政治局常委、国务院副总理张高丽，北京市委书记郭金龙、市长蔡奇陪同下，到北京市考察城市规划建设和北京冬奥会筹办工作。

　　23 日下午，习近平考察了北京新机场建设。北京新机场位于北京市南部，规划远期年客流吞吐量 1 亿人次、飞机起降量 88 万

* 《人民日报》2017 年 2 月 25 日第一版。

架次，已于 2014 年开工建设，2019 年将建成并投入运营。

习近平首先考察了新机场安置房建设情况。在工程项目部，他察看整体征地搬迁规划，了解安置房小区规划、建设进度、建筑标准。在安置房内，他察看户型和配套设施，详细询问工程质量和回迁群众入住流程。得知安置房普遍采用绿色环保新材料，习近平很高兴。他强调，新机场建设涉及 10 多个村的群众搬迁安置，这是一项重要民生工程，要在标准和质量上把好关。要贯彻公开、公正、公平的原则，保障被安置群众利益，使搬迁安置的每个环节都让群众放心。

之后，习近平来到新机场主航站楼建设工地考察。在工程指挥部，他观看视频短片，察看新机场模型，结合展板了解新机场功能定位和建设规划，听取机场综合交通体系和京津冀交通一体化情况汇报，并来到航站楼工地平台察看建设现场。承建单位负责人介绍，主航站楼在屋盖钢结构网架拼装等方面采用很多新技术，显著提高了精准度，施工做到了零差错、零事故。习近平表示肯定，鼓励他们再接再厉。他强调，新机场是首都的重大标志性工程，是国家发展一个新的动力源，必须全力打造精品工程、样板工程、平安工程、廉洁工程。每个项目、每个工程都要实行最严格的施工管理，确保高标准、高质量。要努力集成世界上最先进的管理技术和经验。

看到总书记来了，现场工程建设人员纷纷过来向总书记问好。习近平同他们亲切握手，感谢他们的辛勤劳动。习近平指出，社会主义是干出来的。新机场建设的每一个参与者都在参与历史、见证历史，大家要树立责任意识、奉献意识，在建设中增长才干、展示风貌。

　　24 日上午，习近平先后考察了五棵松体育中心、首都体育馆、北京城市副中心行政办公区和大运河森林公园。

　　五棵松体育中心是北京冬奥会冰球比赛场地。习近平在门厅结合沙盘和多媒体，听取北京、延庆、张家口 3 个赛区场馆总体规划介绍，随后到廊道平台察看冰球比赛场地，观看青少年冰球训练，之后又进入内场观看青少年队列滑表演。习近平指出，场馆规划、设计、施工要注意借鉴国外先进经验，同时要加强我们自身技术积累和技术创新，一些场馆要反复利用、综合利用、持久利用。我国冰雪运动总体上是"冰"强于"雪"，既要强项更强，更要抓紧补短板。习近平对围过来的青少年冰球和队列滑爱好者们给予热情勉励，称赞他们训练和表演很专业，希望他们勤学苦练，出人才，出成果，为提高我国冬季运动竞技水平作贡献。

　　首都体育馆承担北京冬奥会短道速滑和花样滑冰比赛项目。习近平了解冰雪运动项目设置、体育馆改造规划，视察比赛场地、观看国家短道速滑队和花样滑冰队训练，到训练场边同教练员和运动员交流。国家花样滑冰队双人滑主教练赵宏博向总书记介绍刚参加完日本札幌第八届亚冬会比赛回国的运动员，习近平同他们一一握手，听他们讲述参赛感受。在同亚冬会 500 米短道速滑金牌获得者武大靖握手时，习近平说你的比赛我在电视上看了，很精彩。习近平强调，少年强中国强，体育强中国强，推动我国体育事业不断发展是中华民族伟大复兴事业的重要组成部分。他希望运动员们刻苦训练，不断提高技战术水平，多为祖国争荣誉、为人生添光彩。在总书记同教练员和运动员合影时，大家齐声喊：中国队加油！

　　建设北京城市副中心，是党中央一项重要决策。通州城东，副中心行政办公区建设一片繁忙。在现场指挥部，习近平察看规划沙盘，观看视频短片，了解副中心建设理念、目标定位、文化保护等情况。在建设工地，习近平考察建设进度，了解新材料、新技术、新工艺应用情况。习近平指出，站在当前这个时间节点建设北京城市副中心，要有 21 世纪的眼光。规划、建设、管理都要坚持高起点、高标准、高水平，落实世界眼光、国际标准、中国特色、高点定位的要求。不但要搞好总体规划，还要加强主要功能区块、主要景观、主要建筑物的设计，体现城市精神、展现城市特色、提升城市魅力。

在工程安全体验培训中心，一些工人正在接受安全帽撞击、安全鞋冲击、洞口坠落、安全带使用、灭火器演示等安全体验培训。习近平逐项观摩，同工人们亲切交谈。他强调，安全生产必须落实到工程建设各环节各方面，防止各种安全隐患，确保安全施工，做到安全第一。

时近中午，习近平来到大运河森林公园，听取通州区历史文化、水系治理、生态环境保护等情况介绍，察看大运河沿岸生态环境治理成果，眺望北京城市副中心建设全貌。习近平强调，北京城市副中心建设要高度重视绿化、美化，增强吸引力。通州有不少历史文化遗产，要古为今用，深入挖掘以大运河为核心的历史文化资源。保护大运河是运河沿线所有地区的共同责任，北京要积极发挥示范作用。

24 日下午，习近平在人民大会堂北京厅主持召开北京城市规划建设和北京冬奥会筹办工作座谈会。北京市委书记郭金龙、国家体育总局局长苟仲文汇报了有关工作，习近平发表重要讲话。

习近平指出，城市规划在城市发展中起着重要引领作用。北京城市规划要深入思考"建设一个什么样的首都，怎样建设首都"这个问题，把握好战略定位、空间格局、要素配置，坚持城乡统筹，落实"多规合一"，形成一本规划、一张蓝图，着力提升首都核心功能，做到服务保障能力同城市战略定位相适应，人口资源环境同城市战略定位相协调，城市布局同城市战略定位相一致，不断朝着建设国际一流的和谐宜居之都的目标前进。总体规划经法定程序批准后就具有法定效力，要坚决维护规划的严肃性和权威性。

习近平强调，疏解北京非首都功能是北京城市规划建设的"牛鼻子"，在这个问题上要进一步统一思想，围绕迁得出去、落得下来，研究制定配套政策，形成有效的激励引导机制。要放眼长远、从长计议，稳扎稳打推进。北京的发展要着眼于可持续，在转变动力、创新模式、提升水平上下功夫，发挥科技和人才优势，努力打造发展新高地。要以资源环境承载力为硬约束，确定人口总量上限，划定生态红线和城市开发边界。对大气污染、交通拥堵等突出问题，要系统分析、综合施策。北京历史文化是中华文明源远流长的伟大见证，要更加精心保护好，凸显北京历史文化的整体价值，强化"首都风范、古都风韵、时代风貌"的城市特色。

习近平指出，城市规划建设做得好不好，最终要用人民群众满意度来衡量。要坚持人民城市为人民，以北京市民最关心的问题为导向，以解决人口过多、交通拥堵、房价高涨、大气污染等问题为突破口，提出解决问题的综合方略。要健全制度、完善政策，不断提高民生保障和公共服务供给水平，增强人民群众获得感。

习近平强调，北京冬奥会是我国重要历史节点的重大标志性活动，是展现国家形象、促进国家发展、振奋民族精神的重要契机，对京津冀协同发展有着强有力的牵引作用。要全力做好每项筹办工作。

习近平指出，绿色、共享、开放、廉洁的办奥理念，是新发展理念在北京冬奥会筹办工作中的体现，要贯穿筹办工作全过程。绿色办奥，就要坚持生态优先、资源节约、环境友好，为冬奥会打下美丽中国底色。共享办奥，就要坚持共同参与、共同尽力、共同享有，使冬奥会产生良好社会效应。开放办奥，就要坚持面向世界、面向未来、面向现代化，使冬奥会成为对外开放的助推器。廉洁办奥，就要勤俭节约、杜绝腐败、提高效率，坚持对兴奋剂问题零容忍，把冬奥会办得像冰雪一样纯洁无瑕。要用好社会主义制度可以集中力量办大事的政治优势，也要充分发挥市场机制和社会力量的作用。北京冬奥会各赛区要对照筹办工作总体计划，深化细化场馆和基础设施建设规划，尊重规律、讲求科学。各项建设和改造工程都要努力成为精品工程，同时要充分考虑后续利用，不要贪大贪多。

习近平强调，对提高我国冬季运动竞技水平，要及早谋划、持续推进。在时间上要长短结合，既立足长远，扩大冬季运动覆盖面，夯实冬季运动群众基础，又着眼参赛，集中兵力提高技战术水平。在项目上要扬长补短，既优先保证、重点发展优势项目和潜优势项目，又积极发展一般项目和新开展项目，抓紧开展缺项运动项目，推动我国冰雪运动全面发展。在人才队伍上要坚持运动员、教练员一起抓，既抓急需急用又抓备用梯队，既引进来又走出去，既抓技战术水平提升又抓思想意志磨炼。

习近平指出，赛事组织、后勤保障、对外联络、宣传推广、市场开发、社会动员等赛会运行保障和服务工作，要系统设计、扎实推进。要积极运用现代科技特别是信息化、大数据等技术，提高赛会运行保障和服务效率。北京冬奥会工作领导小组、北京冬奥会组委会要切实履行职责、搞好组织协调。中央各有关部门要给予支持。北京市、河北省要分级负责、主动担当、加强衔接、协同作战。

王沪宁、刘延东、栗战书和中央有关部门负责同志陪同考察，徐匡迪参加座谈会。

宏 观 要 旨

奥运战略与奥运理念的变迁与发展

——2008 北京奥运会十周年纪念 *

陈　剑

　　1978 年党的十一届三中全会，拉开了中国改革开放的大幕。1979 年 10 月 25 日，中国改革开放的第二年，国际奥委会执委会通过了"名古屋决议"，中国从此重返国际奥林匹克的大家庭。1980 年 2 月，中国派出运动员参加了在美国普莱西德湖举办的第 13 届冬奥会，1984 年中国参加了在美国洛杉矶举办的夏季奥运会，许海峰一声枪响，中国运动员获得了奥运史上第一块金牌，一个新的时代开始；以后中国运动员参加历届夏奥会和冬奥会。1991 年中国开始了第一次申办奥运会，1993 年中国第一次申办奥运会失败；1999 年中国开始第二次申奥，2001 年 7 月 13 日中国获得了第 29 届奥运会举办权。奥林匹克运动几乎贯穿了中国整个改革开放进程。特别是 2008 年北京奥运会顺利举办，其震撼与恢宏无与伦比，极大提升了中国人民的自信心和自豪感。2008 年以后的十年，中国又相继举办了 2014 年南京青年奥运会，2015 年正式申办 2022 年冬奥会，并于 2017 年 7 月 31 日申办成功。目前 2022 年冬奥会筹办也已经三年。

　　回顾从 2008 年北京奥运会结束到 2018 年北京冬奥会筹办十年历程，可以看到中国奥运战略与奥运理念的变迁与演变，可以看到中国社会发展与巨大进步。

---

　　* 　原载北京市委机关刊物《前线》2018 年第 8 期。收入本书内容有增补和调整。

一、奥运战略融入国家发展战略——区别与异同

把奥运战略融入国家发展战略，作为促进国家发展的重要内容，这是奥运发展的中国特色。对中国而言，申办、举办奥运会绝不仅仅是一个城市或一个地区的事，也绝不仅仅是体育工作的事，它是国家层面的大事。中国在改革开放过程中，利用奥林匹克这个大舞台，导演了一场场精彩纷呈的大片，对内凝聚人心，促进发展，对外向世界展示中国风采，弘扬中华文化。中国奥运现象已成为促进中国社会发展的国家战略的重要内容。

（一）奥运战略——从震撼与恢宏步入常态和节约

2008 年北京奥运会，这是中国人第一次举办跨越洲际范围内大型国际体育赛事，也是中国改革开放 30 年里程碑的事件。10 年前，笔者在接受新华社记者集体专访时说到，2008 年奥运会是中国改革开放 30 年的一次"成人礼"[1]。30 年前因改革开放而获得新的发展动力的中国，如今的风貌恰似一个风华正茂的年轻人，充满活力，朝气蓬勃。北京奥运会的举办，需要彰显大国风采和气势，需要震撼与恢宏，以促进世界对中国的巨大进步高度认同，进而提升国人自信心和自豪感。因而 2008 年北京奥运会，自然承担了一些奥运会以外的元素。因为长期积贫积弱的不发达的中国，需要通过这个平台提升国人的自信心自豪感，需要在国际舞台上塑造一个崛起大国崭新的形象。这是中国社会的需要，也是国人的普遍愿望。实际上，中日韩东北亚三国第一次举办奥运会，都具有同样特征，即承担了诸多奥运会以外的元素。例如，1964 年东京奥运会，是"二战"后日本重新崛起的标志。通过东京奥运会向世人展示日本在政治、经济、科技、文化等方面的成就，在世界上树立了日本新形象，宣告日本已经从 1945 年"二战"后的废墟上站了起来。为此，即使是点燃火炬这样一个动作，所挑选的火炬手也充满政治意味，特地找到一个在 1945 年 8 月 6 日美国向日本投下第一颗原子弹那天出生在广岛郊区的 19 岁青年坂井义则。东京奥运会也因此被认为是日本重返国际政治舞台和从战后废墟上站起来的里程碑事件。

① 《北京奥运：中国改革开放的"成人礼"》，新华社 2008 年 8 月 1 日。

2008 年北京奥运会举办十分圆满。2022 年北京冬奥会的举办，需要步入常态，已经不需要再通过震撼与恢宏提升国人的自信心和自豪感，而是需要通过举办一届常态的冬奥会，以展示一个崛起的大国崭新形象。即中国是国际规则和秩序的维护者，在遵守国际奥委会规则的同时，以平常心，节俭，筹办好一届精彩非凡卓越的冬奥会，以展现中国对世界和平和发展的推动。

（二）奥运战略融入国家战略——目标更加清晰具体

把主办奥运会与城市发展紧密结合起来，这是中国自 2008 年举办奥运会以来所确立的原则。因而，无论是 2008 年北京奥运会，还是 2014 年南京青奥会，甚或 2022 年冬奥会筹办，都奉行了这一原则。区别只是在于，2022 年冬奥会目标更加清晰，指向更加明确。

2022 年北京冬奥会，其奥运战略融入国家发展战略，就是在筹办好2022 年冬奥会的同时，把奥运战略融入京津冀协同发展，提升冬奥赛区张家口整体发展水平。2017 年 1 月，习近平总书记视察张家口时指出，"河北省、张家口市要抓住历史机遇，紧密结合实施'十三五'规划，紧密结合推进京津冀协同发展，通过筹办北京冬奥会带动各方面建设，努力交出冬奥会筹办和本地发展两份优异答卷"[①]。

目标指向的清晰可见，反映在冬奥规划制定的严谨科学。2022 年冬奥会的雪上项目的主赛场是张家口崇礼赛区。而这一赛区被誉为"华北地区最理想的天然滑雪区域"。北京冬奥会雪上项目主要比赛场地设在这里。2022年北京冬奥会筹办，需要按照科学和先进的理念制定好规划。这个规划既有总体规划，又有专项规划、分区规划，既有工作规划，又有场馆和设施建设规划，涉及时间和空间的摆布、资源和要素的配置、目标和责任的分解，需要系统思维和专业素养。对于张家口崇礼赛区，也需要制定规划，这个规划应当同北京冬奥会筹办总体规划、北京市筹办规划紧密对接，以全面落实北京冬奥会赛事和配套服务各项功能需求。如果各项规划都体现节约利用资源、最大限度发挥资金使用效益的原则，这届冬奥会的常态特征也就十分显著。

---

① 习近平:《科学制定规划集约利用资源　高质量完成冬奥会筹办工作》,《人民日报》2017年 1 月 24 日，第 1 版。

奥运战略融入国家战略，另一个清晰发展目标是助推中国冰雪运动的发展，推动全民健身广泛开展。诚如习近平总书记所说的那样，"我们申办北京冬奥会，一个重要目的就是推动我国冰雪运动快速进步，推动全民健身广泛开展。我们提出，要努力带动更多人参与冰雪运动，北京冬奥会是一个重要推动，对冰雪运动产业也是一个重要导向。希望更多投资者关注中国冰雪运动产业发展，在经营中壮大实力，在支持中作出贡献。"[①] 通过举办冬奥会，让冰雪运动从 1 亿人的东北来到 3 亿人更广阔的区域，努力带动更多人参与冰雪运动，扩大冬季运动覆盖百，夯实冬季运动群众基础，抓紧开展缺项运动项目，推动我国冰雪运动全面发展。可以预期，2022 年北京冬奥会的举办，将极大提升中国冰雪运动和冰雪产业的发展水平。国家体育总局的《冰雪运动发展规划（2016—2025）》中，提到 2022 年冬奥会直接参加冰雪运动的人数要超过 5000 万，2025 年冰雪产业总规模达到 1 万亿元的目标。

二、奥运规则与原理的坚守

现代奥林匹克主义是法国人皮埃尔·德·顾拜旦提出的。奥林匹克主义提倡的公正、平等、宽容、重在参与的理念，在全球范围内得到广泛认同和传播。2008 年北京奥运会对奥林匹克主义精神的传播和弘扬，意义深远。2008 年北京奥运会提出绿色奥运、科技奥运和人文奥运三大理念，2022 年北京冬奥会提出了以运动员为中心、可持续发展、节俭办赛三大理念。认真分析中国举办奥运理念的变迁发展，实际反映了中国对国际奥委会原理和规则的坚守。

《奥林匹克 2020 议程》于 2014 年 12 月 8 日在摩纳哥举行的第 127 届国际奥委会会议通过，围绕"可持续发展、公信力和青少年"三大主题进行探讨，革新内容包括降低奥运预算成本、践行可持续发展理念、更加注重对运动员的保护等 40 项具体革新内容，简称"20+20"。

2014 年 11 月 7 日，北京市市长在泰国曼谷向国际奥委会陈述北京申办冬奥会的理念时，提出了北京冬奥会以运动员为中心、可持续发展、节俭

---

① 习近平：《科学制定规划集约利用资源　高质量完成冬奥会筹办工作》，《人民日报》2017年 1 月 24 日，第 1 版。

办赛的三大理念。而上述三大理念，完全符合国际奥委会《奥林匹克 2020 议程》，既是对国际奥委会制定的规则的遵循，同时也是中国自身发展的内在要求。

（一）以运动员为中心

2008 年北京奥运会的三大理念之一是人文奥运。以运动员为中心，作北京冬奥会的三大理念之一，实际是人文奥运理念的延伸和具体化。

以运动员为中心，就是将运动员作为 2022 年冬奥会一切工作的出发点和落脚点，实际是社会发展过程中的以人为中心的深化。当然，以运动员为中心理念的提出，势必要求体育主办方更全力的投入、更细致的服务，让运动员在完美的赛事服务里不因赛事之外的任何事而分心、忧心，全身心地投入备赛和比赛中去，以最佳的竞技状态，发挥出最佳竞技水平，展示最佳的竞争精神，这是赛事组织方基本的工作目标和服务职责所在。

2022 年北京冬奥会的筹办，为了更好体现以运动员为中心，在场馆规划方面，筹办过程中力求在各个赛区打造"生活圈"，最大程度地缩短运动员比赛时奔波的时间和距离。根据规划，北京市区、延庆和张家口 3 个赛区的场馆布局都非常紧凑，还将分别建有奥运村，赛区内从奥运村到各竞赛场馆的车程都将被控制在 15 分钟以内，而赛区之间则有高铁、高速公路连接，高效便捷地实现场馆间的通达。北京通过举办 2008 年夏季奥运会，清楚地知道运动员希望尽量减少比赛之外花费的时间和精力。这就需要制定合理的规划，并体现在一系列细节上，比如奥运村距离场馆和高铁站要近；但不能太近，否则太嘈杂。应当能够为运动员提供班车服务，等等。

当然，以运动员为中心，需要遵从运动规律，既不能违背了负荷控制理论中负荷强度与负荷量之间的相互依存关系，也应当反对笼而统之以提高训练质量为由否定"苦"的作用，强调"快乐"，致使运动员骄娇二气滋长。因为没有了坚强的意志品质和奉献精神作后盾，是不可能取得优异运动成绩的。

（二）可持续发展

可持续发展是指既满足当代人的需求又不损害满足其需求的发展。也是 2008 年北京奥运会三大理念之一绿色奥运的深化。

国际奥委会于 1999 年制定的《奥林匹克 21 世纪议程》、于 2014 年通过的《奥林匹克2020议程》，都明确奥林匹克运动要全力推动全球可持续发展和环境保护事业。"尊重环境""生态发展"已成为奥林匹克运动最为重要的理念与保障。2008年北京奥运会提出绿色奥运实际已含有可持续发展内容。2022年北京冬奥会在筹办过程中，将可持续发展理念落实到奥运规划，融入周边自然环境改善，融入城市和地区的长期发展。

北京携手张家口成功申办了2022年冬奥会。北京将承办所有冰上项目，延庆和张家口将承办所有的雪上项目。承办雪上项目需要加大环境整治和生态景观保护、修复、美化力度，改善卫生条件，完善旅游环境，实现绿色发展。在筹办冬奥会过程中，无论延庆或张家口的崇礼，都把生态环境保护作为生命线，贯穿经济社会发展全过程，任何时候都坚决做到发展让位生态，坚定不移走生态优先、绿色发展之路。

（三）节俭办奥运

节俭办奥运实际属于可持续发展的重要内容。如果筹办奥运会，投入过多，花费过多成本，就会影响一些国家申办奥运会的积极性，不利于奥运会的可持续发展。

节俭办奥运作为2022年北京冬奥会三大理念之一。从2008年到2018年，北京对节俭办奥运有了更深刻和更全面的认识。

办一届崇尚节俭、厉行节约的冬奥会，实际是办一届常态奥运会的核心内容。这意味着，让体育回归体育，不该让奥运会等大型运动会承担过多的奥运会以外的功能。这是一个已经崛起的大国在举办大型赛事中的应有形象。也就是说，2008年北京奥运会已经充分展示了中国的辉煌与震撼，提升了中国人的自信心和自豪感，2022年北京冬奥会更多的是要展示，作为一个崛起的大国，如何遵循国际惯例，遵守国际奥委会要求，办一届崇尚节俭、厉行节约的冬奥会，并将节俭办奥运贯穿筹办过程始终。特别是作为一个发展中的国家，虽然改革开放40年，中国经济增长保持了年均9.5%的增速，但人均GDP水平仍然低于全球人均发展水平，还有一定量的贫困人群存在等，如果能够真正体现节俭办冬奥，2022年北京冬奥会的筹办，就更能够得到绝大多数中国人民的理解和认同。

为推行节俭办赛，需要把冬奥会基础设施建设同主办地的城市发展规划结合起来。把冬奥会设施建设作为未来城市建设和发展的一部分，这样才能真正实现城市的可持续发展。因此，在筹办冬奥会的过程中，应当尽可能利用原有设施，包括场馆、运动员宿舍等，坚持尽量不大兴土木，尽可能降低成本，减少浪费、污染，即使进行建设，也需要在建设场地、场馆的选址、材料的选择上多做考虑，尽量更多着眼于可持续发展。

正是遵循节俭办奥运的原则，北京冬奥会在筹办过程中，始终将节俭贯穿始终。北京冬奥组委的办公地点，就是选择首钢曾经的办公地点。承办比赛的 12 个场馆中有 11 个将利用 2008 年奥运会的场馆（国家体育场用于举办开闭幕式、国家体育馆用于举办女子冰球比赛、首都体育馆用于举办短道速滑和花样滑冰、国家游泳中心用于举办冰壶比赛、五棵松体育馆用于举办男子冰球比赛）。借鉴 2008 年奥运会的经验，采用以租代购的形式，使购买器材的成本降低了 30%，同时能够有效降低仓储、资产储值的成本，也充分调动了企业的参与热情，15.1 亿美元的场馆预算中有 65% 是企业投入的，三个赛区的奥运村则是 100% 由企业投资。在票务计划的开发中，2022 年北京冬奥会赛事票价最低 8 美元，最高 238 美元，热门场次平均最低票价为 100 美元，普通场次平均最低 10 美元，开闭幕式门票价格为 118 至 787 美元之间。这样的票务安排，可以使更多的普通人有机会欣赏冬奥会比赛。

为了承接冬奥会，北京还需要新建两个场馆。冬奥会对场地，对冰和雪有一定的要求，意味着需要一定投入。对新场馆的建设，以符合标准、不追求完备和奢华为标准，主要为满足举办冬奥会比赛的需要。

可以说，"节俭办赛"是在续承 2008 年北京奥运会之后的升华，符合"20+20"关于节俭的具体要求，是 2022 年北京冬奥会成功举办的关键。

从 2008 年北京奥运会成功举办，到 2018 年北京冬奥会筹办，作为国际舞台上正在崛起的大国，中国国际视野更加开阔，国际合作意识更加强烈。2017 年 11 月 11 日，习近平总书记在越南岘港会见日本首相安倍晋三时，提出了利用两国相继举办奥运会的机会开展奥运合作，增强两国关系发展的民意纽带。习近平总书记的提议得到了安倍晋三首相的积极回应：日方愿就此同中方开展交流合作[①]。

---

① 《习近平会见日本首相安倍晋三》，新华社 2017 年 11 月 11 日。

　　韩国平昌冬奥会结束，东北亚三国还将在 2020 年举办东京奥运会，2022 年举办北京冬奥会，以及 2014 年 11 月 27 日日本札幌正式宣布申办 2026 年冬奥会，这有很大成功的可能。因而，东北亚三国在今后 4 年甚至 8 年，还将举办 2 至 3 届奥运会。中日韩三国作为世界经济有影响的大国，如果三国能够通过在各自举办的奥运会中加强合作，既有利于提升三方互信，增进人民友谊，也有利于做大奥运经济蛋糕。

　　可以相信，习近平总书记提出国际间的奥运合作一定能够如期推进，这是与崛起的大国角色相适应的行为，更是中国进一步开放的必然进程。

冬奥筹办

对筹办 2022 年冬奥会的几点认识

魏纪中 *

一、2022 年冬奥会的定位

2022 年冬奥会我们应当如何定位，定在哪里？我认为定位就在于"民间的大型的主场外交活动"。现在国家很看重主场活动，例如青岛上合峰会、上海世界博览会等等。2022 年北京冬奥会也是一个主场活动。同时，它也是四年一度的世界冰雪盛会。为什么做出这样一个定位呢？这是因为，北京冬奥会是在硬实力的基础上来打造和显示软实力，它对于中国体育发展是一种推动力，对于城市建设是一个催化剂。它体现的是习近平主席所说的"体育强，国家强"。

二、冬奥会本身提供了一个难得的历史机遇

冬奥会是什么，它可能什么也不是。冬奥会的举办实际是提供了一个难得的历史机遇，关键看我们是否能够抓住这个奥运机遇。如何用好这个机遇主要是政府的事情。政府需要对冬奥会的筹办和举办进行引导，需要借助举办冬奥会这个难得的历史机遇，把冬奥会的蛋糕做大。如果没有政府主导，

* 作者为京张冬奥研究中心名誉主任，国际排联终身名誉主席，著名奥运专家。

完全依赖市场是不现实的。从市场层面来说，由于市场是自发的，很难把这种机遇直接转为现实，很难通过举办冬奥会，带动城市自身发展。

奥运史上一些成功案例，都是在政府主导下取得的。比如，1988 年首尔奥运会，推动了首尔城市建设，使汉江北岸形成一个新区，对于韩国经济起到助推作用；1992 年西班牙巴塞罗那奥运会，使西班牙的东海岸成为欧洲第二大避暑胜地；1996 年美国亚特兰大奥运会，由于是民间组织的（非政府主导），似乎作用不大；2000 年澳大利亚悉尼奥运会，使悉尼落后地区得到了整体改造；2004 年希腊雅典奥运会，彻底改变了雅典城市交通面貌，同时为低收入民众新建了居民区；2008 年北京奥运会，对北京城市建设起到了巨大的推动作用；2012 年伦敦奥运会，使东部的落后地区得到改善。取得的这些成绩都是在政府主导下进行的。

因此，对于筹办奥运会，我的看法是：一是要有一个有为的政府；二是要有一个有效的市场；三是要有社会的合作；四是要有遗产的积累。以"人类命运共同体"的理念形成美好的、看得见的蓝图，然后一步一步地使梦想落地。

奥运会除了体育需求以外，还要考虑经济建设和民生的需求，通过奥运会增强国家和民族的自信心和意志力。市场的作用是存在的，从现在来讲主要是市场的开发。从市场开发的角度来看，主要体现在企业的社会责任。社会公益不能完全靠政府，无论是国企还是民营企业都要分担一部分社会公益责任，为人民造福，为社会负责。

因此，办奥运会的社会效益，应当大于它的经济效益，而这些效益从经济上来说体现在它的正面外部性。举个例子，世界杯足球赛，它的外部性体现在哪里？直接的感受是体现在啤酒。因为并没有投入什么，但是生产啤酒的企业受益了。现在的观众不愿意单独在家里看，而是喜欢群聚，因为那儿有氛围。或在酒吧，或在饭馆等地，这会带动啤酒销量激增，连带着酒吧、饭馆等增加收益。这个就是外部性收益。因为经济外部性的存在，我们就应该发挥国家的比较优势，让正面的外部性不断扩大。有正面性，就有负面性，我们在扩大正面性的同时，也要防止负面外部性的产生。

负面的外部性可能产生在哪些方面呢？我以为主要体现在体育场馆的闲置，比如现在人们热议的巴西里约奥运场馆问题。因此，为了避免负面的外部性，避免留下包袱，2022 年北京冬奥会提出"节俭办奥运"。那么节俭办奥运是什么意思呢？一些主场外交活动是需要讲究一点形式的，比如说一些必要的灯光和设备。勤俭办奥运，并不是说少花了多少钱，而主要是指以有效的投入取得最大化效益，同时要抓高质量。这就是说，在筹办过程中，不必做的不要去做，必须做的一定要做好，可做可不做的要全面考虑，以质量和效果作为衡量标准。

奥运会真正受益者是社会和民众。例如，北京 2022 年冬奥会的申办，从申办开始，社会就开始受益，它使中国冬季运动范围南移，推动"三亿人地区更多人上冰雪"目标实现。冬奥会的筹办，对中国冬季奥运的带动作用十分明显。这是以往多少年的努力都没有能够做到的，但是一个冬奥筹办活动就做到了，这也是最大的受益者。另外，通过举办奥运会，也会促使社会上存在的一些比较难解决的问题得到很好的解决。比如我们的人文环境，包括民众文化素质、消费需求、经济开放程度等，政府可以利用举办 2022 年冬奥会契机，推动这些问题的解决。1990 年北京亚运会，解决了北京的一个顽症，就是随地吐痰。这是多少年都没能很好解决的问题，通过一个亚运会得到了很好的解决。不但北京解决了，全国各地也效仿北京，有了很大的改观。1990 年亚运会，还解决了一个城市建设问题：打通中轴路。对消除北京城市发展南北发展不平衡的问题起到了很大的推动作用。我认为，通过举办 2022 年北京冬奥会，将会使民众的开放意识、国际意识不断提升，这是不可能以货币价值来衡量的。

三、为北京冬奥会保存遗产

北京 2022 年冬奥会的筹办和举办，将会留下丰厚的奥运遗产。这个遗产既有物质方面的，也有精神和人力资本方面的。

物质的遗产持续的时间不会太长，因为科技进步太快。例如 2008 年北京奥运会，鸟巢水立方在全世界热议了几年，现在已经很少再有人谈论这个话题了。但精神遗产会持续的发展壮大，例如北京奥运会的志愿者精神，这种志愿服务的精神是可以持久的。此外是人力资本的遗产，由于社会的进步、科学的发展，劳动的价值主要体现在劳动者的人力资本上，劳动者人力资本的提升，它的就业领域就会扩大，换来的回报就会增加，而奥运会是培养现代化人才、提升劳动者人力资本很有效的方法。这是因为奥运会筹办的参加者，必须与国际惯例接轨，同时又要结合中国实际，而且他的工作涉及到很多的部门，需要很强的协调能力，这是现代社会对人才的基本需求。因此，我们在研究奥运会遗产时，不应当忽略这些内容。因此，奥运会的筹办或者组织的成功，是一个大课题。

四、人类命运共同体

习近平主席提出的"人类命运共同本"思想，把奥林匹克精神提高到可实现的新的境界。2022 年北京冬奥会是我们主场的民间外交。全世界的运动员和教练聚集北京和张家口，还有大量的各国观众参与，我们如何展现中国的文化，人民的友谊，并提供周到的服务，这有大量工作可以去做。北京携手张家口筹办和举办 2022 年冬季奥运会，必将提高中国人民的民族自信心和凝聚力，提升我国人民的文化素质和体育意识，同时也为世界的奥林匹克再次做出新的贡献，对此我坚信不疑。

坚实的脚步赶赴激情的约会

——北京 2022 年冬奥会张家口赛区筹办及本地发展建设展望

张家口市社会科学界联合会

2015 年 7 月 31 日，在马来西亚吉隆坡国际奥委会第 128 次全会上，北京携手张家口成功获得 2022 年冬奥会举办权。随后，习近平主席致信国际奥委会主席巴赫，并郑重承诺："举办一届精彩、非凡、卓越的冬奥会，是中国 13 亿多人民的心愿。我们将兑现全部承诺，同世界各国人民一道，同国际奥委会一起共同见证奥林匹克冬季运动发展和奥林匹克精神传播的新境界。"

张家口与国际奥林匹克结下不解之缘，张家口迎来历史上一个全新的发展历程。

一、冬奥理念与历史机遇

北京 2022 年冬奥会的承办既为我们带来前所未有的发展机遇，也给我们带来前所未有的考验，张家口需要协调好承办冬奥与本地发展两线任务，使之相互支撑，互为促进。如果把京张携手共同承办 2022 年冬奥会视作开启张家口未来之锁的钥匙，那么京津冀协同发展及京张体育文化旅游带建设则是开启张家口光明前景的两扇大门。

（一）中国的办奥理念

《北京申办 2022 年冬奥会报告书》中指出：让中国与奥林匹克运动共

享长期成果，是"北京2022"始终不渝的努力方向。京津冀协同发展战略为"北京2022"创造了最佳机遇。"北京2022"愿景和规划与中国政府打造京张体育文化旅游带的长远规划一脉相承，得到中国政府的全方位支持。场馆、交通、饭店等基础设施投资得到有效保证。确立"以运动员为中心、可持续发展、节俭办赛"为"北京2022"的申办理念，申办过程中同步规划奥运遗产利用。北京、延庆、张家口3个赛区沿线是京津冀协同发展国家战略规划的体育文化旅游带。为使冬奥会与环境、经济、社会发展融为一体，"北京2022"将推动建立可持续管理体系，为实现奥林匹克运动与城市良性互动、共赢发展提供范例。

（二）发展机遇前所未有

张家口市"十三五"规划有这样的表述："四个全面"战略布局、"中国制造2025"、"互联网+"行动计划等一系列国家战略决策部署，将推动我市经济社会发展驶入快车道，为传统产业改造升级、新兴产业加速成长提供良好环境，为弥补发展短板、实施创新驱动战略、经济提质增效提供强大引擎。京津冀协同发展重大国家战略的加快实施，为张家口市发挥区位、交通、生态优势，吸引京津高端要素和产业转移，承担更多非首都功能，开拓了前所未有的发展空间。京张携手筹办2022年冬奥会，将进一步提高张家口市国际知名度和对外开放程度，提升城乡发展和生态建设保护水平，有力推动关联产业发展，为全市发展塑造新优势、增添新活力。可再生能源示范区建设，为全市绿色崛起提供了良好平台，将为全市推进改革创新、促进产业绿色转型、提升生态环境质量、优化能源消费结构、实现绿色低碳发展提供强大动力。国家实施"一带一路"倡议，作为华北和北京连接蒙俄的重要节点，张家口市将成为国家新一轮开放热点地区，有利于全市塑造开放合作新优势，构建开放型经济新体制。

（三）国家对张家口的发展要求

京津冀协同发展国家战略明确张承地区的发展定位是京津冀生态环境支撑区。2017年1月23日、24日，习近平同志视察张家口市着重指出："河北省、张家口市要抓住历史机遇，紧密结合'十三五'规划，紧密结合推进京津冀协同发展，通过筹办北京冬奥会带动各方面建设，努力交出冬奥会筹办和本地发展两份优异答卷。"2月23日，习近平在视察雄安新区座谈会上，进一步提出"要以 2022 年冬奥会为契机，推进张北地区建设，努力成为河北另一翼"。张家口市"十三五"规划纲要提出未来五年的发展定位是："抢抓京津冀协同发展、京张携手筹办冬奥会、建设国家可再生能源示范区三大机遇，坚持转型升级、跨越发展、绿色崛起主基调，坚守发展、生态、民生三条底线，大力培育大生态、大旅游、大数据、大健康和新能源、新技术、高端制造主导产业，着力打造水源涵养功能区、绿色产业聚集区、可再生能源示范区、国际休闲运动旅游城市和奥运名城。"

张家口"十三五"规划所确定的发展方向是正确的，是符合张家口发展实际与历史发展规律的，也是对习近平总书记要求张家口完成"两份优异答卷"和推进"河北两翼建设"的贯彻落实。

二、筹办冬奥有序推进

2017 年以来，在河北省委省政府正确领导下，并得到北京奥组委和省冬奥办的业务指导，张家口市积极落实主办城市主体责任，各项筹备工作正有序、高效推进。

（一）全面加强冬奥筹办工作组织领导

张家口成立了筹办冬奥工作领导小组，由市委书记任领导小组组长，市长任常务副组长，组建 1 办 15 组冬奥筹办组织架构。相应成立了核心区工程建设指挥部、赛事服务工作领导小组、廉洁办奥工作领导小组。冬奥筹办工作的组织领导全面得到加强，各项筹办工作加速推进，一支具有国际视野、具备专业素养的冬奥筹办队伍已经形成。

（二）赛区基础建设有序推进

张家口已经完成《冬奥场馆规划》《重点项目规划》《太子城冬奥核心区及冰雪小镇控制性详规》等 7 个分区规划。制定了《张家口市承办 2022 年冬奥会安保总体工程规划》《张家口市承办冬奥会气象服务保障规划》《张家口市承办 2022 年冬奥会医疗规划》等 5 个配套服务项目规划。2016 年以来，张家口市积极推进赛区场馆规划设计、建设工作。云顶滑雪公园 U 型槽已基本完成，坡面障碍技巧已完成边坡整理，所有工程将于今年完成。障碍追逐赛道将于明年完成土方工程、造雪方案和相关基础设施搭建。平行大回转明年完成造雪设备安装，雪上技巧和空中技巧赛道将于 2019 年中开始施工。跳台滑雪场已经完成结束区基础土方工程，跳台即将开始基础施工。越野滑雪场已经完成赛道整修。冬季两项中心 80% 的赛道建设已经成型。国际冬季两项联盟、国际雪联官员和外方专家对场地建设给予高度评价。京张高铁、延崇高速等奥运交通保障工程已经进入施工中期。

（三）赛事服务保障工作顺利进展

按照冬奥会和冬残奥会住宿保障要求，根据平昌冬奥会情况，张家口市对各方与会人数预测进行了调整，按照北京奥组委和省冬奥办的要求，修改优化了《北京 2022 年冬奥会和冬残奥会张家口赛区全口径住宿保障方案》，从质量标准、交通保障、文化体验、运行模式、保障措施等方面全方位制定计划并保障落实。同时，完成了餐饮原料备选基地和服务商遴选工作，并对全市旅游企业和酒店从业人员开展全员培训。医疗方面选定了北方学院第一附属医院、市第一医院、解放军第二五一医院等 5 家医院为冬奥会合作医院，已经启动冬奥医疗业务培训。安保方面对全市 26 个警种警力进行了基础数据摸排，正在对安保风险项目进行评估并制定相应处置预案。交通方面启动了交通模型的模拟组建，完成了车辆、司乘人员筹措方案，正对全市出租、公交、客运班线车辆进行摸排。志愿者方面已经开始赛会志愿者招募，涵盖语言、通用、专业、管理等 4 大类 26 项赛会服务，已经同步开展志愿者培训工作。另外，计划储备充足的骨干志愿者和城市志愿者。

（四）赛事备战演练和人才培养扎实开展

张家口市参加了 2018 年国际雪联第 51 届代表大会，制定了赛会组织、商业开发和预算方案。2017/2018 雪季，张家口共举办、承办国际级、国家级、省级滑雪赛事 21 项，其中国际顶级赛事 7 项，组织各类群众冰雪活动 30 余项，大大地丰富和提高了张家口组织高水平赛事的经验、能力和水平。目前，张家口市冰雪项目在训青少年 500 人左右，注册运动员 320 人，冰雪国家级裁判 8 人、一级裁判 7 人、三级裁判 103 人，计划 2018 年培训冰雪项目裁判员 100 人。开办了张家口学院冰雪学院、张家口职教中心与河北体育学院联合开办了"3+2"体育本科班、张家口市青少年冬季奥林匹克运动学校（宣化二中）等冰雪运动学校和专业，张家口市特殊教育学校建立了残疾学生冰雪运动基地。冰雪运动人才培养驶入快车道。

三、发展前景可期

京张携手承办 2022 年冬奥会，对于张家口来说是一个能够刷新历史、百年一遇的重大发展机遇。

（一）比较优势与发展基础

厘清本地发展基础，找到比较优势，是科学谋划发展战略的前提。梳理张家口发展历史与现实，比较优势与发展基础主要体现在以下几个方面。

1. 生态优势突出

张家口市土地总面积 3.68 万平方公里。其中农用地 249.7 万公顷，占土地总面积 67.9%；建设用地 16.31 万公顷，占土地总面积 4.4%；未利用土地 101.93 万公顷，占土地总面积 27.7%。全市森林面积达 2737 万亩，森林覆盖率达 43%。域内拥有内陆河水系、滦河水系、永定河水系、潮白河水系、大清河水系五大水系，水资源总量为 17.99 亿立方米，全市多年平均水资源可利用量为 11.25 亿立方米。全市湿地面积为 346 万亩，湿地覆盖率为 5.95%。张家口优越的地理特征和适宜的自然环境呈现出鲜明特点：一是地形复杂多样，土地类型多样性保证了生态资源和开发利用的多样性。高原、山地、丘陵、河谷、盆地一应俱全，且植被丰富，生态保持良好。特别是崇礼冬奥核心区，年降水量达 650 毫米，降雪期长达 150 天，积雪厚度达 1 米以上，拥有从 5° 到 35° 各种类型山地，山体落差多在 800 米以上。二是环境清洁优美，保证了生态资源开发的可用性和承载力。张家口市水资源并不丰富，但是全市地表水监测断面水质优良率达 87.5%。空气质量综合指数 4.18，PM2.5 年均浓度 31 微克/立方米，空气质量达标天数 268 天，保持京津冀地区最好水平。三是可再生能源储量丰富，可再生能源开发利用前景广阔。2015 年国务院批准张家口设立可再生能源示范区。目前，全市风能、光伏发电总装机容量达 1171.2 万千瓦，并网 1093.4 万千瓦，中科太阳能储热、100MW 空气储能等 12 个示范项目取得进展，全球首个规模最大柔性直流电网试验示范工程获国家核准。以可再生能源开发利用为核心的技术、产业正在向张家口汇聚，从技术研发到装备制造，再到新能源消纳，张家口新能源全产业链日趋完整。

2．区位优势明显

张家口自古就是连接中原腹地与西北草原的交通要冲。如果把整个中原腹地比作母体的话，那么，张家口位于这个母体的"脐"部，而连接蒙古高原和俄罗斯远东地区的交通线（"一带一路"远东方向）则是连接中原大地这个母体和远东地区这个胎儿的"脐带"。张家口背靠广阔的蒙古草原和俄罗斯远东地区，面向京津冀人口超过3亿的超大城市群。连接中原腹地和广阔草原的交通要道有多条，但张家口位于交叉点上。目前张家口市高速公路通车里程全省第一，正在修建京张高铁，2019年后，张家口将进入一小时京津冀通勤圈。张家口历史悠久，文化资源丰富，曾是连通欧亚的张库大道的东方起点。张家口与北京文脉一体、人脉相亲，晋商文化、京商文化在此汇合，在京津冀协同发展背景下，京张同城化趋势明显。京张两地经济互补性、依存性强，张家口是京津的生态屏障和水源涵养功能区，是北京非首都功能重要疏解目的地，是对生态环境高度依赖的科技研发、高端制造业、健康养老产业、文化创意产业、体育休闲产业、绿色高端农业、新能源产业的理想目标城市。北京旅游资源以人文资源为主，张家口自然生态资源优越，建设京津体育文化旅游带可实现京张资源共享，优势互补，前景可观。战略上，甚至可以依托中欧班列，建成国内地联系远东、中亚的自由贸易区或综合保税区。

3．发展基础坚实

历史上的张家口曾经是中国北方地区著名的军事和工商业重镇，是中国近现代工商业的发祥地之一。1429年张家口堡始建，至1571年明蒙隆庆和议，张家口始终是明朝抗击蒙元军斗争的最前沿。自1571年隆庆和议到1644年明亡，张家口成为蒙汉商贸和文化交流中心。1644年清灭明，长城内外天下一统，大境门开通，张库大道始成，以晋商为首的汉商开始大规模深入蒙地与蒙古人开展茶马贸易，规模日渐扩大。1727年，中俄签订《恰克图互市条约》，从此张库大道开始成为一条国际商道，促成了张家口国际陆路商贸中心地位。1909年京张铁路开通，张家口从封建化的商贸城市，转变为近代工商业城市。跟随火车到来，以天津"怡和洋行"为先行者的近代工商业进入张家口，伴随而来的还有大量国际金融机构、商贸机构的入驻，近代工业也开始在张垣落地生根。铁路机修厂（张家口探机厂前身）、口北造币厂（张家口煤机厂前身）、张垣电灯公司（张家口发电厂前身）等近代工业的出现，则为张家口成为中国北方重要工业城市奠定了基础。中华人民共和国成立以来，中央政府和河北省不断加大对张家口的投资建设，除张家口原有的煤矿机械厂、探矿机械厂外，宣化的钢厂和工程机械厂等重工业日渐成熟，棉纺、毛纺、酿酒、面粉加工等轻工业配套形成，张家口的轻重工业并举，产业配套齐全，产值曾高居河北省第二，基本完成工农业现代化。

当然，由于众所周知的原因，张家口市比东南沿海地区改革开放晚了17年，工业化中期的财富载体——资源型产业和重化工业的发展受到限制，且张家口肩负着首都生态保护、水源涵养和政治护城河的双重任务，经济社会发展困难重重，人口人才流失严重，民营经济落后，社会资本积累严重不足。但我们有良好的政策环境、千载难逢的发展机遇，以及先进的理念和技术的支撑，可以避免落后的体制机制与过时的经济结构的桎梏，建设步伐可以大大加快，甚至可以后发先至。以崇礼滑雪产业发展为例，崇礼的第一家滑雪场——塞北滑雪场始建于1996年，虽然比20世纪30年代建成的哈尔滨玉泉滑雪场晚了60多年，但经过短短20年的建设发展，崇礼区现已建成万龙、多乐美地、长城岭、云顶、太舞、富龙、翠云山等多家现代化大型滑雪场，雪道长度166条159.7公里，各类缆车、魔毯67条44.5公里，滑雪接待能力占全国总量的1/3，其设施设备现代化程度、运营管理的现代化水平、服务保障能力全国第一。这些成绩的取得是张家口全市人民特别是崇礼区艰苦努力的结果，后发优势的重要性也充分显现。

（二）描绘蓝图选择路径

从2015年8月1日起，张家口正式进入冬奥周期。2015年8月20日，中央召开常委会专题研究讨论承办冬奥的下一步工作设想，习总书记作了重要讲话。河北省、张家口市为全面落实中央决定，专门研究制定了做好冬奥会筹办工作的实施意见，提出11个方面37项重点工作。张家口提出地方经济社会发展总体思路是：融合。借助冬奥扩大城市影响之力，主动融入全球产业合作，不断培育高端产能优势。集聚。借冬奥完善城市功能之力，促进京津冀协同发展、"一带一路"等国家战略落地，不断聚集高端产业要素。特色。借冬奥提升城市形象之力，放大自身优势，不断壮大特色产业。发展目标是：到2025年，经济持续快速增长，GDP年均增速8%，经济规模达到 3000 亿元，综合经济实力达到全省中游水平，基本形成现代产业体系和创新驱动发展格局。服务业比重达到 55%，高出第二产业 20 个百分点，其中知识密集型服务业比重逐年上升；旅游业、可再生能源、高端装备制造、大数据、现代农业取代传统装备制造、矿产品加工成为新的支柱产业，其中可再生能源产业发展水平居全国前列，高端装备制造业在全省知名；物流、航空等新兴产业形成一定规模；产业园区发展质量提升，成为城市新的增长极，构成特色鲜明的产业发展轴带；新型支柱产业龙头企业规模进一步扩大，形成区域产业带动能力；冰雪产业形成国际竞争力。

（三）奋进开拓前景可期

国家对张家口的发展要求已经明晰，张家口自身的发展蓝图已经绘就，面对千载难逢的机遇，张家口人民正在"撸起袖子加油干"，并取得显著工作成效。

1. "冬奥城市"品牌初步确立

冬奥会进入"北京时间"，张家口正以世界眼光、国际标准建设国际化开放城市，构建高层次国际交流平台，强化奥运城市品牌运营，全面提升张家口国内外知名度和影响力，推动张家口向区域性国际化开放城市迈进，全力打造"国际张"新名片。2017 年，张家口市出台了《张家口市关于落实国务院扩大对外开放积极利用外资若干措施的意见》政府文件，将进一步推动对外开放水平。制定了重点发展产业招商指导目录，瞄准世界和国内 500 强制定重点招商企业目录清单，构建起境外招商网络。大力开展总部招商、以商招商、推动企业融资招商，实施专业化小团组靶向招商、国内外交流合作平台招商。目前张家口正在申报综合保税区，对外开放又将打开新的格局。仅 2017 年 1—9 月，接待国内客商 129 批次，接待外商 24 批次，全市引进市外资金 573.98 亿元。

2. 新经济结构初步形成

冰雪产业。挖掘冰雪运动的市场潜力，多措并举促进冰雪运动产业加快发展。制定了《张家口市支持冰雪装备制造业发展若干措施》和《张家口市冰雪产业发展三年实施方案（2013—2020 年）》，推动集冰雪运动、装备制造、产业服务于一体的冰雪运动产业链发展，具有国际影响力的冰雪产业聚集区正在形成。已经落地签约国际合作项目 3 项，已签订协议正在细化落地合同项目 9 项。

可再生能源产业。提升可再生能源生产能力，配套发展可再生能源产、输、储、用等需求侧装备生产能力，链条完成、特色鲜明的可再生能源产业体系已经形成。

高端装备制造业。打造中国制造业创新基地的升级新路径，将高端装备制造业打造成为支柱产业。正在打造中国制造业研发创新基地，建设京津冀区域汽车零部件生产基地及区域性新能源汽车生产基地。提升传统制造业智能化水平。

大数据产业。高效满足冬奥高端数据服务需求，积极延伸产业链。正在承接大数据产业转移和科研成果转化，建设大数据产业集群，与京津共建"京津冀大数据走廊"。

大健康产业。积极培育集养老医疗、体育健身、健康制造于一体的大健康产业体系，打造"健康张家口"品牌，建成面向北京、服务京津冀、辐射环渤海的健康养老产业集群。面向北京养老刚需，面向京津两地季节性、临时性养老群体的康养产业基地正在形成。

航空产业。以航空服务为重点，积极延伸产业链，布局航空产业基地。正在构建航空装备制造产业链，打造无人机制造基地，培育通航飞机制造和航空综合服务装备制造业。

3．交通建设全面"提速"

公路建设。截至 2017 年底，公路通车里程达到 21372 公里。在建的有太行山高速张家口段、二秦高速张家口段、京新高速公路（三期）、延崇高速河北段、京蔚高速公路西段 5 条段；加快推进的有京尚高速公路张北至尚义段。到 2030 年，干线公路可实现"村村通"100% 全覆盖。

铁路建设。目前正在建设的有京张铁路、崇礼铁路、张呼铁路、张大铁路，以上四条高速铁路建成通车后，我市铁路运营里程将达到 1025 公里。规划建设的怀来—涿州城际铁路已列入国家中长期铁路网规划、京津冀城际铁路网规划；张保港铁路已列入河北省、张家口市"十三五"经济社会发展规划。

民航建设。目前，张家口机场可通达石家庄、上海、成都、厦门、深圳等 13 个城市，航线网络覆盖东北、华北、华东、西南、西北、中南 6 个行政区域，已初步编织起连通国内热点城市的航线网络。未来，我市将围绕建成京西北地区重要的门户枢纽机场和航空物流集散中心目标，推进民航机场建设，增加国内主要城市的直航航班，开通国际航线，构筑运输航空与通用航空相补充、干支相结合、功能完备的民航体系。

4. 生态建设取得新进展

提升森林覆盖率。2017年全市林木覆盖率达到2373万亩，林木覆盖率达43%。2018年计划造林600万亩，林木覆盖率达到50%。

扩大草原面积。加大轮作休耕与退耕还草面积，改善草原生态环境，计划实施退耕还草面积180万亩，2022年前完成退耕还草规模98.2万亩。

建设国家草原公园及精品牧场。在坝上地区规划建设若干个面积在1万—2万亩的精品牧场，试验示范草原围栏封育、草原改良、典型区域治理和农牧交错带畜牧业转型升级，国家草原公园的建设框架已经拉开。

扩大湿地面积。对坝上30万亩高原湿地链进行了抢救性恢复保护，保护并修复潮白河与永定河上游67万亩湿地，推进建设十大国家湿地公园和十大省级湿地公园。

实施蓝天工程。推动重点行业排污深度治理和"散乱污"企业整治，全面淘汰35吨及以下燃煤锅炉，新能源和清洁能源公交车比重提高到100%。冬奥崇礼赛区2021年前PM2.5年均浓度稳定降至25微克/立方米，其他区域空气质量明显改善。

实施碧水工程。提升水环境质量，重点构建"城园镇村全域化"污水排放防控和处理体系，严格执行水污染物排放总量和浓度双控制度。

实施净土工程。提升固体废物资源化利用效率，加大了农村面源污染治理力度，全面治理农村土壤污染和水体污染。加大了矿山固体废弃物资源化利用，在张家口市区、宣化区、崇礼区建设建筑垃圾资源化利用中心，在张家口市区和崇礼区建立两处生活垃圾资源化利用中心。

5. 城市建设再上新台阶

基础设施建设步伐加快。随着冬奥会的临近，张家口对供水、供电、供气、通信、城市交通等基础设施加大改造提升力度，张家口会变得更加舒适、更加现代化，不久的将来，城市的现代化能比肩京沪，舒适性会赶超苏杭。

　　启动城市更新计划。实施全国文明城市、国家卫生城市、国家安全发展示范城市、国家食品安全城市"四城同创"工作，推进新型城镇化建设，打造和谐宜居、富有活力、独具特色的现代化奥运城市。

　　实施"美丽乡村"工程。按照环境美、产业美、精神美、生态美"四美新农村"标准，大力推进美丽乡村建设，突出地域特色，因地制宜、分类施策，实施好新能源替代、民居改造等"十二个专项行动"，确保到 2020 年美丽乡村全覆盖。

　　社会保障更加周到。在京津冀协同发展战略推动下，教育医疗服务水平明显提高，2017 年新增 3 家京张合作医院，24 家公立医院与北京 30 家医院开展合作医疗。中公教育国际学校、阿里巴巴培训学院张家口分院成立。

　　全面提升市民素质。全力推进文明城市创建工作，深入开展"迎奥运、讲文明、树新风"活动，全面实施居民素质提升工程，打造更加文明的社会环境。

　　"好风凭借力，送我上青云"，抢抓承办冬奥会历史机遇，完成好习总书记提出的"两份优异答卷"，实现张家口经济、社会、文化全面腾飞，张家口人将跨入新的历史征程。

办好冬奥盛会　加快绿色发展
打造国际冰雪运动胜地

王　彪[*]

2015 年 7 月 31 日，全世界的目光不约而同地聚焦在中国华北地区一个名不见经传的小城——崇礼，她一夜之间出现在世界主流媒体和全球冰雪产业巨头的战略版图上。作为 2022 年第 24 届冬奥会雪上项目的主要举办地，崇礼将为世界奉献一届什么样的冬奥会，借助冬奥机遇又将打造一个怎样的崇礼？这是国内外普遍关注的两个重大课题。

一、崇礼地理优势

崇礼是中国发展滑雪运动最理想的区域之一，具备成为世界级滑雪胜地的主要条件。

崇礼，因民风淳朴、崇尚礼义而得名，总面积 2334 平方公里，总人口 12.6 万，全境山地面积占 80%。这座燕山脚下、清水河畔的山区小城拥有"三个黄金"的独特自然禀赋：

一是黄金纬度，与瑞士达沃斯、法国夏蒙尼和加拿大惠斯勒等众多世界著名滑雪胜地同处于北纬 41° 的黄金纬度。

二是黄金海拔，全区海拔从 813 米延伸到 2174 米，平均海拔 1200 米，

*　作者为中共张家口市委常委、崇礼区委书记。

是国际公认的最适合人类居住的黄金海拔。

三是黄金区位，地处内蒙古高原与华北平原过渡地带，来自东南的暖湿气流受地势影响在这里抬升，与盛行西风带上的大气环流交汇，形成了与周边地区迥然不同的区域小气候、小环境。特别是崇礼到北京的直线距离仅150公里，与北京这样一个大都市形成天然地理互补关系。早在1200年前，金代在北京建立中都，开启了千年古都的历史，当时崇礼太子城就是金代的皇家行宫；如今北京携手张家口举办2022年冬奥会，奥运村恰好就坐落在太子城行宫遗址上（后根据太子城遗址保护规划，奥运村整体北移300米），也许这就是一种历史巧合或冥冥之中的天意。

1996年，中国第一批滑雪爱好者，意外地发现了在北京周边的这块宝地，兴建了华北地区第一座滑雪场——塞北滑雪场。正是这个简易的滑雪场，使国内外更多的滑雪爱好者和企业家发现了崇礼、爱上了崇礼。历经22年的发展，先后有万龙、多乐美地、长城岭、云顶、太舞、富龙、翠云山等国内外著名企业投资崇礼。目前，崇礼已经运营的雪场达7家，雪道长度166条159.7公里，雪道面积约410公顷，各类缆车索道67条44.5公里，总运力6.37万人次/小时，成为国内最负盛名、规模最大的高端滑雪集聚区。据国家体育总局披露的数据：截至2017年底，全国海拔落差在300米以上的滑雪场仅22家，而崇礼就集中了7家，全国雪道面积超过50公顷的滑雪场共13家，崇礼占到4家，可谓三分天下有其一，崇礼在中国滑雪界的地位可见一斑。

2013年11月3日，中国奥委会正式致函国际奥委会，同意北京携手张家口申办2022年冬奥会。"养在深闺人未识"的崇礼，第一次登上了世界舞台，与世界强手同台竞争，接受国际奥委会和各冬季单项体育联合会官员近乎苛刻的检验，回应世界各大媒体对我们这样一个陌生面孔的诸多质疑，最终我们顺利获得了国际社会的认可。在一路过关斩将中，我们第一次清晰地认识到，崇礼完全具备了一个世界级滑雪胜地的六大核心潜质：

一是气温和风速。滑雪运动对气温和风速的要求非常苛刻，国际奥委会在选择申办城市时有一项限制性条件，就是冬季平均温度不能低于零下18℃。崇礼冬季平均气温仅零下12℃，平均风速2米/秒，非常适合开展户外雪上竞技运动。

二是水源和降雪。崇礼年均降水量近 500 毫米，冬奥核心区可达 650 毫米左右，降雪期长达 150 多天（按照国际奥委会评估标准，降雪期在 4 个月以上即为优秀），雪季积雪厚度达 1 米以上，这在华北地区是非常罕见的。丰富的森林积蓄了大量天然水，各大雪场依靠春秋两季蓄水就可满足冬季造雪需求。为预防和应对极端天气，我们又实施了云州水库调水工程，每年可向雪场调水 500 万立方米，能有效保障崇礼未来滑雪产业的需求。

三是山形和地貌。崇礼有着从 5° 到 35° 各种不同类型的山形地貌，山体最大落差超过 800 米，可以满足建设各种滑雪赛道和不同层次滑雪爱好者、专业运动员的需求。

四是空气和生态。崇礼经过连续 30 多年大规模植树造林，森林覆盖率达 67%，冬奥核心区森林覆盖率超过 80%，享有"京西林海"之称；PM2.5 年均值仅 27 微克 / 立方米，是长江以北空气质量最好的城市。

五是冬季和四季。崇礼不仅有丰富的冰雪资源，更兼备四季旅游资源，可以"春赏花、夏避暑、秋观景、冬滑雪"，特别是夏季平均温度仅 19℃，是名副其实的"避暑天堂"。

六是交通与市场。随着崇礼铁路、延崇高速通车后，崇礼将融入"首都一小时生活圈"。崇礼周边包括北京、天津拥有 6000 万人口的巨大消费群体，相当于欧洲排前六位国家的人口总和，市场前景怎样预测都不为过。所以，我们可以得出这样一个结论：崇礼是中国发展滑雪运动最理想的区域之一，具备成为世界级滑雪胜地的主要条件。

早在 2013 年，国际著名冬奥场地专家彼得·罗宁根考察云顶滑雪场时，曾高度评价崇礼的滑雪资源："崇礼独一无二的地方在于各个比赛场地的集中度，从奥林匹克核心区乘车出发，任何一个比赛场地都可以在 10 分钟内到达。这种场馆集中度，在国际奥委会选择奥运举办城市的过程中，正在成为越来越看重的一点。在北京举办冰上项目的比赛，在崇礼地区举办雪上项目的比赛，在我看来，会是一个非常好的组合，如果北京以此概念提出申办冬奥会，胜算会很大。"在编制崇礼系列规划过程中，清华大学吴唯佳教授通过对世界著名度假胜地的研究比较得出一个结论：在全球的世界级城市中，在一小时车程内，拥有黄金海拔、良好生态的山地运动和度假胜地，崇礼是独一无二的。如果说崇礼过去是一个天生丽质、深居闺中的村姑，今天她完全具备成为国际巨星的潜质。2015 年 8 月 29 日，国际奥委会巴赫主席考察崇礼时兴奋地讲："在没来崇礼之前，我对中国是 100% 的信心，来了之后，我是 120% 的信心。如果每名国际奥委会委员都能来崇礼看看，崇礼一定会赢得更多的选票。"正是有了这些得天独厚的自然禀赋和 22 年的滑雪产业积淀，才让世界选择了崇礼。

二、认真贯彻落实习近平总书记的指示精神

冬奥会是习近平总书记亲自谋划、亲自决策、亲自推动的国家大事。总书记为之倾注了大量心血，先后作出"三个目标""四个办奥""五个着力"等一系列重要指示精神。特别是 2017 年 1 月 23 日，在冬奥会筹办工作即将全面展开的关键时刻，总书记亲临崇礼视察指导工作，提出了"崇礼就是崇礼"的科学定位；2 月 23 日，总书记在视察雄安新区座谈会上，又提出了"要以 2022 年冬奥会为契机，推进张北地区建设，努力成为河北另一翼"的新要求。因而，认真贯彻落实习近平总书记关于冬奥会筹办和崇礼发展的重要指示精神，需要我们着眼于建设国际知名冰雪运动和冰雪旅游胜地，科学规划崇礼未来发展。

落实好习近平总书记的重要指示精神，就是要紧紧围绕"精彩、非凡、卓越"的目标，做好筹办工作。

"精彩"是对赛事本身的要求，就是要把所有办奥要素做到最好。"非凡"就是不同寻常，重点要在绿色理念、科技引领、中国文化上下功夫，把冬奥会办成世界体育赛事的典范。"卓越"就是超越赛事本身，体现在推动奥林匹克运动发展上，就是要使奥林匹克精神在中国得到更好的推广和普及；体现在推动国家体育战略实施上，就是要实现总书记提出的"在 2 亿—3 亿人口地区，带动更多人上冰雪"的目标，带动我国冰雪运动和冰雪产业快速发展；体现在推动京津冀协同发展上，就是要把崇礼建设成为首都水源涵养功能区的核心区和运动健身休闲康养的后花园。围绕这样一个目标，我们始终牢记总书记"崇礼就是崇礼"和"交出两份优异答卷"的重要指示，坚持以"四个办奥"为统领，科学规划崇礼未来发展。落实"崇礼就是崇礼"，就是要认识到崇礼最大的优势是适合发展滑雪运动，不能什么都想搞，

要集中精力做好冰雪文章，建设冰雪胜地，为国家冰雪运动和冰雪产业发展做贡献；就是要认识到崇礼最大的价值在于生态和环境，任何时候都要坚持生态优先，最大限度地节约、集约利用资源，绝不能破坏环境和风貌，不能把崇礼搞成大都会；就是要认识到崇礼的灵魂在于文化，必须突出中国元素、当地特色，绝不能贪大求洋。按照这一思路，我们聘请国内外一流的规划设计团队，从冬奥场馆到空间战略研究，从城市总规到区域控规，从宏观到微观进行全域整体规划，科学谋划未来发展：

——在工作理念上：始终遵循生态优先、国际标准、品牌引领、发展惠民四条原则。坚持生态优先。把生态环境作为崇礼的生命线，贯穿于经济社会发展全过程，任何时候都坚决做到发展让位生态，坚定不移走生态优先、绿色发展之路。坚持国际标准。无论是基础设施建设、城市管理、产业发展，还是人的思维观念、综合素质，从硬件到软件，方方面面都对标国际标准，与国际接轨。坚持品牌引领。把"崇礼滑雪"作为产业品牌、城市品牌来打造，努力形成一个具有广泛国际影响力、竞争力的综合性品牌，为后奥运留下巨大无形资产，成为推动崇礼持续发展的强大动力。坚持发展惠民。始终把发展惠民作为最高追求，贯穿于办奥和发展全过程，让冬奥会筹办和精准脱贫相得益彰，让群众共享办奥红利。

——在发展定位和产业选择上：就是要借助冬奥机遇，突出冰雪主题，把崇礼打造成国际知名的冰雪运动和冰雪旅游胜地、国家冰雪运动推广普及中心，把崇礼滑雪打造成国际品牌；就是要大力发展以冬季滑雪和夏季户外为主导的体育休闲产业，建设国家体育休闲综合示范区，促进全域旅游，带动运动休闲、健康养生、文化创意、会议会展、现代农业等关联产业发展，叫响"雪国崇礼、户外天堂"城市品牌。

——在城乡布局上：充分考虑崇礼地处山区、地域狭小的特点，确定了"一区、三组团、多节点"的城乡空间布局体系。"一区"即"崇礼国家体育休闲综合示范区"，总面积758平方公里，作为国际冰雪运动、冰雪旅游和体育休闲产业发展核心区。"三组团"即太子城、西湾子、红旗营三个功能互补的城市组团。太子城作为冬奥核心区、国际冰雪赛事和国家冰雪运动推广基地，建设具有中国北方山地风格的国际冰雪旅游小镇；西湾子作为旅游商业综合服务基地，进一步提升其国际旅游服务功能；红旗营作为城乡公共服务和相关产业加工制造基地，承接西湾子镇部分功能转移。"多节点"即1个重点镇、3个一般镇、3个乡集镇，与红旗营组团共同促进本地农民城镇化进程。这样规划不仅体现了生态优先理念，最大限度减少了对环境和风貌的影响，也体现了城市与产业发展深度融合的思想，充分满足了崇礼未来国际化、体育旅游产业化和本地农民城镇化不同层次的需求。

——在发展规模上：充分考虑资源和环境承载力，坚持留足环境余量，不搞过度开发，主动划定了 77.7% 的生态红线区，对全区旅游规模、人口规模、建设规模、酒店规模、雪场规模全部设置上限控制指标，从供给侧调控市场规模。规划到 2022 年，全区旅游人口控制在 470 万人次，雪道面积控制在 825 公顷以内。到 2030 年，全区旅游人口控制在 700 万人次，全区人口控制在 18 万，雪道面积控制在 1000 公顷以内，城市建设用地 16 平方公里，全区总建设用地规模仅 40 平方公里，开发强度不足 2%。

——在风貌和建设管理上：突出中国元素和山地风格，采取低密度、小体量建设，严格控制建筑高度，乡村改造也以低层建筑为主。坚持产业优先，严防发展地产化。除本地居民安置用房和保障性住房外，严格控制房地产项目。在雪场和旅游度假区建设中，借鉴国外"热床政策"，提高企业自持比例，并严格规定可回租给企业统一经营的度假产品和商业产品在销售面积中占的比例，激励投资者把重点放在产业上，防止出现地产挤占产业发展的情况，以此来确保崇礼优良的自然风貌不被破坏，引导产业健康发展。

这次规划最大的特点是起点高、标准高、品位高，我们采取总规划师＋国内外顶级专业规划机构的方式，依托清华大学、中国建筑学会两大权威平台，集聚了一大批国内外优秀规划设计大师，每个规划由大师级设计师亲自担纲，规格之高、力度之大都是空前的。尤其是冬奥会场馆和太子城国际冰雪小镇的规划，通过全球公开招标，由来自加拿大、澳大利亚、瑞士、芬兰、法国等国的 9 家国外设计团队共同参与规划方案征集，力争把国际先进的理念、高水平的设计、成熟的办赛经验融入系列规划中。古杨树场馆群，是冬奥会历史上第一次对 3 个场馆进行整体化设计，由 3 公里长的奥运步道，联系三个场馆，形似中国传统的冰玉环；跳台滑雪场跳台设计灵感取自中国传统"如意"，象征吉祥美好，被称为雪如意；赛场东侧是明长城遗址。自然、历史、文化与冬奥场馆在这里完美融合，必将成为奥运史上的经典之作。太子城冰雪小镇，由中国建筑学会牵头，8名院士、19位建筑大师和35家优秀设计团队参与了设计，太子城这座曾在历史上辉煌一时的皇家行宫，而今将因冬奥而扬名世界，这座中国风格的冰雪小镇必将成为世界经典。

三、努力建设国际知名冰雪运动和冰雪旅游胜地

围绕新的目标，崇礼全区上下正以脱皮掉肉的精神全力推动基础设施、生态环境、城乡面貌、产业发展、公共服务、市民素质六个方面实现脱胎换骨式的发展。我们坚信，经过五年的精心打造，崇礼一定会旧貌换新颜，成为一座山清水秀、设施现代、宜居乐业、富裕美丽、全面小康的魅力冬奥之城。

（一）推动基础设施的大发展

水电路气信等基础设施将一步迈入现代化水平。在交通保障方面，全力实施京张高铁崇礼支线、延崇高速公路、宁远机场扩建等重大交通基础设施项目，建成运营后，从北京到崇礼乘高铁仅需47分钟，乘高速仅需1.5小时，国内重要城市航线将全部开通，区域内将实现高铁、缆车、巴士零距离换乘，一个四通八达的立体交通网正在形成，崇礼具备了连接北京、连通全国甚至连通世界的优越条件。在电力保障方面，到2022年，崇礼将建成"1+2+7+N"的输变电网络，即1座500千伏变电站，2座220千伏变电站，7座110千伏变电站，N座35千伏变电站，形成全国领先的"双环网""双回路"供电网络。在通信保障方面，崇礼将在全国率先启动5G网络建设，城市主城区、赛事核心区、主要干道等公共区域免费WiFi实现全覆盖，崇礼和世界的连接将畅通无阻。

（二）推动产业结构的调整

在体育休闲主导产业上，以打造"雪国崇礼、户外天堂"为目标，重点发展滑雪、自行车、路跑、棋牌四大运动系列，带动休闲度假产业全面发展。目前，我们已经完成了创建国家体育休闲示范区的发展规划；启动了滑雪系统、公路和山地自行车道路系统、马拉松越野徒步道路系统、攀岩公园、航空运动公园、汽车运动公园、综合体育公园、奥林匹克森林公园、奥

林匹克博物馆等体育文化基础设施项目；开工建设了洲际、凯悦、万豪、喜达屋等 13 个四星级以上酒店项目，到 2022 年崇礼星级酒店将达 63 家；引进了一批医疗康养、运动休闲、文化创意、体验观光农业等项目；培育了一批高端赛事和精品节庆活动；立足举办世界级论坛的标准，规划建设了太子城国际会展中心。特别是随着交通网络、服务要素的完善，加上后奥运具有国际标准的服务设施和体育设施，崇礼必将成为京津冀世界级城市群中一块难得的运动休闲胜地和绿色办公、会议会展、创意研发、医疗康养甚至国家对外交往的理想之所，这将是近百年来冬奥会促进区域可持续发展的典范。

（三）推动生态环境再上新台阶

生态是崇礼最大的本钱和潜力，我们已经有了很好的基础，2015 年申奥成功以来累计投资 27.93 亿元，新增造林 81.9 万亩，森林覆盖率从 50.2% 提高到 67%，冬奥核心区森林覆盖率超过 80%。在大规模封山禁牧、植树造林的同时，我们大力推进以电替煤、以电替油工程，全面关闭露天矿山，着力构建绿色能源体系和绿色交通体系。到 2022 年空气质量将达到世卫组织第二阶段标准，崇礼的天会更蓝、水会更清、空气会更清新，真正成为全国山水最美、空气最优、生态最好的城市之一。

（四）推动城乡面貌实现脱胎换骨

聘请国内一流的设计团队，融入海绵城市、智慧城市理念，对城市进行整体设计。大力完善以水电路气信、垃圾和污水处理为主的基础设施，从地上建筑到地下管网，全部进行优化更新；进一步完善城市商业服务功能，重点推进棚户区改造和崇礼老街、崇礼中心、活力中心、时尚中心"一老街、三中心"建设，引进国内外一线餐饮、商业服务品牌，打造吃住行游娱购一条龙服务网络；启动绿色公共交通、P+R 换乘枢纽、大型停车场建设，推动城市管理向智能化、常态化迈进。同时，统筹推进美丽乡村建设，以实施乡村振兴战略为抓手，积极引进市场主体进行乡村旅游综合开发，实施农村环境面貌三年整治行动，建设产业强、环境美、农民富的全新美丽乡村。到 2022 年，一座城乡统筹、宜居乐业、独具魅力的奥运之城将快速崛起，成为向世界展示全面建成小康社会的窗口。

（五）提升公共服务水平

发展高水平的产业，必须有高品质的公共服务来保障。我们将打造一流的教育品牌，实施"教育五年振兴计划"，合理配置教育资源，用 5 年时间把中小学教育建成全市一流水平；打造区域医疗高地，借助冬奥和京津冀协同发展两大平台，通过建设人才公寓、制定优惠政策，积极引进知名医疗机构对接合作，带动全区医疗水平的整体飞跃；加快冰雪运动推广，制定"五年冰雪普及计划"，力争到 2021 年全区普及滑雪人数达到 3.1 万，中小学生普及率 100%；积极承办国内外专业冰雪赛事和群众性普及活动，带动更多群众参与冰雪运动，协调推进社会事业全面进步。

（六）提高市民素质

提升素质、展示形象不仅仅是冬奥会筹办的迫切需要，也是崇礼打造国际知名冰雪运动和冰雪旅游胜地必须尽快解决的一个重大问题。我们坚持把冬奥会筹办作为改变城市、改变每一个人的重要契机，紧紧围绕 2020 年与张家口市一起跻身"全国文明城市""全国卫生城市"两大目标，以"做最美崇礼人·当合格东道主"为主题，持之以恒开展除陋习、树新风活动，从改变自己做起、从身边小事做起，带动整个社会文明水平的全面提升。一个开放包容、重德尚信、勤劳淳朴、自强向上的魅力新崇礼正敞开胸怀，昂首迎接 2022 年冬奥会的到来。

崇礼的 2022 必将精彩、非凡、卓越！那时的崇礼，将是继北欧和阿尔卑斯山脉、北美落基山脉之后，世界滑雪运动"第三极"——东北亚滑雪圈上一颗璀璨的明珠；那时的崇礼，将是生态天然、交通便捷、设施齐全、服务优良的全世界滑雪爱好者的首选之地；那时的崇礼，将是全中国滑雪爱好者运动、休闲、避暑的不二选择，"雪国崇礼、户外天堂"将随着 2022 年冬奥会的成功举办而走出国门，享誉世界。2022 年冬奥会不会是终点，而是新的起点，崇礼将再次扬帆起航，迈向新的辉煌！

抢抓冬奥机遇　提速绿色崛起

张　聪[*]

宣化地处河北省西北部，张家口市中心腹地，毗邻崇礼冬奥主赛场，是京张经济走廊、生态走廊上的重要节点城市。近年来，宣化区坚持以习近平新时代中国特色社会主义思想为指导，深入贯彻落实习近平总书记视察张家口重要指示精神，聚焦高标准完成筹办2022年冬奥会、推进京津冀协同发展、建设可再生能源示范区三大历史任务，扎扎实实交出冬奥会筹办和本地发展两份优异答卷，充分发挥千年古城、百年教育、百年老工业区等特有基础优势，以服务冬奥为中心，最大限度地把奥运机遇转化为项目、转化为产业、转化为实体经济，搭乘"奥运快车"加快建设经济强区、文化名城、美丽宣化。

一、弘扬工匠精神，在自主创新中大力发展冰雪运动产业

习近平总书记指出"冰天雪地也是金山银山"，要以筹办2022年冬奥会为契机，努力带动更多人参与冰雪运动，加快冰雪运动产业发展。深刻理解和把握总书记要求，宣化区在认真审视自身中找准突破口和切入点，努力在冰雪运动产业发展上抢占先机。

---

* 作者为中共河北省张家口市宣化区委书记。

（一）兴办冬奥学校，培养更多青少年冰雪人才

习近平总书记强调要通过举办冬奥会推进冰雪运动发展，提出了"在三亿人地区推进冰雪运动"的目标。宣化抢占冬奥先机，有效释放品牌名校优势，在具有 80 年建校史的宣化二中，成立了全国唯一一所体教结合的冰雪特色学校——张家口市青少年冬季奥林匹克学校，大力培养青少年冰雪人才，推广普及冰雪运动。学校建立科学有效的教育培训体系，与吉林体育学院冰雪学院、芬兰凯撒卡里奥体育学院等多家国内外冰雪院校达成合作共识，加强专业队伍建设和运动员训练，提高冰雪运动教育质量。成立以来，取得丰硕成果，培养出的青少年冰雪运动员在各大赛事上屡获佳绩，共斩获 47 枚金牌，"全国重点媒体河北（崇礼）冰雪行"活动首站走进宣化二中，中央电视台先后七次对学校冰雪运动的发展进行全方位报道。宣化二中逐步发展成为全国冰雪特色教育的亮点工程，点燃了我区群众特别是广大青少年参与冰雪运动的热情，也将为举办冬奥会储备和输送大批专业人才，实现"办赛精彩，参赛也要出彩"的目标。

（二）研发特色产品，发展冰雪运动装备制造产业

宣化素有"半城葡萄半城钢"之称，是北方较早的老工业基地，也是河北省的工业重镇，有着钢铁冶金、装备制造、能源化工、陶瓷、建材等完备的工业体系。特别是河钢宣钢作为百年钢企，带动全区钢铁和装备制造产业实现了长足发展，相关企业一度达到千余家，拥有成熟的技术工人近 10 万人。因此，宣化被业界誉为"中国钻机之乡"，连续多年获评全国投资潜力百强区。2017 年，被确定为河北省工程机械装备产业名区。京张携手申奥成功后，宣化瞄准奥运商机，加快推进装备制造业改造升级，鼓励和支持河钢集团宣工公司等本土装备制造企业借力冬奥，进军冰雪设备及器材研发制造领域，新上压雪机制造等项目，并全力推动企业发展索道、雪具等冰雪配套产业，为冬奥会提供服务保障。宣工公司自主研发的 SR400 压雪机，填补了国内压雪机领域空白；宏达冶金机械作为国内唯一一家造雪机支架生产企业，自主研发的产品仅崇礼万龙滑雪场就采购了 500 台；科诺工程塑料有限公司研发生产的高仿真滑冰板获国家发明专利，已成熟应用于国内外仿真冰馆。

（三）引进龙头项目，打造中国北方冰雪产业基地

按照《河北省冰雪产业发展规划（2018—2025 年）》通知要求，积极推进宣化江家屯冰雪产业特色小镇和碾儿沟冰雪小镇建设，聘请国内外一流专家队伍参与冰雪小镇的战略规划和包装策划，全力打造精品冰雪小镇。加快京张奥物流园区冰雪产业基地项目建设进度，大规模开展招商引资，积极引进国内外知名冰雪企业，搭建合作平台，完善配套服务，着力打造产业规模较大、集聚效应明显的冰雪产业示范基地。现已有北京卡宾滑雪体育发展有限公司和北京中索国游索道工程技术有限公司入驻基地，前者是国内领先的冰雪产业综合型企业和运营商，拥有丰富的冰雪产业经营经验，后者主要从事索道设计、制造及运营维护，是全国唯一一家生产高速缆车的民营企业。两家优质企业的入驻打开了冰雪产业基地建设的新局面，经过多方努力，哈尔滨雪狼除雪机械设备、北京中海中科冰雪设备等多家公司也已达成入驻意向，为冰雪产业基地的长足发展注入了强劲动力。

二、传承多元文化，在服务奥运中培强壮大新型旅游产业

京张携手筹办冬奥会，极大地提升了塞外山城张家口的知名度和美誉度，国内外大批游客慕名而来旅游观光，特别是京津地区游客利用周末等节假日来张自驾游络绎不绝。2017 年，张家口市接待国内外游客 5193.77 万人次，同比增长 34.95%。2022 年冬奥会举办期间，张家口将迎来国内外大批的运动员、官员、媒体和数以千万计的各地游客，文化旅游产业将迎来前所未有的战略机遇期和发展黄金期。宣化区位特殊，古城、军事、农耕、边塞、工业、宗教等文化在这里交融荟萃，文化旅游要素富集，文旅产业发展潜力巨大。为此，我区坚持把文旅产业作为推进经济转型升级的新引爆点，挖掘整合各类资源，强化龙头项目带动，推动新型旅游产业向全域化、品牌化、特色化发展。

（一）发展"全域游"

充分挖掘"千年古城、千年葡萄、千年陶瓷、百年工业、百年现代教育"等优势资源，与青边口长城、时恩寺等重要景点有机结合，整合盘活，集中打造，实现由单一景点建设向全域旅游发展转变。树立"旅游+"的先

进理念，推动旅游业与生态、文化、工业、农业等相关产业融合发展，假日绿岛农业文化观光园在原有种植、养殖的基础上，以农耕文化为主题，将乡村旅游与农业园区高度融合，被评为"全国农业休闲与乡村旅游示范点"。将文化旅游资源与冰雪运动有机结合，突出冬奥特色，开展了假日绿岛冰雪大世界、黄羊山文化园冰雪嘉年华主题活动，积极推进万柳公园冰球场、王家湾桑干河大峡谷冰瀑景观区等冰雪文化旅游基地建设，吸引和带动更多的群众参与冰雪运动。

（二）打造"特色游"

瞄准京张携手筹办冬奥会带来的巨大商机，加快假日绿岛、黄羊山文化园、国玉陶瓷文化园、桑干河大峡谷等龙头景区建设，完善景区规划，加大设施投入，实现全面提升。突出宣化独有的文化基因和文化特色，大力发展以国玉陶瓷文化园、青岛啤酒梦工厂为重点的城市工业游，以深井现代农业园区、观后古葡萄园为重点的生态农业游，以钟鼓楼、辽墓及西城垣公园为重点的历史人文游，以显著的地方特色吸引国内外游客，逐步构筑集文化性、趣味性、体验性于一体的京西休闲旅游产业发展高地，以丰富的旅游元素传递中国声音、宣化声音。

（三）培育"精品游"

加强与各大旅行社合作，借助网络、微信等新兴媒体平台，瞄准张家口市及京津地区广泛宣传推介，不断提高影响力和知名度，连续两年成功举办了中国·宣化文化旅游博览会，累计接待游客百万人次，增收10亿多元，叫响"京西第一府、千年葡萄城、二谷战国红"品牌，文化旅游业呈现出蓬勃发展的强劲态势。以承办张家口市第二届旅发大会为契机，加快推进景区沿线道路建设、绿化美化、卫生整治等基础性工程，重点加强古城景区停车场、旅游标志牌、游客服务中心规范化建设，全面提升旅游产业发展整体水平。

三、提升城市品位，在融入冬奥元素中做靓千年古城

宣化区位优越、交通便利，邻近崇礼主赛场，是为冬奥提供餐饮、住宿、购物等保障服务的重要基地，也是奥运期间展示全面建成小康社会成

果、美丽中国形象的重要窗口。近年来，宣化区以"建成首都水源涵养功能区和生态环境支撑区"为引领，聚焦全市建设"体育之城、活力之城、康养之城、文明之城、富强之城"总体要求，把筹办冬奥会和推动城市发展结合起来，坚持"保护古城、疏解老城、建设新城"的城建思路，按照国际水平，对标奥运标准，高起点规划、科学化运营、精细化管理，全面提升城市建设管理水平，助力张家口市打造冬奥名城。

（一）保护古城，留存城市记忆

巩固扩大省级历史文化名城成果，积极创建国家级历史文化名城，坚持把古城作为宝贵的有形资产来保护，把文脉作为无形财富来传承，深入实施长城保护、古庙古迹恢复、古街区建设等工程，把区域内的古风古貌作为古城文化的重要组成部分加以保护，千方百计留存更多的古城符号、古城印象，向前来观看奥运的国内外游客充分展示中国北方城市的雍容和典雅。加快推动万里茶道"申遗"进程，目前，清远楼、镇朔楼、拱极楼、天主教堂、时恩寺和清真南大寺等 6 处文物已被确定为万里茶道"申遗"的重要支撑点。

（二）疏解老城，提升宜居指数

按照老城疏解规划，分步推进老城内的学校、医院、市场和企业等功能外迁，腾出空间，造林绿化，还地还绿于民。以创建国家级文明城市为契机，加快推进老城区供气、供热、供水等基础设施建设，对老城区内给水、排水、供电等地下管线进行全面探测普查，改造天然气管线 40 公里，置换天然气用户 8.7 万户。特别是针对群众关切的道路破旧、交通拥堵、环境脏乱差等问题，组织万名机关干部志愿者包联社区，深入开展"美化古城""植树造林""访千楼万家"等创城系列志愿活动，停滞七年之久的城市北外环全线通车，集中取缔黑"摩的"近万辆，城市宜居度不断提升。

（三）建设新城，打造冬奥名片

坚持把宣化的新城建设作为冬奥期间展示张家口城乡发展成就的重要窗口，按照东拓西延、南北架桥的思路，以高铁新城和洋河南新城为重点，采用国际国内一流理念，结合奥运城市标准，加快推进新城开发，打造京西北最具吸引力的康养新城。洋河南新城，按照整体规划、分步实施、以点带面的思路，加强与中水七局、达华工程管理公司合作，采取 PPP 模式，加快推进经五街、经六街等主干道及二级客货枢纽工程，启动实施垃圾处理、污水处理等市政设施建设。目前，总投资 120 亿元的两个基础设施 PPP 项目包，正在申报进入国家财政部项目库，力争引进更多社会资本参与新城设计、融资、建设和运营。高铁新城，重点加快推进高铁车站建设等工程，建设公交、客运、出租综合交通枢纽。占地 3.7 平方公里，集研发、创业、文化、旅游、居住于一体的荣盛高铁新城已正式启动。

奥运筹办与区域发展：致力于交出两份满意答卷

北京市延庆区冬奥办 *

目前冬奥筹办已进入攻坚决胜阶段，延庆赛区的场馆和基础设施建设稳步实施、专项服务保障工作全面加速，赛会带动效应初步显现。

一、坚持"四个办奥"严要求

延庆赛区全面贯彻落实"四个办奥"理念，坚持以"四个办奥"理念引领北京冬奥会筹办举办和延庆发展。

（一）坚持绿色办奥

在这方面，我们坚持生态优先、资源节约、环境友好，牢牢把握生态涵养的本质要求，把生态系统修复、生态工程建设、场馆可持续利用有机结合起来，认真履行申奥可持续性承诺 34 项具体工作，严格落实 54 项完善生态保护与环境保护的具体措施。制订实施延庆赛区生态环境保护规划方案，完成赛区生态系统本底资源调查，系统开展大气、水环境治理和景观建设；启动规划设计，将松山管理处办公区改造为科普宣教中心，更好展示北京生态保护的力度决心；强化核心区植物迁地保护，为每棵移植树木建立动态数字化信息档案，精心建设冬奥森林公园；突出"绿色、环保"设计原则，把人为干扰生态降到最低限度，充分考虑避让河道、伐移树木，保护动植物等因

---

* 北京市延庆区冬奥办杨丽娜执笔。

素，健全绿色施工规程和安全施工标准，确定42项工程建设单位环保职责，实施能源管控技术。施工过程中努力提升绿色施工水平，制定保护动植物、森林生态修复与优化、繁育基地设计、雪道维护等方案，建设野生植物保护小区、动物通道、人工湿地等工程，规避重要栖息地和古树名木及河道，落实水土保持、表土剥离等环保措施。强化施工后生态修复，高标准开展边坡生态修复工程，利用植物进行坡面保护和侵蚀控制；统筹考虑赛事需求和赛后运营，谋划场馆的后续利用和冬奥品牌的持续升温。

（二）共享办奥

在这方面，我们坚持共同参与、共同尽力、共同享有，深入开展冬奥会带动延庆发展课题研究，加快构建"一轴两翼多节点"功能布局，积极打造"京张体育文化旅游带"，北京市冰上项目训练基地、环球飞雪冰雪运动学校、万科石京龙雪场二期、辉煌度假村二期等项目先后落地建设，申奥成功至今共接待冰雪旅游和冰雪运动游客约545.6万人次，实现收入约3.68亿元。全面落实"三亿人参与冰雪运动"要求，冬奥文化普及人数达到13万，2所学校被认定为市级冰雪项目特色学校，11所学校被认定为区级冰雪项目重点学校，全区学生上冰上雪达到5万人次，2000余名机关单位职工实现上冰上雪，全民参与冰雪运动热情持续高涨，还成功举办了国际雪联越野滑雪中国巡回赛、世界雪日暨国际儿童滑雪节、全国大学生高山滑雪锦标赛等系列体育赛事，办赛经验逐渐丰富。借助冬奥会带动效应，加快宜居新城、张山营冬奥冰雪休闲小镇等精品小镇、冬奥会赛区周边美丽乡村建设；合理带动农民增收，为低收入人群提供更多就业岗位，千余人参与到工程建设之中；聚焦社会关注的住房、教育、医疗、养老等热点难点问题，全面升级医疗、文体等公共服务，拓展冰雪产业就业空间，为冬奥会提供完善的综合服务，实现办大事与惠民生的有机结合。

（三）开放办奥

在这方面，我们坚持多方共举、协作共赢，以全球视野推动冬奥会筹办工作，邀请有关方面专家支持和参与场馆规划设计、设备安装以及赛事组织服务工作，德国的戴勒公司，负责设计国家雪车雪橇中心的赛道、训练道及氨制冷机房；加拿大的意克赛公司，负责国家高山滑雪中心的雪道和山体设计；法国阿尔卑斯公司集团作为设计顾问，对于雪场建设、可持续设计等方面提供建设性的意见；米科·马蒂凯宁作为雪务顾问，指导科学开展雪务实验。与法国霞慕尼、瑞士圣莫里茨建立友好城市关系，与荷兰吕伐登市建立快速制冰技术方面的对接合作，与加拿大列治文市海外交流协会签署合作意向书，合作开展冰雪运动推广，与吉林市开展冰雪产业发展战略合作。对索契冬奥会高山滑雪项目和雪车雪橇项目竞赛管理团队的组织架构、人员构成及其管理运行模式进行了全面深入分析，提前开展筹办工作运转体制、组织架构以及场馆运行模式的探索研究，选派工作人员参加国际专家团培训、学习平昌冬奥会筹办举办经验；我们把冬奥会作为推动京津冀协同发展的重要抓手，深化与河北的交流合作，与怀来、赤城一同提升 9000 平方公里区域生态涵养水平，与张家口合作打造绿色有机食品供应基地、京张体育文化旅游带，实现责任共担、机遇共享。

（四）廉洁办奥

在这方面，我们坚持勤俭节约、杜绝腐败、提高效率，在北京冬奥会延庆赛区筹办领导小组框架下，设立督察考核组和纪检监察组，本着关口前移、重在预防、全程介入、依法监督的原则，将管好人、管好钱、管好事融入纪检监察全过程。制定建设工程招标投标活动的监督操作规程，出台冬奥会建设项目审计监督管理办法、工作人员"十严禁"纪律、专项资金委托审计管理暂行办法等，搭建重点工程第三方监管与信息化平台，聘请市工程咨询公司对项目工程各环节进行稽查，相关责任部门实时围绕冬奥会重大工程资金使用、项目进展情况开展监督，并进一步畅通信访渠道，广泛接受社会监督，确保筹办工作高效节俭、纯洁干净。采取阶段性问责的方式，保持惩治腐败高压态势，严格落实"双早"预警机制，对冬奥会筹办过程中发现的苗头性、倾向性问题及时进行廉政约谈。同时，充分发挥党风政风监督员和政府特邀监察员的作用，紧盯重点工程项目和重大筹办事项，采取明察暗访、社会调查、群众座谈等方式进行社会监督。另外，深入开展党风廉政建设和反腐败教育，坚持廉洁办奥正确舆论导向，将教育作为重要的监督方式，通过延庆报、延庆电视台、纪检监察网站、微信公众平台等载体广泛宣传引导，在全区营造廉洁办奥的良好氛围。

二、实施项目化管理重举措

（一）注重强化方案和进度统筹，落实项目动态管理

立足自身定位，围绕延庆职责任务，统筹把握赛区与城区、现实与未来、赛时和赛后之间的关系，坚持早谋划、早介入，主动加强各级部门间沟通对接，注重从顶层设计层面上认真做好规划编制，按照"赶前不赶后、高质高效推进"的要求，对照筹办工作总本计划，紧盯时间节点，迅速研究制定涉延方面的专项实施方案，出台北京 2022 年冬奥会和冬残奥会延庆区行动计划、2022 年冬奥会带动延庆冰雪产业发展战略规划、延庆区加快冰雪运动发展意见、城市品牌提升规划，编制北京 2022 年冬奥会和冬残奥会延庆区行动方案，分解细化 88 项任务 123 个重点项目，明确牵头领导、责任部门、筹办目标和行动计划，确定作战图。

（二）注重扭住关键环节，加大跟踪问效力度

抓紧推进旅游接待、交通组织、志愿服务等十大服务保障专项工作，尽快补齐医疗、住宿、餐饮、交通等公共服务短板。主动与冬奥组委和市级部门沟通对接，第一时间了解信息、掌握需求、做好衔接，争取政策、资金、人才等各方面支持。要求"一把手'要当好施工"小队长"，按天抓任务，按月抓盘点，多拿"图纸"进工地、到现场，盯着问题干，扑下身子抓，下大力气攻克难题、解决困难，并强化过程监督、结果监督，对照既定方案，按照时间表、路线图，加强督促检查，推动筹办工作坚定高效有序推进。组织、纪检监察部门深入赛会筹办一线考察、识别干部，对落实不力、推诿塞责的干部加大约谈问责力度，以追责问责倒逼责任落实。

（三）注重结合筹办推进需要调整完善运行机制

在"一办十组"筹办组织体系下，不断调整优化领导小组成员和分工，以及各工作组构成和职责，增设专职副主任牵头区冬奥办内部全面工作，各工作组增设工作专班服务于专门领域的具体筹办工作；强调区内各乡镇、各街道、各部门、各单位主动对标对表筹办要求，认真梳理任务清单，细化贯彻落实具体举措，明确责任人和完成时限，制定时间表和路线图，一项一项狠抓落实；强化筹办统筹，颁布冬奥筹办运行工作机制，健全完善工作例

会、文件处理、协调联络、信息报送、督察督办和冬奥工作联系人等制度，促进部门联动、工作交流、资源对接、信息沟通和实时监管，推动筹办工作实时对接和相互兼顾，努力实现"1+1>2"的效果。

（四）注重整合资源、充实力量

完善支部建在赛会，筹办一线工作机制，与开展"两学一做"学习教育紧密结合起来，在重大项目推进、重点问题攻坚一线，充分发挥好基层党组织和广大党员的战斗堡垒和先锋模范作用，引导广大干部群众始终保持良好作风，主动作为。同时，坚持走好新时期群众路线，依靠群众、动员群众、组织群众，引导全区人民积极投身到冬奥会服务保障工作中来，当好东道主。积极发挥市场作用，把全社会的力量动员起来，把各方面的资源统筹起来，加大市场开发力度，鼓励社会资金和社会力量积极参与场馆及基础设施建设、重大体育赛事举办、文体活动组织，调动全社会参与冬奥会筹办举办的积极性。

（五）注重加强宣导，提升影响力

服务保障冬奥筹办举办，全球目光都聚焦北京、聚焦延庆，我们要紧紧抓住这前所未有的机遇，全面实施城市品牌提升计划，建设区融媒体中心、网络舆情监控指挥中心和网络新闻发言人队伍，策划组织具有延庆特色的主题宣传推广活动，推动冬奥、世园宣传加快升温。把冬奥宣传与长城文化、地质文化、红色文化建设有机结合起来，创新宣传理念与传播手段，发出延庆声音，展示延庆形象，讲好延庆故事，提升延庆知名度和影响力。我们持续深入开展"我为世园做贡献、我为冬奥添光彩"活动，推出一批像"海坨农民滑雪队"这样的品牌，引导全区群众增强东道主意识，营造全区参与支持冬奥会、世园会筹办的良好氛围。

三、夯实人才保障强队伍

深化实施冬奥人才行动计划，不断加大赛会组织、雪场运营、酒店管理、冰雪体育等专业人才的引进和培训力度，让冰雪人才成链成群，为会时服务和会后运营打下坚实基础。

（一）以"赛会需要＋平台引进"为助推，引才聚才

围绕开发储备冬奥赛事筹办举办人才、冬奥赛事服务保障人才、冰雪运动推广普及人才、冰雪体育产业发展人才等进行课题研究，制定《北京市延庆区冬奥会和冬残奥会人才行动计划》，加强人才开发顶层设计。坚持党管人才，建立冬奥会延庆赛区筹备办人才保障组联席会制度，定期研究冬奥人才工作，打造冬奥人才工作品牌。依托"人才京郊行""首都高校博士生挂职锻炼""海外高层次人才引进"等平台，加大柔性引才力度，与中国博士后科学基金会达成合作意向，引进 6 名博士后到延庆区委宣传部、区冬奥办、区体育局等部门挂职。

（二）以"人才项目＋产业项目"为依托，育才用才

围绕冬奥会筹办重大项目建设和主导产业优化升级，打造冰雪产业核心区人才集聚工程，重点实施冰雪竞技人才培养、滑雪高级人才培养、医疗急救人才培养、空气质量保障人才培养、骨干志愿者培养等 10 个重点优秀人才培养项目。举办滑雪高级人才培训班，48 名学员获得瑞士滑雪联盟和国家体育总局双认证的初级、SSA 一级滑雪指导员执照。举办清华大学冬奥经济管理专题研修班，抽调干部参与冬奥会筹办工作，在培养使用中提升青年人才办大事、促发展的能力水平。构建京张冰雪产业人才联盟，完善人才挂职交流常态化机制，在冰雪项目场馆人才、竞赛组织人才培养等方面加强合作，促进区域人才协同发展。

（三）以"政策引导＋服务创新"为保障，爱才留才

制定出台《关于引进高端紧缺人才的实施意见》《延庆区大众创业万众创新的实施意见》《促进创新创业发展支持资金管理办法》等文件，在高端冰雪人才引进、本地冰雪人才培养、冰雪人才创新创业方面加大政策倾斜力度，区财政每年拨付专项经费不低于 1000 万元。借助体育行业协会、科技孵化机构、博士后科研工作站等载体，搭建冰雪人才创新创业平台，成立企业研发中心和重点实验室 14 个，增强企业对人才的吸附力。注重对人才的关心关爱，与朝阳、海淀等城区合作，探索在延庆建立国际人才社区交流驿站，为国际高端人才提供信息共享、思想交流等全方位服务。落实区级领导联系优秀人才制度，出台延庆区人才公共租赁住房管理暂行办法，不断营造爱才留才良好环境。

坚持生态第一、创新引领，
为冬奥筹办贡献怀来力量

中共张家口怀来县委

怀来县地处河北省西北部、张家口市东南部，毗邻首都北京，境内有中华人民共和国成立后建设的第一座大型水库——官厅水库，辖 17 个乡镇、279 个村，36.5 万人，总面积 1801 平方公里。是中国葡萄之乡和中国葡萄酒之乡，全国经济林建设百强县、国家级园林县城、首都重要水源地。

筹办冬奥会时间紧、任务重、标准高，这对张家口提出了更高的要求。这需要在办好冬奥会的同时加快发展自己，在交出两份优异答卷上取得最优成绩、展示最好形象。

一、坚持高位布局，确定发展主题

（一）确定发展主题

怀来县地处北京上风上水，是首都重要水源供应地，如何抓紧用好冬奥会机遇，走出绿色发展、生态强县的新路，是必须认真思考的课题。为此，新一届县委结合怀来实际，经过深入研究，广泛征求意见，确定了"生态第一、创新引领、跨越赶超"的发展主题，把生态作为一切工作的前提，把创新作为推动高质量发展的第一动力，狠抓新经济、新产业，更好地肩负起了张家口市发展"排头兵"的重任。

（二）优化空间布局

习近平总书记指出，城市规划在城市发展中起着重要引领作用，规划科学是最大的效益。怀来县坚持继承发展创新，科学划定生态、生产、生活空间，在"一水三城"城市发展格局的基础上，深化为"一湖三圈"县域空间布局，从官厅水库向外，由轻到重依次布局产业，第一圈层是官厅水库国家湿地公园，第二圈层是以葡萄酒庄、温泉为主要内容的文旅康养产业区，第三圈层是工业、商业和其他等功能区，确保人口经济与资源环境相协调。

（三）明确产业定位

党的十九大报告指出，建设现代化经济体系，必须把发展经济的着力点放在实体经济上。怀来要实现高质量发展，必须坚决推动实体经济发展。县委深刻认识到，传统的思维模式、工作套路已经不适应新时代的要求，必须以创新的思维研究新情况，解决新问题，形成新认识，开辟新境界，破解自身发展困境，推进县域经济跨越赶超。为此，县委围绕河北省"大智移云物"产业方向、张家口市"四大两新一高"产业布局，确定将发展"2+1"绿色主导产业作为突破口，大力培育以新一代信息技术为重点的高新技术产业、以航空航天为重点的高端装备制造业、以葡萄温泉为重点的文旅康养产业，着力推动产业高端化、集群化发展，力争在全市全省率先走出一条欠发达地区生态保护与经济发展互促共进、互利双赢的发展新路。

二、坚持生态第一

树立和践行绿水青山就是金山银山的理念，持续做好生态建设"加减法"，充分展示绿色办奥成果，努力打造京张冬奥廊道的绿色明珠。

（一）推动"三加"，"加"出绿水青山

2017 年，怀来县森林覆盖率已达 50.3%，县城绿化覆盖率达到 44.3%，绿地率达到 36%，人均公共绿地达到 12 平方米。到 2022 年，森林覆盖率可达到 65%，将为筑牢首都"生态屏障"发挥更大作用。

1. "一加"，就是划定生态红线

怀来县委托中国城市规划设计院编制了"四规合一"城市总体规划和环官厅湖周边规划建设管控办法以及 G6、G7、110 国道、241 省道四条国省干道沿线空间管控规划，开创了线性规划管控的先河。特别是环绕官厅水库，把建设红线从过去的海拔 482 米向外后退 30—100 米，放弃了 10—20 多平方公里建设用地资源。近期，针对官厅水库周边开发乱象集中开展了区域环境综合治理行动，抽调环保、旅游、公安等 8 个部门，东花园、小南辛堡等 7 个乡镇 1000 多名骨干力量，利用一个月时间，拆除违建 61 处 5 万平方米，使官厅水库水质和周边建设秩序大为改善。

2. "二加"，就是推动湿地建设

按照"世界优秀、中国最好"的标准，着力打造集湿地景观、科普宣传、休闲观光于一体的官厅水库国家湿地公园。在官厅水库北岸，投资 15 亿元，实施了东西长 12 公里、南北宽 1—1.5 公里的湿地公园一期工程，现已完成土地流转 3 万亩，栽种各类乔灌木 960 万株，地被和水生植物 1.5 万亩，其中膜下滴灌线路就达 180 公里，修建各类道路、栈道等 120 公里。项目建成后，不仅能够全面提高区域水环境质量，还将成为京西北构建山水林田湖草生命共同体的最大示范工程。

3. "三加"，就是开展植树造林

2018 年计划植树造林 31 万亩，重点打造京藏高速、京张高铁、京新高速、延崇高速、110 国道 5 条精品奥运景观廊道，特别是在东花园高铁站等 5 个重要节点实现一次成林、一次成景。2019—2021 年计划再造林 5 万—10 万亩，使绿色真正成为新时代怀来发展的底色。

（二）推动"三减"，"减"出蓝天白云

2017 年，怀来县 PM2.5 平均浓度为 41 微克 / 立方米，全年空气质量二级以上天数达到 236 天，空气质量逐年提升，成为京张冬奥地区名副其实的"清风廊道"。

1. "一减"，就是积极淘汰落后产能

按照中央提出的"去产能、去库存、去杠杆、降成本、补短板"要求，持续推进产业供给侧结构性改革，全县陆续淘汰钢铁、建材、化工等高能耗、高污染企业 50 多家，煤炭物流企业 100 多家，关闭各类砂场、粘土矿、小采石场等矿山企业 160 多家，淘汰燃煤锅炉 180 多台，年减少工业产值 100 多亿元。

2. "二减"，就是推动清洁能源替代

按照党中央"推进能源生产和消费革命"要求，坚持"两手抓"，一手抓好清洁能源的开发生产，另一手抓好绿色高效能源的推广使用，结合张家口可再生能源示范区给予的特殊政策，计划用 3 年时间对县城 800 万平方米和 G6、G7 沿线 50 个村庄 200 万平方米区域，实施"煤改气""煤改电"清洁能源替代，着力推进能源生产和消费革命。清洁能源替代工程的实施，不仅有效减少了燃煤等高污染能源的消耗，还有力促进了群众的生活方式向绿色低碳转变，构建起更加清洁低碳、安全高效的能源消费体系。

3. "三减"，就是实施 110 国道北移

根据中国汽车杂志讲述，110 国道是亚洲最繁忙的一条公路，巨大的过境车流带来严重的道路扬尘和尾气排放污染，随着西北季风的输送，形成对北京地区的空气污染隐患。为彻底解决这一突出环境问题，怀来县从城市规划建设源头入手，多次与国家交通部、省交通厅等部门沟通，谋划实施 110 国道北移 5 公里，将道路一半长度置于山区，桥隧比达到 52%，降低对周边环境的影响；对另一半长度，则采用道路两侧建设 200 米宽绿化带的方法，促进粉尘吸附和沉降。该项目的实施将明显提升空气质量，让群众享受更多蓝天白云。

三、坚持创新引领

贯彻落实五大发展理念，坚持以供给侧结构性改革为主线，以新的战略思维、新的发展方式，培育新的产业经济，从根本上解决发展后劲不足、发展方式粗放、二产短板突出等问题。

（一）合理配置要素资源

创新发展是新发展观核心内容。怀来县坚持以创新的理念和供给侧结构性改革的办法推进各项工作。

在政策上，加快"放管服"改革步伐，组建县行政审批局，编制行政审批"三张清单"，出台招商引资工作考核办法、争取资金考核奖励办法等一系列规章制度，干部招商积极性明显增强。

在土地上，优先供应三大主导产业，在生产要素、行政审批等方面向实体经济倾斜，生产科研用地低成本；凡工作关系、保险关系、个人所得税缴纳在怀来，生活居住用地低成本。特别是停止了单纯房地产项目的审批

落地，对于需要配套住宅的产业类项目，根据项目投资、落地建设情况按3：1—5：1 比例供给住宅建设用地。

在资金上，针对过去产业基金合作中的问题，强调面向实体产业，必须本地注册、本地结算、本地开展业务，与华夏幸福基业和软通动力等公司合作设立产业基金。

在人才上，加大招才引才用才力度，全面加强人才队伍建设，广泛吸纳和培养人才，深入推进京怀人才对接、院镇共建、怀来工匠评选等活动，多项人才创业做法被央视推广。

（二）实施"2+8"发展战略

立足自身实际，抓紧用好京津冀协同发展极其难得的历史机遇，积极承接北京非首都功能疏解，在对接京津、服务京津中加快发展自己。为此县委提出了怀来新一代信息技术"2+8"发展战略，推动"1+5"和"1+3"建设。

所谓"1+5"，就是 1 个数字怀来产业园 +5 大平台。参照福州等软件园模式，着力打造数字怀来产业园，培强华夏平台、软通平台、中联加平台、中关村软件园平台、中科软平台 5 大平台。与 6 家信息科技主板上市公司和2 家集团公司全力打造数字怀来产业园、数字怀来产业研究院、数字怀来建设平台公司，建设"数字中国"最基层的示范和标杆。目前，软件园一期两栋 6 万平方米楼主体已封顶，签约入驻企业 20 家，其中行业全国百强的有18 家，中科软、中兴通、浪潮等一批行业龙头还在对接中。

所谓"1+3"，就是 1 批大数据总部基地 +3 个数据园区。加快秦淮数据基地、腾讯华北信息技术产业基地等总部基地建设，完善东花园分园、桑园分园、存瑞分园三个园区水电路信基础设施，秦淮数据总部基地已经在怀来设立。腾讯华北信息技术产业总部基地将按照"业内最大规模、最高标准、最高等级的云计算产业基地"的定位布局，服务器总规模达 100 万台，建成后将成为腾讯公司发展史上最大规模、最高等级且位于非核心都市的云计算产业基地。上述项目全部落地之后，怀来将成为河北省"大智移云物"产业发展的新高地。目前，数据产业今日头条 10 万台服务器已启用，华为 8 万台主体已封顶，正在与微软、中国联通等行业龙头加紧对接。

（三）打造产业生态系统

不仅注重招商引资，更加注重培育绿色的产业生态系统。怀来县立足推动人才向产业集聚、人才与资本对接、人才发展与社会环境有机融合，与全国最大的软件开发企业软通动力合作共同打造中国·怀来上谷科学城，构建集科技研发、产业培育、教育医疗、创孵基地、风投基金、商住配套等于一体的全新产业生态。同时，深入实施军民融合发展战略，加快推动怀来航空航天产业基地建设。目前，501、502、508所、东方红生物等项目相继开工；引进了霹西自动化等6家航天装备制造企业和中兴西山等21家无人机制造企业；以无人机为主的航天九院产业基地项目力争近期签约，年内开工。建成后，航空航天产业基地将成为军民融合发展国家战略重要示范基地。

（四）充分发挥冬奥效应

为充分发挥冬奥效应，展现冬奥文化、张家口文化、怀来文化，怀来县精心组织一系列文化旅游活动和体育赛事。

1. 组织文化活动

组织了延怀河谷葡萄文化节、怀来海棠花节等特色活动。MTA天漠音乐节自2016年已连续举办三届，特点是音乐与科技结合，既有摇滚演出，现场接待观众5万余人次，又有由经纬中国主办的科技论坛，邀请京东金融等500余家以互联网与信息技术为重点的公司，以及一批风投和股权基金公司，共约1000余人开展交流研讨，其中上市公司30多家。

2. 举办体育赛事

幽州古道超级越野赛在前两届的基础上，今年被认定为国家级A类赛事，是UTMB/IBRA积分认可的国际越野赛事，是河北唯一一家，开创怀来县首次举办国家级体育赛事的先河。越野赛共吸引15个国家800名选手参加，带动观光、休闲等游客10万余人次。通过举办特色赛事活动，既锤炼了干部队伍，又积累了举办赛事经验，既提升了怀来的开放度，又扩大了怀来的影响力。

3. 推动全域旅游

大力发展体育产业，高质量办好全市旅发大会等重大活动，深挖资源优势，全力推动环官厅湖葡萄酒庄集聚区建设，引进了桑干农业生态园、怀乡河畔葡萄主题健康休闲旅游小镇、德尚中国国际葡萄酒文化旅游博览园等一批文旅和现代农业项目，陕西袁家村怀来古城、京北海棠文化旅游小镇等全部开工，推动旅游、生态、康养产业的深度融合发展。与融创中国合作投资

20 亿元的怀来融创万达文旅城项目基本谈成，规划建设世界级室内滑雪场、滑冰场、冰壶馆和娱雪乐园，打造张家口第一家四季冰雪胜地，全面点燃群众参与冰雪运动的激情，努力为张家口提振奥运经济、建设奥运之城提供重要支撑。

四、坚持为民初心

坚持以人民为中心的发展思想，着力保障和改善民生，让人民群众在筹办冬奥会和本地经济社会高质量发展中真正得到实惠，不断增强获得感、幸福感、安全感。

（一）坚决打好打赢脱贫攻坚战

党的十九大报告指出："让贫困人口和贫困地区同全国一道进入全面小康社会是我们党的庄严承诺。"怀来县坚决克服非贫困县思想，始终把脱贫攻坚作为最大政治任务和第一民生工程，严格落实"六个精准""五个一批""五个结合"要求，精准扶贫脱贫。2016 年前我县贫困人口是 2829 户 4804 人，2017 年脱贫 2005 户 3138 人，剩余贫困人口数 685 户 1236 人，2018 年将脱贫 360 户 678 人。

1. 实施产业扶贫

投资 2600 万元，通过实施分布式光伏发电、生态扶贫和葡萄新品种试验推广等扶贫项目，预计每人每年增收 1000—3000 元。

2. 实施健康扶贫

全面推行贫困人口"先诊疗后付费""一站式服务"和"家庭医生签约服务"，构建基本医疗保险、大病保险、住院医疗救助、惠农健康保险和健康扶贫政府兜底救助五重医疗保障，有效解决贫困人口看病贵的问题。

3. 实施教育扶贫

投资 3200 万元，改善 9 所学校教学设备，修缮校舍面积 1.5 万平方米。严格落实各项教育扶贫政策，确保每个贫困学生上得起学、上得好学。

4. 实施就业扶贫

对 281 名有劳动能力贫困人员实施外出务工安置一批、就近就业帮扶一批、自主创业资助一批、公益性专岗保障一批的"四个一批"工程，确保每一位贫困劳动力稳定就业。

5．实施社会保障兜底

为 107 户贫困户实施危房改造工程，为 842 人落实了低保和特殊困难补贴。

（二）着力提升基础设施和公共服务水平

为充分发挥奥运会展现中国全面建成小康社会后城乡发展、城市建设管理、全社会文明程度的窗口作用，怀来县以京张筹办冬奥会为重要契机，结合特殊的地理位置和悠久的历史文化，下大力气补齐民生短板。

1．持续推进重大基础设施建设

2018 年以来，完成了京张高铁、延崇高速、陕京四线等冬奥和国家重点工程共 8900 多亩征地任务，征收速度、征收面积全市第一；官厅水库跨湖大桥完成投资 10 亿元（总投资 16 亿元），完成总工程量的 70%，明年将与京张高铁一同通车，建成后将成为长江以北最大跨度的悬索桥，这一系列重大工程的推进为冬奥会的举办提供了强有力的交通路网保障。

2．大力提升全民公共服务水平

积极打造以综合博物馆为中心，由新保安战役博物馆、王次仲博物馆、鸡鸣驿邮驿博物馆等 8 个博物馆组成的博物馆群。大力引进京津优质医疗资源，积极推进县中医院与北京三甲医院对接合作，天保健康城儿童医院已开工建设。围绕完善公共服务设施、综合治理城乡环境、规范城区社会秩序等方面，扎实开展省级文明城市创建活动，去年排名由 2016 年全省倒数第三位进到全省第九、全市第一。

3．精心打造高效廉洁的干部队伍

打铁必须自身硬。坚持全面从严治党永远在路上，深入贯彻党的十九大报告提出的新时代党的建设总要求，推动全面从严治党向纵深发展，为冬奥会筹办和本地发展提供坚强的政治保障。

怀来县将深入贯彻落实"四个办奥"理念，扎扎实实交出冬奥会筹办和本地发展两份优异答卷，为办成一届精彩、非凡、卓越的奥运盛会作出应有的贡献。

冬奥会对张家口人才资源的挑战与对策

徐 达[*]

引 子

　　我是恢复高考后入学接受高等教育的，高考时发生的许多事情，至今还历历在目。尤其让我印象深刻的是 1978 年第一次全国统考时的文言文考题：唐太宗让宰相封德彝举荐贤才，他过了很久也没有推荐什么人。太宗诘问封办事不力，封回答说："不是我不尽心去做，只是现在没有杰出的人才啊！"太宗说："君子用人和用器物一样，每一种东西都要取它的长处。古来能使国家达到大治的帝王，难道是向别的朝代去借人才来用的吗？我们只是担心自己不能识人，怎么可以冤枉当今一世的人呢？"〔太宗（指唐太宗）令封德彝举贤，久无所举。上诘之，对曰："非不尽心，但于今未有奇才耳"。上曰："君子用人如器，各取所长。古之致治者，岂借才于异代乎？正患己不能知，安可诬一世之人！"〕当时这道考题，非常贴切地呼应了小平同志"尊重知识、尊重人才"的号召，鼓励各级领导去发现人才、用其所长，这在当时具有积极的时代意义。

　　2015 年 7 月 31 日，我作为北京申冬奥代表团的成员，在见证了北京携手张家口赢得 2022 年第 24 届冬季奥运会举办权那一历史性时刻之后，陷入

---

* 作者为著名奥运专家，北京 2022 年冬奥组委总体策划与法律事务部原部长。

了深深的思考：张家口一夜之间成了国内外关注的焦点，可是我们都还没有准备好啊！

一

京张携手"一次申办、一次成功"，这是申办之初任谁也无法想象的事情。历史总是充满了不确定性，而恰恰是这种不确定性居然让我们创造了历史。之所以这么说，是因为：

2022 年冬奥会的到来，使北京成为奥林匹克史上第一个既举办过夏奥会又将举办冬奥会的"冬夏同城"；使中国也由此成为世界上第一个实现举办夏奥会、冬奥会和青奥会的近乎"奥运大满贯国家"（未举办冬青奥会），谱写了奥林匹克运动新的篇章。

2022 年冬奥会的到来，恰逢京津冀协同发展这场东风，"好风凭借力，送君上青云"。冬奥会将成为京津冀办同发展的一块试验田、一个练兵场、一处高新区，京津冀协同发展为冬奥会筹办提供强有力的战略支撑，冬奥会筹办为京津冀协同发展提供前所未有的历史机遇和绵绵不断的动力源泉。筹办冬奥会，推动京津冀协同发展，两者目标一致、理念契合，完全可以相互借力、携手共进、互利共赢。这不仅是我们的美好设想，也是国际奥委会和国际社会的共同期待。

2022 年冬奥会的到来，将张家口一夜之间推向了前台，从河北省的张家口，成为了全中国乃至世界的张家口，这是张家口发展过程中千载难逢的重大历史机遇。有记者让我回顾那场一波三折的申办历程，我用简单的三句话作了概括：形势跌宕起伏，胜利来之不易，经验弥足珍贵。展望未来，也用三句话来概括：筹办任重道远，机遇转瞬即逝，发展时不我待。

如果我们抓住了这次机遇，我们就不仅能够按照习总书记要求，举办一届"精彩、非凡、卓越"的冬奥盛会，还会在京津冀协同发展战略实施方面取得巨大成果，还会在推动张家口"科学发展、绿色崛起、脱贫致富"方面创造卓越业绩，让张家口的发展水平至少提速 20 年至 30 年！

二

怎样才能不错失机遇？怎样才能筹备和办好冬奥会？怎样才能更好地在推动京津冀协同发展中实现张家口的跨越式发展？引进和培养人才是个绕不开的话题！

40年前小平同志说"科学技术是第一生产力"，20年前中央又提出"自主创新是第一竞争力"。归根结底，人才才是掌握科学技术的载体，是实现自主创新的主体，是推动经济社会发展的第一资源。冬奥会的成功筹办与举办，张家口未来的长远发展，无一不需要人才这块宝贵的基石。

（一）筹办奥运会需要的专业人才

现代奥运会发展到今天，其策划和组织是一项复杂而浩大的系统工程，对人才的需求也是全方位、多角度的。选拔、培养和使用一大批高素质、国际化、专业化、复合型人才参与奥运会的组织工作，是办好奥运会的必要条件。

根据奥运会工作需要及其人才属性，可将奥运人才资源分为"四大人才群"：

1. 组织人才

包括奥运会高级决策层、国家体育总局、北京冬奥组委及各部门的领导决策层人员和奥林匹克专家，他们主要负责奥运活动的整体统筹、宏观调控、项目管理、风险管理及各项活动和赛事的策划、组织、协调、联络等。

2. 管理人才

主要是执行落实层人员，包括行政管理、资产管理、信息管理、场馆管理、经营管理及城市运行管理人才，他们主要负责奥运各种行政事务，负责奥运各种资源的使用、调配和管理，负责奥运信息的收集、咨询、发布和奥运资产的市场开发和营销活动。

3. 服务人才

包括赛事服务、交通服务、媒体服务、医疗服务、安保服务、技术服务、住宿服务、餐饮服务、接待服务和语言服务等人员，主要从事奥运会日常服务工作。志愿者、合同商人员都属于这一类，他们被誉为城市的"名片"或窗口行业，是奥运会需求最庞大的群体，他们的表现代表着城市的形象和管理水平。

4. 竞赛人才

包括参赛的运动员、教练员、裁判员、体育官员及其他竞赛技术人员。用体育总局冬运中心专家的话讲，这方面恰恰是我们的短板和弱项。中国在短道速滑、速度滑冰短距离、花样滑冰、冰壶、自由式滑雪空中技巧、单板滑雪 U 型场地等项目上具备一定实力，但高山滑雪、越野滑雪等项目刚刚起步，雪车、雪橇等项目还没有开展，运动员、教练员、裁判员等都存在短板甚至空白。有出色的技术官员和裁判员，才能保障赛事运行和公平竞赛。例如，如果能有来自张家口籍的运动员参赛并有出色发挥，不仅可以使2022 年冬奥会锦上添花，也将使张家口建设"滑雪小镇"的远景目标执行起来更加步履坚实。

（二）筹办北京冬奥会需要多少专业人才？

北京 2008 年奥运会，共设 28 个大项、302 个小项，共有来自 204 个国家和地区的 10666 名选手参赛，是迄今为止参赛人数最多的一届奥运会（超过伦敦）；总共接待奥林匹克大家庭及运动员、教练员和官员 6 万余人，出席开幕式的各国家元首、政府首脑及国际组织领导人多达 82 位。相关文献显示，北京筹办和举办 2008 年奥运会期间，共有 8345 名奥组委工作人员、7.7 万名赛会志愿者以及 10 万名合同商人员从事赛事运行和保障工作（当然，这个数字还没有把更大数量的城市志愿者和社会志愿者包括在内）。

这是夏季奥运会的规模和需求，那么冬季奥运会呢？最近一届的韩国平昌 2018 年冬奥会，共设 7 大项、15 分项、102 小项（等同于"北京 2022"的规模），比赛项目是奥运会的三分之一；共有 95 个国家和地区的 2943 名选手，参赛人数是奥运会的三分之一强；总共接待的贵宾人数也接近奥运会的三分之一。平昌冬奥组委从世界各地遴选赛会志愿者 1.5 万人，据说还有近两千人因食宿条件太差中途溜号了，志愿者的规模不到北京奥运会的四分之一。

根据这两组数据，结合中国的国情、特色、办赛经验，结合目前的赛区设置来预测，4 年后的 2022 年冬奥会，预计冬奥组委工作人员将达到 2500人左右，赛会志愿者可达到 2.5 万人左右，为冬奥会服务的合同商人员不会少于 1.5 万人。

具体到张家口赛区，鉴于近半数的比赛项目在这里举办，赛时阶段，在张家口直接参与冬奥会组织工作的人员可能不少于 1000 人，直接服务于赛会的志愿者可能不少于 10000 人（服务于城市运行的城市志愿者和社会志愿者人数可能更多），各类合同商人员可能不少于 5000 人。

这只是初步的预估数据，有待根据筹办进展作出更为细致、更为精准的预测和安排。但这说明，冬奥会对张家口各级各类人才资源的需求是多么迫切，张家口加快专业人才培养、引进、使用的形势是多么严峻。

（三）张家口所需要的冬奥专业人才类别

张家口冬奥筹办需要哪些类别专业人才呢？在这里简单梳理一下，以备参考。

1. 区域规划管理人才

围绕冬奥核心区和崇礼区"三组团"主城区规划建设、重大交通基础设施建设等冬奥保障性基础工程，引进培养规划设计、建筑工程、造价评估等高端专业人才，为推进全赛区基础设施建设提供人才支持。

2. 生态环境管理人才

围绕张家口作为国家确定的生态涵养区、围绕生态环境发展这一根本生命线，实施最严格的环境治理，引进一批生态保护、环境管理、环境监测、资源开发和利用等紧缺专业人才，打造一支践行"绿色办奥"要求、满足赛区发展需求的生态环境保护管理人才队伍。

3. 现代城市管理人才

围绕智慧城市发展对城市管理科学化、专业化的需求，引进一批服务意识较强、专业水平较高，熟悉城市交通组织管理、给排水工程、污水处理、市政工程的高端专家人才。

4. 新闻宣传和媒体服务人才

围绕打造冬奥城市新名片、讲好"崇礼故事"等新闻宣传重点，引进热爱奥林匹克、业务精湛、在本行业领域具有一定影响力的新闻宣传专家或骨干人才，培养打造一支熟悉新闻规律、谙熟冬奥知识、善于处理新闻危机、善于与媒体沟通合作的新闻宣传人才队伍。

5. 法律事务人才

围绕冬奥赛事风险控制、2021 年世锦赛市场开发合作伙伴服务、冬奥知识产权保护、土地征拆政策咨询等，引进熟悉国际国内法律法规、专业门类齐全的法律事务人才或冬奥法律咨询服务专家团队。

6. 冰雪管理人才

围绕雪场和场馆基础设施建设，引进培养一批熟悉场地环境条件、专业技术水平高超的规划、建设和工程管理人才队伍。围绕雪场运营策划、日常管理、宣传营销和赛事组织管理，引进培养一批熟悉雪场运行管理、业务精湛、作风过硬的冰雪管理人才队伍。

7. 国际公共事务人才

围绕筹办冬奥外事交流需求，引进具有丰富的外事工作经验，对国际公共关系有深刻理解和独到视角，在处理对外公共事务关系方面驾轻就熟的优秀资深外事专业人才。

8. 金融服务人才

围绕城市建设国有资本运营管理，引进曾在国内外知名金融机构任职，或在职的具有国际化视野、工作阅历丰富、能够提供专业化服务的"高精尖"金融人才。

9. 农业科技人才

围绕实施乡村振兴战略，结合美丽乡村建设、脱贫攻坚、农村农业现代化建设对人才的需求，引进一批现代农业、生态修复、乡村旅游、作物育种栽培、新型城镇化建设等紧缺专业人才，为推进城市化建设进程提供有力人才支撑。

10. 教育卫生人才

围绕推动社会事业脱胎换骨，加强与北京名院、名校的人才交流合作，引进一批优秀高级教师来张家口和崇礼任教，吸引一批国内优秀退休教师来崇礼建立名校长工作室、名师工作室；引进一批国内外临床和科研领域取得突破性成果、影响较大、贡献突出的心脏外科、创伤骨科、运动医学等学科专家，为赛区培养医疗学科带头人，提升赛区冬奥会医疗服务保障整体水平。

三

（一）人才引进

人才引入方式，本着先易后难的原则，建议优先做好以下几项工作。

1．特聘专家和专业团队

张家口市和崇礼区政府优先从北京聘请参与过 2008 年奥运会和 2022 年冬奥会申办工作以及熟悉城市管理和运行的专家（以退休和体制外人员为重点，兼顾部分在职人员），组成专家咨询团队，充分发挥这些专家"智囊"和"外脑"作用，为张家口冬奥会筹办和区域经济社会发展提供战略咨询、技术指导、远程服务、课题研究、方案制定、人员培训等方面的智力支持。市区两级政府建立"专家人才公寓"，为专家人才提供交通、食宿及科研工作经费等全方位保障。

2．挂职锻炼

充分利用好北京市帮扶张家口的有关政策，列出年度人才需求计划，每年有针对性地争取北京市各部委办局选派规划、科技、环保、外语等专业人才到张家口市和崇礼区挂职，财政部门给予挂职人才适当的工作补贴，并提供交通、食宿等保障服务。

3．引进"985""211"高校急需紧缺人才

继续实施张家口市推出的"985、211 高校毕业生引进计划"，为机关和企事业单位培养储备一批青年后备人才梯队。改进"急需紧缺人才"引进方式，人才引进由每年一次招聘改为经常性招聘，不受招聘时间限制。用"经历业绩评价"代替"笔试"，需要什么评什么。同时针对岗位需求设置考试方式和内容，解决"考上用不上"的问题，提高人才选拔的科学性和精准性，为张家口筹办冬奥和未来可持续发展储备一大批高水平人才队伍。

（二）人才培养、引进和使用

如何培养、引进、使用好上述专业人才，既办好冬奥会又促进张家口可持续发展，提出如下几条思路。

1．营造人才会集、人才辈出的良好环境

突破观念障碍，就是要努力创新奥运人才工作理念，树立科学的人才观。首先要放宽选才、用才的视野。不要局限于本地区，也不要拘泥于体制内，要立足全省、面向全国、放眼全球，以需求为导向，广选良才、广纳贤才。其次要打破任人唯亲、任人唯近的潜规陋习。以筹办冬奥会的大局为重，确立"良才善用、能者居之"的用人导向，不拘一格选人才，不拘一法用人才。

突破制度障碍，就是要充分借鉴国际上先进的人力资源管理经验，努力建立富有活力的奥运筹办人事工作机制。党管干部、党管人才的基本原则和党的干部人事政策，当然要努力遵循。同时国际上通行的往届奥运会及其他一些大型国际体育赛事活动中人力资源管理的成熟经验，也要创造性地吸取和继承，探索独具特色的奥运人力资源工作模式。

张家口在筹办中要继续贯彻落实申办中已经证明行之有效的经验做法，就是坚持"笨鸟先飞、人一我十、不拖后腿、多做贡献"的工作思路，以我为主、及早动手，把冬奥会筹办人才的培养与张家口地区人才队伍建设相结合，抓紧研究编制系统的《张家口筹办冬奥会人才工作规划》，并抓好落实。

2. 充分发挥体制与市场两大优势，打造一支精干、高效、专业的筹办工作队伍

发挥体制优势，一是用好行政手段，从张家口各级党政机关、事业单位中，必要情况下可以考虑面向全省、全国各地的党政机关、事业单位，选调一批能力强、有闯劲、有外语基础和国际视野的优秀处级、科级干部和专业技术人才，把最优秀的力量派到冬奥办工作，把好钢用在刀刃上。二是充分调动属地政府、业主单位和驻地部队参与冬奥筹办工作的积极性，发挥属地支持和保障作用，形成条块结合的奥运场馆运行机制。三是充分发挥思想政治优势，提炼凝聚张家口的"冬奥精神"，用好物质激励、精神激励、政治激励多种手段，落实相对优厚的薪酬、培养、晋升和赛后安置政策，打造一支"呱呱叫"的筹办队伍。

发挥市场优势，就是在发挥体制优势的基础上，积极运用市场手段，采取多种形式，坚持"面向市场、双向选择、优中选优"，做好有业务专长的工作人员、特别是高水平专业技术人员的选拔、使用、管理工作。例如，可根据筹办用人需求，与专业人才机构、咨询公司、猎头公司开展合作，通过公开招聘、人才派遣等方式充实人才队伍；可用项目管理的方式，通过签订项目合同解决专业人才短期使用高峰的问题；可用特聘专家的形式，聘用一些具有国际影响力的中外奥运专家和外事、市场、技术、媒体等方面的特殊专业人才；可从赞助企业选调人员，满足一些特殊岗位专业人才的需求等等。总之，对各个领域的专门人才，不求所有，但求所用，最大限度地发挥他们的价值。

3．招募培养张家口赛区的志愿者队伍

志愿者是奥林匹克运动的基石，是奥运会真正的形象大使。志愿者的微笑是一个国家、一个城市最美的名片。北京 2008 年奥运会的志愿者大概包括四部分：一是直接服务于奥组委工作的前期志愿者（实习生），2004 年至 2008 年分 14 期招募 1582 人，在校大学生占到 80%。二是在各场馆直接服务于赛事的赛会志愿者，实行的是在京高校对接场馆、专业项目组和京外境外志愿者来源单位，一年半时间有 110 万人报名，录用 7.7 万人，在京高校学生占三分之二。三是城市志愿者，一年间有 200 万人报名，录用近 50 万人，分布在全市 550 个服务站点上，提供信息咨询、语言翻译、应急服务等服务。四是社会志愿者，采取群防群治的"人海战术"，由属地通过社会动员和组织发动，总计约 100 多万人。

举办 2022 年冬奥会，张家口赛区的赛会服务和城市服务，当然可以面向全国乃至全球招募志愿者，但是接待成本高、对本地不熟悉的问题也显而易见。综合考虑，最好的办法是重点面向有志于参与志愿服务的两大群体提前招募、培养志愿者：一是面向张家口地区在国外或本市外就读（就业）的大学生（毕业生）进行招募；二是面向河北北方学院、河北建工学院、张家口学院等在本地高校就读的大学生进行招募。录用之后，通过网络在线课程和本地校内课程两种方式开展系统的培训。

同时，政府及教育部门要加强指导协调，在张的本专科高校要主动对接冬奥会筹办需求，开发、开设并加强外语、旅游、体育及奥林匹克相关课程，承接相关的社会人员专业培训，为冬奥会筹办和滑雪小镇建设作出实实在在的贡献。

四

统筹兼顾全员覆盖与分层培训两种方式，最大限度地扩充人才储备，提升国际化专业化水平。

对全体筹办人员和社会大众要有针对性地进行系统、专业化的培训，是成功举办冬奥会的关键。因此，张家口各级党委政府要与市冬奥办密切配合，开发课程、编写教材、整合师资，逐步建立全面覆盖、全程推进的奥运

培训体系，分批次、分层次、分阶段、分步骤、多种形式、科学有序地组织开展培训。在人员类型上，培训重点覆盖市冬奥办工作人员、志愿者、技术官员、合同商人员等各类奥运筹办人员。所有在职公务员每年的干部在线教育，冬奥会知识要成为必修必考内容并加大比重。在培训内容上，要细化区分通用培训、专业培训、场馆培训、岗位培训等各个环节。对场馆团队人员一律实行培训考核、持证上岗。

在进行全员、全程、全方位培训的同时，要组建冬奥宣讲团，建设开通冬奥在线学习网，举办"市民讲外语"和"迎冬奥、讲文明、树新风"活动，采取各类讲座、开通网络培训课程、组织专项培训班、组织观摩学习、市民学校等多样化的培训方式，有针对性地对窗口行业员工、大中小学生和广大市民进行冬奥知识普及和文明礼仪、文明交通、文明观赛等重点项目的培训。

通过培训，培养和提高筹办人员多方面的素质和能力：一是大局意识、责任意识和团队精神；二是奥运规则和专业知识；三是管理能力，包括组织领导能力、沟通协调能力和处理复杂突发事件的能力；四是跨文化交流能力，包括熟练使用外语、熟悉国际惯例与规则等。

2016 年 9 月，全国人大北京代表团到张家口考察，北京市人大常委会主任杜德印在总结会上，就北京携手张家口申办冬奥会即兴赋诗一首："协同要携手，用好两只手；你手牵我手，一齐向前走。"以此来比喻京张携手筹办冬奥会与京津冀协同发展的密切关系。实际上，北京和张家口有许多互补的空间和潜力，而能够突破京张携手协作瓶颈的钥匙，就是人才资源的互补和共享。2022 年冬奥会必将是一次多方互利共赢的盛会，张家口如果拧好了"人才"这把钥匙，一定会成为超级大赢家。

尊重奥运产权　推动市场开发 *

陈　剑

北京 2022 年冬奥会和冬残奥会市场开发计划已于 2017 年 2 月 27 日正式启动。2016 年，中国经济总量达到 74 万亿元人民币，占全球经济总量的近 15%；2015 年，中国对全球经济增长贡献率达到 33.2%，接近三分之一。因此，中国市场的巨大吸引力使人们对北京冬奥市场开发计划充满期待。

一、冬奥市场开发的主要内容

市场开发是筹办奥运会的一项重要工作，承担着筹集资金、物资、技术、服务保障的重要使命，为合作企业提供营销平台和优质服务，进而实现奥运会和合作企业的双赢。2022 年冬奥会市场开发的首要目标，就是要完成保障赛会运行对于资金和物资的需求。

国际奥委会和举办城市组委会各自有自己的市场开发计划。这是两个不同的运行主体，前者开发收入会有一部分分配给组委会，组委会开发收入除了主要用于本届赛会外，也要分一部分给国际奥委会。因此，本文虽然分析的是 2022 年北京组委会的市场开发，但也有必要对国际奥委会的市场开发有所了解。

国际奥委会管理着奥林匹克全球合作伙伴赞助计划（又称 TOP 计划）、

---

* 原载中共北京市委《前线》杂志 2017 年第 4 期。

电视转播合作伙伴计划以及国际奥委会官方供应商和特许计划。国际奥委会市场开发中，最重要的是 TOP 计划，其赞助商是国际奥委会全球最高级别的合作，向整个奥林匹克运动提供资金、产品、服务、技术和人力资源支持。奥运会目前共有 12 家 TOP 赞助商（2017 年之后应为 13 家，编者注），均为各国的代表性企业，如美国的可口可乐、VISA 和通用电气，日本的丰田与松下等。2017 年 1 月，成立仅 17 年的中国阿里巴巴成为国际奥委会 TOP 赞助商中最年轻的面孔。阿里巴巴还是全球第一家与国际奥委会达成直至 2028 年长期赞助合作的公司，也是首家承诺支持北京 2022 年冬季奥运会的中国企业，其全球合作权益将覆盖 2018 年平昌冬奥会、2020 年东京奥运会、2022 年北京冬奥会以及将于 2024 年、2026 年和 2028 年举办的夏季和冬季奥运会。

北京 2022 年冬奥会市场开发计划由赞助计划、特许经营计划和票务计划三大部分组成。其中赞助计划含金量最高，特许经营计划参与度最广，票务计划则对体育迷们最有吸引力。赞助计划是市场开发的主要收入来源。从时间跨度分析，赞助北京 2022 年冬奥会和冬残奥会的营销期将从 2017 年至 2024 年，涵盖平昌 2018 年冬奥会、东京 2020 年奥运会、北京 2022 年冬奥会、2024 年奥运会和残奥会等国际奥委会、国际残奥委会管辖下的多项重大国际赛事，蕴含着巨大的市场营销价值。

赞助计划将赞助企业设定为四个层级，分别是官方合作伙伴、官方赞助商、官方独家供应商和官方供应商。根据层级的不同，赞助企业获得的权益也有差异。如作为官方合作伙伴，赞助企业将获得 7 年半的营销权；第二层级的赞助企业，征集工作 2018 年启动，营销期可达 6 年左右；而后两个层级的征集工作要在 2019 年年中启动，营销期也相对短一些。每个层级设定了赞助基准价位。在同一层级中，不同类别的基准价位会有所差异，以体现不同行业之间的差别，企业情况不同则价位不同。

赞助企业所享有的权益有市场营销权、接待权、产品和服务提供权等。赞助计划所面对的企业，主要包括银行、运动服装、乳制品、保险、航空客运、固定通讯运营服务、移动通讯运营服务等符合北京 2022 年冬奥会和冬残奥会筹办工作需要和奥林匹克市场开发规则的赞助类别。

赞助计划遴选标准主要有以下一些内容：第一，企业资质。企业应行业领先，实力雄厚，财务状况良好，具有良好的社会形象和企业信誉。企业的品牌形象、产品与奥林匹克精神契合，产品符合低碳、环保、可持续发展等标准。第二，赞助报价。企业应当满足相应层级的赞助基准价位要求，有能力按期支付赞助费用。第三，产品和服务保障能力。企业的产品、技术和服务能力处于行业领先水平，能为整个运营期提供所需要的充足可靠的产品、技术和服务。第四，营销推广能力。企业在奥运市场营销方面，有充足的后续资金提供支撑。

赞助企业的征集，将采取公开、定向和个案三种方式选择。公开征集是指北京冬奥组委面向社会发布征集公告，邀请所有符合条件且有赞助意愿的企业参加的征集活动。如某些赞助类别只有少数几家企业具备赞助条件，则采取定向征集方式确定赞助企业。如某些赞助类别只有一家企业有赞助意愿，将采取个案征集方式、通过直接谈判确定赞助企业。

特许经营计划分为国内特许经营计划和国际特许经营计划两大部分。国内特许经营计划将于2018年平昌冬奥会后正式启动，随着赛事临近逐步扩大经营规模。国际特许经营计划将于2020年以后视国外市场需求确定启动时间，以满足国外消费者的需求。

特许经营是北京冬奥组委许可特许企业生产和销售带有北京冬奥会和冬残奥会会徽、吉祥物、中国奥委会商用徽记、中国残奥委会徽记及相关知识产权的产品的市场开发行为。特许企业从生产和销售特许商品中获得收益，通过缴纳特许使用费对筹办北京2022年冬奥会和冬残奥会、宣传推广奥林匹克运动作出贡献。这一计划虽然在整个北京冬奥会市场开发计划中的收入贡献比例最少，但在助推群众广泛参与，传播冬奥文化等方面却有着不可替代的作用。

特许经营计划包括特许商品计划、纪念钞/币计划和纪念邮票计划，主要有胸章和纪念章、服装服饰及配饰、文具、玩具、工艺品、宝石玉石、珠宝首饰、各类饰品（家居饰品、手机配饰、汽车配饰等）、体育用品等类别。

北京冬奥组委还将与国家金融管理部门和国家邮政部门合作，制定实施专门的北京冬奥会和冬残奥会纪念币计划和纪念邮票计划。票务计划，通过门票销售和宣传推广计划，激发社会公众观赛热情，并为公众和各客户群观赛提供优质服务，丰富和提升观赛体验。票务计划，既要满足市场需求和一定的公益需要，同时也要为各层级参与市场开发的客户提供服务。

二、冬奥市场开发潜力巨大

2008 年北京奥运会市场开发圆满成功，并催生了一批企业成为世界和亚洲知名品牌。这说明奥林匹克品牌价值巨大。但应认识到，夏季奥运会市场开发的成功并不意味着冬奥会市场开发也一定成功。冬奥市场开发若要取得成功，需要明确目标客户并付出艰巨努力。

冬奥会市场开发有些不利因素，如冬季运动在我国的关注度远不如夏季项目，冬奥会体量即参赛国家和运动员以及在全球影响力都比夏季奥运会小了不少；近年来世界经济低迷，中国经济增速也出现下降趋势，2007 年中国经济增速高达 14.2%，2016 年下降到 6.7%，今后几年或许会继续维持下行的态势；近几届冬奥会候选城市数量减少，市场开发不佳或许也会对 2022 年冬奥会的市场开发产生消极影响。

应当看到 2022 年冬奥市场开发也具有许多有利因素。

一是 2022 年冬奥会得到了中国政府的大力支持，绝大多数国民也对这届冬奥会持赞成态度。作为一个崛起的大国，并持续作为全球经济增长贡献率最大的国家，中国企业需要通过扩大自身影响提升其品牌价值。

二是 2022 年冬奥会是自 2008 年夏季奥运会后在中国举办的最高级别的综合性国际大赛，也是冬季奥运会首次落户中国。奥运会是注意力经济的集中体现，作为顶级的国际赛事的冬奥会，其品牌价值在全球具有广泛的影响力。

三是中国冰雪运动的快速发展，为冬奥市场提供了有巨大想象力的空间。中国国家主席习近平指出，北京举办冬奥会将带动中国 3 亿多人参与冰雪运动，这将是对国际奥林匹克运动发展的巨大贡献。这预示着全球最具魅力的冰雪产业市场已经向全球敞开大门。到 2025 年，规划中的中国体育产业总规模将达到 5 万亿元人民币，其中的冰雪产业总规模计划 2020 年达到 6000 亿元，2025 年达到 1 万亿元。中国冰雪运动蕴藏巨大商机，无疑会受到国内外企业的广泛关注。

正因为 2022 年冬奥会市场开发有着诸多有利条件，如果能够很好借鉴 2008 年北京奥运会市场开发经验，在此基础上，通过提升北京冬奥组委的运营开发能力、市场营销能力，给赞助企业创造更多的机会，包括给企业提供更多的服务、更好的项目，北京冬奥会市场开发会有一个很好的预期，其赛会运行服务保障所需要的资金和物资一定能通过市场开发予以解决。

三、市场开发要保护奥运产权

2022 年冬奥会的市场开发能否取得预期成果，一项重要工作是对参与奥运市场开发企业的合法权益的维护。在 2022 年冬奥会筹办和举办过程中，能否有效保障奥林匹克知识产权，为参与市场开发的企业提供充分有效的权益保护，是 2022 年冬奥会市场开发能否取得成功的关键。

保障赞助企业的排他权。排他权是冬奥会赞助权益回报的核心内容之一。国际奥委会的全球合作伙伴、北京冬奥组委的官方合作伙伴、官方赞助商和官方独家供应商都享有奥林匹克市场开发的独家权力，一般情况下一个类别只有一家赞助企业。高级别占用的类别不能再用于低级别开发，逐级排他。排他权原则体现了奥运赞助资源的稀缺性和宝贵价值，为赞助企业开辟了独有的市场营销空间，有助于赞助企业在竞争中占据优势地位。

防止侵权和隐性营销的奥运会市场开发已经形成了一套相对成熟的运营体系。与此同时，每届奥运会、冬奥运会，也都有新兴的产品和服务出现，这无疑对扩大奥林匹克影响产生了积极作用。但一些探索和创新性产品，使产权保护的边界似乎存有模糊，引发争议。例如，2012 年伦敦奥运会，有的用带有奥运元素的商标发微博，2016 年里约奥运会进入了全球直播的时代，在赛场内有人带有奥运商标进行直播。这两个案例，虽然有些争议，但定性侵权似乎没有争议。判定是否侵权，主要看是否得到权利人许可，如果使用奥运元素用于商业目的，没有得到权利人许可，定性侵权没有争议。道理很简单，商业活动中运用奥林匹克标志必须得到奥林匹克标志权利人的许可。

我国在获得 2008 年北京奥运会举办权的时候，北京市和国务院先后颁布了这方面的法律和法规。以国务院法规为例，2002 年 1 月 30 日，国务院第 54 次常务会议通过了《奥林匹克标志保护条例》，并于同年 4 月 1 日起施行。这个条例对奥林匹克标志的具体内容进行了细化，包括国际奥林匹克委员会的奥林匹克五环图案标志、奥林匹克旗、奥林匹克格言、奥林匹克徽记、奥林匹克会歌等。

从上述条例内容中可以看出，奥林匹克知识产权最主要、最核心的部分是奥林匹克标志。奥林匹克知识产权与奥林匹克标志在许多场合下几乎可以视为近义词。

就奥林匹克知识产权而言，我国各级政府都不是权利人，赞助企业也不是权利人。依据我国法律法规，奥林匹克标志权利人数量非常有限，主要是国际奥委会、中国奥委会、在华举办奥运会的组织机构。

此外，保护奥林匹克知识产权，也要防止隐性营销。一些企业，虽然不是奥运会赞助企业，不是国际奥委会或奥组委的合作伙伴，但通过参与或组织与奥林匹克有关的一些商业活动，试图使公众误认为该企业跟冬奥会、奥运会有某种联系，这就是隐性营销。隐性营销损害了赞助企业的权益，违背相关的法律规定。对于隐性营销，同样应当坚决反对、抵制和制止。

应区分公益活动与商业活动的不同。2015 年 12 月通过的《奥林匹克2020 议程》，提出了对于奥林匹克市场开发的改革，贯穿了社会价值、公益属性、人文精神等基本取向，彰显出奥林匹克营销的独特功能和精神诉求。

为了弘扬奥林匹克精神在全球的传播，为了使 2022 年冬奥会的筹办让更多国民了解，需要开展丰富多彩的公益活动以扩大影响。而开展公益性活动，必然涉及奥林匹克的一些标志内容。因此，在保护奥林匹克知识产权的同时，必须区分公益性活动和商业性活动。鼓励公益性活动的开展，对不是权利人开展的商业性活动，则需要抵制和制止。没有公益性活动，奥林匹克精神难以得到弘扬，奥运理念难以做到家喻户晓，奥运会筹办工作难以做到有序推进。公益性活动主要弘扬奥运理念，不以盈利为目的，主要依赖政府、非营利的社会性组织等，但也不能把企业完全排除在外。笔者 2008 年曾撰文，不能一概把企业参与公益性活动等同于奥运的隐性市场开发。如果一些公益性活动，既不是企业主导，也没有与冬奥会或奥林匹克运动建立虚假的或未经授权的联系，即没有直接或潜在的商业利益目的，企业参与这些活动是可以接受的。而对那些公益性机构、社会组织开展的围绕弘扬奥林匹克精神、推动冬奥会筹办而开展的公益活动，更应当给予大力支持，进而提升社会各界参与冬奥会的热情，提升奥运理念在全社会的普及。

冬奥背景下的冰雪运动损伤应急预案研究

段金旗　崔　佳*

冬奥会是冬季体育运动项目中最高层次的国际综合性赛会，北京携手张家口筹办 2022 年冬奥会，推进冰雪运动在全省乃至全国范围的普及，可谓顺应时势，恰逢其时。冰雪运动主要划分为滑冰和滑雪两大类，其中速度滑冰、冰球、高山滑雪、跳台滑雪等项目极易在比赛和训练的过程中引起运动损伤，运动损伤严重限制冰雪运动员的比赛成绩和水平，更有甚者影响运动员的运动生涯，本课题拟提出针对冰雪运动损伤的应急预案，以配合运动损伤所造成临床医疗、康复治疗的活动，推进冰雪运动事业的健康发展，为办好 2022 年冬奥会保驾护航。

冬奥会的雪上项目包括跳台滑雪、高山滑雪、自由式滑雪、越野滑雪、单板滑雪、俯式冰橇、无舵雪橇、有舵雪橇、北欧两项、现代冬季两项，共 10 个大项目，张家口市崇礼区将承办除雪橇雪车和高山滑雪外所有雪上项目。

一、2022 年冬奥会承办地张家口市崇礼区的主要特点

张家口市崇礼区位于河北省西北部，地处内蒙古高原与华北平原过渡地带，崇礼境内 80% 为山地，北倚内蒙古草原，南临张家口市中心城区，城

---

*　作者为张家口学院教学人员。

区距离张家口市中心城区 50 公里，距北京 220 公里。总面积 2334 平方千米，海拔从 814 米延伸到 2174 米。夏季凉爽而短促，气温比较稳定，昼夜温差较大，雨量集中，由于山区的地形影响，时有冰雹、暴雨灾害；秋季气温下降迅速，初霜出现较早。全区平均气温的分布受地形、地势影响很大。冬季气温低降雪量大，山地居多。

（一）交通情况

公路方面张承高速、张沽省道自南而北贯穿崇礼区全境，高速公路和张沽省道到崇礼区境内再到冬奥会比赛场地多以山路居多，道路狭窄；到目前为止没有铁路支线；民航可通张家口市。

（二）张家口市医疗水平

目前全市三级医院 4 家，每百万人口拥有三级医院数 0.09 家，与北京每百万人口拥有三级医院数 4.98 家相比差距巨大。全市现有卫生技术人员中博士、硕士、本科所占比例分别为 0.02%、1.38%、17.56%，与同期北京市卫生技术人员中博士、硕士、本科所占比例分别为 6.42%、16.88%、43.17% 相比，学识水平相差悬殊。全市卫生技术人员中具有中级滑雪且有英语交际能力的医务人员仅有 31 人，普遍缺乏大赛保障经验。崇礼区医院仅有医技人员 176 人，其中医生 76 人，护士 82 人，骨科、运动创伤科诊疗能力弱，不能为冬奥会提供与北京同质化的医疗服务保障，急需在急救流程、医疗规范、公共卫生保障、实验室检测、语言等方面进行培训。由于培训内容广，涉及的人员多，目前没有任何培训经费支持，需省、市财政、冬奥办帮助解决医疗卫生保障人才培训经费问题。

（三）冬奥医疗卫生人才情况

1. 市级医疗卫生单位情况

市级医疗卫生机构共有卫生专业技术人员 3825 人，其中医生 1345 人：内科 327 人、外科 155 人、骨科 89 人、中医 93 人、康复理疗 22 人、急诊 61 人、其他专业 598 人。其中正高 98 人，副高 225 人，中级 390 人，初级 632 人。与冬奥医疗保障任务相关的骨科仅有 89 人、急诊科 61 人；护士 2386 人（正高 23 人，副高 97 人，中级 395 人，初级 1871 人），其中与冬奥医疗保障任务相关的急诊护士 119 人。

2．市级公共卫生人员情况

承担奥运公共场所和生活饮用水监督等保障任务的市卫生监督所，专业技术人员只有 32 人。承担奥运传染病防控、病媒生物控制及应急处理，生活饮用水、食品、环境检测等保障任务的市疾控中心仅有专业技术人员 69 人，其中实验室检测人员 15 人。

3．崇礼区医疗卫生人员情况

崇礼区医院仅有医技人员 176 人，其中医生 76 人，护士 82 人，高级职称 18 人，中级职称 27 人。副高以上职称平均年龄在 45 岁以上，年龄最大 55 岁，人才断层现象较突出。医院骨科、运动创伤科诊疗能力弱，不能满足冰雪运动发展的需要；崇礼区卫生监督所仅有编制 6 人，现有卫生监督员 3 人；崇礼区疾控中心仅有专业技术人员 7 人，其中实验室检测人员 1 人。

（四）举办大型赛事经验

崇礼区先后承办过多项高水平滑雪赛事，其中包括 3 项国际雪联世界杯赛事。这 3 项赛事分别为国际雪联空中技巧世界杯、国际雪联 U 型池世界杯和国际雪联自由式滑雪雪上技巧世界杯。

新雪季，崇礼还将举办国际雪联高山滑雪积分赛、国际雪联远东杯滑雪赛、亚洲单板滑雪联赛、香蕉公开赛等国际赛事。其中，由世界单板滑雪巡回赛（WST）官方认证的国际级赛事 2017—2018 雪季香蕉公开赛，将于今年 12 月 1 日至 12 月 2 日在万龙滑雪场举行。由亚洲职业单板滑雪协会创办的亚洲单板滑雪联赛，则将陆续在万龙滑雪场、太舞滑雪场、富龙滑雪场、翠云山滑雪场举办。此外，多项全国性赛事也将落户崇礼。其中，全国单板滑雪平行回转锦标赛、全国高山滑雪巡回赛和全国大众单板滑雪比赛将在长城岭滑雪场举办，全国自由式滑雪雪上技巧锦标赛则将在太舞滑雪场举办。

二、成立高水平专业急救人员及人才培养方案

（一）高水平专业急救人员

培养一批思想政治水平高、专业技术高超、经验丰富、身体素质强的专业急救医疗人次，急救人员专业水平高低是抢救成功的关键因素，冰雪运动急救医护人员除了应掌握正常急救医护技能还应该具备在冰场、雪场进行

现场施救的能力，因此要根据实际要求对相关医护人员进行冰雪运动能力培训，随着科技的发展，现代冰雪运动急救设备更加完善，设备配置普及度越来越高，例如雪救援地摩托车、雪地救援救护车等等，但是因为场地特殊地形复杂，对医护人员从事冰雪运动能力也有较高要求。

（二）确定培养方案

制定一个培养急救医护人员的培养方案，培养目的要明确，一是学习先进的专业理论知识，将优质的医疗急救资源引进张家口来，对张家口的急救医护人员进行多次高水平专业培训，通过培训使张家口的急救医护人员学到国内乃至全球最先进的急救医疗知识。二是通过实践将理论知识与实践有机结合，通过多次不同规模的实际演练、操作将所学理论知识能够充分运用实践当中去。三是经验的学习和积累，经验的学习一是总结现有的与大型赛事有关的急救医疗经验；二是利用即将在 2018 年平昌冬奥会召开的契机，通过与国际奥组委等多方面沟通协调让我国就急救医护派驻专业队伍自始至终参与进去，这对我国承办 2022 年冬奥会应急医疗保障体系的建设有大力帮助，也对我国整体应急医疗保障体系的发展意义深远。

（三）科学、可行的应急预案并反复演练改进

应急预案要做到迅速、科学、可行，以比赛场地、崇礼区、张家口市的自然地理环境、交通状况、医疗水平为基础建立一套符合当地实际情况的应急预案是伤员得到迅速救治的保障。

1. 高度责任心

预案的有效执行高度的责任心是前提，没有一颗高度的负责的责任心，再完善、科学的预案都是空谈，所以应急医护人员务必要求思想政治水平要高，热爱本职工作、关爱呵护患者，尽最大的努力为每一名患者提供最有效的帮助。

2. 组织机构

成立以赛事组委会主要负责这项工作成员为核心的组织机构，该机构主要承担指挥、协调、沟通等工作。成立经验丰富、医术精湛的骨干医护人员为核心的救援队伍，建立一支熟悉当地环境的后勤保障队伍，开通专用的绿色生命通道，各个小组要协调有序，服从指挥。另外还要在当地医院开通相应的保障机制，做好接收各类伤员的医疗准备。

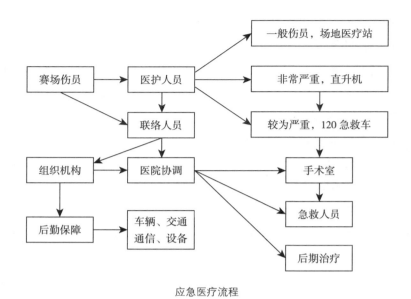

应急医疗流程

3. 应急医疗流程

赛场出现伤员以后首先由驻赛场的医护人员进行初次诊断，根据诊断结果将伤员大致划分为三类：一类是一般伤员，该类伤员直接在赛场医疗站进行救治；一类是较为严重的伤员，这类伤员通过 120 急救车运送到医院进行治疗；一类是非常严重的伤员，这类伤员直接通过直升机，按照国际奥组委15 分钟救治标准，用最短的时间送达定点医院进行救治。同医护人员一同到达的还有专门配备的联络员，联络员将情况第一时间反馈到组织机构和医院负责人，组织机构负责与协调后勤保障系统，医院负责人组织各项医护资源准备接收伤员，并做好伤员后期治疗工作。

（四）反复演练不断完善

再完善的预案都必须经受实践的检验，只有通过反复的实践演练才能发现问题并不断完善。应急预案建立以后，严格按照实际操作进行多次演练，对各个环节要严格要求，不抱有差不多、还可以等模棱两可的心态，做到高标准、严要求。大型赛事活动的应急保障体系不是一个部门能完成的，是诸多部门互相协配合方可完成的，应急保障体系是否能有序、高效、稳定运行，就需要通过不同层次的实战性应急演练，在实践中不断发现问题解决问题不断完善应急预案。

　　完善的医疗应急预案需要一个强大、可靠的后勤体系做保障，例如：交通、通信、医疗物资等都需要诸多部门互相协调共同完成，涉及到的各个部门都要在统一领导下有条不紊地开展自己分管的工作，同时还要注重各个部门之间的沟通衔接，做到沟通流畅、协调有序、迅速快捷，各个部门在实际的演练中把有可能遇到的问题因素都要考虑到，避免出现分工不清、责任不明等情况。

"冬奥名城"城市形象策略研究

孙　焱[*]

城市形象是指社会公众对一个城市的历史文化、地理资源、经济特色等综合实力和未来发展前景等的总体评价与印象。良好的城市形象是重要的无形资产，不仅有利于提高城镇居民的幸福感、归属感和自豪感，还能体现城市魅力与吸引力，聚集资金、技术、人才，形成一种投资、创业的良好氛围，因此塑造和经营良好的城市形象被许多城市提升至发展战略的高度。

一、移动互联网络平台下建设城市形象的作用

社会公众对世界的认知大多来自大众传媒信息。自 2009 年起移动互联网络在中国得以迅猛发展，至 2015 年工信部公布我国移动互联网用户已达 8.75 亿，移动互联网络平台及其信息传播新媒介改变着中国绝大多数城市居民的生活方式。公众、游客和商家大多数时间通过移动互联网了解一个国家、一座城市的信息，然后作出一些相关的决策，因此，移动互联网络平台成为国家与城市形象传播的重要载体。2014 年 12 月，我国目前唯一专注于国家形象传播研究的智库——清华大学国家形象传播研究中心成立，致力于在移动互联网络和数字新媒体背景下，塑造我国的国家形象、提高中国国家软实力提供智库支持。同时截至 2015 年 12 月国内 70 个大中城市共有政务

＊　作者为张家口学院数学与信息科学学院讲师。

APP 316 个。国家与地方政府越来越意识到借助移动互联网络平台塑造城市形象，提升城市软实力，对城市的发展起到不容低估的作用。

张家口市作为首都的北大门和军事要冲，由于地理位置特殊，20 世纪 90 年代中后期才实施半开放政策。作为一个经济较为落后、相对沉寂和闭塞的城市，张家口在全国并不具备很高的知名度。但是 2014 年，被誉为"中国的 66 号公路"最美的"草原天路"在微信朋友圈的爆红，让山城一夜成名，这凸显了移动互联网在城市宣传的力量。如今，正值北京联合张家口筹办 2022 年冬季奥运会之际，借此社会公众聚焦张家口之际，搭建智慧城市促进城市建设，依托移动互联网络促进城市形象宣传，建设国际化"冬奥名城"城市品牌。这是一次城市建设大幅提升的机遇，也是塑造、提升和传播我们的城市形象的最佳时机。

二、依托移动互联网络平台提升城市形象建设策略

（一）明确城市形象定位，做好智慧城市顶层设计

科学规划城市未来发展方向的过程是明确城市形象的过程，也是打造城市品牌的过程。一个城市形象的定位既要有对本地资源特点、人文历史的客观认识，也要有地理资源、经济特色的实际定位。移动互联网络时代的城市，其最高表现形式就是智慧城市。它是以智能技术和智慧制度安排的有机融合为途径，系统化解决现代化城市发展的突出问题，实现可持续发展的城市演进新形态。因此城市形象的推广离不开智慧城市的部署建设。例如，宁波市以上海世博会为契机，在我国率先建设智慧城市，其围绕建设现代化国际港口城市的目标，加快推进智慧基础设施、智慧应用体系和智慧产业基地等建设，优化城市管理服务，提升城市建设水平，塑造良好的城市形象，打造"国际港口城市"的城市品牌。

在"十三五"规划中，张家口市以牢固树立创新、协调、绿色、开放、共享的发展理念，抢抓京津冀协同发展、京张携手举办冬奥会、建设国家可再生能源示范区三大机遇，坚持"转型升级、跨越发展、绿色崛起"主基调，坚守发展、生态、民生三条底线，着力打造水源涵养功能区、绿色产业聚集区、可再生能源示范区、国际休闲运动旅游城市和奥运名城作为城市发

展目标。目前张家口市智慧城市建设工作方案已经把以京张携手举办 2022 年冬奥会为契机，打造"清洁、秩序、美丽、文明"的国际化奥运名城的城市形象，全国智慧应用示范城市、京津冀一体化信息服务区域中心作为智慧城市建设的目标，从"以人为本、智慧服务"出发，聚焦智慧的政务管理、社会民生、经济支撑三大智慧主题，全面提升城市治理能力，提升城市服务水平，进一步提升张家口的国际知名度和影响力。

（二）夯实智慧城市基础建设，提升城市形象建设内在实力

一个城市形象建设的内在核心是提升城市建设水平，提高综合实力。在移动互联网络时代，智慧城市的建设水平直接反映为一座城市的综合实力。而构建智慧城市是一个长期的、逐步推进的过程。首先要做的是通信体系和云计算平台等的基础建设。按照我市智慧城市建设工作方案，2016 年是我市进行智慧城市的元年，是基础建设年。目前，张家口市已经实现城镇化光纤宽带网络全覆盖，无线网络方面，已全面升级到 4G 移动通信网络，已实现部门（大类）数据共享。我们认为基础建设年的工作应在此基础上主要完成两项工作：第一，初步完成全市云计算数据共享中心信息化基础设施建设。利用大数据、云计算及信息安全等相关技术，对管网、交通、市政、环保、农业、税务、民政等数据实现数据共享服务、海量精准的数据处理分析服务及灵活多样的业务数据集成服务，形成城市数据资源池，满足城市各类业务、行业、公众对数据交换和对接的需求，全面盘活城市数据资源，实现数据增值服务，为新型业态的产生和信息服务业的发展奠定良好基础。为了此项工作的顺利展开，工作初期要对全市信息资源统一整合，应制定数据入库的统一标准规范。第二，初步完成全市统一政务专网建设。政府政务专网建设是实现城市管理、行政审批、公共安全、应急救灾等高时效、高安全性的大数据传输的支撑平台。它包含基础设施建设和公共信息安全等级保护及运行机制建设。因此搭建城市政务专网时要具备高可靠性和高冗余度，确保高容量用户需求，为政府部门安全保密通信提供保障，从而提高城市应急响应效率，保证城市稳定和运行安全。

（三）以智慧交通、智慧旅游便民应用项目为先行示范，打造城市品牌

依照张家口市打造国际化奥运名城的城市形象发展目标，以 2022 年联合北京举办冬奥会为契机，围绕葡萄（酒）品游，滑雪温泉，草原风情、民

俗精品、历史文化"五大旅游特色"进行城市品牌宣传，增强城市的吸引力、公信力、号召力、开拓力，提升城市的软实力。张家口旅游局做了大量的工作，仅 2015 年度张家口旅游政务网、资讯网、英文网本年度共发布信息 3652 条。政务网、资讯网访问量达到了 159626，张家口旅游微博粉丝数为 130125 人，共发表博文 14657 篇，张家口旅游微信目前拥有粉丝 3000 余人。

今后，要在政府引导下，积极拉动智慧旅游经济跨越式发展，夯实旅游基础设施建设，完善旅游智能化监控系统，构建智慧的旅游管理体系。随着越来越多的游客涌入张家口以及举办 2022 年冬奥会期间保证赛事的有序进行，交通一体化是重要突破领域，也是北京张家口成功的关键。智慧交通要以人为本，绿色出行为理念，建设一个实时、高效、低碳的综合交通运输管控和服务系统。在张家口目前现有道路路网、城市交通应急指挥系统的基础上逐步建立智慧交通运行调控指挥与协同体系和智慧化交通出行服务体系，实现城市道路实时交通信息采集、发布和交通事件检测系统，提升道路通行能力。优先集中力量实行智慧交通、智慧旅游领域重点应用建设，不仅可以为全面智慧城市的建设提供经验，而且可以大幅提升城市居民和游客的幸福感，为"清洁、秩序、美丽、文明"的国际化奥运名城的城市品牌的建立提供有力支撑。

（四）充分发挥移动网络平台与新媒体优势，加大城市形象宣传力度

伴随移动互联网络的发展新媒体逐渐成为政府机构的重要宣传渠道，这不仅增加了公务信息传播渠道，还为政府与公众提供了更有效的沟通平台。依照新媒体指数大数据平台提供的数据，张家口目前政务类微信公众号已开设 8 个，其中"怀来之窗"排名第一，代表微信整体热度、成熟度和影响力的微信传播指数为 616。张家口日报为媒体类公众号第一，微信传播指数为 831。张家口朋友圈为自媒体类公众号第一，微信传播指数为 1164。由此可见自媒体在城市形象宣传中更具主动性，但其具有双面性，因此政府要重视政务 APP 的开发与维护，积极推进在新媒体上城市形象宣传的力度。

冬 奥 报 道

冬梦飞跃 雄心激荡

——2022 年北京冬奥会和冬残奥会会徽诞生记

汪　涌　姬　烨　林德韧　高　鹏[*]

2017 年 12 月 15 日，国家游泳中心"水立方"，这座传承 2008 年奥运会元素、又将迎来 2022 年冬奥会的"双奥"场馆，见证了奥林匹克运动史上的又一重要时刻：2022 年北京冬奥会会徽"冬梦"和冬残奥会会徽"飞跃"，在此揭开面纱。

北京，这座将成为全球首个夏季、冬季奥运会举办城市的东方文明古都和现代国际大都市，又一次在奥林匹克历史上留下鲜明的文化印记，这也将成为精彩、非凡、卓越的北京冬奥会和冬残奥会重要标志之一。

国际奥委会主席巴赫在北京冬奥会、冬残奥会会徽发布仪式上发表视频祝辞。他表示，北京冬奥会会徽的揭幕，对于中国乃至整个奥林匹克大家庭，都是奥运之旅中的精彩里程碑。会徽是雄心与梦想的象征。为了北京冬奥会的共同目标，中国乃至全世界的人们都会兴奋不已、翘首以望。

2022 年北京冬奥会和冬残奥会会徽一同征集、一同发布，为同一设计师所设计，在视觉语言上达到高度统一。

冬奥会会徽"冬梦"运用中国书法的艺术形态，将厚重的东方文化底蕴与国际现代风格融为一体，呈现出新时代的中国新形象、新梦想。

冬残奥会会徽"飞跃"，设计秉承展现举办地文化、体现以运动员为中

＊　作者汪涌等均为新华社记者。

"冬梦"和"飞跃"同时亮相

心的理念，将中国书法艺术与冬残奥会体育运动特征结合起来。设计展现了汉字"飞"的动感和力度，巧妙地幻化成一个向前滑行、冲向胜利的运动员，同时形象化地表达了轮椅等冬残奥会特殊运动器械形态。

两个会徽注重把中国文化底蕴、现代国际风格、冬奥运动特征融为一体，生动彰显了当代中国的民族精神、时代风貌和文化魅力，形象地展示了冰雪运动的激情、青春与活力，传递出运动员超越自我、奋力拼搏的精神，表达了13亿中国人民对北京冬奥会和冬残奥会的憧憬。

2015年7月31日，国际奥委会主席巴赫在马来西亚吉隆坡会展中心宣布：北京获得了2022年冬奥会和冬残奥会举办权。

一年后的同一天——2016年7月31日，北京冬奥组委从长城发出邀请，面向全球征集2022年北京冬奥会和冬残奥会会徽设计方案。

会徽征集设计工作，借鉴2008年奥运会和近几届冬奥会和冬残奥会经验，经过全球征集、专家评审、修改深化、评议沟通、法律查重、呈报审定六个阶段。

在会徽征集阶段，北京冬奥组委举办"北京2022设计论坛"，还专程到上海、石家庄、大连、沈阳、杭州、泉州等城市，邀请国内外设计师对会徽和形象景观设计进行研讨。鉴于冬季运动项目在中国并不像夏季项目那么耳熟能详，他们还组织设计师参与体验冬季运动，从中获取灵感。会徽征集办法和文件也全部公之于众，可在网站查询；整个会徽征集、评审过程，北京冬奥组委监察审计部和公证机构全程参与，保证公开、公平、公正。

会徽征集启动后广受关注，仅仅通过北京冬奥组委官方微博参与和关注会徽征集活动的就超过 700 万人次。

2016 年 11 月 20 日，是设计征集投稿开始的第一天，来自北京几所艺术设计院校的设计师以及一些业余人士成为首批应征投稿人。

四面八方的应征作品承载着人们对北京冬奥会的热情和向往，如雪片般飞到了位于北京歌华大厦的会徽设计征集办公室。牛皮纸袋包裹的一份份设计方案，摆满了用来存储的房间。前来投稿的有小学生，有国企员工，也有专业美术院校的师生。工作人员认真细致地逐一为每件应征作品登记编号，高峰时段在登记台前甚至还要排起长队。

会徽设计征集工作在 2016 年 11 月 30 日 16 时截止，历时 4 个月，共收到设计方案 4506 件。

——设计方案分别来自全国 31 个省、自治区、直辖市及香港、澳门特别行政区和台湾地区，以及美国、俄罗斯、英国、法国等 13 个国家。

——最年长的投稿人 85 岁，年龄最小的投稿人 7 岁，有多位残疾人设计者亲自来到征集办公室递交作品。

——来自专业设计机构和高等院校的设计方案达到 3198 件，占总数的 71%。

2016 年 10 月，经国际奥委会、国家体育总局、中国残疾人联合会、中国美术家协会、北京奥运城市发展促进会、专业美术院校等机构和代表推荐，北京冬奥组委邀请国际、国内 15 名知名专家和运动员代表组成了会徽专家评审委员会。

15 名评委中，有中国美术家协会主席刘大为、中国美术馆馆长吴为山、清华大学美术学院院长鲁晓波、中国美术学院副院长杭间等。2004 年雅典奥运会形象景观设计创意总监西奥多拉·玛莎里斯、国际设计委员会主席大卫·格罗斯曼等担任国际评委。

此外，国际奥委会委员、中国冬奥会首金获得者杨扬作为体育界代表担任评委，与会徽应用有直接联系的冬奥组委财务和市场开发部部长朴学东、体育部部长佟立新等也成为评委。经过评委们推选，原北京奥组委执行副主席、北京奥运城市发展促进会副会长蒋效愚担任评委会主席。

2016 年 12 月 16 日，征集结束后仅半个月，评委会就马不停蹄召开会议，按照会徽评审程序和规则进行筛选。在北京歌华大厦，4000 多件作品被整齐地码放在数十张桌子上，每件作品都隐去应征者的姓名、单位，呈现给评委的只有作品本身。为了便于筛选，专家评审委员会对作品按照展现的元素、图形、字体和艺术特点等进行分类，把同一类放在一起。15 位中外评委在作品展示大厅里仔细审视着每一件作品。

初选时，评委们每人可以挑选 100 件作品。在公证人员的监督下，投票之后即唱票，初评入围的 78 件作品就此产生。一天之后再复评，每名评委选出他们心目中的前 10 件作品。

在这些作品中，有用汉字来表达的，有用数字来展现的，有突出冬季特点比如雪花的，也有中国传统图形图案诸如长城、灯笼、鞭炮、剪纸的。为了能呈现更好的视觉效果，评委们将选出来的精品挂到墙上，逐一点评发表意见，讨论每件作品的优点和缺点，在投票前把方方面面都考虑到，力争做到评审科学得当。

在反复比较、认真筛选之后，中外评委从入围复评的作品中选出了 10 件设计方案，并进行打分排序。

国际设计委员会主席大卫·格罗斯曼表示，评选过程中，每一位评委都很认真，有长时间的探讨，也有不同意见的交锋，"我参与过很多类似的国际评选，但必须说很少有像这次这么严谨的。"

评委会主席蒋效愚等评委表示，这次会徽设计方案征集呈现出数量多、来源广、专业性强三大特点。随着中国的发展，特别是经过 2008 年北京奥运会的洗礼，中国越来越多的优秀设计师对奥林匹克精神有了更深入的理解，提交了不少高质量的作品。

北京冬奥会会徽专家评审委员会的中外评委们，在评审过程中达成了高度的共识——会徽主题一定要具有较高的设计水平，艺术形式具有中国特色，创意设计突出冰雪主题，易于国际传播。

经过投票，801 号作品在 10 件入围作品中获得总分第一名，其中的"冬"字概念设计就是北京冬奥会会徽"冬梦"的原型。巧合的是，作者是北京申办 2022 年冬奥会会徽的设计者、中央美院设计学院副院长林存真。还在申冬奥期间，林存真设计的申办会徽就以中国书法"冬"字为主体，将抽象的滑道、冰雪运动形态与书法艺术巧妙结合，人书一体、天人合一，

"冬"字下方两点顺势融为 2022，生动自然。

2017 年 1 月 14 日，北京冬奥组委集中研究了入围的 10 件设计方案，包括 801 号作品在内的 4 件作品被确定为下一步继续修改完善的方向。

5 天之后，为了让 4 件入围作品不仅有好的设计理念，还要有专业的呈现效果，北京冬奥组委委托中央美术学院、清华大学美术学院、中国美术学院、鲁迅美术学院等 4 所高校，分别为这 4 件作品深化设计。

中央美术学院负责帮助 801 号作品进行深化修改，修改小组包括国际平面设计联合会副主席／中国区主席、中央美术学院学术委员会副主任王敏，2008 年北京残奥会会徽设计者刘波，中央美术学院设计学院教授、2008 年北京奥运会和残奥会奖牌、单项体育图标设计者杭海，以及两名学生陈怡君和陈颖。

修改小组组长王敏表示，修改的初衷还是要确保保持方案原有的创意和生命力，修改小组更多是从技术细节提出修改意见，比如造型如何更讲究，色彩如何更合理。从 1 月下旬接到修改通知一直持续到 11 月，他们对奥运图形、残奥图形、色彩系统、文字标志"北京 2022"等会徽各个组成部分，都做了深入修改。

在会徽修改过程中，北京冬奥组委专门请来社会各界人士组成评议委员会，先后在 3 月和 4 月召开两次评议会。受邀的社会各界代表，对修改后的会徽设计方案进行评议，提出了进一步修改意见。全国政协常委、80 岁高龄的韩美林教授也参与了评议和修改工作。

同时，北京冬奥组委还征询了国际奥委会和国际残奥委会相关部门、奥林匹克转播服务公司对会徽设计方案的意见，并据此对会徽方案进行了修改。

在广泛征求意见之后，北京冬奥组委主席会上确定了一件会徽设计方案和一件备选设计方案。801 号作品，也就是"冬梦"和"飞跃"，最终脱颖而出。

会徽设计者林存真对"冬梦"和"飞跃"的形态这样解读："冬奥会是冰雪运动的综合，会徽既要体现冰上运动，也要体现雪上运动，会徽形态来源于冰上和雪上运动的姿态，整体外形又体现了中国汉字'冬'。同时，冬奥会运动项目与夏奥会相比，所有运动项目都借助于器械，特别是在残奥会会徽设计时，增加了对雪杖、轮椅等运动器械的展现。"

参加评审的众多评委认为，"冬梦"和"飞跃"通过汉字和书法将中国优秀传统文化和奥林匹克精神完美结合，整体上动感十足，体现出以运动员为中心和冬季运动拼搏疾驰的形象；设计色彩非常明快，手法也非常国际化，具有时代感，为今后会徽的广泛应用，特别是立体呈现、延展设计预留了广阔空间。

中央美术学院院长范迪安认为冰雪运动和中国传统文化、中国元素的结合，是这次会徽设计的总体趋势和普遍特征。范迪安认为笔墨当随时代，而设计也当随时代，冬奥会会徽的设计、色彩、字体和图形，都是对中国时代发展的由衷表现。

中国美术馆馆长吴为山认为，现在全世界学习汉语的人越来越多，通过用汉字的元素"冬"来设计冬奥会会徽，是让世界了解中国、讲好中国故事的一种方式，可以让世界对中国文化产生美感和敬意。

国际设计委员会主席大卫·格罗斯曼认为，这个会徽在传统和现代之间取得了很好的平衡，既呈现了中国文化，也非常国际化，即便是不懂中文的人，也能看出它与中国文字和冬奥主题符号之间的和谐关系。与此同时，它也浓缩了很多运动姿态，便于动态呈现。

"冬梦"和"飞跃"也在运动员群体中引发了共鸣。中国自由式滑雪空中技巧世界冠军李妮娜说："第一眼看见这个'冬'字，你就知道它是代表冬天、代表冬季运动。上面还有两个运动的小人，看到这个会徽，就能想到是哪一届冬奥会。"

为了确保会徽的原创性和知识产权，北京冬奥组委制定了会徽查重工作方案，并于 2017 年 4 月至 8 月开展了国内外查重工作。4 至 5 月，国家工商总局商标局对北京冬奥会和冬残奥会候选会徽进行了查重，在商标注册的全部 45 个类别上未发现高度近似图标。6 月，北京冬奥组委委托清华大学运用互联网大数据等技术手段，利用英、法、阿等 10 种外语对与会徽相关的关键词进行检索，并对有关平面设计专业网站进行图像采集。

6 月至 8 月，国际奥委会、国际残奥委会分别对北京 2022 年冬奥会候选会徽和冬残奥会候选会徽进行了查重。此外，北京冬奥组委还在中国版权保护中心就会徽作品进行著作权登记，并在会徽正式发布前 48 小时，在国内启动涵盖全部 45 个类别的会徽商标注册申请。

11 月 4 日，第 24 届冬奥会工作领导小组审定了 2022 年北京冬奥会和冬残奥会会徽。

12 月 5 日，国际残奥委会正式认可 2022 年北京冬残奥会会徽设计方案。

12 月 6 日，国际奥委会执委会正式认可 2022 年北京冬奥会会徽设计方案。

12 月 15 日晚，2022 年北京冬奥会会徽和冬残奥会会徽正式亮相。

2008 年北京奥运会会徽"中国印"，用中国几千年沿用的印章作为载体，向世界传达出中国有能力、有信心办好一届高水平奥运会的千金一诺。经过北京奥运的洗礼，世界进一步了解中国，中国也进一步了解世界。今日中国已经发展成为世界第一大贸易国、第二大经济体，日益走进世界舞台中央。

2022 年北京冬奥会和冬残奥会会徽"冬梦""飞跃"，以自信的方式告诉世界：中国人要梦圆冬奥、放飞理想，为奥林匹克和世界冰雪运动发展贡献自己的热情和智慧！

（新华社北京 12 月 15 日电）

单兆鉴与中国阿勒泰

——人类滑雪最早起源地

韦 伯[*]

一

国际滑雪历史协会 ISHA 于 2018 年 3 月 23 日晚 6 点 30 分在美国加利福尼亚州 1960 年冬奥会的举办地斯阔谷滑雪场举行了"世界历史滑雪日",对在滑雪历史与文化方面有贡献的人士予以表彰。中国滑雪历史文化研究专家单兆鉴被授予最高奖项——"世界滑雪历史研究终身成就奖",并被颁为"中国滑雪之父"。这是中国乃至亚欧获此殊荣的第一人,是中国滑雪界的荣誉和骄傲。国际滑雪历史协会主席赛斯·马西亚亲自宣读颁奖公告,亲自向单兆鉴授奖,单兆鉴双手将奖牌高高举起。

单兆鉴在颁奖会上发表了'获奖感

单兆鉴双手高举起奖牌

* 作者为京张冬奥研究中心特约撰稿人。

言"，他讲道："我是中国滑雪历史与文化研究者，并且始终关心着世界滑雪历史的研究和文化发展的动向。在滑雪各个领域中，我工作了 65 年，可以说一生与滑雪为伴。滑雪是我人生的道路，是我人生的动力，是我奋斗的目标！经过 20 多年的考察、研究、推介、宣传，确定了'人类滑雪最早起源于中国阿勒泰地区'，成为人类滑雪的摇篮，也就是'人类滑雪的太阳最先从阿勒泰升起'！这是宝贵的人类滑雪历史遗产，是世界滑雪人共有的滑雪文化财富。这个研究的过程是漫长的、广泛的、综合的、艰苦的，然而也是伟大的！"

感言之后，单兆鉴手持奖牌与同往的助手阿依肯·加山先生、中国优秀冰雪设备企业家龙晓彤女士、喜爱滑雪的年轻律师何启霞女士拉开了中国国旗合影，留下了历史的一刻。

会中，来自世界各国的百余名滑雪运动专家学者欢聚一堂，纷纷向国际滑雪历史协会呈现自己在历史文化不同领域所获得的成果。对单兆鉴所获的最高奖项以及所发表的"获奖感言"报以热情的阵阵掌声，纷纷为 80 岁的单兆鉴老先生喝彩。

中国赴美领奖团队合照

二

国际上关于人类滑雪起源地的研究已有 100 年的历史，在斯堪的纳维亚半岛、俄罗斯、中亚等地区探索着，一直没有明确定论，没有解决在"哪个地域，哪个国家，哪个民族首先穿戴了滑雪板"的讨论。

中国专家的研究有选择地吸纳了以往各国专家的研究经验，总结出了一条自己更为科学的研究之路，特点是：

首先解决了理论问题，以理论为先导。严谨地制定了多项研究理论，如"人类滑雪起源的基本条件""判定滑雪狩猎岩画的标准""分清滑雪起源与起源后发展阶段的关系"等。

其次是树立科学的研究理念。研究滑雪起源跨越的时空很长很大，实物的取证十分困难，甚至不可能。必须抓住实质，聚焦节点，树立科学的理念。如结合考古学、人类学、语言学、历史学等多学科知识及方方面面专家参与；将理论研究与实地考察紧密结合，到广阔天地中，依靠当地政府与阿勒泰山民，夯实研究的步伐；抓住研究关键，选好突破口，从挖掘狩猎岩画和民间口传歌谣切入，综合判断；研究中坚持统筹原则，不被孤立的岩画、规格不一的出土雪板、只言片语的信息干扰，重视目前在阿勒泰尚存的古老滑雪文化遗产的追根溯源研究等等。经过多年系统的研究，才得出了明确的结论。单兆鉴认为，"这一重大的滑雪历史考古课题的依据应是综合的、多领域的、系统的，不是简单的一幅岩画、一副出土的滑雪板等就能定论的。"

关于人类滑雪为什么最早起源在阿勒泰，是有坚实的理论基础和丰富的史料为证。"人类滑雪起源必须具备的基本条件"，"判定滑雪岩画的标准"，"分清滑雪起源及以后发展阶段的关系"，"滑雪狩猎的产生是人类进化的必然趋向"等都是由中国专家研定的，并且在阿勒泰得到全面印证。

中国阿勒泰地区能成为人类滑雪最早起源地，正是因为该区域不仅具备滑雪起源的一切基本条件，而且符合其他"标准"的要求。随着研究、考察、宣传的不断深入和扩大，阿勒泰所具备的条件不断夯实，内容不断丰富，被国内外认可的程度不断扩大，中国专家先后编撰的中英双语《人类滑雪起源地——中国·新疆·阿勒泰》（2011 年由人民体育出版社、新疆人民出版社联合出版）、《中国·阿勒泰国际古老滑雪文化论坛报告》（2016 年由光明日报出版社出版），对推动宣传起到巨大作用，书籍现已推介到亚、欧、美各大洲诸多滑雪博物馆及研究部门权威研究人员中，在前后 25 年中，中国专家策划和组织了四次国内、国际会议，发布了两篇阿勒泰宣言，编撰出版三部专著，在国内外进行几十场宣传论证、宣传演讲，结束了近百年关于人类滑雪起源地的学术争论，同时也建立起该学术领域研究的理论体系，使中国在该领域中处于领先地位。

自 2006 年向世人发布了《阿勒泰宣言》后，至今没有异议和挑战，支持的声音不断增强。《2015 阿勒泰宣言》由单兆鉴主笔起草，经中国、挪威、美国专家审议修订，最后由中国专家单兆鉴、挪威专家卡琳·博格、美国专家尼尔·拉尔森分别代表亚洲、欧洲、美洲共同用中文、英文宣读。与会专家签字确认，以鼓掌方式通过。现已被译成中文、英文、俄文、蒙文、哈文五种文字。

世界滑雪历史协会向中国专家单兆鉴颁发最高奖的颁奖公告中这样写道："中国领先的滑雪史学家单兆鉴先生领导了一场长期的滑雪考察研究革命，让世界认识到偏远的中国阿尔泰山脉地区，是世界滑雪的发源地。"

单兆鉴与他的研究团队对世界滑雪历史文化的研究作出了突出的贡献，改写和定论了人类滑雪起源的诸多理论问题，这一成果逐渐得到国内外滑雪学术界的广泛认可，处于该领域研究的领先地位。同时引起 ISHA 对单兆鉴的研究成果的重视，并进行了多年追踪。ISHA 主席还亲临阿勒泰进行考察，会见单兆鉴，之后在 ISHA 发行的滑雪历史第 30 期期刊中发表文章，介绍中国专家的研究信息。最终把滑雪历史文化最高奖项颁给了单兆鉴。实现了单兆鉴与国际滑雪历史协会使命的链接与契合！中国为国际滑雪历史协会增添了光辉，中国也将成为该协会的重要一员。

三

国际滑雪历史协会（ISHA）是非营利性的国际滑雪历史文化最高权威组织，坐落在美国佛蒙特州本宁顿县曼彻斯特中心 VT 05255，旨在保护、弘扬与发展世界滑雪历史文化知识，增强大众的滑雪遗产意识。

中国赴美领奖团 6 人与各国获奖人士合影

ISHA 现有滑雪个体（专家学者）成员约 2000 人。他们来自世界许多个国家，其中大多数来自美国。对滑雪运动本身的追求及对滑雪悠远历史的热爱将会员聚集到了一起。

ISHA 的发展宗旨，已得到多数前世界赛与奥林匹克冠军的热情支持。ISHA 通过书面记录、研究调查和出版发行滑雪技术与丰富经验的方式，保护与增强大众滑雪文化遗产意识，传承滑雪历史，而非收集古老滑雪装备与服装等的博物馆。

ISHA 出版两月刊的杂志《滑雪历史》，刊登滑雪历史中生动仔细的研究信息以及令人赞美的图片。作者多是经验丰富、受人尊敬的人士。杂志每年发行六次。《滑雪历史》被认为是世界上关于滑雪历史发行中的权威期刊。

单兆鉴简介

单兆鉴现年 80 岁，滑雪生涯 60 多年，其间，不但奔波于中国四方雪域，而且经常出访于世界雪坛，进行考察、学习、交流、沟通、演讲，阅历不断提升，成为中国滑雪界工作时间最长的老兵，是中国滑雪发展的见证人和实践者，是中国第一代滑雪运动员。他在家乡——吉林通化这块滑雪沃土上，共获全国滑雪比赛 10 枚奖牌，其中 5 枚金牌。所获的第一枚金牌，使

单兆鉴所获奖牌　　　　　　2010 年国际 ISIA 组织向单兆鉴颁发奖牌

其有幸成为新中国第一位全国滑雪冠军。此后做过运动员、教练员、裁判竞赛人员、国家专业管理人员等。曾任国家体育总局滑雪处处长、中国滑雪协会秘书长、亚洲冬季两项滑雪联盟技术部主任。撰有多部滑雪专著，几十篇论文。

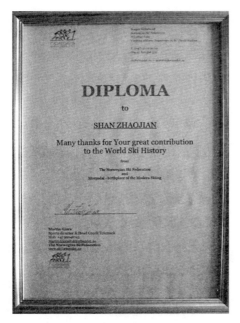

挪威滑雪协会对单兆鉴的感谢状

1998 年退休后，从事滑雪历史文化研究和中国滑雪产业发展的推动工作，以睿智的目光，发现和认定了河北崇礼的滑雪资源，并积极投入到开发之中，是崇礼滑雪的引领者、开拓者、推广者。

单兆鉴十分喜爱和重视滑雪文化，是中国滑雪协会（通化）第一座滑雪博物馆的策划人、组织者。

单兆鉴滑雪生涯多次受到各类嘉奖，曾被国家体育总局评为"先进工作者""优秀共产党员"，授予"中华人民共和国体育工作贡献章"。

多次被社会公益组织评为"滑雪终生贡献人物""全国滑雪文化第

一人";2010 年 3 月荣获国际滑雪组织授予的"单兆鉴——为世界滑雪运动作出贡献"的特制奖牌;2015 年 1 月获挪威滑雪协会颁发的"单兆鉴——对于您为世界滑雪历史的卓越贡献致以敬意"的奖牌。

2017 年 10 月 28 日,在"京张冬奥会发展论坛 2017"上,获得"冬奥之友"杰出贡献奖。

奥 运 规 划

北京城市总体规划背景下的冬奥会
对北京城市发展的影响

杜　巍*

2017 年 9 月 13 日，中共中央、国务院正式批复《北京城市总体规划
（2016—2035）》（以下简称《总规》），标志着总体规划成为首都发展的基本
遵循。

习近平总书记强调，北京冬奥会是我国重要历史节点的重大标志性活
动，是展现国家形象、促进国家发展、振奋民族精神的重要契机。冬奥会自
1924 年在法国夏蒙尼诞生，到 2022 年北京冬奥会，我们承载的是一届百年
冬奥。因此，这届冬奥会无论对国际奥林匹克运动的发展，还是对我国进入
新时代中国特色社会主义建设，以及北京在《总规》下的发展，都具有重大
的历史意义和现实意义。如何在未来四年多的筹备工作中，更好地体现举办
一届"精彩、非凡、卓越"的冬奥会目标，任重道远，使命光荣。冬奥会不
但要成为北京新总规实施的一个"棋子"，而且要成为《总规》首期阶段目
标的助推器，谱写出北京新总规蓝图的绚丽篇章。

一、冬奥会场馆设施建设成为北京城市发展的新地标

百年大计、规划第一。2022 冬奥会场馆设施建设紧紧围绕"以运动员

---

* 作者为京张冬奥研究中心研究员，著名体育专家。

为中心，可持续发展、节俭办赛"理念，对照筹办工作总体计划，同京津冀协同发展规划、北京城市总体规划、国民经济和社会发展中长期规划深度对接，深化细化场馆和基础设施建设规划，确保选址科学合理、功能满足需求，规划设置了北京城区、延庆、张家口崇礼三个赛区，形成了三个相对集中的场馆及相关设施群。

本届冬奥会计划新建场馆设施 6 个，改造原有场馆设施 6 个。除新建的国家速滑馆、北京奥运村以及石景山首钢单板项目赛场在北京城区外，国家高山滑雪中心、国家雪车雪橇中心、延庆奥运村，以及冬季两项中心，北欧中心越野滑雪场、北欧中心跳台滑雪场、张家口奥运村等分别在延庆、张家口崇礼两地建设。

改造原有场馆设施主要分布在北京城区，如国家体育场、国家游泳中心、五棵松体育中心、国家体育馆等，这些场馆设施都是 2008 年奥运会场馆，主要服务于夏季体育运动项目。通过改造升级，它们的自身功能将会多元转化，包括首都体育馆在内的冬奥场馆群，经过外观、内饰以及功能的改造装修，与新建冬奥场馆设施浑然一体，一定会形成新规蓝图的一道亮丽风景线。

二、冬奥会交通设施必将促进交通网络建设

《总规》中将综合交通承载能力作为城市发展的约束条件，标本兼治，缓解城市交通拥堵，加强交通需求调控，优化交通出行结构，提高路网运行效率。冬奥会将根据北京城市交通以及对外交通需求和未来延庆及周边区域经济社会发展的交通需求，努力建成多渠道、多方式、多途径的内外交通体系。通过互联互通，实现三个赛区的无缝连接。规划建设"一个通航机场、若干直升机停机坪、一条高速铁路、一条市郊铁路、三条高速公路、两条一级公路"的对外交通体系，切实改造北京西北部的出行条件。

同时，与张家口地区形成重大交通枢纽的沟通衔接，实现主城区 10 分钟上高速、30 分钟到机场、1 小时内高铁抵达张家口崇礼的综合交通网络。这些交通路网的实现，不仅高水平保障冬奥会的需求，而且有效提升北京整体交通出行及运力水平。在《总规》背景下，全城交通建设对于改善人们物

质生活的需要、疏解非首都功能的实现、促进旅游产业的发展等，都将产生巨大的影响。

三、冬奥会环境建设也是《总规》重要战果

冬奥会环境建设最关键的就是生态环境和人文环境。提起 2008 年奥运会，人们无一例外地联想到蓝天白云下的鸟巢、水立方，一眼望不到边的奥林匹克森林公园，到处是鲜花、美景，特别是夜幕下的北京城，灯光璀璨，五光十色。在生态环境方面，绿色、共享、开放、廉洁的办奥理念，是新发展理念在北京冬奥会筹办工作的体现，要贯穿筹办工作的全过程。

《总规》中对生态、环境的目标，是首都城市发展的红线，首先将北京的空间布局确定为"一核一主一副、两轴多点一区"，更加突出了首都功能、疏解导向与生态建设；其次，坚持疏解整治促提升的五个优先原则，突出体现出补充公共服务设施、增加绿地和公共空间，建设通风廊道、绿道、蓝网，改善人居环境；再次，坚持宜居、生态发展，保护历史文化名城，到 2020 年北京的森林覆盖率由现状的 41.6% 提高到 44%。

在人文环境方面，构建"四个层次、两大重点区域、三条文化带、九个方面"的历史文化名城保护体系，拓展和丰富历史文化名城保护内容，保护和恢复老字号等文化资源；加强志愿者团队建设，坚持以人为本，以老带新，强化人才支撑和科技支撑，使运动员、教练员、观众媒体工作人员等都能享有优质服务和体验，提高赛会运行和保障服务的效率，确保信息及时传递、经验充分共享、工作有效对接。

通过不遗余力的大气环境治理、河流、山脉的治污和绿化，土地开发的限制以及生态资源的保护，人才队伍建设的加强，2022 年的冬奥会北京的自然环境、人文环境都将有极大的改善。因此，我们就要坚持生态优先、资源节约、环境友好，为冬奥会打下美丽的底色，冬奥会期间，让来自世界各地的参赛选手和游客，尽情领略同一个城市、不同的北京的新异彩，会发出惊叹的声音。

四、冬奥会推动北京体育发展呈现新面貌

体育产业是新兴产业，2008 年奥运会，极大地提升了北京市民参与体育的热情，北京市经常参加锻炼的人口达到 50%。冬奥会筹备期间，面临着人们对美好生活目标的新追求，促进体育进入市民生活，常态下的体育人口不仅会平稳增长，而且向高质量锻炼和多元化体育消费的转变，彰显出新的趋势，而冰雪运动在我国有着很大的发展潜力，提升冰雪运动的普及度，将会使更多的人投身到冰雪运动这一项目之中。冬奥会的举办，必然激发全市冰雪产业发展。

目前，冰雪场地设施投资建设火爆，以滑冰为主要特征的北京市将新建室内滑冰场 16 座，室外滑冰场 50 片，嬉雪场 30 片，规范提升已有 22 片滑雪场软硬件水平，到 2022 年，实现 800 万人上冰雪。今年年初，市政府把在群众身边建设 509 片专项体育活动场地引入为民办实事项目，包括新建篮球场地 55 片，网球场地 12 片，多功能球场 31 片、乒乓球场 48 片、门球场 19 片，棋苑 344 片。

最近，又制定出 2018 年计划，将在明年上半年建设完成 700 多片群众身边的专项活动场地设施。未来，北京市体育还将引入物联网和"互联网＋"技术，实现健身场地"一把锁"管理。可见，新规背景下的体育成为广大市民的生活方式，正是北京这座既举办过夏季奥运会又举办过冬季奥运会的唯一城市，为国际奥林匹克发展做出的新贡献。

冬奥会各项筹备工作一定会给人留下宝贵丰富的奥运遗产。最近，北京城市在市民眼帘中的悄悄变化，已使百姓拍手叫好，如三座自行车主体停车场研发完成、百公里自行车道的铺装、高水平无障碍设施的建设……都将随着冬奥会的脚步一一展现在北京城市的生命中，《总规》给人民带来新愿景，冬奥会筹备加速实施的新变化，人们的物质生活更美好，人们的精神面貌更崇高，2022 年迎接世界宾客的笑容一定更加灿烂。

2018：中国体育产业逆风飞扬

纪　宁 [*]

纪　宁 [*]

2018 年夏天，中国经济面临挑战，传统的"三驾马车"——出口、基建与消费，越发后继无力。在这种环境下，体育消费呈现出逆市上扬趋势。中国体育产业正在由边缘性产业成长为国家支柱型新兴产业。

一、中共十九大报告为体育发展指明了方向

2017 年 10 月 18 日，中国共产党第十九次全国代表大会在北京开幕。习近平在十九大报告中对于未来五年中国体育产业以及体育事业的发展有重点提及："广泛开展全民健身活动，加快推进体育强国建设，筹办好北京冬奥会、冬残奥会。"这意味着在新时代、新思想、新矛盾、新目标的今天，体育产业和体育事业已经站在了新的历史起点，要成为实现伟大复兴中国梦的见证者、参与者和奉献者。

习近平总书记在十九大报告中，为中国体育发展指明了四大方向——总体定位、国家战略、综合目标和赛事名片。

（一）总体定位："推动文化事业和文化产业发展"

十九大报告首次明确了体育产业的总体定位——体育产业是文化事业和文化产业发展的一部分。这对于体育产业发展是具有划时代历史意义的战略

---

　　* 作者为维宁体育商学院院长，京张冬奥研究中心研究员。

升级，与世界体育产业的发展理念高度契合。

（二）国家战略："广泛开展全民健身活动"

党中央国务院已经把全民健身上升为国家战略，报告中关于体育内容的第一句话就是全民健身活动，首要强调了这个必须长期坚持的国家战略，这是体育发展的重中之重。蔚然成风的全民健身已经成为中国富强、民主、文明、和谐的新标签。

（三）综合目标："加快推进体育强国建设"

体育强国建设，不仅仅是竞技体育的成绩，更是一个综合发展目标。包括竞技体育、体育事业和体育产业的全面综合发展，只有协同发展，才能迈向真正的体育强国。

（四）赛事名片："筹办好北京冬奥会、冬残奥会"

2022 年北京冬季奥运会、冬季残奥会是新时期中国彰显大国情怀的窗口，是世界重新认识中国的契机，是中国体育对外交流的国家名片。必须以"国家形象公关"的高度认真筹办好 2022 年冬奥会。

党的十九大报告指明的发展方向，成为了 2017 年至 2018 年体育产业发展的奠基石和主旋律。也正是体育产业以及体育事业的初心！百年以来，体育伴随中国走过了争取民族独立和人民自由幸福的时代，走过了在内外困压下艰苦创业的时代，走过了改革开放、与世界融合的时代。今天，在新的历史起点，体育产业和体育事业将要见证和亲历中国的伟大复兴。

二、政府工作报告关键词

2018 年 3 月 5 日，十三届全国人大一次会议开幕，国务院总理李克强作政府工作报告。政府工作报告中涉及体育的地方有五处。

一是全民健身广泛开展，体育健儿勇创佳绩；二是做大做强新兴产业集群，实施大数据发展行动，加强新一代人工智能研发应用，在医疗、养老、教育、文化、体育等多领域推进"互联网 +"；三是深入推进教育、文化、体育等改革，充分释放社会领域巨大发展潜力；四是支持社会力量增加医疗、养老、教育、文化、体育等服务供给；五是做好北京冬奥会、冬残奥会筹办工作，多渠道增加全民健身场所和设施。

上述内容可归纳为以下四个关键词。

（一）全民健身

从 2010 年算起，全面健身已连续 9 年被写入政府工作报告。而全民健身真正蔚然成风则发生在最近几年。2014 年政府工作报告首次提出发展全民健身、竞技体育和体育产业。这一年也被视为体育产业元年。2015 年的表述与上一年基本相同；2016 年的表述变成了倡导全民健身新时尚；2017 年报告中有两处出现了全民健身，表述语分别是实施全民健身计划和广泛开展全民健身。

表述的变化反映了全民健身的普及程度和渐进过程。而经过数年飞速发展，全民健身目前已成为富裕起来的中国百姓的生活方式。人们在跑步、滑雪、广场舞等与健身相关的运动上的花费也逐年递增。全民健身在悄然改变人们精神面貌的同时，也带动了相关产业的飞速发展。国家统计局公布的 2017 年经济运行数据显示，体育娱乐用品消费 2017 年同比增长 15.6%，高出社会消费品零售总额增速 5.4 个百分点，体育产业呈现欣欣向荣的发展态势。

2016 年国务院印发《全民健身计划（2016—2020 年）》提出，到 2020 年，每周参加 1 次及以上体育锻炼的人数达到 7 亿，经常参加体育锻炼的人数达到 4.35 亿，体育消费总规模达到 1.5 万亿元。

公开数据显示，2007 年我国经常参加体育锻炼的人口比例是 28.2%，2014 年该数据已上升到 33.9%。国家体育总局局长在新年献词透露，2017 年经常参加体育锻炼的人口比例已达到 41.3%。保持这一增长势头，2020 年 4.35 亿目标指日可待。

全民健身的一大飞跃性标志是全民健身场所和设施数量有了质的变化。截止到 2017 年底，群众身边的体育健身组织、健身设施、健身活动、健身赛事、健身指导、健身文化等全民健身"六个身边"工程建设形成体系，建设各类体育场地 2 万余个，投入近 4 亿元实施农民体育健身工程。

可以想象，庞大的健身人群一旦形成，所贡献的体育消费以及对相关产业的带动，势必改变中国的经济结构、消费结构并深刻影响体育产业的发展进程和商业业态。

（二）互联网＋

推进"互联网＋"的根本目的是发展壮大新动能。

李克强总理在政府报告中明确指出，运用新技术、新业态、新模式，大力改造提升传统产业。互联网＋就是改造和提升传统产业的抓手。自2015年首次提出后，互联网＋融入了智力、技术、数据等新生产要素的聚集与共享，催生了大量新技术、新产业、新业态和新模式，加快形成经济发展新动能，有效带动消费和就业增长。

互联网＋与体育的结合和渗透已经改变了体育产业的商业形态。在2017年，"互联网＋实体健身"的方式已经成为一种新的流行趋势，跑步、健身、打球或其他户外运动，都可以通过网络预约实现线下运动。甚至通过互联网APP，足不出户就可以和健身达人一起锻炼。

一个明显的变化是现在人们可以用电子支付方式直接购买赛事门票及赛事周边产品，直接刷二维码购买电子门票入场已经不新鲜。借助移动互联网，球迷可以随时随地掌握体育动态和体育信息，可以尽情观看任何比赛，并且还能和自己喜爱的球星互动。而这一切只表明，互联网＋体育的时代才刚刚开始。

（三）改革

1978年，中国开始改革开放，在40年的砥砺奋斗中，改革一直是中国的主旋律。2018年政府工作报告对于改革着墨颇多。在过去的一年，体育改革大刀阔斧，令人动容。"体育改革全面推进，全国性单项体育协会改革取得积极进展，姚明、周继红、三海滨、冼东妹等一批专业人士当选27家协会主要负责人。"体育明星姚明是拉开这场改革序幕的先锋。这位曾经的中国篮球标志性人物在传言声中如期当选中国篮协主席，成为没有公职身份出任这一职务的第一人。紧随其后，备受世人关注的足球改革也在去年足协成功"脱钩"后迎来多项新规：限制外援、增加国内年轻队员上场的机会……2018年，体育改革的步伐只会加快不会懈怠，借助改革，中国体育事业和体育产业也能打破藩篱和破除体制机制的束缚和障碍，真正迈入黄金时代。

（四）供给

有供给才会有消费，而消费又会对投资形成引导。在政府工作报告中，李克强指出，积极扩大消费和促进有效投资。顺应居民需求新变化扩大消费，着眼调结构增加投资，形成供给结构优化和总需求适度扩大的良性循环。

以往，人们观看体育赛事只能通过中央电视台和各地方电视台，虽然可以免费收看，但是能够看到的赛事数量和种类有限。现在情况发生了明显变化，随着腾讯、新浪、阿里等社会力量的加入，大家随时随地可以通过腾讯、新浪等平台收看到各类比赛。这充分体现了消费升级下的新业态和新模式。

以冰雪产业为例，预计 2021 年至 2022 年收入将达到 6700 亿元，冰雪产业将带动旅游及其他相关产业的产值达到 2.88 万亿元。消费对经济发展的基础性作用可见一斑。

三、第四次经济普查 体育产业地位飙升

对于体育部门来说，没有产业数据的支撑，引导和推动体育产业健康、可持续发展则缺少了明确的标杆。所以，体育产业离不开体育产业统计的有力支撑。

数据显示，2016 年全国共有各类体育产业机构 141850 个，占整个国民经济机构的比例为 0.78%。其中，全国共有 102137 个体育企业，占全部产业机构单位的 72.00%。经过修订的《国家体育产业统计分类》（2018）的大、中、小类别尽量保持原有数量，但在内容上有相应调整和补充完善，其中增补了体育特色小镇、体育产业园区、体育主题公园管理服务等内容。

进入新世纪第二个 10 年，中国经济增长方式开始逐渐从过去依靠投资、出口拉动转变为依靠消费、投资、出口，消费已成为拉动中国经济增长的主要动力。作为消费的一分子，体育消费近年来增长势头强劲，逐渐成为中国体育产业发展和促进体育产业转型升级的核心推动力。

《2017 年中国居民消费发展报告》（以下简称为《报告》）披露，2017 年我国社会消费品零售总额为 36.6 万亿元，2017 年最终消费支出占国内生产总值比重为 53.6%。2017 年全国居民恩格尔系数为 29.39%，意味着我国居民消费结构在改善，也是中国第一次进入联合国划分的 20%—30% 的富

足区间。

中国居民恩格尔系数变化的主要原因在于过去这些年中国经济持续高速增长，城乡居民生活水平不断提高，老百姓收入不断增长，财富不断积累。那么居民的钱都花在什么地方了？国家统计局数据显示，去年全年社会消费品零售总额 366262 亿元，比上年增长 10.2%，消费升级类商品较快增长，通讯器材、体育娱乐用品及化妆品类商品分别增长 11.7%、15.6% 和 13.5%。

在众多利好因素相互作用下，旅游、文化、体育、健康、养老、教育培训等重点领域的潜在消费需求将得到释放。2016 年国务院办公厅印发《关于进一步扩大旅游文化体育健康养老教育培训等领域消费的意见》从三个方面提出了进一步扩大消费的政策举措，其中的一个方面就是围绕旅游、文化、体育、健康、养老、教育培训等重点领域，通过提升服务品质、增加服务供给，不断释放潜在消费需求。

《2017 年中国居民消费发展报告》对五大"幸福产业"的消费能力有详细点评，体育消费获得的评语是势头强劲。这一评语是对体育产业发展取得的成就的褒奖。《报告》说，2016 年，国家体育产业总规模（总产出）为 19011.3 亿元，增加值为 6474.8 亿元，占同期国内生产总值的比重为 0.9%。体育产业规模快速增长，产业结构逐步优化，为国内体育消费市场的培育和发展提供了强大动力。

作为《2017 年中国居民消费发展报告》发布系列中的组成，《2017 中国体育发展消费报告》（以下简称《体育报告》）指出，2017 年投入中央资金 30 多亿元，支持地方建设一批县级公共体育场、社区健身中心、农民体育健身工程等公共体育场地设施。2017 年体育总局公布了首批 96 个国家运动休闲特色小镇试点项目，为体育消费市场供给能力的提升提供了新动力。

《体育报告》认为，足、篮、排三大球类项目稳步发展。2017 赛季，足球产业上游赛事市场收入规模超过 100 亿元人民币，中游传媒、场馆收入规模超过 60 亿元人民币，下游培训、用品市场收入规模超过 200 亿元人民币。中国"三对三"联赛、"我要上奥运"全国三人篮球擂台赛和肯德基三人篮球赛，覆盖全国 30 个省、自治区、直辖市，共计参赛球队 92000 支，参赛人数超过 50 万人。2017 年由中国排球协会开发的社会赞助总额近 1 亿元，全年举办的比赛超过 2100 场，观众人数超过 150 万人次，其中中国排球超级联赛超过 300 场，共有男女 28 个俱乐部参赛，遍布全国 20 多个城市。

《体育报告》表示，下一步工作重点将围绕建立现代体育产业体系、延伸体育产业链条、激发体育市场主体活力、扩大体育消费市场供给、夯实体育消费基础、优化体育消费环境展开。

四、六大体育产业板块未来看好

自国务院 46 号文件出台以来，中国体育产业发展势头强劲，但是与世界体育强国相比，差距明显，主要表现在：一是规模不大，2016 年全国体育产业总规模 1.9 万亿元，占 GDP 的比重 0.9%，而发达国家体育产业占 GDP 比重约为 3.5%，要成为支柱产业至少达到 4%；二是结构不优，体育用品制造业占比太大，体育服务业占比太小；三是区域发展不平衡，以福建泉州为例，晋江作为泉州下设的县级市，去年体育产业实现 1400 亿元总收入，而有些省全省都没有晋江这个县级市的体育产业规模大，区域发展极不平衡；四是经济效益低，缺少国际品牌，"微笑曲线"的两端基本上没有在我们手上。

目前，福建省体育产业排名全国第一，主要以分布在厦门、泉州和福州的三个产业集群为代表。福建省体育局统计数据显示，三个产业集群占福建省体育企业、体育产业总收入 70% 以上。从福建省的表现可以看出，只有形成产业链、增长极，才具备集聚效应、辐射效应和带动效应，才能够实现乘数增长、倍数增长。

因此，需要着重打造"健身休闲产业链、智能体育产业链、竞赛表演业产业链、体育培训产业链、体育用品制造和服务全产业链、体育彩票产业链"六大产业板块，形成增长极。

（一）健身休闲产业链

健身休闲产业链主要是指老百姓在闲暇时间通过运动场所进行休闲、养生、养心、健康等活动消费所形成的产业链。相关资料显示，健身休闲业在美国体育产业中排第一，美国体育产业中的支柱产业主要有两个，健身休闲业和赛事表演业。国家体育总局和国家统计局联合发布的 2016 年体育产业统计数据显示，中国体育产业增加值实现了 17.8% 的增长，其中健身休闲产业增速是 33.6%，在各业态中增长最快。

（二）智能体育产业链

智能体育是最具潜力的体育产业链，是随着人工智能、人们对健身科学化的需求而产生的，包括硬件软件和互联网增值服务。智能体育是一个巨大的产业，包括软件开发、智能装备硬件升级、云平台搭建和一系列智能化相关服务。

（三）竞赛表演业产业链

竞赛表演业是以体育赛事为龙头，以观赏体验为主要形式的经济活动构成的产业链。包括赛事策划、赛事中介、赛事组织、赛事经营、赛事媒体运营等。如上文所说，竞赛表演业是美国体育产业的重要支柱之一，目前国内缺少如美国四大联赛这样的赛事。我国拥有众多的赛事，完全有条件打造超过四大联赛的品牌，实现同样甚至超过四大联赛的市场规模。

（四）体育培训产业链

体育培训是以提高青少年，也包括全体国民的体育技能为目的的培训和相关服务。体育培训市场很大，现在要求所有青少年掌握三项以上的体育技能，仅依靠学校的体育教学力量、场地设施不可能完成这个任务。所以要大力倡导社会组织、市场主体发展培训俱乐部、发展培训营地，特别是要大力开展冬夏令营，让青少年有多种选择的条件，用 99 个体育项目培训来充实青少年每年校外 150 多天的时间，帮助他们掌握体育技能、强健体魄、聪明头脑，也带来持续的体育消费，拉动体育培训产业链的发展。

（五）体育用品制造和服务全产业链

体育用品制造业要升级，要创新商业模式，推动产品和技术的创新，打造研发、生产、销售、服务的全产业链，特别是要引导体育用品制造企业拓展体育服务业务，在服务中开拓新市场，这是体育用品制造业转型的方向。现在关键是要打造国际知名的民族体育用品品牌，结合全民健身，结合服务升级来开拓市场，打造世界一流的体育用品制造企业。

（六）体育彩票产业链

体育彩票是体育事业发展的生命线。目前彩票业发展还存在诸多问题，最突出的问题是彩民结构不合理，70% 的彩民是低收入人群，要通过将彩票消费人群向白领扩展的途径，着力扭转这个局面和比例。要积极向老百姓塑造体育彩票的公益形象，即买体育彩票就是做公益、就是支持全民健身。要改革彩票发行模式，要便利、增加网点，增加现代新的手段，还要改革彩票公益金的使用方向和比例，让体育彩票更多用于公益，用在老百姓身边，让老百姓受益。形成从品种策划到彩票印制，到终端机设备，包括其他衍生服务的体育彩票产业链。

科学规划，有效规避后奥运低谷效应

丁满臣 [*]

冬季奥林匹克运动会，是当今世界上规模最大的冬季综合性运动会，具有广泛的国际参与度和深远的影响力。北京携手张家口筹办 2022 年冬奥会，将进一步提高张家口市国际知名度和对外开放程度，促进经济社会发展，成为推动京津冀绿色发展的巨大动力。

但是，在衡量冬奥会的举办对区域、城市、产业等方面正面价值的同时，也需对后奥运时代的低谷效应做出科学的提前预判和合理应对，以趋利避害，确保 2022 年冬奥会取得最大综合效益。

一、追求奥运效应最大化，避免赛后经济衰退，是奥运主办国和举办城市努力实现的目标

（一）奥运效应的最大化是奥运会主办国和举办城市努力实现的目标

奥运会是当今世界上规模、影响力最大的国际体育赛事，会对主办国的经济和社会产生重大影响，经济学上称之为"奥运效应"。奥运会的成功举办，能够成为推动经济和社会发展的助推器，会产生正面的奥运效应。但是，当奥运会的举办不利于经济和社会发展时，就会产生负面奥运效应。主办国和举办城市，更多关注和追求的是奥运经济的三项正向效应：凝聚效

——

*　作者为张家口广播电视大学教授。

应、辐射效应、瞬间放大效应。凝聚效应是指借助奥运，使大量的技术、资金、人才向主办地凝聚；辐射效应是指举行奥运会，可对邻近城市、相关产业甚至是整个国民经济起到带动作用；瞬间放大效应是指因为举办奥运会，经济会在很短的时间内飞速发展，GDP 在很短的时间内快速增长。

考察历届奥运会，承办奥运会能够有效地促进举办城市，乃至整个国家的经济增长。但是，奥运建设投资在拉动经济增长的同时，如不注意提前预防，也会存在负面影响。

（二）避免后奥运低谷效应

与奥运正面效应相对应的"奥运低谷效应"，指的是奥运会主办国及举办城市在奥运会后出现的经济衰退现象。一般而言，奥运会主办国及举办城市的经济发展态势从筹办奥运开始持续增长，到举办前一年和举办当年会达到发展高峰。但在奥运会结束后，增长的势头会有不同程度的衰减，包括：旅游、商业等经济增长要素会迅速陷入衰退、体育场馆赛后闲置现象严重、失业人数会有所增加、大量投资带来的地方财政负担加重等，使得赛后举办地的经济发展曲线呈现出低谷状态。

二、正视后奥运可能带来的负面影响

（一）发生奥运低谷效应的主要原因

一是奥运会前期的盲目投资。奥运投资包括直接投资和间接投资，直接投资是直接用于奥运比赛场馆和服务配套设施的投入以及组织工作的支出等；间接投资是为改善举办城市的环境、交通、通信等基础设施而进行的投入。相应地奥运收入也包括直接收入和间接收入两种。直接收入包括奥运观赛门票收入、奥运纪念品销售、奥运赞助商及合作伙伴所提供的赞助及电视转播销售权等方面。除此之外，主办城市会吸引大量的游客前来观光旅游，参加为奥运会举办的多种文化活动，游客停留期间的餐旅及其他消费给主办国举办地带来就业和收入增加，即因奥运会举办带来的间接收入。每一届奥运会在举办前期都会刺激主办国的投资需求，但往往奥运收入低于奥运投资。

二是奥运场馆的赛后利用率低下。历届奥运会都不同程度地出现了体育场馆闲置、奥运村楼宇销售困难、基础设施使用率不高、投资难以得到回报等问题。许多奥运会需要的比赛场馆在奥运赛事结束后，都面临着场馆闲置和支付巨额养护费用的矛盾。我国比赛场馆建设费用大多由政府承担，如果建成后闲置或利用率低下，非但政府投资难以收回，体育场馆巨额的养护费用会成为政府沉重的负担。例如，2005 年南京奥体中心作为第十届全运会的主会场，占地面积达 89.6 公顷，总投资 22 亿元。十运会后，维持奥体中心运营，每月水电费即高达 150 万—180 万元，物业管理费每年 1000 万元，每年总成本不少于 6000 万元，给政府造成沉重的财政负担。

三是房地产炒作导致奥运泡沫经济。最可能导致奥运泡沫经济的是高房价，高房价在刺激房产供给的同时，抑制了消费增长，会大大降低普通民众的生活质量。且高房价极有可能导致奥运泡沫经济，泡沫一旦破裂，对经济损害十分严重。

（二）理性分析、提前预判

张家口市崇礼区被誉为"华北地区最理想的天然滑雪区域"，冬季平均气温 –12℃，降雪早、积雪厚、存雪期长，是 2022 年冬奥会雪上项目的主赛场，规划承担冬奥会雪上 2 个大项 6 个分项 50 个小项的比赛项目。冬奥会的举办对提升张家口市国际关注度和国际形象、促进京张协同发展、加快我市经济社会发展将产生的正面效应是不言而喻的。但要对世界各国在举办大型体育赛事赛后可能产生的负面影响有清醒地认识，通过考察曾经举办冬奥会的国家和地区，负面影响主要有：

第一，奥运场馆赛后运营维护成本高，政府财政负担重。冬奥会体育场馆设施造价高、专业性强，赛后在实际商业运作中利用率和回报率都很低，特别是专业运动员使用的高山雪道、跳台滑雪和北欧冬季两项等设施建设投入高，赛后使用效率低，据估算运营收入只占雪场整体收入的 5% 左右，其运营维护费用将成为政府财政的重大负担。澳大利亚名城悉尼曾成功举办 2000 年冬奥会，由于筹办期间没有考虑主会场及主体育馆的会后利用问题，产生了巨额亏损。

第二，奥运投资周期结束后，会形成严重的后奥运低谷效应。表现突出的是就业岗位大幅度减少、消费需求迅速紧缩，相关产业受冲击严重。冬奥会受世人关注程度、参与程度明显弱于夏季奥运会，奥运经济的低谷效应较之夏奥会更加明显。如，日本长野 1998 年冬奥会，政府花费 190 亿美元建造高速火车和滑雪道等设施。冬奥会后，对场馆设施的高额维护费严重影响了长野的经济发展。1999 年长野的制造业以 30% 的速度下降，211 家企业宣布破产，下降速度创造了"二战"以来地方经济衰退的最高纪录。在奥运经济史上，被称为"长野后奥林匹克衰退"，与 1964 年东京举办奥运会后的"日本奥运景气"，一起成为了后奥运效应最有名的正负标志。

第三，竞赛场馆及配套设施建设时对生态环境的破坏。雪上项目主要依赖自然环境，在筹办过程中，比赛场馆、交通道路、停车场、酒店、餐馆等设施的建设，会大量占用自然资源，甚至破坏当地的生态环境。法国阿尔贝维尔 1992 年 16 届冬奥会建设时就毁掉了 30 多公顷森林，造成了严重的生态破坏。

第四，竞赛期间废弃物、垃圾处理会给赛区造成巨大的环境污染压力。冬奥会举办将近有一个月时间，在赛区生活居住的各国参赛官员、运动员以及作为主办国的各级各类工作人员、志愿者，以及猛然聚集观赛的客流，其吃、住、行、游、购、娱等活动不可避免地产生大量垃圾和废弃物，会对举办地的环境保护带来巨大压力。

三、科学规划、有效施策规避后奥运低谷效应风险

（一）科学合理制定规划，节约集约利用资源

习近平总书记在我市考察冬奥会筹办时指出：筹办 2022 年北京冬奥会，是国家的一件大事。要着眼于办成一届精彩、非凡、卓越的奥运盛会，科学合理制定规划，节约集约利用资源，按进度高质量完成筹办工作各项任务。按照科学和先进的理念搞好规划。张家口赛区规划要同北京冬奥会筹办总体规划、北京市筹办规划紧密对接，全面落实北京冬奥会赛事和配套服务各项功能需求。

张家口市"十三五"《规划纲要》提出：按照"绿色办奥、共享办奥、开放办奥、廉洁办奥"总要求，围绕"零排供能、绿色出行、5G 共享、智慧观赛"，推进竞赛设施和配套设施建设，提升公共服务能力，促进奥运经济发展，建设国际化开放城市。

因此，张家口市筹办冬奥会要按照科学和先进的理念搞好规划，立足张家口市及崇礼区的发展定位，各项规划都要体现节约集约利用资源、最大限度发挥资金使用效益的原则，不贪大求全、乱铺摊子。

（二）提前谋划、精准施策，有效避免后奥运低谷效应

冬奥会筹办过程中，要提前进行后奥运低谷效应的研究，放大冬奥会的正面效应，确保冬奥会期间，人流、物流、资金流进得来，奥运后留得住，最大限度地减少冬奥会负面效应。要从京津冀协同发展，张家口市可再生能源示范区建设、生态涵养功能区建设、奥运经济与我市经济社会发展等多角度、多维度分析在筹办冬奥会的过程中对张家口经济社会发展可能带来的负面影响，采取积极应对措施。

第一，紧紧围绕把崇礼打造成为"国际知名的冰雪旅游胜地，全国领先的低碳智慧示范区、张家口城市发展新名片"的目标，按照科学和先进的理念搞好规划。奥运场馆规划布局要与完善城市功能相结合，包括选址、场馆面积、内部设计等各方面，使其能够恰到好处地满足城市日常生活需要，为赛后利用打下良好基础。

第二，超前谋划建设奥运特色旅游经济区，完善交通、住宿、餐饮、医疗救护、特色文化等旅游产业相关服务环节，增强对经济的拉动作用。崇礼有着得天独厚的自然资源优势：境内 80% 为山地，森林覆盖率达到 52.38%；夏季平均气温 19℃，空气中负氧离子浓度达 10000/m³，PM2.5 平均值优于国家一级标准，是养生避暑的天然氧吧。

充分利用张家口市的地域、气候优势，冬奥会的举办会给崇礼赛区带来的"奥运效应"，积极打造以崇礼奥运赛区为中心的夏季旅游经济区，达到奥运设施的充分利用。例如，尽管日本 1998 年冬奥会给长野当地带来巨大的经济衰退，但冬奥会的成功举办，无疑给长野留下了"奥运遗产"：通过冬奥会的举办，使长野为世人所知，扩大了长野县的知名度；为冬奥会建设的新干线为长野县高速交通建设取得了长足发展，通过新干线、高速公路和路网建设，极大地提升了其交通的便捷性；因奥运会而形成的"全民运动、全民参与"的风尚和"志愿服务精神"的传承，成为长野重要的无形财产。这些都值得我们在筹办 2022 年冬奥会时给予传承和借鉴。

第三，立足加强场馆的综合利用进行规划建设，结合酒店、展览、会

议、办公等，对奥运场馆进行合理的商业开发，为赛后提高场馆利用价值创造良好条件。令人欣慰的是，冬奥会筹办的规划建设过程中，已考虑到奥运赛事结束后的合理利用：比如：一是充分利用现有滑雪场的各项资源，结合现有云顶滑雪场的发展需求进行改造，建设云顶滑雪公园场地 A 和 B，赛时将充分利用云顶滑雪场现有设施，赛后将作为专业赛事和大众冰雪运动推广基地；二是崇礼赛区为冬奥会新建的国家速滑馆、冬季两项中心和北欧中心跳台滑雪场、北欧中心越野滑雪场和国家高山滑雪中心、国家雪车雪橇中心等，赛后将规划为运动员训练基地、体育比赛场地和冰雪爱好者的乐园；三是需建成永久设施的奥运村和媒体住地，冬奥会后将作为酒店或公寓，继续服务于体育文化、旅游休闲等产业的发展等。

第四，对奥运前后固定资产投资规模进行科学规划、合理安排以平抑投资波动，采取有力措施严格控制房地产价格，尽量缓解赛后基础设施、场馆、房地产等投资对经济的冲击。例如，悉尼奥运会后的 1—2 年，"地产泡沫"明显呈现。随着澳大利亚政府对奥运场馆的逐步充分利用和奥运村地区的环保建设，悉尼奥运中心区住宅迅速发展，人口不断增加，从几千人发展成为 6 万户居民的小城镇，房地产市场发展良好，已成为悉尼最适合居住的地区之一，值得我们研究借鉴。

因此，要利用场馆优势，发展会展产业、奥运文化遗产，大力发展旅游业，强化旅游业等相关服务产业的经济推动作用，全力打造奥运特色城镇。

第五，坚持保护生态环境。在冬奥会项目规划、建设、运营过程中，要按照绿色奥运的要求，重视保护生态环境，大型新建项目，要组织专家开展环境影响评价，严格遵守环保法律法规，守好生态红线，决不能搞过度开发。

总之，按照绿色奥运的要求，以筹办冬奥会为契机，以 2022 年冬奥会的经济效应带动张家口冰雪产业全面发展，逐步形成以健身休闲为主，竞赛表演、场馆服务、运动培训和体育旅游等业态协同发展的新型产业格局，加速冰雪产业的产业化、国际化进程，打造以冰雪旅游为主导，以冰雪大众休闲健身和竞赛表演业为基础，冰雪体育服务业初具规模的绿色生态经济产业体系。

奥运经济与张家口冰雪产业发展研究

童晓云[*]

一、奥运经济带动张家口冰雪产业进入全面发展新阶段

张家口冰雪产业的发展缺乏核心竞争力和特色品牌效应，产业深度开发不足。冰雪竞技项目发展处于起步阶段，存在运动员后备力量基数小；冰雪产业缺少自主品牌；冰雪运动场地设施还在进一步建设完善中；各类专业人才短缺等问题。与北美、欧洲以及东亚部分城市成熟的冰雪产业发展态势差距较大，与国内 20 世纪发展起来的东北黑龙江、吉林、辽宁、内蒙古东部的冰雪产业，以及近几年发展起来的西北地区，主要是新疆阿勒泰，还有天津蓟州，北京昌平、延庆等地冰雪产业项目都有一定差距。

奥运经济是指奥运会举办前后一定时期内，所发生的与奥运会举办有联系的，具有经济效果或经济价值的各类活动。从以往举办城市的历史实践看，奥运经济是注意力经济，会由于注意力资源的相对集中而给举办城市带来阶段性加速发展；奥运经济是品牌经济，通过良好的运作通常能造就一批知名产品和企业品牌；奥运经济也是借势经济，将对举办城市的经济、社会发展产生强大的推动力量，产生类似加速器或催化剂的作用。2022 年冬奥运的举办其经济效应将带动张家口冰雪产业进入一个全面发展的局面，将加

---

* 作者为张家口市委党校教研室副教授。

速冰雪产业的产业化、国际化进程，逐步建成以冰雪旅游为主导，以冰雪大众休闲健身和竞赛表演业为基础，冰雪体育服务业初具规模的产业体系。

首先奥运经济将影响张家口冰雪旅游产业的飞速发展和奥运知名城市的迅速形成。冬奥会协办地张家口崇礼是华北地区最大的天然滑雪场，被誉为东方达沃斯，张家口联合北京申办冬奥会以来，其滑雪人次显著增加，张家口充分利用冬奥会带动"3 亿人参与冰雪运动"的契机，举办丰富多彩的冰雪赛事与"冰雪嘉年华"，2017 年春节期间，仅滑雪旅游一项，到崇礼滑雪的人数较平时增加 50% 左右，其中超过八成的滑雪者来自北京。崇礼万龙、云顶、太舞、多乐美地等滑雪场接待游客 20 多万人次。以云顶滑雪场为例：春节期间平均每天接待滑雪人数在 2500 到 2600 人，而平时周末前来滑雪的人数仅为 1500 人左右。在冰雪项目的带动下，张家口市假期接待游客 239.33 万人次，实现冰雪旅游总收入 20.3 亿元，分别同比增长 29.4% 和 57.1%。张家口城市知名度和首位度也将因此大幅提升，逐步建成经济实力强、城市品位高、生态环境美、生活品质优、智能便捷化的国际知名奥运城市。

其次，申冬奥成功以后张家口赛事活动也不断增多，自 2016 年第二届冰雪季启动以来，张家口市按照体育赛事与群众活动结合，市场运作、政企合作模式，组织了包括专业赛事、群众性体育运动、青少年冰雪运动等 6 大板块、80 余项活动，点燃了全民参与冰雪活动的热情，活动已吸引 160 余万人次参与。在第二届冰雪季期间，我市先后组织了冰上趣味运动会、雪地足球联赛、大众滑雪体验赛等多项群众性冰雪体育运动，并在公园、河边建设临时滑冰场、冰雪乐园。为普及冰雪运动，各县区举办了冰雪文化旅游节、国际汽车冰雪漂移嘉年华、汽车冰雪短道拉力赛等多个大众喜闻乐见的主题活动，并在此基础上融入独特的饮食、节日民俗等文化因素，推出创意冰雕、奥运冰雪文化长廊多项独具特色的节庆活动，同时 2016 年冰雪季期间，崇礼相继引进、落户国际、国内顶级冰雪赛事 20 余项，去年 12 月 8 日，国际雪联高山滑雪积分赛中国站在云顶滑雪场举行，来自中国、日本、韩国、俄罗斯等 6 个国家和地区的 70 多名专业选手展开角逐；12 月 11 日，国际雪联高山滑雪远东杯赛如期开赛。诸多赛事的举办，测试了张家口雪场运营水平的同时还为冬奥会举办积累了许多经验。到 2022 年，张家口将努力成为冰雪运动大市，竞技项目成为国内一流、亚洲知名。届时，全省经常性参加冬季项目健身人口比例达到4.5%、3000万人以上。张家口冰雪产业发展蓝图，就是建设以崇礼为核心、涵盖毗邻县区的天然冰雪游乐区，在坝上或张北打造冰雪体育文化艺术公园、冰雪酒店、冰雪高尔夫、冰雪餐厅等创意主题的基地，推进"三区两镇"的特色冰雪文化产业区。奥运经济将因此造就一批知名产品和企业品牌。

最后，冰雪体育服务业主要包括"冰雪竞赛表演""冰雪运动参与""冰雪运动技能培训"以及"冰雪运动场地、设备、器械的租赁"等。张家口冰雪产业发展处于初期阶段，申冬奥成功后，张家口及石家庄、邢台等地雪场数量逐渐上升，冰雪体育服务产品消费规模持续扩大。但是，冰雪服务业的产品生产、营销质量和水平却不尽如人意，大众冰雪健身供给也存在系列问题，并且区域发展之间不协调。按照《冰雪运动发展规划（2016—2025年）》提出的，到2020年我国冰雪产业总规模达到6000亿元、到2025年我国冰雪产业总规模达到10000亿元的目标，张家口依托京津，打造千亿规模冰雪产业集群，冰雪体育服务业将成为重头戏，张家口的经济、社会发展将随之发生重大变化。

经过多年的发展和申冬奥成功后的积极运作，张家口冰雪产业在冰雪器械、场馆体验、酒店住宿、周边旅游、交通通信、服装地产、特产销售等相关产业方面，开始逐渐体现出产业链横向扩展与纵向延伸的专业化网格化格局。张家口冰雪产业将逐步形成以健身休闲为主，竞赛表演、场馆服务、运动培训和体育旅游等业态协同发展的新型产业格局。

二、奥运经济将推进张家口冰雪产业结构优化升级

张家口冰雪产业基础设施建设更新慢，内部组织结构松散。存在有机联系不够、缺乏整体合力，且刚性需求强但市场集中度低，市场维度广但总体布局松散，产业项目繁多但产业链条不长等问题。

2015年4月30日，中共中央政治局审议通过的《京津冀协同发展规划纲要》指出，要在京津冀交通一体化、生态环境保护、产业升级转移等重点领域率先取得突破，这意味着京津冀协同发展的顶层设计基本完成，推动实施这一战略的总体方针已经明确。河北省旅游发展委员会提出，将借助冬奥

会契机，加快建设一大批冰雪运动、娱乐、体验、休闲基地，推进发展一批现代服务业，打造集滑雪、休闲、观光、温泉为一体的京张体育文化旅游产业带，策划推出"冰雪＋"系列全季旅游产品。把张家口打造成冰雪体育产业基地、全国冰雪运动中心、装备制造中心和人才培养中心，形成以崇礼为核心，张家口和承德地区为支撑的滑雪大区，这也是张家口产业升级转移的有效途径。而且按照《河北省冬季运动发展规划（2015—2022 年）》中提出的张家口、承德两地将规划逐步打造为国家级冰上训练基地，崇礼滑雪产业列入国家体育产业示范基地的要求，张家口在未来几年将加强中小学文体设施的建设，特别是强化崇礼、康保、张北、沽源、赤城等具备滑雪条件地区，青少年冰雪体育培训的基础设施建设将成为硬性要求。

崇礼区作为华北地区规模最大的滑雪旅游胜地，近年来的发展尤其引人瞩目。目前已建成具有一定规模、设施先进、配套完善的崇礼万龙、密苑、太舞、长城岭、多乐美地，以及张北塞那都等 6 家滑雪场，冰雪休闲产业已经成为拉动崇礼区乃至张家口市经济发展的新动力，初步形成冰雪休闲文化产业集群，并具备了跨越式发展的基础与契机。借助携手举办冬奥会契机，大力提升崇礼冰雪体育休闲产业的品牌知名度，拓展张北、康保、沽源、赤城、蔚县健康体育休闲产业，形成"亮点突出，精彩纷呈"的健康体育休闲产业总体格局，推动张家口市成为我国著名的国际体育休闲胜地，这就需要整合张家口市和京津冀有关资源，提升崇礼冰雪文化节，筹办青少年国际滑雪运动会及青少年滑雪、溜冰等体育培训项目。充分吸引各方资金，设立张家口市体育发展专项基金，以此为基础逐步完善体育休闲产业各类基础设施。积极强化与文化部、国家体育总局、国家民委等国家部委的合作，吸引高端体育赛事落户张家口。邀请国际国内运动设施、设备、装备生产经营企业、投资企业与本地企业对口洽谈、交流，争取吸引更多的资金、技术、企业落户。与北京体育大学等高校合作，争取高端体育人才培养机构入驻张家口或在此建设分校。创办全国青少年运动培训基地，定期举办体育休闲冬令营等。

冰雪休闲产业也是张家口文化产业发展的一大亮点。张家口市崇礼区作为华北地区规模最大的滑雪旅游胜地，近年来的发展尤其引人瞩目。目前，张家口市县 6 家滑雪场，总投资 150 多亿元，日接待游客 5 万多人次。2014

年崇礼区全年共接待游客 157.6 万人次，实现旅游综合收入 11 亿元，2015 年崇礼滑雪接待游客数量再创历史新高，较去年同期增长了 28.6%，2016 年崇礼区共接待游客 218.5 万人次，收入 15.4 亿元，分别同比增长 30.8% 和 31.6%。滑雪休闲产业已经成为拉动崇礼区乃至全市经济发展的新动力。张家口已初步形成冰雪休闲文化产业集群，并具备了跨越式发展的基础与契机，将进一步打造成北京周边乃至全国、全球著名的冰雪休闲城市。

同时体育事业的发展必然要求加快公共交通设施的建设，贯通各城乡区县之间，以及冰雪文化旅游景区之间的交通线路，夯实张家口与北京、天津的交通互联体系，成为京津及周边地区居民度假休闲旅游目的地、国外游客来京旅游的延伸首选地。在各冰雪文化旅游景区的基础设施建设方面，冬奥会要满足来自周边地区日益增大的旅游客流，环卫、停车场、基础信息通信服务、酒店管理等基础设施都将伴随冬奥会的推进得到改革和完善。这些工作的逐步落实必将促进张家口整体冰雪产业结构的优化升级。

三、奥运经济对张家口三产发展产生重大影响

奥运经济将推动张家口大众冰雪运动装备生产链的建设和当地服务业发展，并成为精准扶贫的有效途径。

奥运会前期，大规模基础设施建设，冰雪生产企业的风险投资成为主要驱动力量，建筑、建材、制造等基础设施建设将成为直接受益行业。奥运会举办期间，奥运需求从投资转向消费，消费驱动经济增长和改善经济质量，举办地要为教练员、运动员、各国政府官员及直接管理人员与服务人员提供高质量的农副产品，而且还要为奥运经济周期期间来华旅游的广大游客提供代表中华美食文化的餐饮服务。这样，由第一产业引起并传递的放大效应便会逐渐显现出来，体现在第二产业建筑业、制造业和电力、煤气、供水产业中。张家口奥运会的定位是：低碳奥运。"低碳奥运专区"将是张家口着力打造的五大功能区之一。到 2022 年，奥运会举办之时，奥运场馆的电力和热能供应方面，奥林匹克中心和其他赛场用电 100% 采用的都是可再生能源。专区内交通运输全部采用可再生能源设施供能。这样节能环保的绿色奥运理念，要求我们在场馆建设，前期规划，民居设计，污水治理等各方面

做好规划和准备，要以世界先进理念，与当地实际相结合，合理开发利用新型材料和资源，可持续发展。奥运会结束以后，设施场馆，住宿休闲皆可延用，做到可持续可发展。其中，奥运场馆与场地的建设，张家口市基础设施的建设是第二产业间接性经济效应发挥辐射作用的源头。奥运设备的制造，建筑材料与装潢材料的制造以及奥运冰雪项目专用品的制造，是制造业显示其带动作用的核心。而电力、煤气、供水产业则是为建筑业、制造业的发展提供保障的条件。第一产业与第二产业的间接性经济效应必然会波及第三产业的加速增长，带动张家口地区服务业的发展，成为实现张家口地区精准扶贫的有效途径。

四、奥运经济将有利于扩大张家口旅游市场

"冬奥热"将吸引大量入境游客，张家口地区将迅速成为京北旅游目的地，并以北京张家口为中心辐射全国。张家口的国际旅游规模将因此扩大，观光游、商务游以及各种国际和国内会议也会相应增长。张家口入境旅游市场的客源结构比较单一，主要偏重东亚以日本、韩国、中国香港、中国台湾游客为主，而欧洲、美洲、大洋洲的入境客源市场则相对较少。冬奥会的举办，大量国际运动员、教练员、新闻记者和海外观众同时也是海外游客将大量涌入张家口，这将大大改变张家口地区入境旅游市场的客源结构。

根据《2014 年中国入境旅游热门目的地趋势报告》显示，不同国家／地区的旅行者喜好的旅游类型也不太一样，十大入华旅游的国家／地区的旅游兴趣转移趋势表现如下：

中国香港　　户外自然景观游览→民俗文化游

日本　　　　地标自然景点游览→休闲娱乐游

俄罗斯　　　户外自然景观游览→购物游

澳大利亚　　户外自然景观游览→地标景点游

新加坡　　　民俗文化游览→购物游

加拿大　　　户外自然景观游览→运动休闲游

德国　　　　地标景点游览→民俗文化游

中国台湾　　　户外自然景观游→民俗文化游
英国　　　　　户外自然景观游→民俗文化游
美国　　　　　户外自然景观游→购物游

可以发现入境游客多偏向民俗文化和运动休闲娱乐类旅游，而张家口的旅游休闲门类恰好集中在这些方面，很好地契合了客源市场的需求。提升和完善这类旅游产品的结构，将促进张家口入境旅游的快速发展，成为真正的京北旅游目的地。与此同时，随着交通设施的大幅度改善，北京消费者青睐的郊区游正在向周边城市延伸，张家口有条件成为北京游客两日游、多日游、节假游的首选目的地。如张家口张北中都旅游度假区，通过北京办事处接洽组团前来中都原始草原度假村观光旅游的北京及周边地区旅行社有北京金桥国旅、北京中国旅行社、北京青年旅行社等 200 多家，景区接待北京及周边地区的中外游客每年达 30 万人次。在北京举行的 2012 中国·张北重点项目签约暨旅游线路推介会上，中都草原度假村与中国青年旅行社、中旅总社、北京世纪崇光国际旅行社等 150 多家旅行社签订了合作协议，借势借力开发高端旅游市场。2015 年中国青年旅行社、北京顶呱呱国际旅行社和同吉国际旅行社组织了 50 多人的团队到中都草原度假村进行参观考察和踩线活动，度假村高标准的硬件基础设施建设和高水平的接待服务能力给考察团留下了良好的印象。通过 2 天的实地考察，将张北中都草原列入北京及珠三角、长三角旅游线路，实现当地县级旅游业的历史性突破。这种具有代表性的案例在申冬奥成功之后的河北省还有很多，如承德避暑山庄景区、易县狼牙山红色旅游景区、唐山曹妃甸等。所以奥运会的举办及其经济效应将大大促进张家口冰雪产业产业市场结构和改善张家口地区入境旅游市场的客源结构。

五、关注后奥运时代的低谷效应

奥运会每四年举办一次，结束后将有大量体育场馆闲置，造成管理维修资金的浪费，给举办国和举办城市造成巨大的财政负担，以直接投资为主要特征的奥运经济的推动作用越大，在奥运投资周期结束后，主办城市和主办国所受到的经济冲击就越大，这种奥运经济低谷效应也将会在 2022 年冬奥会结束后出现，如何来解决这个问题，张家口体育、文化等产业部门已经开始联动考虑解决途径。

随着体育产业改革发展，产业规模将大幅增长，结构日益优化，市场空间极为可观。而且冰雪旅游休闲产业现在是张家口旅游产业发展的一大亮点，6 家滑雪场，总投资 150 多亿元，日接待游客就达到 5 万多人次，滑雪休闲产业已经成为拉动崇礼区乃至全市经济发展的新动力。张家口已初步形成冰雪体育休闲文化产业集群，并具备了跨越式发展的基础，将以此带动整个河北省冰雪文化产业和体育产业的迅速发展，政府也从投融资、财税、土地等方面给予政策支持，进一步加强与在京的企业总部、院所、高校的对接合作，推动京张两地更深层面、更广领域的协同发展，巩固和发展与"长三角""珠三角"合作成果，开拓与欧洲国家的经贸合作。在 2014 年，张家口与上海方面的合作也取得突破性进展，通过"基金＋项目"的平台经济模式，张家口与来自上海的一家公司合作，从上海张江科技园区、美国硅谷等地引进了 43 个拥有四代技术的高新技术项目。并且根据国家和省市化解过剩产能和"绿色办奥"的总体要求，张家口市自 2016 年起，将利用 5 年时间，力争在 2020 年底关闭取缔市域范围内所有矿山企业（指有采矿权或探矿权的企业），基本实现建成"无矿市"的目标，为张家口冰雪旅游从大众观光游向着深度休闲度假游转变提供条件。北方硅谷、洋河新区、西山高新区等张家口市谋划建设五个冰雪产业专业园区，上海鼎尚、法国 MND 集团、德国海德集团等知名企业纷纷与张家口签约，在冰雪产业园区建设和冰雪装备研发、生产等方面深入合作。未来，张家口有望形成完整的滑雪设备、装备生产链条。另外河北谋划设立"体育产业引导股权投资基金"，首期获批的 4.2 亿元，力争 2017 年底前正式运行，该基金将把冰雪产业及项目的发展作为扶持重点。在张家口冰雪体育健身产业链条延伸的过程中，张家口将在体育专业人才培养、体育设施建设、体育产业项目实施和全民体育健身、滑雪节庆赛事、雪具制造业、雪具租赁行业等快速发展，创造全民健身的良好氛围。而冰雪体育本身就是重要的经济产业，体育产业化将充分地利用赛后的设施，既可以解决奥运经济低谷效应，又可以使我国体育产业产值得以大幅增长。

2022 冬奥会推动中国冰雪产业发展

于宏程 *

冬奥会作为奥林匹克运动会的重要组成部分，是全球公认的最具影响力的体育盛会之一。自 1924 年法国夏蒙尼举办首届冬奥会以来，至今已连续举办了 23 届，薪火相传了近百年！它在给人们身心带来健康的同时，也为社会的进步、体育产业的发展发挥了积极作用。

一、冬奥会对冰雪产业的拉动

2022 年冬奥会申办成功及后续系列世界赛事的成功举办，预示着中国冰雪产业发展开始驶入快车道。据估计，由于 2022 年冬奥会举办，直接带动了中国冰雪运动相关联产业收入将达到 3000 亿元以上。

冬奥筹办，奥运场馆建设是关键。根据此次冬奥会财政预算，赛事编制预算花费约为 15.6 亿美元，政府补贴占 6%，竞赛场馆和非竞赛场馆在内的场馆建设预算，约为 15.1 亿美元，其中有 65% 来源于社会投资。到 2022 年北京冬奥会将使用 12 个竞赛场馆，其中 5 个在北京城区、2 个在北京延庆、5 个在河北张家口。2017 年，张家口赛区场馆和基础设施建设已全面开工，目前，包括云顶滑雪公园场地 A、云顶滑雪公园场地 B、北欧中心跳台滑雪场、北欧中心越野滑雪场、冬季两项中心等在内的 2018 年续建项目和

---

* 作者为北京奥运经济研究会副秘书长。

张家口奥运村、云顶直升机停机坪等新建项目也已集中复工开工。据悉，张家口崇礼区 2018 年全部 38 个奥运场馆及基础设施续建、新建项目规划总投资 124.4 亿元，年度计划投资 67.64 亿元。

冰雪运动设施的建设和完善，进一步推动了旅游等产业发展。2017 年，张家口市接待游客数量为 6259.82 万人次，同比增长 20.53%，旅游收入为 696.46 亿元，同比增长 34.13%。2016—2017 雪季，崇礼接待游客 267.6 万人次，已连续多年保持了 20% 以上的高增长速度。而旅游业、冰雪产业的发展也将带动当地酒店、商务等商业地产和冰雪产业相关的旅游、养老、产业地产蓬勃发展。数据显示，自 2015 年以来，张家口市签约 2000 万美元以上的项目有 220 多项。据初步估算，冬奥会可为当地带来 3500 亿元投资，增加 20 万个就业机会。到 2022 年，张家口赛区全部星级酒店客房将从现有的 6000 间增至 12000 间。同时，延庆已被确定为 2019 年世界园艺博览会主办地，每年游客数量稳步增长。预计到冬奥会时，22 家新的星级酒店将在延庆建成，新增客房超过 5000 间。届时，将强有力地带动北京及周边欠发达地区经济、环境和人民生活水平的显著提高，预计新增约 60 万人的就业岗位。有分析指出，在今后的 4 年中，张家口的年均经济增长率将超过 10%。

二、冬奥会对基础设施的推动

大赛将启，交通先行。根据规划，连接北京和张家口的高速铁路将于 2019 年前后完工，交通时间可缩短到 50 分钟。打造京津冀"一小时经济圈"，指日可待，铁路建设好后运输能力将为单向每年 6000 万人次，北京城区抵达延庆区只需 20 分钟，到张家口仅需一小时。除了高铁，到 2020 年，河北省区域将形成 9000 公里的高速公路网，目前已有京藏高速公路（G6）、京新高速公路（G7）和 110 国道（G110）连接北京、延庆、张家口三地。此外，作为北京和张家口联合申办 2022 年冬奥会举办权的重要保障工程，兴延高速将于今年底全线贯通，而对接兴延高速的延崇高速预计 2019 年底也将竣工通车，可从北京直接抵达崇礼。这大大加速了城市化进程的发展，同时带动京张冰雪旅游项目的发展。

新的都市圈成型后，将涵盖超过 1 亿人口，总面积达 21.6 万平方公里。届时，京津冀一体化将有助于打破北京、天津、河北这三个海关关区内的管理界限。企业可以和任何单独一个海关关区展开贸易往来，简化了手续，相关成本也自然降低。

冬奥会将成为打造京张体育文化旅游带最有力的助推剂，极大地刺激中国冰雪旅游业的长远发展。近几年的筹备工作，将带来众多旅游产业的商机：如场馆的设计和建设、各类体育器材的采购等等。

三、让更多人参与冰雪运动

中国在申冬奥的申办报告中就提出，申奥成功后要实现"三亿人参与冰雪运动"的目标。现在看来，这种说法需要纠正。冰雪运动从只有一亿人的东北，来到了包括东北、华北、新疆等有着三亿人口的地区，实际就是让更多的人参与冰雪运动。

正如国际奥委会之前的评估报告明确写出，中国冬季运动发展增加了世界冬季运动的绝对人口，提高了中国人的体育意识。而让更多人参与冰雪运动，要以京冀优先快速发展为带动，以东北地区稳步全面建设为主要基础，大力促进、带动、引领我国北方地区和部分南方地区冬季体育运动的开展，带动更多的人参与冰雪运动，从而达到冬季项目在全国群众体育活动中得到大面积推广。

中国的雪上项目曾经处于一个很尴尬的位置，东三省大战全球的局面也很难打破，事实上，国人对冰雪运动"从旁观到参与"，正是借助冬奥会的东风。在我国，除了东三省，大部分地区缺乏冰雪底蕴。每一届冬奥会的举办，都是一次很好的推广良机。曾有媒体进行民意调查，近八成受访者观看索契冬奥会后，愿意主动尝试冬季项目。而冬奥会在自家门口举办，将有不可替代的示范效应。借助京张冬奥会的契机，在政府大力支持冰雪项目建设、社会群体积极响应的背景下，东三省作为老牌冰雪地区，责任重中之重。其实，东北的哈尔滨为申办冬奥会已经盼望和准备了十几年，但最大的不利因素是气候过于寒冷。国际奥委会在选择冬奥会申办城市时有一个限制性条件——温度不能低于 $-18℃$。

东北雪季漫长，冰雪旅游资源丰富，早在 2009 年《国务院关于进一步实施东北地区等老工业基地振兴战略的若干意见》规划中，便将东北地区旅游业作为新时期的战略定位、发展目标和重点任务。并且在 2014 年 10 月 20 日，国务院在印发《关于加快发展体育产业促进体育消费的若干意见》中，明确指出将冰雪运动作为重要的潜力产业，引导社会力量积极参与建设一批冰雪运动场地，促进体育消费。那时的东北便积极响应国家发展冰雪产业的号召，统筹了区域旅游业协调发展，促进了区域旅游一体化，将推动旅游业作为东北老工业基地全面振兴的重要支柱产业。

京张冬奥的申办，又再次助推了冰上和雪上众多项目在东北板块的推广与普及，掀起冰雪消费的新浪潮。借冬奥契机，黑龙江、吉林、辽宁、河北、内蒙古还联合构建了"中国冰雪旅游推广联盟"，开启了冰雪旅游强势发展的大时代。仅从去年东北三省接待游客数据中就不难看出，冰雪旅游资源正在不断释放活力，冷资源正在成为热产业，冰雪经济正在推动东北当地经济发展。

四、推动冰雪产业发展

让更多人参与冰雪运动，首要措施就是大力加强冰场、雪场建设，从数量上满足人民群众冬季运动锻炼需求。在实际施行时，政府首先以校园主导，以教育切入，将青少年作为项目主体，在全国近百所正规滑雪学校展开线下培训，再由他们向雪场、学校等单位进行扩散、推广；其次在原有冰雪场馆的基础上开展活动。据悉，在鸟巢北侧的滑雪场，特别开辟了冬奥项目体验区，设置了大部分冬奥项目的模拟体验，让游客集中式全面体验冬奥项目，并且鸟巢还将邀请冬季奥运会冠军以及青少年冰球队进行表演。预计在冰雪季期间，将有超过 10 万名游客在鸟巢学会滑雪、滑冰；最后，加大力度开展民间冰雪俱乐部，使冰雪运动从纯竞技项目向群众健身项目转型，从而普及和提升大众参与冰雪项目。

当今的大数据时代，冰雪产业一定要依托互联网的力量，自 2022 年冬奥会主办权落定以来，BAT 巨头旗下的体育部门就表示将建设线上冰雪运动社区。在"互联网+"影响下，冰雪运动行业将迎来行业黄金发展期，会持续有更多的电商巨头、创业企业以及资本涌入这一领域中来，而建设互联网公司做 O2O 的体育场馆预定项目，能使人民群众最快捷地了解到家门口有哪些冰雪上项目，促进全民参与冰雪运动。冰雪旅游和培训等 O2O 服务也将成为冬奥中间的亮点。

年初，中国旅游研究院发布《中国冰雪旅游发展报告（2017）》显示，2016 年至 2017 年冰雪季，我国冰雪旅游市场规模达到 1.7 亿人次，冰雪旅游收入约达 2700 亿元。中国旅游研究院和途牛旅游网联合发布《中国冰雪旅游消费大数据报告（2018）》显示，2016—2017 冰雪季我国冰雪旅游人均花费 1577.2 元，人均停留天数 2.6 天。相比 2016 年 888.2 元的全国国内旅游人均花费，我国冰雪旅游人均消费金额是国内旅游人均花费的 1.78 倍，冰雪旅游俨然成为高消费旅游新业态。与此同时，民众参与度的提高也推动着冰雪运动的南移，越来越多的冰雪场在上海、广州、深圳等南方城市落地生根。京张冬奥会的申办成功无疑将会大大提升中国运动员的竞技水平和冰雪运动爱好者的参与程度，释放整体民间活力，改善中国"夏热冬冷"的旅游局面，从而促进中国三亿人参与冰雪项目的顺利实施。

冬奥文化

北京冬奥文化的范畴与展示

孔繁敏[*]

奥林匹克运动自形成以来就与文化、教育交织在一起，其中奥林匹克文化主要有两个系统，即由国际奥委会建构与传播的奥林匹克文化，再是由主办城市实施与创新的奥林匹克文化。两个系统相互结合，互动互补。伴随奥林匹克运动的百年发展，奥林匹克文化已成为全球关注的以体育为载体、教育为核心的世界先进文化的一部分。

北京作为世界第一个既举办过夏季奥运会又将举办冬季奥运会的双奥之城，如何奉献给世界一届精彩、非凡、卓越的冬奥会，弘扬及提升冬奥文化应是重要方面。冬奥会是奥林匹克运动的一个重要组成部分，冬奥文化与奥林匹克文化有共性，也有个性，以下侧重探讨北京冬奥文化的范畴与展示。

一、冰雪环境

国际奥委会于 1999 年制定的《奥林匹克 21 世纪议程》、于 2014 年通过的《奥林匹克 2020 议程》，都明确奥林匹克运动要全力推动全球可持续发展和环境保护事业。"尊重环境""生态发展"已成为奥林匹克运动的重要理念与保障。北京冬奥会将尽力融入周边自然环境改善，融入城市和地区的长期发展。

---

* 作者为著名奥运文化专家。京张冬奥研究中心副主任，特约研究员，北京创新研究所所长，教授。

冬奥会依托冰雪环境，寒冷的气候和丰富的水资源是形成冰雪文化的基本条件。世界各地开展冰雪活动都是以冰雪生态环境为基础，并以冰雪为媒介来进行的，但各地活动内容则受到所处的地域文化影响和制约。

好的冰雪环境首先反映在冰雪自然生态景观。应有良好的山地坡度，气温偏低，雪量丰沛，为冰雪活动提供必要的物质保障。如习近平总书记所说："冰天雪地也是金山银山。"美丽的冰雪环境也就是绿色生态，是自然赋予的银色世界，是传承冰雪文化的沃土，具有独特的艺术魅力，成为冬奥文化的重要范畴。

好的冰雪环境还反映在冰雪环境中的人文景观。冬奥会有其时空的特殊性，它的举办时间是在冬季，举办地点是一些小城市，也可能是在寒冷的山区，这就决定了它的参与群体较之夏季奥运会要少得多，但它的人文内涵却很丰富。从举办过冬奥会的城市来看，都是将冰雪文化元素、地域文化元素与冬奥历史元素有机融合在一起，用冰雪艺术的视觉魅力，宣扬冬奥之光，打造梦幻冰雪乐园。

好的冰雪环境也反映在完整的产业链。适应冰雪产业发展，加强基础设施及相关产业融合，使疗养、度假、滑雪等形成完整的产业链，提供多样化产品和优质服务，扩大人们的冰雪消费。如欧洲南部的阿尔卑斯山脉，有多处绿色生态的冰雪运动产业园区，以及具有国际影响力的知名企业和休闲小镇，成为欧洲主要冰雪竞技运动与冰雪旅游所在地。

北京携手张家口成功申办了 2022 年冬奥会。北京将承办所有冰上项目，延庆和张家口将承办所有的雪上项目。延庆和张家口都具有冰雪资源，都有发展冰雪产业的优势。要把筹办冬奥会与建设绿色城市紧密结合起来，加大环境整治和生态景观保护、修复、美化力度，改善卫生条件，完善旅游环境，实现绿色发展，提升绿色福利，推广典型示范区，创建生态文明教育基地，走出一条新时代生态优先、绿色发展之路。

二、标识仪式

奥林匹克标识是指代表奥林匹克组织或奥林匹克运动的商标、会徽、吉祥物、口号、体育图标等；奥林匹克仪式是指围绕奥运会而举行的一系列礼仪性的活动，主要有圣火传递仪式、奥运会开幕式和闭幕式、发奖仪式等。它们都集中体现了奥林匹克运动的各种文化特征，同时也反映了主办国家和主办地点的传统文化，是奥林匹克文化中最引人注目的部分。

北京冬奥会会徽"冬梦"将中国传统文化和奥林匹克元素巧妙结合。她以汉字"冬"为灵感来源，图形上半部分展现滑冰运动员的造型，下半部分表现滑雪运动员的英姿，中间舞动的线条流畅且充满韵律，代表举办地起伏的山峦、赛场、冰雪滑道和节日飘舞的丝带，为会徽增添了节日欢庆的视觉感受，也象征着北京冬奥会将在中国春节期间举行。

冬奥会举办地确定的标识仪式要与文化宣传教育紧密结合。冬奥会举办地还常以宣传画形式宣传冬奥会，同时也常用来介绍主办地的自然风光、经济发展和传统文化等，有较宽的传播面与较强的感染力。

开幕式是一届奥运会的"开场白"，是一种特殊的、也是综合性艺术表演形式，有着隆重的仪式要求。北京夏奥会开幕式成功地将奥林匹克精神与中国传统文化结合，受到世人普遍赞誉。北京冬奥会开幕式如何结合新的形势创新展现，这需要多方策划及主创人员的总体把控。借助开幕式聚焦展示本国传统文化是奥运会举办地的普遍做法，有许多成功经验可以借鉴。

三、运动魅力

"奥林匹克之父"顾拜旦在《体育颂》中，将体育比作美丽、正义、勇气、荣誉、乐趣等化身，其所抒发的奥林匹克理想与体育魅力，深刻影响着我们的精神世界。体育运动魅力所产生的感染力、吸引力，是其他艺术魅力所不可替代的。

冰雪运动难度大、要求高、观赏性强，很能点燃人的激情，如冰雪健儿通过丰富多彩的花样滑冰、速度滑冰、冰壶等冰上活动，让人们得以体验滑冰运动的独特魅力和冰上翱翔的乐趣；高山滑雪、越野滑雪、跳台滑雪等项目，通过高速度、大回转等激动人心的场景，使人们多角度体验雪场的刺激与释放的自由。

冬奥会已形成滑冰、滑雪、雪橇、雪车、冰壶、冰球等 7 个大项、15个分项的比赛内容，其绝大部分内容都源自于世界古代各民族共性的冬季生活技能和冰雪运动形式，结合了古代灵族的信仰特点和仪式内容，成为现代世界各民族冰雪文化集大成的盛会。

我国地大物博，历史悠久，很多地区具有久远的冰雪运动传统历史文化。以滑雪运动为例，研究表明，中国阿勒泰地区是世界上最古老的滑雪地域，是人类滑雪的起源地之一。在阿勒泰留下的文物、岩画等历史遗迹表明，早在1万年前的旧石器晚期，阿勒泰就已经出现了早期的滑雪运动。2015年，中国、挪威、瑞典、芬兰等18个国家和地区的30余位滑雪历史研究专家联名发表了《阿勒泰宣言》，阿勒泰作为人类滑雪发源地这一观点再次广泛得到国际公认。可见，我国冰雪运动的文化传统是非常古老、非常悠久、非常深厚的。

从近四届冬奥会来看，我国冰雪运动竞技水平基本处于第七名至第十四名之间，最好排名是温哥华冬奥会第七名，与世界冰雪运动强国还有很大差距。近些年我国涌现一些优秀冰雪运动员，如杨扬、王濛等，她们的拼搏精神和职业奉献，让大家切身感受到了冰雪运动的无限魅力。榜样的力量是无穷的。要尽力推出冰雪明星，讲好冰雪故事，体现"办赛精彩、参赛出彩"的工作要求，同时推动更多人参与冰雪运动。

四、文化活动

按照《奥林匹克宪章》要求，奥组委须制定文化活动计划，文化活动须至少贯彻奥运村开放的整个时期。北京冬奥会的文化活动，按要求应主要通过音乐、文学、绘画、雕塑等艺术形式和体育活动，用来促进体育与艺术的结合，扩大冬奥会的影响力与亲和力，普及冬奥知识及冰雪运动文化，推动奥林匹克运动的深入发展。

中国滑雪协会原秘书长、中国第一位全国滑雪冠军单兆鉴指出："我国冰雪运动竞技体育与群众体育发展尚不均衡，冰雪运动的群众基础依然较为薄弱，冰雪运动相关产业也亟待发展。这是由于我国先前长期的社会、经济、科技、文化、生活等各方面的条件限制，同欧洲、美国等冰雪运动强国有较大差距，接触现代滑雪运动较晚。国外最新冰雪文化成果传递渠道有限等一系列原因造成的。目前，我国冰雪运动文化总体上处于相对滞后的状态，社会和民众缺乏对冰雪运动的文化自信。"这就急需借助冬奥开展文化活动，以弥补其不足。

北京冬奥组委已制定实施奥林匹克文化活动规划，与教育部等部门联合制定了"共享奥运"公众参与计划，编发《冬奥知识读本》，主要是引领广大群众特别是青少年参与冰雪运动，培养青少年对冰雪运动的兴趣和爱好，推行"百万青少年上冰雪计划"和"校园冰雪计划"，创建 52 所市级冰雪运动特色学校，让冰雪运动和冬奥知识走进校园，尤其在全市大、中、小学，传播冬奥会和冰雪运动知识，力争覆盖率达到 100%。组织开展参与度高、普及面广、影响力大的冰雪品牌赛事活动，发挥其对群众冰雪运动的引领、示范、带动作用。通过采取多项措施，实现"让奥林匹克点亮青年梦想、让冬季运动融入亿万民众"的愿景。

以 2022 年冬奥会筹办和京津冀协同发展为契机，北京市加强了冰雪产业辐射带动能力，打造京张体育文化旅游带；建设具有较高冰雪运动和户外运动服务水平，集运动、休闲、旅游、养生、度假功能于一体的冰雪运动小镇或户外运动小镇；创办了国际冬季运动（北京）博览会，研究制定《京津冀体育产业协同发展规划》，搭建京津冀冰雪产业战略联盟，增强三地冰雪产业整体实力。延庆与张家口比赛地都多次开展冰雪艺术节，以传播奥运理念，推广冬奥运动项目，带动民众参与冰雪运动。

五、风土民情

无论夏奥还是冬奥，都重视展示本地的风土民情，尤其是展示世代传承的具有标志性的文化传统。近期如 2014 年 2 月 7 日至 23 日在俄罗斯索契举行的第 22 届冬奥会，以及 2018 年 2 月 9 日至 25 日在韩国平昌举行的第 23 届冬奥会，都较好地展示了本地的风土民情。

第 24 届北京冬奥会将于 2022 年 2 月 4 日至 20 日在北京市和张家口市联合举行。这是我国重要历史节点的重大标志性活动，是展现国家形象、促进国家发展、振奋民族精神的重要契机，对京津冀协同发展有着强有力的牵动作用。

北京冬奥会时逢中国最隆重的春节假日，具有特殊"年味儿"的中华民族民俗文化对外国人来说更独具魅力。有很多来参赛、观赛的外国人会兴奋地来中国"过节",感受中国的"年文化"。如何在全球聚焦时刻、让不同群体的外国人在中国春节享受丰盛的体育大餐,需要我们精心策划安排。

北京延庆和张家口是北方长城重要地段。2014 年 11 月 1 日北京发布申奥宣传片中,充分展现了长城内北京市民冰上运动火热的场景,介绍了长城外张家口雪上活动飞扬的激情。中国长城博物馆位于保存最好的延庆八达岭,长城遗址保存最多的在张家口。要充分利用长城文化带丰富的文化遗产资源,有计划地将更多长城段落向游客开放,进而让世界了解中国长城精神,同时促进长城遗产的保护及周边环境综合治理。

冬奥会是文化交流的平台。在这个平台上可以加强对外交往,向世界展示中国悠久历史、灿烂文化和当代中国人民精神风貌,向世界说明中国的发展时代、发展模式及发展道路,同时积极学习借鉴其他国家的发展经验。让世界运动员和游客来北京不仅体验奥林匹克与中华文化魅力,同时也能促进各国间的和谐发展。

冬奥会吉祥物如何设计出世界最好境界?

刘以林[*]

一、冬奥会吉祥物：中国设计期待原创能力

创新者是不朽的。时间太老，现实太旧，如不创新，灰尘和瓦砾就是我们的未来。

冬奥会吉祥物的设计也是如此。自从 1968 年法国格勒诺布尔冬奥会有了吉祥物以来，已经过去 13 届了，2022 年第 24 届冬奥会要到中国来办了，中国冬奥会的吉祥物是什么样子的?

一般说，就是把过去各届的吉祥物找来，参考一下，加一点中国元素，一整合，看起来它是历届吉祥物中的一个，很不错，这就行了。也有可能出现比较忌讳的情况，就是事先讨论出一个思想，"先入为主"，然后授意给执行者，艺术家创作时实际是"命题作文"，这样出来的吉祥物，创造力必然是大打折扣的。

冬奥会的吉祥物设计是不应该被打任何折扣的，不但不应打折扣，而且应该超水平发挥，充分体现当下中国的创造力。从宏观的世界语境上说，一个小小的吉祥物，它的设计、创意、境界，它的出类拔萃和不同凡响，不仅仅是给冬奥会增色的问题，是体现中国当下文化创意高度的问题。这个"当

　* 作者为京张冬奥研究中心研究员，诗人，雕塑家。

下文化创意高度"，往往是人们不经意的，也是绝难超越的，从本质上说，它就是国家文化实力和创造力水准的体现。这一点，美国的唐老鸭和米老鼠就是一个例证，就这么样的两个小东西，小孩子看着玩儿的，但是，全世界谁能超越？它的形象、语言、动作和故事，全都是"美国的"，它们好比是两片普通的树叶，但这两片普通树叶是长在美国这棵大树上的，要超越这两片叶子，实际上是要超越整棵大树。

中国冬奥会的吉祥物也是一样的，一个小小的吉祥物，一片微不足道的叶子，但它是中国这棵大树上的叶子，它要体现国家文化实力和创造力水平。也就是说，这个吉祥物的要求，表面上，它要吉祥可爱，不但中国人喜欢，外国人也喜欢，老少都喜欢，业内和业外的人全喜欢；本质上，它要像唐代的颜真卿写出《多宝塔》和李白写出《将进酒》一样，落笔就代表时代的高度，代表整个时代创造力的水准和精神；它的产生和功用是具体的，它的价值却是超越功用的，能传之后世的，它要能够久远地散发着自身创造性和不可替代的文化信息。

中国真的到了能产生"不朽作品"的时候了吗？一个小小的冬奥会吉祥物，真的会成为一件惊人的传世作品吗？它靠什么能力回避掉功用的"临时性"？又靠什么能力获得传之后世的可能性？它的产生是靠突然出现的天才、还是靠中国当下语境的普遍性？

中国现在是发展中的国家，在进入近现代史以来，文化创意方面一直是个信息输入的国家，在形体设计方面也是如此。但是，中国现在也是临界点上的国家，它的爆发力正在各方面显现。笔者作为普通的中国人，曾经花了五年时间周游中国和全世界，所见所感，可以说，中国现在是"第二次唐朝"。没有人会认为唐朝不是一个令中国人自豪的时代，唐朝的繁荣、丰沛和创造力，是光芒四射的。中国的现实显示的就是这样的境界。这是在时间纵向上的比较。在横向的世界语境上，中国现在有点像19世纪的美国，那时的美国已经很厉害了，但自信不够，文化上处于"信息输入"状态，跟着欧洲跑，特别是跟着英国跑，当时美国思想家、诗人、文学家爱默生说，我们美国不需要跟着欧洲和英国跑了，我们的现实已具备充分的能力独立产生自己传之后世的东西，爱默生警示美国人："在美国，我们一直缺乏一位天才，能独具君临斯土的慧眼，看出我们这种无与伦比的材料的价值。"爱默生的话甫一落地，美国各方面的创造力应声而出，至今仍影响着整个世界。

爱默生说的"一位天才"，实际上是美国 19 世纪当下的普遍性。

在中国当下，我们也需要一位天才能独具君临斯土的慧眼，看见我们本土材料无与伦比的价值。这"一位天才"不是云端出现的神奇人物，而是中国当下语境的普遍性。我们本土创造力已经出现了这种普遍性。

"我的前进可能到不了山顶，但光明必然在前进中诞生。"中国文化的原创力，从现在起在各个方面都应保持"前进"的姿态，冬奥会吉祥物的设计也是如此。

二、吉祥物的"吉祥"是什么感觉

第 22 届冬奥会的部分项目将在中国的张家口市举行，该市下花园区的武家庄村，作为第一个冬奥会试点村正在变为砖艺小镇。在变成砖艺小镇之前，该村是典型的农耕环境，历史以来，驴是不可或缺之物，它是生产力，也是民众心理上认同的村居者和朋友，目前，驴一如初样地和村民们生活在一起。现在要以驴为主体设计一个吉祥物。机缘所成，这个吉祥物选用了我的设计。

我是这样想的：武家庄有三样大东西：太阳、月亮和驴。三样东西都放着亮光，消解面前的黑暗，高处挂着希望，让我们感到温暖；特别是，我们第一眼看见它的时候，产生的感觉要是愉悦的。在这里，"正能量"不是一个虚的词，它必须让我们的心境处在一个境界线上，过去心不可得、现在心不可得、未来心不可得，当下一念，生机勃勃：它是眼前的实物，也是吸纳容涵天地精华的灵体，能像打开一扇门点亮我们心中等待已久的灯盏一样，让我们内心最深的部分温馨地亮起来，使我们看见那里有人生最细小而光明的东西。我想，这就是吉祥物"吉祥"的感觉。吉：干净、简洁、光明、爽；祥：温暖、安全、幸福、好。

如何体现这种感觉呢？如果你直接做一个现实中的驴，写实的，哪怕做得再好，好到把每一根驴毛都做出来，分毫毕现，也是没有意义的，因为写实的时代过去了，"现实的体现"必须在足够远的地方才会闪闪发亮；你如果做抽象的，离开现实，离得太近，等于不"抽"；离得太远呢，大家无法判断它是一头驴，甚至不知你做的是什么，那也是没有意义的。

这就涉及一个形体塑造的根本问题：原创力问题。

在形体的塑造方面，雕塑是其根本。世界范围内，近现代以来，写实雕塑，法国人罗丹已达极致；抽象雕塑，英国人亨利·摩尔已达极致。中国的雕塑审美，基本在此二人的覆盖之下（实际世界的雕塑都在此二人覆盖之下）。中国雕塑家协会有专家对中国 500 座城市做过统计，平均每座城市有100 个视觉雕塑，基本上没有新的，这些城市差不多也就是中国所有的城市了。初看到这个调查让人很吃惊，也几乎难以相信，但它确实如此。比如我故乡安徽滁州，我去看了一些新做的雕塑，原创的几乎没有，甚至直接复制埃及的人面狮身雕塑，最过分的是直接抄袭卡普尔的《云门》，这个雕塑太著名了，它在美国的芝加哥，稍有雕塑常识的人没有不知道的，作者还活着呢，这么个大东西，怎么好直接抄袭放在光天化日之下？但，这个并非不可思议，不该单独批评滁州，因为这不是安徽滁州一地的问题，而是整个城市建设层面全是如此，即便是创作资源丰沛之地，也难例外。比如我所居住的北京市望京地区，中国的最高美术学府——中央美术学院就在这里，这里的雕塑怎么样呢？这里的中小型雕塑，不是几片树叶，就是一个哪里都能看见的地球造型，看不到新的原创的，其中大的雕塑有两个，一个是大熊猫，它很大，就是一个熊猫，很写实地放在那里，非常不好看；还有一个是模仿上海世博会的，又大又高，放在望京地区的入口最显眼处，曾被网络评为"中国十大丑陋雕塑"之一。

这些现象说明一个问题：原创力的问题确实是根本问题。没有原创力，一切都是徘徊的，平庸的，没有锐气的。这一点，与中国生机勃勃的崛起非常不相称。

因此我想，武家庄这个吉祥物，虽然它很小，但它涉及的问题却是一样的，即如何用创造性的革新方式创造出一个具体的形体？如何在表达"吉祥"的感觉时既有大众性又有专业性？并且怎样才能含有文化信息输出的特征？

有两点是明确的：第一，它要有驴的特征，要让人一眼就看出来它是驴，不要问张家口、北京、中国和世界怎么看它，而要问武家庄的人怎么看它？这个驴，果然是村子里人们代代相传的那个熟悉的驴吗？第二，它要越过驴的特征，拥有一切东方事物的美好气韵，如果把它放到世界语境中去，哪怕遥远到南美洲安蒂斯山的印加人，他们不认得驴，也能一眼看出它的美好。

专业技法上有几点也是明确的：首先它不能是写实的，它必须越过或避开法国人罗丹的写实位置；其次，它也必须超过和避开英国人亨利·摩尔的抽象位置；第三，它既要拥有写实的规定性，又要拥有想象的自由性；第四，它不能只是作者一己的、内心的、不能到达大众的那种东西，它必须在公众的接受层面上是没有障碍的。

这里面有这样一个分寸：真正有超越性的东西都是必然的，是没有偶然性的。因此，我所要表达的观念是这样的：一切事物的最后存在形式都是一种哲学形式，这种形式物化，即用绘画、雕塑和装置等方法表现出来，都是抽象的，此"象"特征具足而其形旷古，同时很易于理解，不是个人师心独往的私家经验。这个理念具体到武家庄的驴这个吉祥物上，应该是：第一眼看它就是驴而不是其他什么动物，很肯定，但在这个肯定"是驴"的瞬间立刻就"不是驴"，它的很多特点与驴完全不重合，有着"无边界"的可能性，看上去似乎是与驴这个事物很相矛盾的，这种矛盾和对立造成广阔空间，里面东西很多，容纳着人们温暖阳光的心理感受，似乎有一种无所不可想在其中。

我设计了两个驴：一公一母。我对它们的形体境界是确信的。在上色的时候，最初的两个，上了一红一绿的颜色。红和绿相配往往有某种忌讳，俚语有"红配绿赛狗屁"之说，但我确信，立体作品，在形体可靠的情况下，色调的挑战是不起作用的，哪怕上色再不讲究，也同样会被形体本身的力量所改变，也就是说，不管怎么样，它都应该很好看的。事实上也确实如此。

两个吉祥物放到武家庄，村民们立刻围上来与它们合影，笑逐颜开，喜欢异常，专家们说这是"接地气"，这对作者的理念算是回应，也是鼓励。

三、形体设计的世界瓶颈

形体设计有一个世界性的瓶颈，冬奥会吉祥物的设计也在这个瓶颈之下。这一点，我们看一看此前 13 届冬奥会吉祥物的特点、优点和缺点，相信会有所体悟。

冬奥会的第一个官方的奥运会吉祥物是从 1968 年法国格勒布诺尔冬奥会开始的，历届吉祥物分别如下：

1968 年法国格勒诺布尔冬季奥运会吉祥物 Schuss，滑雪人舒斯 Schuss 是冬季奥运会第一个官方的奥运会吉祥物

1976 年奥地利因斯布鲁克冬季奥运会吉祥物，吉祥物是奥地利山区泰洛尔人造型的雪人，象征着纯洁的奥运

1980 年普莱西德湖冬奥会的吉祥物取名为 Roni，是美国伊洛克族印第安人浣熊的名字的简称

1984 年萨拉热窝冬季奥运会吉祥物 Vucho 是一只勇敢无畏的狼，它改变了人们对狼的看法，表达出人与动物互为朋友的意思

1988 年加拿大卡尔加里冬季奥运会吉祥物 Hidy 和 Howdy，吉祥物由两只拟人化的北极熊组成，名字传达出加拿大人的热情与欢迎（Hi, Hello）

1992 年法国阿尔伯特城冬季奥运会吉祥物 Magique，吉祥物的设计及命名都以小孩为主角，这个以星形为设计重点的吉祥物，取名为"冰上精灵"Magique

1994 年挪威利勒哈默尔冬季奥运会吉祥物 Hakon 和 Kristin，吉祥物来自挪威童话故事的两个主角，使得这届奥运会的吉祥物充满故事性

1998 年日本长野冬季奥运会吉祥物 Sukki、Nokki、Lekki、Tsukki，代表火、风、地和水四个不同的森林生命组成要素，而四个名字的英文字头加起来正好拼成 Snowlet

2002 年美国盐湖城冬季奥运会吉祥物雪靴兔 Powder、北美草原小狼 Copper 和美洲黑熊 Coal。吉祥物代表了奥林匹克运动会更快、更高、更强的格言

2006 年意大利都灵冬季奥运会吉祥物"内韦"和"格利兹"。它们象征着冬季奥运会项目中不可缺少的两种元素——雪和冰

2010 年加拿大温哥华冬奥会吉祥物是名叫米加的北极熊和名叫魁特奇的北美野人，而冬季残奥会的吉祥物则是名叫苏米的雷鸟精灵

2014 年俄罗斯索契冬奥会吉祥物由帅气矫健的雪豹、憨态可掬的北极熊和乖巧灵动的兔子组成

2018 年平昌冬奥会吉祥物"Soohorang"和冬残奥吉祥物"Bandabi"。白老虎被认为是神圣的守护兽，同时，白老虎的颜色也象征着冰雪体育运动。熊是坚强意志与勇气的象征，而亚洲黑熊也是江原道的代表性动物

　　上面 13 届冬奥会吉祥物的特点和优点有四个：第一，境界上幽默、快乐、纯洁、美好，引人向上，以孩子和行修者的眼光看待世界，回避所有的世故、凶险、黑暗和政治寓意等，托人类共同永恒的东西呈现出来，哪怕是传统定义中凶狠有威胁的东西，也以温暖亲和的情怀去改变它，比如 1984年南斯拉夫萨拉热窝冬奥会吉祥物是一只狼，狼凶狠、贪婪、狡猾，但在作为吉祥物时全都回避了，设计者肯定的是狼的勇敢无畏，还给狼系上一条姑娘们系的红围脖儿，到全世界去宣传，以引导人们改变对狼的看法，表达人与动物和谐为友的思想。第二，吉祥物内容上以人物、动物、飞鸟为主体，这些灵性的世间物，有运动感，为人们司空见惯，心理上默契接受，有亲和力；即便有的不是现实中的人和动物，实际也是选用现实中实有的人和动物进行塑造，比如挪威的吉祥物是从本国童话故事中取材的，但造型仍是两个人物。第三，创作方式上是以原物为基准，适当变形，夸张所需要的部分，隐去不需要的部分。第四，与时俱进。第一届的吉祥物最有直接性，就是一个滑雪的人，变了一点点形而已；之后，各届吉祥物设计思路变宽，虽然也是关注本地，但更加关注时代和世界语境，也更显纵深度，例如第 23 届韩国平昌冬奥会吉祥物白老虎，看上去更像一个机器猫，它的材质也一改毛绒绒的那种感觉，变成锐利清明的当代材料的感觉。

　　而历届冬奥会吉祥物的缺点，或者说是可讨论的地方，实际上就是一个：即在形体的创造方面，严重拘谨，基本还在罗丹写实和亨利·摩尔想象的阴影覆盖之下，人物动物飞鸟仅仅是作了轮廓性调整和变形，没有从本质上进行"抽象"，自由感不够，以至于在造型方面显得呆板和局限。比如 2006 年意大利都灵冬奥会吉祥物的两个人物造型，一红一蓝，一男一女，只是简单的卡通化，脑袋、五官、身体、四肢，只是轮廓化和符号化了一下，并没有更多的技法处理，非常呆板。再比如即将举行的韩国平昌冬奥会吉祥物，这个吉祥物虽然用的是现代材料，但很难说有多少原创境界，它只是精致的卡通化。同时，由于抽象的不自由和原创性因素相对少，有的形象，如果不引导，甚至会出现歧义，看不清它是什么，像 1984 年南斯拉夫萨拉热窝冬奥会吉祥物的狼，就有这方面的问题。

　　由此，我们想到，2022 年的冬奥会吉祥物的设计思想应该是什么？也许有两个：第一个，是常规性的，即按照前 13 届的境界和水准，跟着往前走就行了，卡通化，幽默化，中国特点，喜气洋洋，人看了、特别是青少年看了都喜欢，就行了。第二个，是"升级性要求"，即全面继承前面各届之优点，同时提出革命性的、飞跃性的设计要求，把这个看似简单的具体作品，提高到国家文化创新高度：它是一个具体的吉祥物，同时也是中国在整个雕塑和形体设计领域的领先呈现，有信心和引领的作用，也就是说，在吉祥物这个具体作品上，也饱含着中国文化输出的创新信息。

韩国这次设计，已经渗入了新的思想，但不是飞跃性的，我们应该是飞跃性的，它应与中国崛起和发展的雄心相对应。

四、2022 年冬奥会的吉祥物设计应该是什么要求

一切都是理念上的问题。崛起的中国讲求文化创新，但进入近现代以来，中国一直是个艺术信息输入的国家，从刘海粟那个时代开始，一直到吴冠中，甚至到当下的中青年艺术家，中国当代艺术一直没有找到自己的东方逻辑，众多焦急而盲目的力量跟着西方跑，景象十分混乱。有个美国人甚至写了一篇《中国当代艺术侮辱了人生》的文章在网上盛传，中国也有艺术家公开说："中国并无自己的当代艺术。"一些固守西方传统的艺术家，用油画国画的人物动物，画得分毫毕现，用雕塑做人物动物，也做得分毫毕现，但你再画再做，想超过安格尔和罗丹都是不可能的，就像西方人学唐诗不可能超过李白和杜甫一样。另一些艺术群体则反，盲目跟随西方探索性观念和行为，把所有东西都弄得很崩溃、很丑陋、很恶心，所有美术一律变成"丑术"，自己圈子喜欢，别的人都不喜欢；而对于一般知识分子和大众的不喜欢，则以为是"不懂艺术"。

实际上艺术审美没有那么玄，它分成三个层次。第一层次：外行喜欢，内行不喜欢。这个层次多有业余性，比如一个人的书法和油画，外行一看说真好！内行一看，好什么啊？不过是学了几年的颜真卿和梵高而已。第二层次：内行说好，外行不说好。这个层次往往属于探索性状态，与大众审美有阻碍，作品好坏难有确定性，常常是"圈子作品"，圈子叫好，一般人一看，好什么啊？又难看又不知道说的是什么。第三层次，外行内行都说好。这个层次的作品是超越争论的，往往是一个时代的代表，当然也是最艰难的，要

众多的机缘才能促其成。

达到第三个层次是有难度的、但，说难是难于上青天，说易是易如反掌，很多东西实际就是一层纸，根据中国现实澎湃的创新动力，现在它就是一层纸，戳破这层纸完全是有可能的，就是一个观念的问题。

具体说来，这个"戳破"的可能在什么地方呢？

有史以来，古今中外的艺术家，进行艺术创造主要靠的经验和视觉，比如画一个滑雪的人或一个池塘，也曾看过，经验中有，经过训练，然后写生创作，这样创作出来的作品，滑雪人就是滑雪人，池塘就是池塘，表现的是天地自然的一个点，雕塑上罗丹就属于这个范畴。之后艺术向前推进，到了毕加索这个位置，突破了、甚至舍弃了经验和视觉，出现了革命性的颠覆状态，靠的是概念和思维，比如毕加索，他画的东西都是二维的，一个人的眼睛可以在眼上，也可以在额上和腰上，二维冲击，喧嚣奔腾，产生了巨大的自由感，雕塑上亨利·摩尔也大致属于这个范畴。这个位置，基本是目前世界艺术的最后位置，中国美术目前的困惑也大致在这个地方。

艺术作品是创造形象的，而创造现象的理念，在天人合一的东方和天人对立的西方是非常不一样的，东方对"形象"的解释是："在天为形，在地为象，是为形象。"具体化到当下，就是说，一切形都是先验先在的，它变成具体的"象"，最后形成我们文化审美中的"形象"，其选择性是这样产生的：一切事物都有最后的存在形式，这个形式是一种哲学形式，将其物化，即用平面的或立体的方法呈现出来，它就应该是与造"经验和视觉"，以及靠"概念和思维"完全不一样的。这一点前文已涉及到，此处要说的是，此种理念下出现的作品，就是"纸邦边"的东西，其特点是突出的：一、它是抽象的，它抽的象是在天为形在地为象的那种象，指向具体事物，饱含该事物的特征，非常容易辨认，不是大家也看不懂的那种所谓"抽象"；二、至简，有亲和力，不是作者私家经验；三、中外美术界不应该出现过；四、内行和外行都喜欢；五、人类通感，没有区域的局限性，呈现在不同的国家和种族均无审美障碍。形象境界的突破就在这个地方。

理论如此，实践上是否也真的如此？微不足道的个人经验可用来作个例证。笔者是文学写作者，本与美术无关，因为周游世界之后，在山中住了漫长的时间，偶然机缘涉入此领域，作了大量的油画、雕塑和钢笔画，这些东

雕塑《萌驴》

西几乎是在与美术界无缘的情况下进行的，基本是上述理念的体现。2016 年 2 月在法国进行了展览，算是正式面世吧，本来想，展览一个月，非常意外的是，这些东西很受欢迎，展期一延再延，法国政府给出面组织，一直进行了 13 个月，据说，这是中国艺术家有史以来在法国规模最大和展期最长的。原因，就是这些作品理论和实践都是东方的，没有沿袭西方美术的道路，并且它处在一个自由创造而又超越争论的位置上。以雕塑中的《鸡》为例，鸡是我们的十二生肖之一，去年是中国的鸡年，我在创作鸡时，对鸡的头、脚、身、毛、神色气韵全都进行了彻底改变，而且我的动机就是中国人十二生肖的鸡；法国人一看，却认为这个鸡就是他们的高卢鸡，所有改变的东西全都接受，法国人的视角与中国完全重合。还有就是十二生肖中的《蛇》，蛇精神上是阴森的，形体像一根棍子一样是圆的，这种神和形都不可改变，改变其中一个，它就不是蛇了，但我们生肖中实际呈现的蛇，把"神上的阴森"去掉了，把"形上的圆"也变成扁的了，按说它已经不再是蛇了，但它更是一条蛇，删掉精神上的阴森没有失掉蛇的本质，变掉形体的状态没有失掉蛇的气韵，中国人

鸡

蛇

喜欢，法国人也一样喜欢。但，喜欢归喜欢，问这种境界到底是怎么来的？法国人就不能解释，因为虽然到目前他们可能是引领着艺术世界，理论上却没有我们这个位置的东西，我们这个东西是中国新产生的。

总而言之，2022 年的冬奥会吉祥物设计，境界是要达到超越争论。前人已经言明，中国不是中国的中国，也不是亚洲的中国，而是世界的中国，一个具体的小吉祥物在世界范围内的超越性是什么样的情况呢？笔者 2000 年周游世界到南美洲的巴西，天气异常炎热，忽然听到喧嚣声，一看原来是来了游行队伍，前面是圣诞老人，要过圣诞节了，虽然不是冰天雪地，但圣诞老人在此。当时真是感慨，想到我们国家 2008 年奥运会的吉祥物，有五个小娃娃，一时心里想不起它们的眉目和身形是什么样子，真是急啊，心里的感觉就是可惜了，奥运会这么好的向世界展示中国的机会，干吗不弄出个能与圣诞老人一比高下的形象呢？让它诞生出来，站立起来，传遍世界，人只要一看，就知道这是中国的，大的可以造到几十米高，小的可以挂在钥匙链上，又东方，又中国，又可爱，又喜世，一点政治色彩都没有，只有人心接纳的那种明亮和温暖，就像一个新生的小星辰一样挂在了人类文明的上空。

现在，中国在具体的小事上又一次面临这样的机会，2022 年冬奥会吉祥物要来了，新旧之地，高下之道，不可以不察也。

2022 京张冬奥遗产分析 *

任 亮 治丹丹 费雪阳 **

　　奥运遗产是一个整体的概念，是指奥林匹克运动在其历史发展过程中所遗留下来的有形和无形遗产的总和。[①] 温哥华申奥委员会首次在申办报告中提到借冬奥会契机为举办地创造体育、社会、城市、经济、环境等方面的遗产 [②]。2015 年，在国际奥委会《奥运会遗产指南》中，奥运会创造出的这 5 个方面的奥运遗产被国际社会正式认可。下文将从这 5 方面入手，科学透视和展望 2022 年冬奥会所创造出的奥运遗产，为未来将 2022 年冬奥遗产有效转化为新的发展动能做好准备。

一、2022 年冬奥会体育遗产

　　2022 年冬奥体育遗产包括有形的场馆设施遗产，也包括无形的重塑冰

　　* 基金项目：河北省高等学校人文社会科学重点研究基地项目"生态建设与产业发展研究"（20143101）；河北省科技计划项目"'十三五'期间河北省生态承载力与经济协调发展的战略研究"（16457625D）资助。

　　** 作者任亮，河北北方学院副校长，教授、博士生导师；治丹丹，硕士，河北北方学院生态建设与产业发展研究中心编辑；费雪阳，河北工业大学研究生。

　　① 陆虹，李俊南. 打造"可持续的赛事"：冬奥会遗产利用与发展模式研究 [C] //2015 第十届全国体育科学大会论文摘要汇编（一）. 2015 第十届全国体育科学大会，2015：1176.

　　② 孙葆丽，宋晨翔，杜颖，等. 温哥华冬奥会遗产工作研究及启示 [J]. 北京体育大学学报，2017（10）：1-8.

雪体育的契机及累积的冬奥赛会经验。

（一）可循环利用的场馆设施

2022 年冬奥会，共涉及北京、延庆、张家口 3 个赛区的 26 个竞赛、非竞赛场馆。北京、张家口人口基数庞大，决定了冬奥会结束之后北京、张家口将可以充分有效地再利用所有冬奥场馆。冬奥结束并不意味着场馆的废弃；对北京、张家口而言，冬奥结束后恰恰是冬奥场馆发挥更大作用的开始。北京延庆县将举行雪橇雪车和滑雪大项中的高山滑雪项目，其他雪上项目将在张家口举办。以张家口为例，张家口赛区的长远规划是建设滑雪旅游小镇，2022 年冬奥会将促进当地交通、酒店、冬季运动基础设施的发展，留下"长远遗产"。这意味着张家口的冬奥项目场馆将实现分散布局，将在冬奥会结束后为冰雪运动爱好者提供最为理想的出行目标。根据《奥林匹克 2020 议程》[①]，北京和张家口所有的新建场馆，均符合当地的长远发展规划。在冬奥会结束后，这些场馆都会造福当地百姓，增加社会福利。2022 年冬奥会将留下先进的场馆设施遗产，所有冰上、雪上项目的专业训练和大众参与都将得到巨大发展。

（二）重塑冰雪体育的契机

北京与张家口携手举办冬奥会，并借此机遇在世人心中重塑冰雪体育魅力。首先，建成冰雪文化品牌，重塑冰雪体育魅力。2022 年冬奥会，凸显的是绿色环保与区域互补原则，将构建起京津冀一体化的冰雪文化旅游中心。各项冰雪基础设施各具特色，又互补并荣，以此形成体现京张不同文化内涵的优势文化项目，不断培育覆盖国内外的冰雪文化市场，逐步打造出中国独特的冰雪文化品牌，重塑冰雪体育魅力。其次，注重冰雪竞技引领，扩散冰雪体育影响。目前，中国在冬奥领域开展的冰上项目占多数，而雪上项目虽然占冬奥全部项目的 2/3 之多，但雪上项目的开展却非常欠缺。借由冬奥冰雪竞技队伍的建设，不断引领冰雪魅力文化的普及、使得冰雪文化的受众面不断向外辐射，进而推进中国冰雪体育事业总体发展进程。再次，融入中华文化特色，丰富冰雪体育内涵。冬奥会要成功结合中华文化表现形式，使其魅力十足，2022 年冬奥会赋予自身浓厚的中国特征，也赋予自身以现

---

① 王成，靳铁军.《奥林匹克 2020 议程》解析——兼论新时期奥林匹克运动改革新动向［J］. 上海体育学院学报，2016（2）：90—94.

代性和国际性风貌，中华文化在冬奥会中焕发全新活力。中华文化与奥运精神是相通相融的，冬奥会不仅可以推进奥运文化的全球化进程，而且可以丰富奥运文化，使奥林匹克运动吸收更多东方人文精神，在全世界范围内构建出相互对话、相互沟通、相互理解的文化氛围。

（三）累积冬奥赛会的经验

首先，制度经验方面。冬奥会将为中国积累极其丰厚的奥运制度经验财富[1]，包括："追求卓越、挑战极限"的目标超越制度；"同一起跑线"的公平竞争制度；"划定赛道"的有序竞争制度；"以奖代罚"的奖励激励制度；"重在参与"的大众参与制度；"无偿服务"的志愿者制度。奥运的制度设计经验，不仅对中国举办各类竞技性比赛具有直接的参照意义，而且对国家的社会发展、城市管理、公共服务等方面都极具借鉴意义。其次，办赛经验方面。2022 年冬奥会，北京承办所有冰上项目，而雪上项目由张家口主办、延庆协办。举办种类繁多的冬奥正规赛事，不仅可以测试北京、张家口冬奥设施的运营水平，而且可以为京张积累宝贵的冬奥办赛经验。就张家口而言，预计 2022 年，其将成为一个真正意义上的冰雪运动大市，冰雪竞技项目办赛能力达到国内一流且亚洲知名。

二、2022 年冬奥会社会遗产

2022 年冬奥会社会遗产惠及全社会和全国公民，包括助力全民健身项目、延续社会治理良策、传承奥林匹克精神。

（一）助力全民健身项目

北京、张家口联合申办冬奥会时已经关注奥运遗产问题，当时就已经提出冬季运动融入大众生活、带动 3 亿人参与冬季运动的宏愿。申冬奥成功后，习近平指出：冬奥办奥要把推动冰雪运动普及贯穿始终，大力发展群众冰雪运动，增强人民体质。2017 年，习近平进一步明确：办冬奥会的重要意义在于全民健康是全面建成小康社会的题中之义。体育的最终目的绝对不是奥运夺金，而是鼓励民众广泛地参与到体育锻炼中，强壮每一个中国人，

---

① 吴兢，裴智勇. 奥运催生"制度财富"［N］. 人民日报，2008-08-27（13）.

进而强壮整个中华民族。杨昌济把提倡体育与救国救民、人的健康和人性的自由解放相联系①。现今的政府工作报告也强调：做好冬奥会、冬季残疾人奥运会筹办工作，统筹群众体育、竞技体育、体育产业发展、广泛开展全民健身，使更多人享受运动快乐、拥有健康体魄。人民身心健康、乐观向上，国家必将充满生机。目前，有鉴于中国民众的体质现状，事实上最有价值的"奥运遗产"应该是令体育可以惠及全民，使全民在体育锻炼中受益。正如国际奥委会委员德弗朗兹所言，奥运的遗产首先是人民，是所有参与和关注奥运的人，他们的存在将会把奥运的影响一代一代传下去。

全民健身作为一项政府支持的重大项目，被越来越多的人熟知和参与，但是，目前设施完备的全民健身中心数量还非常稀少，无法完全满足民众健身需求，如果能把冬奥场馆改造为全民健身场馆，此问题就可以迎刃而解。冬奥会过后，京张可以对冬奥场馆进行积极和有效的改造，将其转变为全民健身中心，为民众日常健身锻炼提供设施完备的专业化场所。在改造中，应该做到冬季与夏季项目合理无缝地切换，科学进行场地规划，使得场馆的实际利用率居于高位。

（二）延续社会治理良策

2022 年冬奥会后，北京和张家口为成功举办奥运而在新闻自由、城市交通、环境保护、安全保卫、体育政策等方面所采取的部分成效显著的特殊社会治理政策有可能继续沿用下去。以人为本的执政理念和政策，在冬奥会后可能得到超越京张地域的更大范围的推广，新闻透明、交通畅通、蓝天绿水有望能够继续惠及更多公民的子孙后代，群众性体育运动有望在更大的范围内推广，而中国竞技体育方面的成功模式也很可能得到深度认可，被推广到科技界、教育界等多个领域，广泛地被借鉴和应用。

（三）传承奥林匹克精神

2018 年 2 月 28 日，张家口迎来奥林匹克会旗②，奥林匹克会旗从北京成功交接到张家口，奥运精神也传递到张家口。京张两地的人民群众翘首以待，正在敞开怀抱以饱满的热情拥抱冬奥会，使奥林匹克精神发扬光大。奥

---

① 张外安，孙洪涛，蒋先龙. 高教体育论坛［M］. 长沙：湖南大学出版社，2005：1.
② 王宋平，左文婷. 奥林匹克会旗之旅张家口站活动启动［N］. 张家口日报，2018-03-01（1）.

运会鼓舞了全球华人的士气，奥运对中国国民心态、国家凝聚力、民族自信心产生重要影响。

中国必然会将奥运会所倡导的体育文化、奥林匹克文化的基本价值观念在全社会传承和发扬下去，如公平竞赛、平等参与、自由竞争的原则，相互理解、友谊长久、团结一致的精神，"重要的是参与，不是取胜"等，并适时地将其升华为城市和社会共同的普遍价值，沉淀为民众共同的社会心理。奥运会所展现的基本价值，已经升华为社会主流价值和核心价值建设中的基本元素，一方面，使奥运遗产发扬光大；另一方面，在社会主义先进文化建设和社会主义核心价值体系建设中发挥重要作用，为北京、张家口的科学发展提供坚实的价值与文化支撑。

三、2022 年冬奥会城市遗产

对城市遗产的利用为办奥城市创造了更优质的城市面貌，同时办奥城市的发展也被注入新动力。

（一）锻造全新城市风貌

2022 年冬奥会后，北京将成为全世界奥运史上第一个举办过夏季和冬季奥林匹克运动会的首都城市。同时，2022 年冬奥会使得中国成为第一个实现办奥"全满贯"（先后举办奥运会、残奥会、青奥会、冬奥会和冬残奥会）的国家。举办冬奥会，北京、张家口将向世界展示自己的全新"名片"[1]。首先，积极推进基础设施建设。打造冬奥会竞赛设施建设典范，构筑互联共享的区域性综合交通枢纽，建设满足冬奥需求的能源保障体系，加强市政公用基础设施的配套服务能力。每一个普通市民，都应该积极地支持和参与进来，将奥运城市建设得更加美丽。其次，努力营造城市文明氛围。冬奥会举办以前，中国办奥城市市民的文明素养、公共意识、环保意识等都存在着差强人意的问题。冬奥会到来后，无论是整体冬奥基础设施设计还是环保措施，无论是环境的干净整洁还是人的文明行为，都要力求做到让世界人羡慕、让国人骄傲。市民的文明素养、良好的精神风貌，就是冬奥会留给北京

---

[1] 让文明成为最亮名片——桥东区依托"三大载体"助力我市打造奥运名城、创建全国文明城市［N］. 张家口晚报，2016-04-12（A2）.

和张家口最为闪亮夺目的一张奥运名片，应该让它在奥运后更广泛、更持久地被市民传递下去，因而，媒体的宣传、法规制度的约束和市民素质教育应该被提上日程。

（二）助力奥运城市崛起

中国改革开放几十年间，国家已经发生了翻天覆地的变化。目前，中国处于一个经济发展最快、人民生活水平提高最快的时期。即使不举办奥运会，国家也同样有很好的发展机遇，人民可以得到的实惠也在不断累积。然而，毋庸置疑的是，举办奥运会的确有利于拉动需求、刺激消费、吸引外资、扩大就业、促进旅游，在城市"硬件"方面的提升作用有目共睹，并已被许多奥运会举办城市的发展的轨迹所证明。举办冬季奥运会，可以显著提升北京、张家口产业结构和自主创新能力、城市建设和管理能力、国际化水平以及人民生活品质，一方面进一步提升北京发展水平，另一方面带动相对落后的张家口的崛起与腾飞。京张冬奥会带动相对落后的张家口城市知名度和首位度，使得张家口向着经济实力强、城市品位高、生态环境美、生活品质优、智能便捷化的知名奥运城市迈进。

（三）加速京张同城一体化发展

冬奥带来京张同城化、一体化发展的优质契机。大力发展奥运经济，一方面必将拉动大量建设资金直接转化为京、张两地城市建设和项目投资，同时也将推动整个京津冀区域内的基础设施、产业发展、市场建设等无缝对接，全面加快京张同城化和京津冀一体化发展；另一方面随着京张两地的奥运产业的发展，必然需要大量的人才、技术以及原材料、工业产品等方面的供应，将极大地促进京津冀地区的要素流动、消费启动，进而推动区域间城市合作水平的提升，真正实现优势互补，合理分工，共同发展。

四、2022 年冬奥会经济遗产

冬奥会带来的经济效益是显而易见的，除了推动经济结构转型外，还带来了冰雪产业和旅游产业的强势发展。

（一）推动经济结构转型升级

奥运经济是生态经济，冬奥会亦然。借助 2022 年冬奥机遇，大力发展奥运经济，必将加快京张绿色经济置换传统资源型产业的步伐，推动两地产业优化升级。一是在存量方面，必将进一步坚定政府淘汰落后产能的决心，加大管制力度，加快淘汰和强制化解落后产能；二是在增量方面，有助于第三产业的迅速增长和新兴产业的加速扩大。与奥运会相关的文化旅游、体育健身、休闲养老、商业会展、金融保险、现代物流等一批现代服务业将受到明显拉动，第三产业占国民生产总值的比重将大幅提升；战略性新兴产业加速发展，高端制造业发展迅速，高新技术产业的主导作用将更加明显，从而全面加快全市经济结构调整速度，提前实现经济转型，对于实现京张经济的绿色增长、跨越崛起都具有十分重要的作用和意义。

（二）推进冰雪产业发展壮大

根据《2018 中国冰雪产业白皮书》[①]，2016—2017 年雪季中国参与冰雪运动的用户达到了 1.7 亿人次，2017 年中国冰雪产业规模达 3976 亿元，而到了 2020 年，这一规模将达 6000 亿元。国家体育总局的《冰雪运动发展规划（2016—2025）》中，也提到 2022 年冬奥会直接参加冰雪运动的人数要超过 5000 万，并"带动 3 亿人参与冰雪运动"，2025 年冰雪产业总规模达到 10000 亿元的目标。冰雪产业中的冰雪旅游、冰雪赛事、冰雪运动培训、冰雪营销、冰雪装备等都亟待发展。

2022 年冬奥会的经济效应将带动京张冰雪产业进入一个全面发展的局面，将加速冰雪产业的产业化、国际化进程，分阶段建成以冰雪旅游为主导，以冰雪大众休闲健身和竞赛表演业为基础，且冰雪体育服务业初具规模的冰雪产业体系。首先，奥运经济将促进京张冰雪旅游产业的飞速发展。例如，崇礼是华北地区最大的天然滑雪场，有"东方达沃斯"美誉，京张联合申奥以来，滑雪人次急速增长，冬奥会带动"3 亿人参与冰雪运动"的目标正在逐渐实现。其次，申办冬奥成功后京张赛事活动不断增多。京张遵循体育赛事与群众活动相结合的原则，奉行市场运作以及政企合作模式，组织了包括专业赛事、群众性体育运动、青少年冰雪运动等多元形式的冰雪活动，将全民参与冰雪活动的热情燃起。崇礼已经相继引进、落户国际、国内顶级冰雪赛事 20 余项。再次，冰雪竞赛表演、冰雪运动技能培训以及冰雪运动

① 《2018 中国冰雪产业白皮书》发布［N］. 中国体育报，2018-01-17（2）.

场地、设备、器械租赁等冰雪体育服务业也极具发展空间。

综上，经过多年的发展和受到冬奥经济的积极影响，京张冰雪产业在冰雪器械、场馆体验、酒店住宿、全域旅游、交通通信、服装地产、特产销售等方面，开始逐渐显现出产业链横向扩展与纵向延伸的专业化、网格化格局。京张冰雪产业将逐步形成以健身休闲为主，竞赛表演、场馆服务、运动培训和体育旅游等业态协同发展的新型冰雪产业格局。

（三）提速旅游经济强势崛起

全世界争办奥运会最大的效益就是拉动经济[①]。1984年，洛杉矶奥运会以市场运作方式承办奥运会，盈利达到2.25亿美元。1988年，首尔奥运会为韩国带来70亿美元国际收支顺差，举办奥运会直接盈利2亿美元，间接带来327亿美元国民经济收入。1996年，亚特兰大奥运会创造120亿美元产值。人们不应该夸大"奥运会效应"，也不应该低估奥运会的经济影响力。现存的冬奥遗产开发利用模式主要聚焦：一是多元化的场馆利用模式。二是利用人文遗产建设社会。三是基于知名度发展旅游产业。其中，第一和第三点无疑最为引人瞩目。场馆利用问题已经在上一部分全面推进"冰雪产业"发展的内容中体现，这部分就发展旅游业进行着重阐述。首先，构建起国际旅游市场。整合全市相关资源，依托奥运赛事及其国际宣传、重大会展活动、文艺演出等，强化国际旅游营销，向世界宣传北京、宣传张家口。将奥运旅游、商务旅游、度假旅游、节庆旅游和会展旅游作为张家口市入境旅游最重要的支撑，在继续巩固京津分流的国际客源市场的同时，关注美欧日韩、东南亚和中东等极具潜力且高速增长的新兴客源地，构建多元化的国际旅游客源市场格局。其次，繁荣了国内旅游市场。北京、张家口发展旅游产业的重点应该是积极开发多层次、多角度的国内旅游市场。顺应冬奥、高铁时代的到来和首都经济圈同城化的趋势，继续巩固以京津冀晋蒙为代表的周边市场，拓展挖掘港澳台地区、珠三角地区、长三角地区和中南、华南地区等最具潜力的国内客源市场。构建北京、张家口广泛的旅游销售渠道，培育造就一支高素质旅游营销队伍，建立京张高效的旅游营销网络体系。

---

① 钟天朗，徐琳. 体育经济学教学案例［M］. 上海：复旦大学出版社，2014：113.

五、2022 年冬奥会环境遗产

2008 年北京奥运会倡导绿色奥运理念，可见，生态环保已经成为奥运会举办的前提和目标，环境保护理念应该在冬奥后更加深入人心并落到实处。

（一）循环利用的环保理念

北京申冬奥理念和目标是节俭办赛，因而奥运遗产再利用被提上日程。2022 年冬奥会，北京赛区将承办全部冰上项目，据统计北京市内的 12 个冬奥场馆中，有 11 个是 2008 年北京奥运会的奥运遗产，其中，有 9 个场馆无需改造即可直接为冬奥会所用。例如，在 2008 年北京奥运会的奥运遗产中，"鸟巢"将用于举行 2022 年冬奥会开幕式，"水立方"将用于承办冰壶比赛，而国家体育馆、五棵松体育馆用于承办冰球比赛，已经在很大程度上实现了北京冬夏两次奥运会奥运场馆的循环利用，在冬奥硬件设施兴建方面最大限度地节约环保，就等同于降低大兴土木对环境所造成的危害。

（二）长期治理的环保思路

为举办冬奥，奥组委和北京、张家口市政府必然会采取多种手段，从环境治理的长期性出发，制定有效措施和环境保护思路。在新建场馆建设中，积极与民间环境保护组织进行对话，积极利用环境工具来最大限度地规避对环境产生的破坏和影响。冬奥会雪上项目的场地规划和建设对当地的自然环境影响较大，因此，在严格按照高标准环境保护建设的同时，会即时与环境保护组织对话，听取合理意见。以上这些环境保护的科学思路都将成为冬奥环境保护方面的珍贵遗产。

（三）落到实处的环保措施

为举办冬奥，根据当前北京、张家口市以及全国环境污染的现实状况，必然会出台相关法律法规，规范环境保护行为。在体育运动中注重开展环境教育，使得环境教育仅仅停留于书面表达和形式化走位。环境治理理念持续地落实到环境教育中，人们的环境保护意识不断有效提升。规范人们环保行为的强制性措施和引导性措施并举，冬奥结束后仍会共同促进国家环境保护工作的持续推进。

北京冬奥会的微媒体传播现状及对策研究

2022 年北京—张家口冬季奥运会（2022 The Winter Olympics in Beijing & Zhangjiakou）第 24 届冬季奥林匹克运动会，简称"北京张家口冬奥会"，将在 2022 年 02 月 04 日—2022 年 02 月 20 日在中华人民共和国北京市和张家口市联合举行。这是中国历史上第一次举办冬季奥运会，北京、张家口同为主办城市，也是中国继北京奥运会、南京青奥会后，中国第三次举办的奥运赛事。

冬奥会对于一般民众而言，是一次直观的冬奥知识的普及课。与此同时，伴随着一个崭新的"互联网 –"时代的到来，微博、微信、"云端"、大数据等传播技术的疾速发展，互联网正在改变着人们的信息传递、诉求表达方面的需求与习惯，以"两微一端"为代表的微媒体的普及使用，使人们的媒介传播行为发生了深刻变化。微媒本在北京冬奥会文化传播的过程中，在传递信息的同时具有传统媒体不可比拟的互动性优势特点。微媒体在信息传播者和用户之间进行信息的传递和反赞更加便捷，用户可以根据自己的兴趣选择自己所关注的信息，信息接受的方式和频率，微媒体的代表网络可以与其他具有相同兴趣的人进行互动和交流。微媒体通过其独特的技术优势和应用形式优势，从受众的兴趣点出发，在与传统媒体的奥运会新闻传播的竞争中进行奥运会新闻的特质挖掘，发挥了独特优势，微媒体已经成为引导舆论

---

* 作者为京张冬奥研究中心研究员，北京综合大学奥林匹克文化研究中心主任，博士后。

的重要媒体，而且，微媒体的功能已经不仅仅体现在引导舆论，它在北京奥运传播这类重大新闻事件的传播中，已经形成了庞大的宣传攻势。

一、中国 2022 年冬奥会的媒介传播现状

进入互联网时代，中国新闻传媒目前呈现多元并存的竞争态势：传统新闻媒体、新媒体公司的新闻呈现平台、传统媒体的新闻网站共存于"线上"和"线下"的空间。各种形式的微媒体不断产生并在市场法则下发生着优胜劣汰的同时，伴随着大众需求的改变，传统媒体也发生着"微"变化。报纸、广播、电视、电影等传统媒体也主动利用微媒体进行信息发布与反馈。随着微博、微信等微媒体在移动终端上的广泛应用，微媒体逐渐改变着人们的工作方式、生活方式、思维方式，也揭开了微传播时代的大幕，微媒体传播在北京 2022 年冬奥会的媒介传播中成为重要媒介形态。

中国传统媒体，以报纸为代表，还有杂志、电视、广播等，以专业手法生产新闻内容，是典型的新闻内容的生产商和供应商。电视媒体作为大众媒体中最重要的媒体之一，在对冬季运动会的传播上起着举足轻重的作用。由于其普及度高、传播范围大以及权威性的特点，仍然是我国观众获取冬奥会筹备信息的主要来源之一。

微媒体的新闻呈现平台有门户模式、微媒体模式和移动终端。微媒体传播具有文本碎片化、扁平化，传播内容去中心化，传播渠道多元化，传播速度瞬时化，受众草根化，传受双方地位平等化等特点。微媒体因其改变媒介生态、跨越信息传播时空界限，深化人内传播、人际传播、群体传播及网络传播的传播效能等特征，使其成为现时代媒介领域中颇具统合力、覆盖力和生命力的新生力量。门户模式，以新浪、腾讯和搜狐等门户网站的新闻集成（聚合）为典型代表，也包括一些专业性财经新闻网站，例如和讯网等等，这些新闻门户网站主要是将传统新闻媒体的报道进行快速转载，转载中包括标题的编辑加工，以及集纳式专题呈现；此外有极小部分自采和自约的独家内容。以微博、微信为代表的微媒体，在中国的媒体环境中具有较显著的"自媒体"功能，用户不仅直接生产内容，而且传播内容，信息发布与接收的互动性较明显，其对中国传统媒体的形态和议程设置产生极大影响。有

学者指出：互联网打破人们获得实时赛况的三大障碍：地域、时差和容量，用户可以自由地根据自己的时间以及需要来选取信息。随着微媒体的广泛应用，已经成为冬奥会报道和传播的又一大阵地。

二、北京冬奥会微媒体传播中的不足

在移动互联网为主导的微媒体时代，手机和平板电脑即将成为社会传播力和影响力最大的互动媒体，服务于该媒体的微内容产品从生产、传播到需求都日益呈现出短小精练、个性化和互动性等特征，北京冬奥会的微媒体传播因此也呈现出内容碎片化、信息传播表面化及娱乐化等不足。

（一）传播碎片化，缺乏对冬奥文化的系统、总体的认知

所谓"碎片化"，原意为完整的东西破碎成诸多零块，在网络传播中，"碎片化"其实指的就是凸显传播个体的主体性，信息需求的个性化，话语权进一步下放的去中心化。网络模糊了传者和受者的界限，使得受传一体化，网络媒体自身的特性以及其对受众主体性的凸显开创了碎片化传播时代的到来。当前新媒体传播由于信息的庞杂和无指向性，使得受众很难在海量的信息里面得知事件的全貌。新媒体对实效性的过分追求往往容易陷入仅仅追求速度而产生大量信息碎片化的泥潭中。有数据表明，2014 年索契冬奥会中，仅新浪微博涉及"冬奥会"中"吐槽"话题的搜索就多达 56 万条。碎片化的信息仅仅让受众在"吐槽"和与赛事无关紧要的花絮中获得体验式的快感，从而失去了对冬奥会客观理性的思考，不利于传播冬奥会的精神内涵。

（二）信息传播的表面化和娱乐化倾向

冬奥会信息在门户网站或者微博微信等微媒体客户端上发布传播的时候，受主客观因素的影响，信息的传播趋向于表面化传播。为了吸引注意力和更快捷地传播，通常会将一条新闻信息通过多角度多篇幅的形式发布，将信息扩展成若干条信息，增加信息传播的渠道，缩短传播时间。聚集受众的视觉焦点，造成流于表面化的特征。其次为了满足大众对于信息的视觉和娱乐诉求，日益向娱乐化发展。

三、对北京 2022 年冬奥会的微媒体传播建议

（一）注重微媒体新闻推送的整体性及深度

新闻报道的深度浅显是冬奥会新闻传播面临的一大问题，为了推动冬奥会新闻的更大范围的传播，必须采取积极措施提高网络新闻报道的深度。例如：不要一条信息多篇发布，这样会分散受众注意力；要注重奥运会筹办新闻报道的整体性，了解受众的需求，简明扼要地将信息提炼进行报道。通过微媒体新闻报道图文并茂和交互性强的特点，提高新闻生产的用户满意度，系统全面地报道冬奥会组织筹办中大众喜闻乐见的消息，系列报道注重深度。

（二）注重微媒体新闻报道的文化体验

微媒体客户端的新闻报道具有满足用户体验、体现互动性的特征，北京冬奥会作为高水平的国际性竞技体育运动，通过微媒体的创意传播，能更好地传播体育人文精神，全面展示人人参与的精神风貌。《奥林匹克宪章》提出："每一个人都应享有从事体育运动的可能性，而不受任何形式的歧视，并体现相互理解、友谊、团结和公平竞争的奥林匹克精神。"移动互联网和移动终端设备的日渐普及，使得网络日益成为大众生活的组成部分，冬奥会新闻报道作为微内容产品，呈现出满足客户体验与互动需求的特征。针对不同消费需求的冬奥新闻报道，需要基于对用户的特定需求和体验而量身定制。微媒体在北京冬奥会传播过程中要通过互动与用户体验，更出色地为全球用户展示出中国国家特色和全民参与的精神面貌。

（三）注重微媒体环境下的冬奥会全球传播渠道

身处保罗·莱文森所描绘的新新媒介（new new media）时代，移动互联网的发展给媒介传播的终端提供了不一样的可能性，微电影、微动漫、微表情、微视频、微小说、微广播等微小的独立内容数据，在新技术发展的浪潮中适应微媒体的媒介特征和用户需求特点，逐渐显露出在传统媒介环境中所不具备的传播优势，进而成为微时代中的主要内容类型。微媒体改变了原本新闻信息由大众媒体掌握与传播的情况，让每一个受众同时也成为信息的传播者，让草根新闻和公众新闻成为可能。移动互联网时代另一个特征是

信息的海量化，大众身处信息爆炸的大数据时代，数据在大众生活中随处可见，眼球资源越发变得稀有，内容传输越发表现为宽带化、智能化、互动性等特征；互联网搜索引擎的出现，使人们能够有选择地获得有价值的信息，微媒体时代的内容产品逐渐走向更符合个性化的分众需求的内容产业。微信的朋友圈、微博的客户端传输的内容，都具有个性化和分众传播的特点，内容的细分满足了不同消费者的个性化和专业分类的需求，微媒体环境下的北京冬奥会全球传播渠道能够给全球受众带来极强的参与感与体验感，有着官方宣传和商业宣传无法比拟的可信度和说服力。如果能充分利用微媒体传播的优势，将使北京冬奥会全球传播具有广泛的群众基础，提高北京冬奥会的自身形象，并通过高水平体育赛事的微媒体推广提高中国国家形象。

参考文献

［1］［美］保罗·莱文森著，何道宽译. 新新媒介：第 2 版［M］. 复旦大学出版社，2014.

［2］［美］阿莱克斯·彭特兰著，汪小帆，汪容译. 智慧社会［M］. 浙江人民出版社，2015.

［3］ 王海兰. 论微媒体对传统传播学理论的影响［J］. 北京联合大学学报（人文社会科学版），2014，02：125.

［4］ 王宇，童兵. 微传播：当代媒体的新集群［J］. 新闻爱好者，2015（1）.

2008 年与 2022 年两届奥运会前期传播比较研究

王宏伟 *

在成功申办 2022 年冬奥会后，北京将成为同时举办夏季奥运会和冬季奥运会的城市。由于冬奥会的普及度不高，所以如何在申办成功后进行前期宣传成了十分重要的课题，本文将立足于 2008 年奥运会的前期宣传实例并结合当前时代下日新月异的传播方式，从传播理念、策略、渠道和内容四个维度进行两届奥运会的同期宣传对比，阐述在新媒体时代下，传统媒体为主的传播方式已经逐渐被微媒体传播方式所取代。此外，本文将通过对 2022 年北京冬奥会传播分析，以提升人们对这一问题的认识。

一、2008 年奥运会的前期传播研究

（一）2008 年的传统媒体传播优势及特点

1. 电视媒体

电视媒体可以带给人整体良好的视听感受，电视媒体可以将形、声、色、动态集中在一起，给人最直观和生动的感受，同时极具感染力，尤其是 2008 年我国高清技术日益普及，更让电视媒体的传播如虎添翼，让人们的整体感受更上一个台阶。奥运宣传期间通过电视媒体进行了大量宣传片播放也有助于电视媒体流量的不断上升。

---

* 作者为北京联合大学应用文理学院新闻与传播系人员。

具有公信力和权威——电视媒体之所以占据优势，其中最重要的原因之一就是权威，这是在2008年还不成熟的新媒体所不能比拟的。

拥有庞大的受众人群——长时间的良好的积累导致广大人民群众的需要和对其的依赖性使得电视媒体拥有着广泛的受众人群，这也是在当时它的优势之一。

2．纸质媒体

信息传递效果好——纸质媒体是国家承认的具有公信力的媒体，其发行量大，同时覆盖面积广，而且在传播的过程中不会受到时空的限制，在页面的编辑上具有人工的灵活性，可以清楚且有效地向读者传递信息，而且在2008年报纸的发行量大，受到广大人民群众的青睐。

仔细阅读居多——纸媒的反复排版和对选题的细致让读者更加愿意仔细阅读，同时的保存价值让人们可以进行多次阅读，使得人民群众可以细细地品味其中内涵并进行思考。

3．广播媒体

拥有广大基础且灵活——人们可以在任何时刻接受广播信息，在2008年奥运前期宣传期间，广播对于社会各界人员来说，是了解筹办情况和洞悉最新信息的很好的选择。

（二）网络媒体在奥运传播上的优势及特点

内容上面的可选择性较为广泛——当信息在互联网上进行传播时，其充满灵活性，还避免遭受时空的局限，让网民可以最大可能地接受信息，同时网民还可根据喜好进行检索。所以，网络信息愈发被广大网民所接受和认可。

表现形式多样——即使2008年的网络技术还不像现在这般成熟，但网络还是可以实现图文和音视频等多种表现形式结合的传播方式，还可提供诸如邮箱、即时通信、电子娱乐以及博客论坛等多种网络应用服务，可以极大程度地满足不同受众人群对于奥运相关信息的不同需求。

交流、分享——互联网的不断发展使得互联网成为了一个人人都可以成为传播者的舞台，广大网民可以在这里实现最大化的交流和分享，传统媒体则不具备这种优势，它们更多的是仅能成为传播者而不能收到并做出反馈。尤其是在如此特殊的2008年北京奥运会的背景下，让网民的参与度不断上升，但是直接参与奥运的毕竟是少数人，所以互联网的便捷性以及互动交流性使得网民可以直接感受奥运，因此在互联网上各大门户网站均发布相关奥运页面，呈现一派全民奥运的现象，这是网络媒体相较传统媒体的一大优势。

精神归属——互联网自身就具有交流和分享的属性，同时它不会受到时空的限制，所以奥运会这种极具号召力和民族归属感的大型活动举办的时候，广大网民便可以在这个平台上各抒己见，抒发民族感情，使得网民的精神归属有处可去，这是传统媒体单方面传播信息所不具备的特点。

1. 新浪

（1）奥运内容资源延伸拓展

2006 年 9 月，国际奥委会、北京奥运会组委会和世界三大通讯社一起签署了就北京奥运会国际摄影队的协议，在此份协议中，北京奥组委将为以上通讯社的工作人员提供相应支持，如提供适宜的摄影位置和在新闻发布时的中心内办公条件以及周边生活服务设施等。[①]

与此同时，新浪网与三大通讯社都分别建立了战略合作伙伴关系，三家通讯社的报道团队都将给新浪独家提供奥运相关第一手资源进行报道，其中不仅包括图文稿件，还有动画视频等资源。

不但如此，新浪还与北京奥组委唯一指定的官方数据提供商 Infostrada 建立战略合作，丰富了其报道的准确性和丰富性。

此外，新浪与中国网球协会、国家体育总局水球等中心达成战略合作伙伴关系，使得新浪成为优先信息传播平台，这就使得以新浪为代表的网络媒体可以第一时间发布相关宣传以及奥运备战信息。

尽管并非奥运赞助商，但是新浪通过不断的合作方式，丰富了自身奥运内容资源，为后续的奥运信息传播竞争建立了良好的底蕴和优势。

（2）提出"全民奥运"的传播理念

新浪在奥运会的前期宣传中举办大型活动——"我的 2008，世界睁大眼睛看"，整个活动分为"我记录""我参与""我突破"三大主题和阶段，通过活动使得网络媒体在奥运会的前期宣传中赢得人心，尽可能让大多数网民都可以通过自己合适的方式真正的参与到奥运会的宣传之中，最大程度地调动了大家的热情。

---

① 新浪网易腾讯获奥运视频转播权＿科技时代＿新浪网. http://tech.sina.com.cn/i/2008-07-15/14392327997.shtml，2008 年 7 月 15 日.

（3）产品互通打造多维互动

为配合"我的 2008，世界睁大眼睛看"活动有序进行，新浪召集网站全部主力频道和包括 2008 年背景下大火的博客、播客、论坛、相册在内的社区产品，实现各频道互相联结，使得旗下各频道用户进行多维互动，提升用户的参与度。

（4）明星效应巩固博客优势

2008 年背景下博客是被广大网民所积极参与的一个平台，新浪博客抓准机会，在博客的优势基础上针对北京奥运会的前期宣传邀请了相关体育明星和知名解说以及评论员加盟体育博客，针对奥运会和体育新闻进行讨论，不仅对奥运宣传起到了积极的作用，更对新浪博客的固有优势起到了加强的效果。

（5）分地区增强互动程度

以地区、项目、性别为标签，新浪在体育博客写手俱乐部对相关作者和参与者进行分类，便于广大用户找到自己最为感兴趣的板块，增加参与互动可能，更可让更多人参与进来成为传播者。

（6）新浪奥运传播特色

极具创意，尽可能地最大化自己的优势产品——将明星效应和体育元素进行融合，并在 2008 年大火的博客上进行体现，最后融入相关策划和创意，不仅巩固了自己在网络媒体中的领先地位，更加强了原有的传播方式的优势。

产品整合，打造多维互动新模式——将旗下各板块进行整合，为用户的多维互动提供平台和可能性，最终是高用户关注频率。

全民奥运理念，贴近用户心理——切实贴合网民对奥运的感受和想要参与进北京奥运的需求进行传播，以"全民奥运"为理念，为用户提供传播信息和进行互动的平台，尽可能地调动网民积极性。

2. 搜狐

（1）奥运独家赞助商，传播资源丰富

本届奥运会，搜狐是唯一的网络媒体合作伙伴，其拥有着诸多在此次奥运会的传播特权。搜狐也是本届奥运会的各类型大大小小的官网的构建者，这些其亲身进行构建的网站也成为搜狐奥运传播的重要依据和来源。①

此外，搜狐还注重合作带来的效益，同传统媒体进行合作和融合，进一步丰富传播方式和内容。如与中央电视台、中国日报达成奥运期间的合作，互换优势内容，进行对传统媒体报道的辅助和补充，共同促进奥运传播的更好进行。

（2）奥运真正的参与者，传播并协办奥运主题活动

由于是独家的网络媒体赞助商，所以搜狐是唯一可以发起或协办奥运相关活动的网络媒体，奥运会前期宣传的大量主题活动都从这里发布并协办，如奥运进校园、奥运家庭游北京、微笑北京等。②

此外，搜狐还自发发起了大量奥运活动，如主持人大赛、"我的奥运、我的收藏"等。这些活动的组织不仅让更多的网友关注搜狐的奥运信息传播，更体现了网络媒体的参与性和互动性。

（3）注重文化传播，满足不同层次用户需求

搜狐的用户构成偏高端，2008 年奥运的前期宣传不仅仅是一个运动会的传播，更是我国借此宣传大国实力以及文化输出的重要契机，所以搜狐抓住机会，注重文化色彩的渲染，如"2008 奥运冠军论坛"等讨论，有利于调动注重文化的部分用户的参与热情。

（4）旗下产品联动进行奥运主题传播

同新浪一样，搜狐也注重旗下产品的整合互动式传播，通过论坛和博客等互动形式进行线上线下互通传播奥运主题，在奥运前期的宣传中组织如"奥运啦啦队""奥运日记——我们记录 2008"等活动，既宣传了奥运理念，更满足了网民的体验感，为广大网民渴望了解奥运相关信息的需求做出了大量努力。

（5）独家资源丰富，能获得良好的用户基础

因为是 2005 至 2008 中国体育代表团独家互联网内容合作伙伴，所以在奥运的前期宣传上搜狐几乎可以被称为网络媒体传播上最重要的一环，他们承建中国体育代表团官方网站，独家进行第一手奥运相关宣传信息的传播。

---

① 2008 年奥运营销研究报告. 艾瑞咨询网站，2008.

② "我与北京奥运同生日"邀您共迎奥运 _ 新闻中心 _ 新浪网. http://news.sina.com.cn/o/2007–07–13/070412196631s.shtml，2007 年 7 月 13 日.

不仅如此，搜狐和华奥的合作更上他们拥有国家的官方资源，使得他们在进行传播宣传时有着国家的支持，拥有极大便利。比如，在宣传中搜狐可以进行对运动员的采访，让广大网友第一时间了解运动员的备战状态。

此外，搜狐的博客吸引大量名人入驻，这也成为网民进行了解的重要场所。

（6）进行公益联动，积极回应突发事件报道

搜狐在进行相关奥运的宣传传播中，具有特色地将公益作为了主题之一，同时在网络上进行了大量有关公益和爱心的相关活动，而且可以在某些新闻事件发生后第一时间进行应对，比如在圣火传递的相关宣传中，搜狐就充分发挥了自身公益效应，进行了华人传递和反对"藏独"保护圣火的签名活动，一举赢得网友热烈的反响。不仅如此，还使得其受到了大量关注。

（7）搜狐奥运传播特色

官方合作伙伴下的独家资源优势——搜狐作为独家合作伙伴，将优势转化为资源。搜狐还与传统媒体进行合作，不仅实现了双赢，还增强了搜狐的自我品牌的影响力。[1]

独家网络传播并组织奥运主题活动——积极开展奥运相关活动，搜狐是这些主题活动网络传播的唯一渠道，通过互动搜狐不仅传播了奥运信息并且吸引了大量网友的关注。

丰富的明星资源——通过与明星的合作打造明星效应，进而带动传播信息的广泛扩散，最终带动搜狐网站流量的上升。

互动主题迎合用户心理——同国家政策响应，积极传播文化因素，打造符合高端人群的关注热点，调动不同用户的参与热情。

同公益进行联结，积极回应突发热点新闻事件——搜狐在奥运传播过程中，树立了公益作为其传播的核心主题之一，在线上进行了大量的网络公益互动活动，同时在突发新闻发生后予以积极响应。

3. 网易

（1）任务式传播

网易组织了"不可能完成的任务"系列活动，活动范围不仅涉及我国各

---

① 搜狐奥运. http://2008.sohu.com/olympic-news/olympicrights/, 2008.

省，更延伸至世界各国。活动利用图片进行扩散传播，网友可以通过上传图片的方式来讲出自己的祝福。

任务式的组织方式被证明成功地激发了网民的参与程度，同时还使得网友在关注信息的传播过程中时刻保持专注度。

（2）联结高校，打造新视角互动式传播

网易同高校学生进行联结，主办了"高校 2008 观方站"大型 2.0 网络互动活动，组织高校学生进行体验运营报道过程，形成互联网传播报道的全新视角。

活动充分利用大学生对奥运和民族情感的认同感和凝聚力，调动学生网民人群的参与积极性。

有机地将学生和学校同奥运联结到一起，同时，使得年轻的从业者们对其产生极大兴趣。

（3）网易奥运传播特色

以任务为导向，弥补缺乏单一话题——网易的"不可能完成的任务"主题符合大众心理，但互动模式有些许单一。因此，活动范围被网易无限扩大至各地城镇，通过任务的方式刺激用户，一举提高广大网民投身其中的热情，吸引了大量的关注。同时"相册"产品优势不断渗透奥运互动，在网易的大部分互动活动中，其通过鼓励网友上传图片的方式来丰富互动。

用户属性不同定制不同年龄段特色互动——网易用户群体以大学生群体为主，所以在奥运互动传播中网易具体年龄具体分析，将学校作为联动主体，迅速加温学生网民的热情。

4. 搜索引擎

（1）结合网民需求

搜索引擎是 2008 年互联网的入口之一，其将后台的数据进行分析后可以对网民渴望了解的奥运相关信息有一个清晰的定位，进而合理调整组织架构，迎合网民喜好进行内容的传播，极大程度地提高了网民的了解热情和参与程度。尤其是重大特殊奥运事件发生时，搜索引擎可以结合热点及时更新，针对需求做出应对策略。

（2）通过旗下产品特性打造奥运讨论组

百度作为最大的搜索引擎，其重点产品诸如贴吧、知道平台等产品在奥运的前期传播中发挥了重要作用，通过相关宣传信息组织网民进行讨论，譬如在"我说奥运"板块，以论战 2008 为题组织辩论。

搜索引擎通过后台分析大数据可以深入了解大家对奥运知识的渴求程度，进而传播相关信息，结合旗下产品，打造便于用户讨论的平台。

（3）百度奥运传播特色

结合网民需求，组织网友进行讨仑——结合需求组织互动活动，争论性话题作为首选吸引网民。

二、2022 年冬奥会的传播研究

（一）当前社会背景下的传统媒介传播优势及特点

仍具有权威，同时还具有国家的支撑作为保障，尤其是在我国较为特殊的体制下，传统媒体播报的每一条新闻，无论是广播的、报纸的，还是电视媒体上的，都是要经过多方审查以及消息来源确认的。同时随着时间的沉淀，广大的人民群众对于传统媒体报道下的新闻几乎不会有任何怀疑，这些公信力和受到信任的程度是假新闻频出的新媒体所不具备的。

1. 电视媒体

电视的收视群体仍占据很大比例，同时像奥运等重大事件新闻报道必然会通过电视进行宣传报道，譬如在 2022 年冬奥会举办地名单揭晓的投票便由电视所转播。

2. 纸质媒体

随着不断发展，纸质媒体的发展规模仍然在不断完善，不论是他们的采编队伍还是举行新闻报道的经验都十分老练，同时他们还有着广泛的信息来源以及和社会相关单位稳定的共同发展的合作关系，这些正是纸媒的优势所在。在信息的生产过程中，他们的采集和筛选信息来源过程是十分完善的，他们的工作人员的职业素养很高，可以归纳出最有价值的新闻消息，在挑选相关奥运宣传信息时，纸媒工作者因为有着丰富的相关专业的知识和日复一日的从业经验，还有着各种规定，所以他们可以在不良和虚假信息频发的今天对信息进行高水平的筛查和传播，产生对社会的益处，促使 2022 年北京冬奥会的传播更加顺畅。

3. 广播媒体

受众群体虽不断缩小但仍有受众，广大司机以及老年人依托广播获取相关信息。

（二）当前社会背景下的网络媒体传播优势及特点

随着时代的不断发展，我国的科技水平已经日新月异，而依托于互联网以及通信技术的传播手段更是在时刻发展，为我们带来了多元化的信息传播载体和传播的方式，而在此之中，新媒体更是占据了主导地位，他们在传播的实时性和互动性上以压倒性的优势战胜了传统媒体下的纸质媒体报道，不断地冲击着纸媒的传统地位。而放眼海外，多家传媒巨头已经放弃传统纸质报纸，专攻数字报。这些事例向我们不断证明着新媒体的重要程度在不断增加。

新媒体传播已经不声不响地成为了当前时代的大趋势，人们可以在任何时间进行所需信息的获取，网络传播跨越了空间和时间的限制，在微媒体流行的今天，人人都可以是生产者，人人都可以是传播者，他们不仅可以随时随地通过网络了解信息，更可以进行互动，故而微媒体传播将是未来的大趋势，甚至可以完全取代传统媒体

同时当今社会的生活节奏越来越快，广大受众也逐渐改变了信息的获取方式，只要受众想获得信息，就可以自由地选择任何一个最适合自己所处位置、最适应自己需求的媒体来满足自己的要求。同时随着时间的推移，传统媒体在当前时代已经在一步一步地被网络媒体传播所取代。

1. 微信

在当今时代下，微信已经成为人手必备的即时通讯软件，从腾讯官方统计数据可知，微信的月活跃用户已经接近 9 亿人次，同时还带动了超过 1700 亿的信息消费，不仅如此，越来越多的人成为微信的重度用户，每天使用时间超过 4 小时的有超过 30% 的微信用户，余下的也几乎至少会每天使用 1 小时及以上，更是有半数的人拥有突破 200 名好友，还有 13.5% 的用户拥有超过 500 名以上的好友，不得不说，微信现在几乎已经是人手必备，所以如何做好微信的传播已经成为冬奥传播十分重要的一环。官方微信公众号的构建和相关传播信息的朋友圈传播使得冬奥宣传信息可以在第一时间被广大群众所获悉。

2. 微博

微博也是当前时代下的重要传播方式之一，快捷性是它最重要的特质，不同于传统媒体需要进行反复排版、进而印刷成册后再进行传播，仅需点一点手机，就能将所传播信息实时传播到全国各地，点击查看再进行转发使得微博零时间再传播。

随着时代和科技的发展，微博也在不断发展，它的用户数量在不断累积，它可以通过自己的方式来传播信息甚至颠覆社会现象，它互动式的传播可以让我们能够人人成为记者，人人成为传播者，正如它主页面所显示的宣传语一样：随时随地发现新鲜事，它让编辑的头衔不声不响地落在了每一个转发的用户的头上。

在当前人人离不开手机的现状下，微博传播也是同微信传播一样最快捷、最广泛的传播方式，在如今不论是 NBA 还是英超等大型赛事中，比赛赛果最快的呈现方式往往是微博式的短消息，所以冬奥宣传也少不了官方微博的发声，一条简单的微博便可将冬奥信息传播到世界每一个角落。

3. 官网

同 2008 年前期传播奥运会相关内容不同，2022 年冬奥会搭建了官网，官网上的信息或许并不是最快的，但一定是最权威和最全面的，每一环的关键传播官网必然有所涉及。

4. 客户端

相对于各大门户网站来说，在互联网科技日益发达和普及的今天，他们可以借助自己的手机 APP 传播相关奥运信息，专题化的报道在今天更是最具特色的报道方式，借助手机 APP，网友可以直接点击进入 2022 年北京冬奥会相关专题进而了解所需信息，再通过不断的链接进入自己感兴趣的项目或者相关信息中，这种方式最全面和最有针对性地贴合每一位渴望获取相关信息的用户。

三、两届奥运会同期传播比较

（一）传播理念比较

科技、绿色和人文几乎是 2008 年奥运会前期传播最为重要的理念，它不仅为世人揭示了我们的核心，更在赛后为城市的多元化发展提供了不可比拟的积极作用，使得传播理念最终过渡为了一笔精神遗产，而且在 2008 年的传播理念的构建下，让世界各国认识了我国逐步强大的综合实力以及不断推进的城市化进程。①

而如今在冬奥会的传播理念上，"人"的重要性被反复提及，"以运动员为中心、可持续发展、节俭办赛"三大理念，是新的奥运理念在我国时代背景下的新注解。紧密围绕其进行传播不仅贯彻了冬奥申办以来的理念，此举更可让广大人民群众找到归属感和依赖感，设身处地的从"人"出发让人民群众更加愿意去接触冬奥，了解冬奥，进而使得冬奥可以更好地进行传播和被人民群众认同和接受。

（二）传播策略比较

2008 年奥运会的传播策略是以传统媒体宣传为主，在前期传播中通过具有公信力的电视、报纸等媒体向大众传递奥运精神，目的是让广大人民群众加以了解和支持以及用户奥运会的成功举办。因为网络媒体还不是特别成熟，所以网络媒体的传播谋略更多的是让人民群众能参与互动，同时以推广、促销、活动为目的进行品牌植入，如以推广品牌或产品、促销、活动为目的，这时网络媒体就展现出了覆盖面积广大的优势。②

在当前冬奥会的前期宣传中传统媒体已被树立为辅助报道，即使其拥有着权威但是受众群众基数在不断缩小。相反的则是网络媒体已经成为传播的主力军，通过两微一端传播冬奥信息，其目的正是希望通过最简洁和方便直接的方式让群众丰富冬奥相关信息，加大冬奥的关注度，尤其是在平昌冬奥会刚刚结束的时间节点，抓住机会通过新媒体迅速科普相关知识，相对传统媒体更加灵活和具有互动性的微信、微博搜集群众的渴求信息，再进行传播，使得群众对冰雪运动的热情上升，方便进行一次大规模的冬奥知识爆发式传播，这也是冬奥会受关注程度的确不如夏季奥运会所致。

2008 年的传播载体依托于传统媒体，相关重大信息均通过电视、广播等发布，网络媒体则为相关辅助报道以及板块化的相关延伸阅读。这一切不

① 马晓枫. 传播的奥运　奥运的传播［D］. 华中师范大学硕士学位论文，2007.

② 韩盛祥. 论 2008 年北京奥运会三大理念的内涵及其对全民健身活动的影响［J］. 北京体育大学学报，2005（01）：16–18.

仅依托于传统媒体在 2008 年的主导地位和强大的公信力，还体现了当时的科技水平。

（三）传播渠道比较

上述 2008 年传播具体事例让我们知道，融合互动和多种媒体进行联动传播的传播渠道是一个大的趋势，多种类型媒体的整合互动帮助 2008 年奥运会的前期传播更加完善，如此不仅可以资源共享，使得奥运宣传具有多角度、多维度，同时还可以体现出两者对比后的反差，更可以形成基础，为新闻资源共享添砖加瓦。

不但如此，传播媒介的差别更使得奥运宣传具有不同的主题特色，最大限度地为新闻共享提供了一个平台。比如，报纸的评论优势和电视的视觉优势就可以有机地结合到一起，两者互相取长补短，电视整合报纸的评论水准，报纸利用电视的奥运宣传影像开发视觉新闻。[①]同时多种媒介均坚持正确的舆论导向，肩负政治责任，共同唱响主旋律，更能为全社会的奥运宣传带来正能量的翻倍释放，进而成功打造社会效益。而且如此大型的新闻事件，多家媒体合作产生媒体共振是最好的效果，强强联合方能打造最好的传播方式。但是我们要知道 2008 年即使是媒体联动的渠道也大多是以传统媒体间的联动为主，网媒在 2008 年只进行辅助和进行组织互动性活动作用。[②]

当前传播载体则几乎被网络媒体覆盖，一切相关消息通过微信、微博客户端以及各个网媒的客户端进行第一时间发布并且发布 push 推送到用户手机上，传统媒体则只有在体育新闻或者体育板块中进行综合汇总发布。虽然如此，但是当前的载体也在不断地进行媒介融合，传统媒体和微媒体的联动使得载体形式进行升级，也让内容的宣传和线上线下的互动进行配合。

在当下时代，互联网正在高速发展，2022 年冬奥会的宣传在网络上不断进行，媒介联动依然存在但是主战场已经转移到了新媒体传播上，不论是公众号还是微博的传播都让受众可以足不出户进行信息的接收，新媒体间进行联动，两微一端互相连接相互跳转使得冬奥会的前期传播更加便捷，互联网的传播渠道已经是如今冬奥会传播的必然趋势。而传统媒体在其中虽然也

① 程琳. 新媒体环境下公众议程的互动传播模式研究［D］. 长春理工大学，2017：42.

② 郑洁. 回味 2008 北京奥运会［J］. 学苑创造 B 版，2011（Z2）：72-73.

在和新媒体进行融合联动传播，但影响力在不断下降。

（四）传播内容比较

2008 年的奥运会前期宣传主要展示我国现代化的综合实力已经不可比拟，进而为世界各国进行展示，而后在申奥成功后的宣传也以恢宏的大国实力、名人效应以及深度的文化宣传进行展示和推广，同时兼顾历史元素，在宣传奥运的同时宣传民族文化。

在当前阶段，2022 年冬奥会已经发布了 22 个相关宣传片，宣传内容还将继续推陈出新，已经发布的内容和主题都不尽相同，可以最大化地在传播过程中使得全球人民深切感受到我国的冰雪体育文化，也让我国的广大人民群众对于冬奥进程有着宏观的理解。《紫气东来》《万事俱备》《江山代有才人出》《不虚此行》[1] 这四部陈述宣传片虽然从方方面面都不尽相同，但是它们完整地勾勒出了一条清晰明了的主题，最直观地展示了我国源远流长的文化，其中不仅包括自然景色，更有建筑的变迁，更为神奇的是通过壁画来穿插我国的冰雪运动历史，实现了文化和体育运动的共赢。更为巧合的是冬奥举行期间正值我国春节，中国的特色文化更能得以展现。

同时，拍摄手法也发生了根本的改变，我国一直比较重视以大角度看世界，用宏大叙事的手法来讲述，但是这次的传播宣传吸取了《人物篇》[2] 曾经在 2011 年遭遇滑铁卢的经验，不再聚焦名人大事，而是采取以小见大的手法，从普通人入手，让人们更加易于接受。《不虚此行》中外国人的观点成为主要旋律，更展示了全世界人民一家亲的概念，在奥运面前不分国界，《江山代有才人出》则是通过冠军教练的角度来进行阐述，《万事俱备》中关于冬奥相关基础设施的建设通过高科技来进行动感显示，使得广大群众可以最简单地感知奥运信息，在阿拉木图的申奥宣传片《keeping it real》中过于专业的叙述方式和单调的雪景重复让很多人产生了厌倦和抵触心理，我国则充分吸收经验，打造的申奥宣传片选取了民间话，用"接地气儿"的幽默方式在实际行动上体现了全民奥运的内容和理念。

---

① 北京晚报官方网站. 揭秘申冬奥宣传影片 10 分 56 秒是怎样炼成的 浓缩的都是精华. http://www.takefoto.cn/viewnews-500681.html，2015 年 8 月 15 日.

② 人民网《中国国家形象宣传片（人物篇）亮相纽约》. http://meDia.people.com.cn/GB/40606/13764005.html，2011 年 1 月 19 日.

四、结论

通过对 2008 年北京奥运会和 2022 年北京冬奥会的比较研究，我们发现不论是传播方式、传播谋略，还是传播内容和渠道都发生了极大的改变，本文总结出以下结论：

1. 2008 年时互联网刚刚开始进行普及，传统媒体仍然具有权威性，所以在申奥过程以及前期对大众的宣传上仍以具有公信力的传统媒体为主，同时既然网络在不断发展，网民数量也在不断增加，各大门户网络平台适时走到台前同网友进行互动式传播。

2. 当前形势下新媒体技术日益发达且影响力广泛，其中微博、微信以及客户端所代表的微媒体已经成为最重要的传播方式，所以 2022 年的北京冬奥会前期宣传抓住了微媒体的浪潮，通过微媒体的方式进行宣传。

3. 不仅传播载体和传播渠道等媒介方式发生了改变，传播内容以及宣传模式和理念也发生了改变。2008 年更多地通过奥运宣传国家形象以及进行文化建设和铺垫，而当下则更多地贴近生活，让广大人民群众可以更好地参与进冬奥，为后续的冬奥宣传以及普及做好基础工作。

综上所述，两届奥运会的前期传播已经从本质上发生改变，新媒体成为主力军，因此使用好微媒体的传播方式，是当前冬奥传播最重要的课题。同时传统媒体也要考虑如何转型避免被时代淘汰，既要主动顺应媒介融合的大趋势，同新媒体进行靠近和碰触，实现媒介融合，又要把握好自身保留下来的特色和具备的价值，并将其发扬光大。最后，本文通过比较得出的结论更希望对下个阶段的冬奥的深入宣传提供建议，合理利用新媒体，努力实现传统媒体价值的最大化，将二者有机地结合到一起，则可以使得冬奥会的传播更加顺利。

奥林匹克精神与孔子的"和而不同"论

郑小九[*]

2022 年，中国北京将主办世界冬季奥林匹克运动会，这是又一次辉煌的盛典。冬奥会的举办周期，正值中国传统文化复兴的浪潮在中华大地激荡之时。仔细审视，可以看到奥林匹克精神与中华传统文化的契合与互通。

奥林匹克精神是《奥林匹克宪章》基于非歧视性原则而主张的"相互理解、友谊、团结和公平竞争"的精神。从广义的角度讲，奥林匹克精神还包括顽强拼搏、以奋斗为乐的精神，重在参与、不畏失败等精神，反对战争、追求和平的精神，奉献爱心、改善社会的志愿精神等。

从中国传统文化来看，孔子的"和而不同"论与《奥林匹克宪章》所表述的奥林匹克精神有着深度的契合。"和而不同"是孔子关于不同主体之间关系的核心主张，他希望在人与人之间建立一个理想的关系模式。"仁者爱人"是"和而不同"的道德基础，"智者知人"是"和而不同"的基本前提，"直道而行"是"和而不同"的底线保证，"以友辅仁"是"和而不同"的理想境界。

作为一个可以上升到哲学意义的主张，"和而不同"所适合的主体并不限于个人，其适合的主体在今天还可以包括不同的国家、民族、文化、团体等等。本文从孔子"君子和而不同，小人同而不和"的表述出发，将关系主体限定在人，是人与人之间的"和而不同"。

---

* 作者为河南理工大学马克思主义学院副院长、教授。

一、作为人际关系理想模式的"和而不同"

根据孔子"君子和而不同，小人同而不和"的观点，人与人之间关系中"和而不同"的模式可以称为"君子模式"，"君子模式"以外的人与人之间关系的模式，包括"同而不和"的"小人模式"和"不同也不和"的"敌对模式"。奥林匹克运动追求的是不同的人之间的"和而不同"的"君子模式"，力求避免和消解"同而不和"的"小人模式"与"不同也不和"的"敌对模式"。

1. "君子和而不同"

在人与人相处的方式上，孔子提出了著名的主张，即"和而不同"。《论语·子路》中子曰："君子和而不同，小人同而不和。"即君子能够与人和谐相处，而不强求统一；小人表面同一，却达不到和谐。

《国语·郑语》中记载西周末年史伯的一段话："和实生物，同则不继。以他平他谓之和，故能丰长而物归之。若以同裨同，尽乃弃矣。故先王以土与金、木、水、火杂，以成百物。"这就是说，"和"指的是不同事物互相配合而达到的平衡状态，只有在"和"的状态下才能产生新的事物，"同"则是排除了差异性和多样性的同一，这种状态持续下去就是事物的灭亡。

《左传·昭公二十年》记载有齐侯与晏婴的一段对话。齐侯想知道晏婴对齐国大臣梁丘据的看法，便问："唯据与我和夫?"晏子对曰："据亦同也，焉得为和?"公曰："和与同异乎?"对曰："异。和如羹焉，水火醯醢盐梅以烹鱼肉，燀之以薪。宰夫和之，齐之以味，济其不及，以泄其过。君子食之，以平其心。君臣亦然。……今据不然，君所谓可，据亦曰可。君所谓否，据亦曰否。若以水济水，谁能食之? 若琴瑟之专壹，谁能听之? 同之不可也如是。"晏子清楚地告诉齐侯，'和"与"同"是不一样的，齐侯与梁丘据之间的关系是"同"而不是"和"。

孔子的"和而不同"是人与人之间关系的最为理想的模式，在这一模式中，"和"是以"不同"作为前提的，尊重差异，承认事物和人的多样性，以广阔的胸襟、宽容的情怀去接纳不同的对象，去实现人与人之间关系的和谐。李泽厚解释说："'和'的前提是承认、赞成、允许彼此有差异、有区别、有分歧，然后使这些差异、区别、分歧调整、配置、处理到某种适当的地位、情况、结构中，于是各得其所，而后整体便有'和'——和谐或发展。"①

2. 现代奥运中的"和而不同"

现代奥林匹克运动中人与人之间的"和而不同"，就是希望人们超越"同而不和"的"小人模式"和"不同也不和"的"敌对模式"，超越人与人之间的种族、国家、信仰、习惯等差异，达到奥林匹克精神所期待的人与人之间的公正平等、相互理解、尊重差异，求同存异，达到团结友谊的和谐目标。

作为奥林匹克运动最核心的标志，奥林匹克五环就是"和而不同"的象征。蓝、黄、黑、绿、红五种不同的颜色分别代表欧洲、亚洲、非洲、大洋洲和美洲，颜色各异的五个环之间环环相扣，表明五大洲人民手拉着手，共同团结在奥林匹克的旗帜之下。1913 年顾拜旦在《奥林匹克评论》上写道："五环代表世界的五个部分，统一到奥林匹克精神的旗帜下，接受长期以来作为对立方的彼此。另外，六种颜色以这种方式联接在一起，再现了所有国家（旗帜）的色彩，无一例外。"②

"同而不和"是现代奥林匹克运动应当抵制的倾向。赤裸裸的同一化在奥林匹克运动中基本上是不存在的，而带有一定倾向的同一化则是奥林匹克运动的现实，表现为奥林匹克运动中极其浓厚的西方文化色彩，如奥运会的比赛项目绝大部分来自西方，国际奥委会委员大多出自西方国家，举办城市由西方国家所垄断等。1999 年 6 月，国际奥委会召开的"国际奥林匹克2000"会议认为，在奥林匹克运动中，强调"普遍性"并不意味是按统一标准的现代化或者文化的同质性，更不是欧洲化或西方化。

"不同也不和"更是现代奥林匹克运动必须反对的。在现代奥林匹克运动的历史上，基于国家利益、宗教信仰、政治立场、种族差异、奖牌争夺等而发生的冲突事件不时地出现，如 1904 年圣路易斯奥运会的组委会曾经决定禁止有色人种参加，这是赤裸裸的种族歧视，人为制造不同种族的人之间的隔阂与对抗。1956 年墨尔本奥运会水球比赛中，因为苏联和匈牙利的政

---

① 李泽厚. 论语今读 [M]. 安徽文艺出版社，1998：319.

② [英]麦克尔·佩恩. 郭先春译. 奥林匹克大逆转 [M]. 学林出版社，2005：155.

治矛盾，两国运动员之间发生了肢体冲突，造成球场骚乱。奥运会历史上发生的多次抵制事件，对奥林匹克的和谐精神造成很大伤害。恐怖主义也在奥运会上制造流血事件，1972 年慕尼黑奥运会期间，11 名以色列运动员被恐怖分子枪杀。

二、"仁者爱人"与奥林匹克的人本关爱

"仁者爱人"是达到"和而不同"的道德基础，要实现人与人之间的"和而不同"，就要求人们要拥有仁爱之心，真心地去关爱他人。孔子思想中的"仁"就是要求人们富于爱心，尽力帮助他人，"己所不欲，勿施于人"，"己欲立而立人，己欲达而达人"。与"仁者爱人"的精神相契合，奥林匹克运动强调利他主义、志愿精神、关爱残疾人等，致力于提升人类的身心健康水平。

1. "仁者爱人"

"仁"是孔子思想中最核心的范畴，"仁"的基本内涵之一，就是对他人的关爱。《论语·颜渊》记载，樊迟问仁，子曰："爱人。"《论语·学而》中讲"泛爱众而亲仁"。

据《论语·乡党》记载，马厩被焚，子退朝回来后，不是先问马被伤着了没有，而是问："伤人乎？"孔子并不是不爱惜马，而是说，虽然马也值得珍惜，但相对而言人更值得珍爱。孔子对人的关爱，表现在他对残疾人的尊重与细致入微的关怀。

《论语·卫灵公》中记载了孔子接待前来求见的盲人乐师冕的事情：

师冕见，及阶，子曰："阶也。"及席，子曰："席也。"皆坐，子告之曰："某在斯，某在斯。"师冕出，子张问曰："与师言之，道与？"子曰："然。固相师之道也。"

关于如何做到"仁"，也就是实行"仁"的方法，孔子开出的方子是忠恕之道。所谓"忠"就是《论语·雍也》中孔子讲到的"立人"与"达人"。子贡曰："夫仁者，己欲立而立人，己欲达而达人。"这就是说，自己想立身成人，也要想着如何帮助别人立身成人；自己想事业顺达，也要想着如何帮助别人事业顺达。

所谓"恕"，也就是"己所不欲，勿施于人"。在《论语·卫灵公》中，子贡问曰："有一言而可以终身行之者乎？"子曰："其恕乎！己所不欲，勿施于人。"在《论语·公冶长》中，子贡将"己所不欲，勿施于人"解释为，"我不欲人之加诸我也，吾亦欲无加诸人。"即要推己及人，设身处地地为他人着想，自己不愿意接受的，就不要强加给别人。

2. 人本关爱

在奥林匹克运动的思想体系中，能够与孔子的仁爱精神相媲美的，是基于人本关爱的利他主义、志愿精神、对于残疾人的关爱。

顾拜旦倡导的奥林匹克主义的核心精神是以人为本，他主张"体育为大众"，希望每个人都能够达到身心和谐的发展目标。《奥林匹克宪章》将"奥林匹克主义"表述为："奥林匹克主义是增强体质、意志和精神并使之全面均衡发展的一种生活哲学。"① 《奥林匹克宪章》还指出："奥林匹克的目的是使体育运动为人的和谐发展服务，以促进建立一个维护人的尊严的和平社会。"② 现代奥运会不仅仅是正常人参加的运动，也使残疾人参加了进来，专门设立了残疾人奥林匹克运动会。残疾人奥运会的英文名称为"Paralympic Games"，直译为"平行的奥运会"，而不是"残疾人的奥运会"，这个名称本身就充分体现了现代奥林匹克运动对于残疾人的尊重和关爱，也体现了现代奥林匹克运动的人本关怀。

顾拜旦还强调利他主义的重要性。1928 年他在致阿姆斯特丹第 9 届奥运会运动员及全体与会者的贺信中说："从青少年到成年，人人处处都必须培养并传播真正的体育精神：出自内心的忠诚和勇士般的公正无私。"③ 1932年在洛桑，在为他举行的 70 寿辰庆祝会上，他提出三点希望，其中一条是，"忠实地、完整地、不屈不挠地奉行利他主义，……因为值得注意，将来的社会要么是利他主义的，要么就完蛋。"④

奥运志愿精神就是一种仁爱精神与利他主义的体现。顾拜旦以及其他

---

① 国际奥林匹克委员会. 奥林匹克宪章［M］. 奥林匹克出版社，2001：8.

② 国际奥林匹克委员会. 奥林匹克宪章［M］. 奥林匹克出版社，2001：8.

③ ［法］皮埃尔·德·顾拜旦. 詹汝琮等译. 奥林匹克理想——顾拜旦文选［M］. 奥林匹克出版社，1993：110.

④ ［法］皮埃尔·德·顾拜旦. 詹汝琮等译. 奥林匹克理想——顾拜旦文选［M］，奥林匹克出版社，1993：137.

所有的国际奥委会委员都是奥林匹克运动的志愿者，他们不在国际奥运会拿分文的报酬，把自己的时间、精力、才智甚至财产无私地献给了奥林匹克事业。随着奥林匹克运动的发展，奥运志愿者队伍越来越庞大，志愿者在举办奥运会过程中以个人无私的参与，尽其所能，保证了奥运会的顺利举办。更为重要的是，志愿者热心公益、无私奉献的行为对主办城市乃至主办国的民众有强烈的示范作用，从而启发社会良知，鼓励人们多为他人考虑，为社会着想。

三、"智者知人"与奥林匹克的理解诉求

人与人之间的相互理解是达到"和而不同"的前提，如果人与人之间缺乏基本的理解和沟通，彼此陌生，相互误解，是不会达到"和而不同"的目标的。孔子提出"智者知人"，这与奥林匹克精神中的"相互理解"是相通的。

1. "智者知人"

《论语·颜渊》中樊迟问智，子曰："知人。"即"智者知人"，智慧的人能够理解他人，宽容他人，不要担心自己不为世人所知。

孔子希望人与人之间能够达到相互理解，要求君子首先要做到"知人"，主动地去理解他人。在《论语·学而》中，子曰："不患人之不己知，患不知人也。"在《论语·宪问》中，子曰："不患人之不己知，患其不能也。"在《论语·卫灵公》中，子曰："君子病无能焉，不病人之不己知也。"如果他人不知道、不理解自己，君子不要表现出不悦的意思，而是要做到心平气和。在《论语·学而》中，孔子这样说："人不知而不愠，不亦君子乎？"

主动理解他人，内含着对他人的宽容。在《论语·卫灵公》中，子曰："躬自厚而薄则于人，则远怨矣。"即如果能够做到严以律己，宽以待人，人们对你就没有怨恨。在《论语·公冶长》中，他说："伯夷叔齐，不念旧恶，怨是用希。"孔子要人们学习伯夷、叔齐不念旧恶的宽大胸怀，不去怨怨相报，这样人与人之间的怨恨就会越来越少。

2. 相互理解

孔子"智者知人"的主张，表现在奥林匹克运动之中，就是奥林匹克精

神所倡导的"相互理解"。

现代奥林匹克运动孕育和诞生在全球化趋势越来越明显、世界各地的联系越来越紧密、不同国家的人们之间交往越来越频繁的时代。而与这种发展趋势格格不入的是人与人之间的陌生、文化与文化之间的隔绝、国家与国家之间的冲突。顾拜旦发现不同体育文化之间存在明显的冲突，他说："那些参加跳跃的人看不起赛艇，击剑运动员反对赛车运动员，射击运动员瞧不起草地网球运动员，甚至在完全同类的运动项目的好手之间也不再融洽。德国体操的赞美者摒弃瑞典方法的一切好处，而美国足球规则在英国球员看来缺乏起码常识。"①

奥林匹克运动为打破隔绝、消解冲突而建立起一个世界平台，让人们在一个较小的空间和较短的时间之内，展示和了解不同文化之间的差异，学会如何对待不同文化间的差异，学会如何使人们在相互尊重、求同存异的基础上相互交流、相互学习。奥林匹克精神强调相互理解，就是要为现代奥运创造良好的精神氛围，使人们摆脱各自的文化偏见，以世界公民的博大胸怀，容忍、尊重、欣赏和借鉴别的文化，取长补短，共同进步。

四、"直道而行"与奥林匹克的公平原则

"直"，在《论语》中可以理解为正直、正派、公正、公道、无私心等，"直道而行"就是为人正直，做事公道，"直道而行"是达到"和而不同"的底线保证，一个为人诡诈、做事不公的人在与他人的相处中，是不可能达到"和而不同"的。孔在的"直道而行"与奥林匹克精神中的非歧视性、公平竞争之间有内在的联系。

1. "直道而行"

"直道而行"出自《论语·卫灵公》，子曰："斯民也，三代之所以直道而行也。"意思是说，夏、商、周三代的老百姓做事情的规矩就是"直道而行"。

孔子强调做人处事必须公正、正直，不能有私心。在《论语·雍也》

① ［法］皮埃尔·德·顾拜旦. 詹汝琼等译. 奥林匹克理想——顾拜旦文选［M］, 奥林匹克出版社，1993：15.

中，子曰："人之生也直，罔之生也，幸而免。"即人应该做正直的人，过正直的生活，那些不正直的人虽然也能够生活下来，他们不过是幸免于灾祸罢了。在《论语·宪问》中，有人问孔子如何看待"以德报怨"，子曰："何以报德？以直报怨，以德报德。"孔子的主张是以公正来回报怨恨，以恩德来回报恩德。在《论语·雍也》中，子曰："举直错诸枉，能使枉者直。"孔子在此要求推举正直公道的人做官，这样就能够引导"枉者"改邪归正，培育公正之心。

孔子倡导"直道而行"，要求人们为人正直，做事公道，这是人与人之间达到和谐的道德底线要求，因为只有具有正直、公正美德的人之间，即君子之间打交道时才会有真正的和谐，而小人与小人之间、君子与小人之间打交道，是不会有真正的和谐的。君子的使命之一就是以公道正直的品性，引导社会中的其他人追求并逐步趋向公道正直的美德，以此来增加社会的和谐程度。

2．"公平竞争"

"直道而行"所蕴含的正直、正派、公正、公道、无私心等，表现在奥林匹克运动之中，转换成《奥林匹克宪章》的语言，"fair play"一词，即"公平竞争"，大致上可以与之相对应。

公平竞争是竞技运动的最高法则，是包括运动员、裁判员以及其他与体育比赛相关的主体必须遵守的基本原则。1992年第7届欧洲体育首脑会议通过的《公平竞争——欧洲体育伦理纲领》关于"公平竞争"的解释是，"公平竞争是所有体育活动、体育政策以及体育管理中不可缺少的要素；公平竞争是神圣的，它涵盖竞技体育和娱乐体育，适用于不同竞技水平和各种体育项目。""公平对待还包括消除不公正、违反规则的行为、兴奋剂、暴力（身体的、语言的）、机会不均等、过分商业化、腐败等内容。"

顾拜旦自豪地认为体育中有社会的其他领域所追求不到的公平，把坚持"公平对待"原则作为实现奥林匹克理想的基本保证。他在《体育颂》中这样说："啊，体育，你就是正义！你体现了社会生活中追求不到的公平合理。任何人不可超过速度一分一秒，逾越高度一分一厘。取得成功的关键，只能是体力与精神融为一体。""啊，体育，你就是荣誉！荣誉的赢得要公正无私，反之便毫无意义。有人要弄见不得人的诡计，以此达到欺骗同伴的目的，他内心深处却受着耻辱的绞缢。有朝一日被人识破，就会落得名声扫地。"

3. 非歧视性

孔子在平等、非歧视的问题上显然有些"先天不足"，他努力在维护一个严格的等级社会，对于女性也存在一定偏见，但是，孔子在许多问题上也坚持平等立场。在《论语·为政》中，子曰："君子周而不比，小人比而不周。"即孔子要求君子要普遍厚待他人，不能够偏袒阿私。在《论语·雍也》中，孔子对仲弓说："犁牛之子骍且角，虽欲勿用，山川其舍诸?"文字本身的意思是，那个杂毛牛虽然很难看，它的儿子身上却长着金红色的毛和整齐的角，这么漂亮的牛如果不用作祭祀，山川之神是不会答应的。孔子在此是以比喻的形式在告诉仲弓，虽然你的父亲地位低贱，而且多行恶事，但是，这并不影响你的才智和美德，你应当为当世所用。由此可以看出，孔子是反对血统歧视的，主张不问出身，唯才是用。

现代奥林匹克运动坚持非歧视原则，反对各种形式的歧视现象，包括阶级歧视、地区歧视、种族歧视、性别歧视等。奥林匹克运动发展的历史，也是反对和逐步消除各种歧视现象的历史。《奥林匹克宪章》规定："以种族、宗教、政治、性别或其他理由对某个国家或个人的任何歧视都与奥林匹克运动成员的身份不相容。"[1] 就反对阶级歧视而言，顾拜旦主张"体育为大众"，认为阶级差异应该在体育中消失。就反对种族歧视而言，现代奥林匹克运动正是反对种族歧视，实现民族平等的重要的促进力量。国际奥委会在 1970年就已经将实施种族隔离制度的南非驱逐出去，直到南非废除种族隔离制度之后，才允许其回归到奥林匹克大家庭之中。就反对性别歧视而言，《奥林匹克宪章》规定："通过适当手段推动妇女在一切级别、一切机构中参与体育运动，特别是加入国家和国际体育组织的执行机构，以实行男女平等的原则。"[2] 就反对地区歧视而言，虽然奥林匹克运动做得并不算成功，但也在努力改变自身存在的欧洲中心主义倾向。

---

① 国际奥林匹克委员会. 奥林匹克宪章 [M]. 奥林匹克出版社，2001：12.
② 国际奥林匹克委员会. 奥林匹克宪章 [M]. 奥林匹克出版社，2001：10.

五、"以友辅仁"与奥林匹克的友爱精神

友谊、友爱是和谐、和睦的升华,"以友辅仁"是"和而不同"的理想境界。孔子很重友情,主张朋友之间坦诚相待,信守承诺,互帮互勉,不断提高彼此的知识与德性。奥林匹克精神的重要内涵是团结和友谊,这与孔子的友爱追求是相吻合的。

1. "以友辅仁"

在孔子看来,与朋友交往是人生中一件值得快乐的事情。《论语·学而》子曰:"有朋自远方来,不亦乐乎?"《论语·颜渊》中,曾子曰:"君子以文会友,以友辅仁。"这就是说,君子交友是与知识、德性紧密联系在一起的,希望友谊、知识和仁德之间相互促进,这是友谊的最好境界。

一个人应该去交什么样的朋友呢?在《论语·季氏》中,孔子曰:"益者三友,损者三友。友直,友谅,友多闻,益矣。友便辟,友善柔,友便佞,损矣。"孔子在此主张,人们应该选择直爽、信实、见闻广博的人做朋友,而不要选择虚浮、圆滑、夸夸其谈的人做朋友。孔子还强调,为人要坦诚,不要藏起自己的怨恨,与别人表面上交朋友。在《论语·公冶长》中,子曰:"匿怨而友其人,左丘明耻之,丘亦耻之。"

与朋友相处时,要信守承诺,相互劝诫,尽到对朋友的责任。在《论语·学而》中,子曰:"与朋友交,言而有信。"《论语·学而》记载,曾子"与朋友交而不信乎"作为每天都要不断反省的内容。在《论语·子路》中,子路问曰:"何如斯可谓之士矣?"子曰:"切切、偲偲、怡怡如也,可谓士矣。朋友切切偲偲,兄弟怡怡。"即朋友之间要真切诚恳地相互劝勉,兄弟之间要和睦相处。《论语·乡党》记载,孔子的一个朋友死了,没有人收殓,孔子说:"于我殡。"意思是说,朋友的丧事由他来负责操办。

2. 团结友谊

团结和友谊是奥林匹克精神的基本内涵。奥林匹克运动不仅注重友谊,还强调团结,奥林匹克运动把团结视为友谊的基础,在实现奥林匹克的国际团结基础上,进而达到友谊的目标。

因为经历了世界大战的创伤,在1948年伦敦奥运会召开之前,国际奥

委会主席厄德斯特勒姆强调，"几乎有五十个国家的孩子要在即将举行的奥运会上相逢，新的友好联系就要建立，相互尊重的感情会在奥运会参加者之间复兴。这将促进各民族和睦相处和相互了解。我希望，并衷心祝愿我们的奥林匹克运动会将成为维护和平的工具。"[1]

体育竞技的魅力之一，就是通过公平的比赛而结成的真挚友情。中国有句俗话，"不打不成交"，场上的对手会成为场下的朋友。2002 年盐湖城冬季奥运会推出的《人性的颂歌》对此做了经典的表达："你是我的对手 / 但并非我的敌人 / 因为你的抵抗给我力量 / 你的意志给我勇气 / 你的精神给我能力 / 尽管我的目标是击败你 / 一旦我取胜 / 却不会羞辱你 / 相反我会褒扬你 / 因为若没有你 / 我并非现在般完全的汉子。"

结　语

孔子与顾拜旦生活在不同的时代、不同的地域、不同的文化背景之中，《论语》的主张与现代奥林匹克运动之间存在多方面、多层次的差异。就"和而不同"这一话题而言，孔子所追求的和谐是当时社会中不同等级之间的和谐，与现代奥林匹克运动所追求的基于个人平等原则的和谐是有冲突的。但是，作为有世界影响的教育家，孔子与顾拜旦的影响都是跨越时代、跨越地域的，正是北京奥运会举办的机缘促成了两位巨人超越时空的相遇。通过整理和分析两个思想体系的若干核心主张，可以发现二者在巨大差异之后的惊人默契，从而试图在中国与西方、古代与现代之间架起一座理解、沟通的桥梁，这或许是另一种意义上的"和而不同"吧。

---

① ［匈］拉斯洛·孔. 颜绍泸译. 体育运动全史［M］. 中国体育史学会，1985：405.

课 题 研 究

京张区域滑雪资源评价与适宜性分析 *

马振刚　任　亮　李黎黎 **

本文在分析京张滑雪自然条件的基础上，探索利用遥感数据和 GIS 空间分析技术，对京张区域进行滑雪功能区划，以期明确京张可用滑雪空间和发展定位，为区域滑雪产业协同发展提供参考建议。

一、京张区域自然环境背景

（一）北京自然环境特征

北京市山区北部属燕山山脉军都山系，占京郊山区总面积的 70%；西部属太行山脉，占京郊山地总面积的 30%。山峰一般在海拔 300—1500 米。第一高峰是门头沟区境内的东灵山，高程 2303 米；第二高峰是延庆县境内的海坨山，高程 2241 米；2000—1000 米的山峰还有百花山、黑坨山等 16 座①。山区气候除具有北京地区四季分明、季风显著、降水集中、雨热同季等共性外，主要表现为随着山地高度的升降而呈现垂直变化。一般高度每升高 100 米，气温下降 0.6℃，积温减少 159℃，无霜期减少 5—6 天。而

＊　基金项目：河北省高等学校人文社会科学重点研究基地项目"生态建设与产业发展研究"（20143101）；河北省科技计划项目"'十三五'期间河北省生态承载力与经济协调发展的战略研究"（16457625D）资助。

＊＊　作者马振刚，张家口学院副教授；任亮，河北北方学院副校长，教授、博士生导师；李黎黎，张家口学院副教授。

① 霍亚贞. 北京自然地理［M］. 北京师范大学出版社，1989.

降水量或雨日随高度增加而增加，海拔 500 米以上山区全年比平原雨日多 5 天，海拔 800 米以上山区全年比平原雨日多 10 天；蒸发量随着山地的增高、气温的降低而减少。在全市 18 个区县中，房山、门头沟、昌平、延庆、怀柔、密云、平谷等 7 个山区区县山区面积都超过了本辖区总面积的一半以上，此外，海淀、石景山、丰台、顺义 4 个区也有少量山区。

（二）张家口自然环境特征

张家口区域以"坝上坝下，两山两源"为空间骨架，形成坝上高原和坝下间山盆地两种地貌类型，形成了外流域和内流域的交接地带，形成了草原与森林两种植被景观，以及农牧两种生产方式[①]。其自然要素突出水、土、气，主导生态功能为净水保土绿地。

坝上坝下以大马群山为界，从行政区划上坝上地区包括康保县、张北县、沽源县和尚义县的中北部。坝上地区从生态功能上又可一分为二，一是坝上高原西部草原——农业生态功能区，二是坝上高原东部森林草原生态功能区。坝下地形比较复杂，其中盆地区占 24.5%，丘陵区占 18.7%，山区占 56.8%。从生态功能上可以将坝下分为四个区[②]，一是西部间山盆地风沙源综合治理生态功能区，二是东部燕山山地水源涵养与水土保持生态功能区，三是南部小五台水源涵养与生物多样性保护生态功能区，四是城区生态系统。

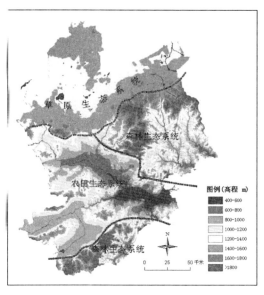

张家口地势示意图

① 马振刚，李黎黎，张俊贵等. 张家口生态经济区空间结构和建设机理研究［J］. 河北北方学院学报（自然科学版），2017，33（5）：4-47.

② 张家口市农业区划办公室. 张家口市农业资源区划［M］. 北京：中国农业科学技术出版社，2009.

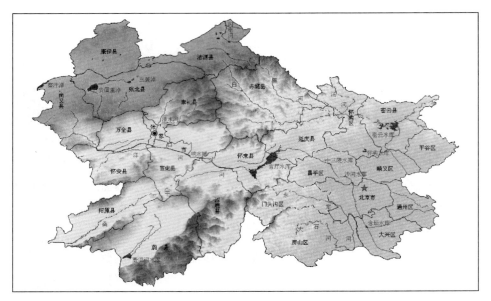

京张区域地势示意图

（三）京张区域自然环境一体特征

京张两地的空气的上下风向和水系的上下游关系决定了京张自然环境一体性[①]。侵袭北京的风沙主要通过三条路径从张家口进入北京市域，坝上坝下沙源丰富，成为影响北京的主要沙源地之一。白河、黑河—潮白河及桑干河、洋河—永定河也从北向南，从西向东贯通全域，将京张区域连为一体，构建了京张生态联系的又一重要基础。密云水库、官厅水库是北京市的两大重要水源，官厅水库96%的水量是张家口的资源，密云水库46%的水量由张家口区域提供，两大水库流域面积的40%均在张家口境内。

（四）京张区域雪场资源现状

张家口市的滑雪场主要集中在崇礼区。现代意义上的滑雪行业在崇礼区起于1996年。1996年由时任国家体委滑雪处处长单兆鉴和投资人郭敬在崇礼建起了第一家滑雪场：塞北滑雪场，该滑雪场也是华北地区开业最早的天然滑雪场。从1996年开始的20多年时间中，崇礼区滑雪场规模拓展和质量提升齐头并进，特别是2015年北京和张家口联合申奥成功后，崇礼滑雪

---

① 李黎黎，马振刚，王宝钧. 张家口生态环境治理失效因素及应对思路［J］. 环境保护，2014（1）：68-69.

行业迎来了投资热潮。截至目前，崇礼已建成滑雪场 7 家，雪道 156 条，雪道总长度 159.7 公里，各类缆车索道 67 条 44.5 公里[①]，滑雪旅游人次近 300 万。随着冬奥会筹办及基础设施建设步伐的加快，崇礼滑雪行业的供给能力势必会有一个大的提升。

据不完全统计，北京有雪场 24 家。我们通过遥感影像将能够识别出来的雪场标注出来，包括南山、军都山、石京龙、万龙八易等 13 家。这些滑雪场集中分布在山区北部军都山系一带，东西向横跨延庆、昌平、顺义、怀柔、密云等县区，在房山、大兴有雪场零星分布。北京雪场以旅游体验型和城郊学习型为主，旅游体验型雪场一般设施简单，只有初级道，90% 为一次性体验客户，典型案例为雪世界、鸟巢等；城郊学习型雪场一般位于城市郊区，山体落差不大，兼具运动和旅游属性，以南山、军都山等为典型[②]。张家口滑雪场以目的地度假型为主，除有齐全的雪道产品外，还有住宿等配套设施，过夜游客占比大，如万龙、富龙、云顶、太舞等。

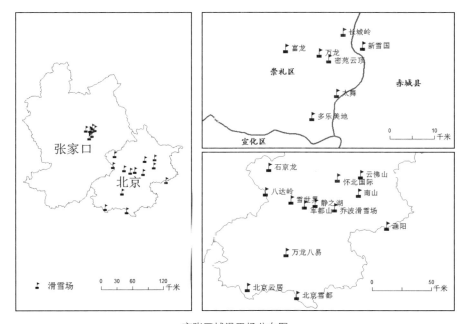

京张区域滑雪场分布图

---

① 河北省体育局 2017—2018 年统计数据。
② 中国滑雪产业白皮书（2017 年度报告）。

二、京张滑雪资源适宜性评价

滑雪场开发与其他大部分游憩设施不同，除需要有优越的区位、便捷的交通、充足的资金条件外，适宜的自然条件是雪场开发的基础和前提。自然条件主要是指气候条件和地貌条件，这两大方面是滑雪场选址的首要条件，两大方面又以气候条件为重。气候条件具体包括降雪量、气温等指标。地貌条件具体包括山地海拔高度、落差、坡度、坡向等指标。从宏观上看，我国东北、华北和西北三大区域多有浑厚圆润的山地，且体量大、坡面连续完整，亦有适合的气候条件，东北、华北和西北三大区域适合选址。但落实到雪场开发，更需要中观微观层面的具体分析。

（一）评价指标体系

根据国际滑雪旅游资源评价相关研究文献和典型案例研究，结合京张区域情况和数据的可获取性，本评价分别选取落差、年均降水量、年平均气温、坡度、坡向 5 个核心指标，按照优、良等的顺序划分为五个等级，其中每类指标权重均设置为 0.2，建立了适宜性评价指标体系，见表 1。

表 1　滑雪资源评价指标体系

核心指标	评价等级					数据说明	指标权重
	优	良好	中等	一般	较差		
落差（米）	>800	500—800	300—500	150—300	<150	2000×2000 栅格数据	0.2
年平均气温（度）	<0	0—2	2—3	3—5	>5	1000 米栅格数据	0.2
坡度（度）	>25	15—25	8—15	4—8	0—4	30 米栅格数据	0.2
坡向	北、东北西北	东	西	西南东南	南	30 米栅格数据	0.2
年均降水量（mm）	>650	550—650	450—550	350—450	<350	1000 米栅格数据	0.2

（二）适宜性分析方法

数据主要源于遥感数据、观测数据、实地调研和分析文献数据，具体分辨率如表 1。其中，落差、坡度、坡向均由 DEM 数据提取，年均降水量通过 2001 到 2015 年间的连续 15 年的降水量平均值来获得，年均气温通过 2001 到 2015 年间的连续 15 年的年均气温值来获得。分析过程主要利用 ARCGIS10.2 软件空间分析功能模块来完成，主要方法为空间叠加分析。

三、滑雪资源要素特征分析

（一）高程

京张区域海拔西北高，东南低，地势总体上呈现出由西北向东南倾斜的趋势。山地集中在坝下中低山区，主要分布在张家口市东面和南面，其中赤城、崇礼一带系燕山的余脉大马群山；涿鹿、蔚县南部系太行山脉北端，主要山峰有小五台山、大海坨山等。北京山地主要分布在北部燕山山脉军都山系及西部太行山脉。

京张地区没有海拔在 3500 米以上的高山，主要以中山和低山为主。海拔在 1500 米以上的山地，主要集中于张家口的崇礼、赤城、沽源三县交界地区和蔚县东南与涿鹿的交界地区，包括红花梁、桦皮岭、冰山梁、黑龙

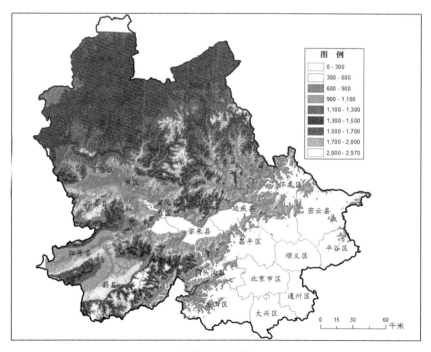

京张区域高程图

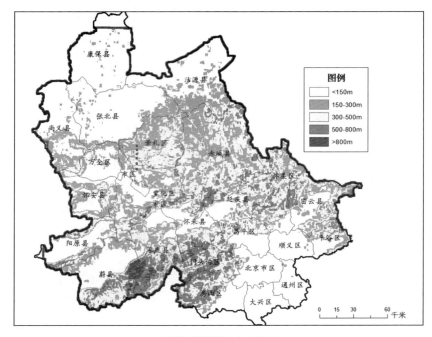

京张区域落差分布示意图

山、小五台等高海拔山地。北京西北部分布的山地基本为低山，主要分布在房山、门头沟两地的交界区和延庆、怀柔两地的交界区。

（二）落差

京张区域海拔落差 800 米以上潜在雪场资源集中分布在蔚县小五台山地区；500—800 米落差区域集中分布在蔚县、涿鹿和门头沟、房山的山地地区，在崇礼与赤城交界处及延庆、密云县等地有少量分布；300—500 米落差区域主要分布在崇礼区，赤城东面和南面，由怀来、昌平、延庆、怀柔、密云串联起来的东西向的条带上。

（三）坡向

基于 1000 米栅格坡向数据分析，京张区域北、东北、西北向发展滑雪较好的坡向区域分布较广。在崇礼、赤城等地区具有较大面积的优良等级坡向区域分布。

（四）坡度

基于 30 米栅格坡度数据分析，京张地区的坡度大于 8 度的发展滑雪较

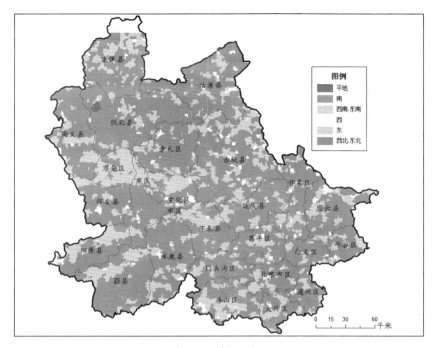

京张区垃坡向示意图

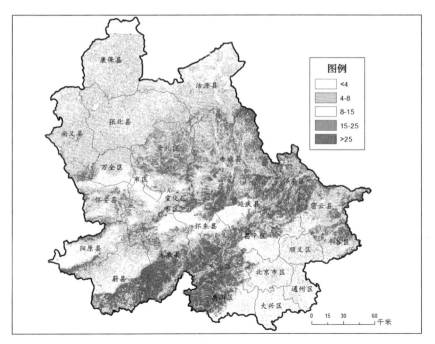

京张区划坡度分布示意图

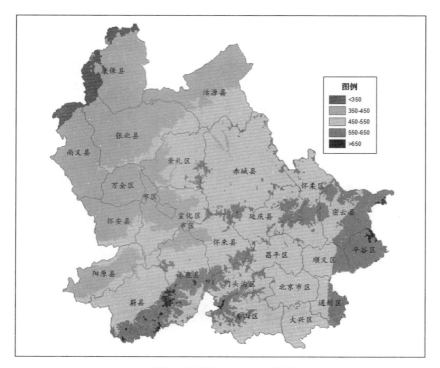

京张区域年均降水量分布示意图

好的区域主要分布在崇礼、赤城、怀柔、延庆东部和南部、密云北部、蔚县东南大部、涿鹿中南部分，以及房山西北部和门头沟。其中坡度高于 25 度的优良区域主要分布在蔚县、涿鹿、门头沟和房山片区。崇礼县的东南部、赤城与沽源交界处的冰山梁（黑龙山）地区，以及赤城县的大海坨山区均有较大面积的优良等级坡向区域分布。

（五）年均降水量

京张地区均属于大陆性季风气候，夏季高温多雨，冬季寒冷干燥，降水季节分配不均匀，全年降水的 80% 集中在夏季，冬季降雪量与全年降水量正相关。因缺少降雪数据，故以年均降水量来表示降雪量。在京张全域尺度上，总体上降水量从东南向西北递减，由北京的半湿润地带过渡到坝上的半干旱地带。同时京张地区多山地，局部小气候特征显著，空间分布不均衡。在 450—550mm 降水带上，镶嵌有几个明显的降水丰富地区，包括蔚县与涿鹿的交界地区，门头沟与房山的交界地区，延庆东南与怀柔中部地区，赤

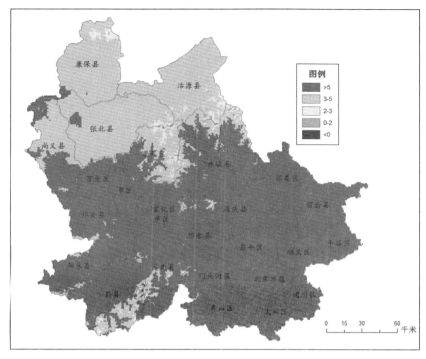

京张区域年均气温分布示意图

城、怀来与延庆三地交界处，以及冬奥会滑雪比赛区崇礼与赤城的交界处。

（六）年平均气温

基于1000米栅格数据分析，京张区域气温南高北低，年均气温大于5摄氏度的地区基本涵盖了张家口坝下和北京全域，坝上地区年均气温在3—5摄氏度。但在全域内，因有山地小气候影响，年均气温低于3摄氏度的斑块散布其间，主要有三个区域，一是崇礼、赤城和沽源三地的交界带上，分布集中且面积较大，涵盖了冬奥会崇礼滑雪比赛区；二是赤城北侧与沽源的交界带上；三是蔚县东南与涿鹿县的交界带上，年均气温在2摄氏度以下。

四、京张滑雪资源适宜性分区

（一）总体情况

将以上单要素按照指标体系中的权重进行空间叠置，可以得到不同分值大小的区域，代表着不同适宜程度的潜在滑雪区。下图表示出了京张区域滑雪资源适宜性分布图，从中可以看出，中等适宜性级别的区域广布在包括张家口坝上的地区，而坝上以波状高原为主，并不适合建设雪场，从中可以判断出中等适宜性不足以满足滑雪场建设要求。所以，滑雪场建设适宜区域应以良好和优的等级区域为主。

（二）适宜性滑雪区域分析

1. 空间范围

以适宜性分析中的良好和优两个等级的区域作为适宜雪场建设的区域。从中可以看出，适宜性滑雪的区域主要分布在张家口蔚县东南和涿鹿交界地区，北京房山和门头沟地区，怀来、延庆、昌平、密云、怀柔五个县区的西南—东北方向的交界带，以及崇礼滑雪区和赤城与沽源交界带地区。

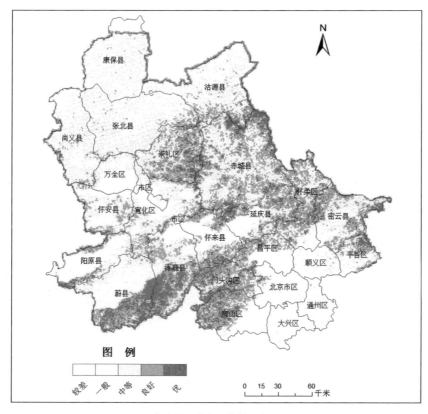

京张滑雪资源适宜性分布图

2．数量特征

统计表明，京张区域有适宜性雪场建设的土地面积 1.3 万平方千米，其中适宜性良等级有面积 1 万平方千米，适宜性优等级有面积 0.3 万平方千米；各县区分布情况不尽相同，赤城县适宜性面积最大，达到 2000 平方千米以上；涿鹿、崇礼、蔚县适宜性滑雪面积次之，达到 1000 平方千米；门头沟、房山、怀柔、延庆四县适宜性滑雪面积第三，达到 900 平方千米；怀来、密云两县适宜性滑雪面积处于第四等级，面积达到 600 平方千米；其他县区面积较小，均不到 500 平方千米。

适宜性滑雪最优区域主要分布在蔚县、涿鹿两地，面积均在 600 平方千米以上；其次分布在门头沟、房山两地和赤城县，面积均在 300 平方千米以上；其次为崇礼区，面积为 227 平方千米。

表 2　京张地区适宜性滑雪区域景观指数情况

面积单位：平方千米

适宜性等级	良					优					面积合计
区域	斑块数量	最小面积	最大面积	平均面积	总面积	斑块数量	最小面积	最大面积	平均面积	总面积	
京张全域	245	6	914	41	10091	82	6	969	39	3183	13274
崇礼	18	1	279	57	1033	8	6	63	28	227	1260
赤城	40	1	266	43	1718	13	1	68	25	328	2046
沽源	8	6	83	33	266	3	3	39	24	72	338
怀来	4	6	284	136	542	11	6	30	12	129	671
涿鹿	21	1	198	35	740	6	1	493	105	630	1370
蔚县	12	1	288	43	510	2	103	530	317	633	1143
宣化	24	2	77	16	388	4	1	22	9	36	424
张北	11	1	72	14	153	1	4	4	4	4	157
房山	5	7	594	133	567	10	7	114	32	318	985
门头沟	5	6	565	122	508	10	1	128	38	382	990
延庆	6	1	663	130	780	11	1	56	12	127	907
昌平	6	1	290	69	413	2	1	17	9	18	431
怀柔	13	6	689	69	899	9	1	25	7	63	962
密云	15	6	276	43	640	4	2	39	13	52	692
平谷	6	7	153	36	218	1	73	73	73	73	291

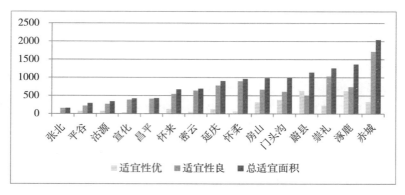

京张各县区适宜性滑雪区域面积统计图

3. 京张滑雪功能区划

根据上述统计，考虑到空间邻近性，可将京张滑雪适宜区域划分为一核一带两翼的四个区域。一核是指崇礼滑雪区，适宜性滑雪面积达到 1260 平方千米，分布集中，优、良等级结构合理，现已建设七大滑雪场，是冬奥

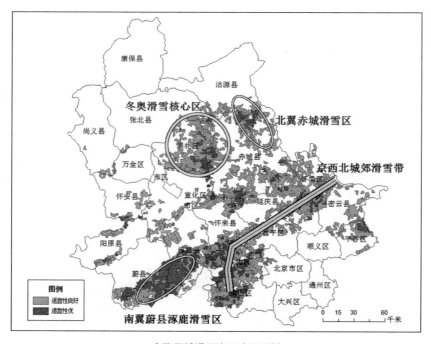

京张区域滑雪资源功能区划

会滑雪比赛核心区；一带是指京西北城郊滑雪带，自西向东经过房山、门头沟、延庆、昌平、密云、怀柔六个县区，连绵在一起，其中房山、门头沟山体更适宜建设中型以上雪场，延庆小海坨山南麓是冬奥会高山滑雪项目比赛场地；两翼分别为北翼赤城区和南翼蔚县涿鹿区域，北翼赤城主要分布在赤城东北地区，南翼蔚县涿鹿区域是京张滑雪自然条件最佳区域，山体高大，落差大，能达到 800 米。

五、发展策略

（一）崇礼冬奥滑雪核心区

崇礼区是冬奥滑雪比赛的核心区，届时将承办除雪车、雪橇大项和高山滑雪以外的所有雪上比赛，经过近年来的发展，崇礼滑雪区的旅游休闲度假特征愈加明显。崇礼滑雪应以打造专业化精品雪场为支撑，建设红花梁、冰山梁和桦皮岭三大雪场聚集区，并以红花梁地区为重点，完善密苑、太舞、万龙、富龙、长城岭四大雪场设施，提高雪场档次，要以提高质量为核心，构建不同体验、风格各异的滑雪场体系，切实满足人民日益增长的美好生活需要，打造国际级冰雪运动基地和冬季休闲旅游目的地。要加快实现雪场之间的融通，推动雪场与其腹地崇礼城区之间的联通，邻近雪场之间如地形条件许可，可用越野雪道、步游道或索道进行联结，从而形成资源、设施等方面的共享和互补，合力开发。

要加强滑雪旅游小镇综合建设，提高旅游接待和服务能力，拓展休闲娱乐产品，提高滑雪场总体标准，做到结构优化和主题多元化，形成高级、中级、初级配置合理的滑雪道体系，提供高标准、特种化和多主题的滑雪场体系。要统筹国际旅游市场与国内旅游市场需求，推动冬季滑雪旅游与夏季观光度假游相结合，通过开展滑草、滑沙、轮滑、滑板等山地运动，实现对场地设施的多功能利用，努力建成滑雪运动和极限运动"双基地"。

（二）京西北城郊滑雪带

京西北城郊滑雪带具有较适宜的雪场建设自然条件，但其邻近北京巨大的客源地，交通便利，现滑雪旅游发展已形成规模。但考虑到其自然条件的可能性和水资源的限制性，其定位应以城市周边滑雪场为主，主要服务于当地市场，以一日游型为主。考虑到京张高铁、延崇高速会在近两年实现通车，届时到崇礼滑雪场的时间将缩短到 1 个小时左右，北京的滑雪市场会受到一定影响，短期内可能影响较大。但考虑到北京客源市场对滑雪、嬉雪、娱雪等多元化的需要，以及众多滑雪场在产品服务等环节还有相当的提升空间，北京近郊滑雪的需求依然会存在。未来崇礼主要吸引的是北京滑雪者的中高端客群，而北京会以初级、中级滑雪学习者及家庭嬉雪者为主。但京张两地滑雪客源地均以京津地区为主，预计两地在中端游客群方面存在较大竞争。崇礼滑雪区应借力冬奥举办，克服滑雪自然条件与其他国外知名滑雪区的不足，结合我国丰富的文化资源，打造国际高端滑雪旅游圣地，与北京城郊滑雪场错位发展，促进京津冀滑雪旅游协同发展。

（三）京张两翼潜在滑雪区

京张两翼潜在滑雪区主要指蔚县涿鹿滑雪区和赤城滑雪区，这两个滑雪区均具有较好的自然条件，特别是蔚县涿鹿滑雪区，其山体条件优于京张其他滑雪区，但考虑到交通的可进入性和我国滑雪客源的培育壮大还需要一个过程，现将两个区域作为潜在的备选雪场建设区域，目前两地的滑雪场建设也刚刚起步。赤城具有较为丰富的温泉资源，蔚县是国家历史文化名城，两地均可实施"冰雪 + 旅游"计划，加快建设赤城冰雪温泉旅游度假区、蔚县年俗滑雪旅游度假区，以此来带动滑雪与旅游的深度融合。

参考文献

［1］ 姚冬琴. 当京津冀遇上冬奥会［J］. 中国经济周刊，2015（31）：16-21.
［2］ 刘家明，刘爱利，陈田. 滑雪旅游开发布局影响因素与对策研究——以内蒙古自治区滑雪旅游开发为例［J］. 地理科学进展，2005，24（5）：105-112.

河北省滑雪产业发展研究 *

刘　娟　贾巨才　秦树文 **

　　自 2022 年京张冬奥会成功申办以来，河北滑雪产业发展迅速，成为推动地方经济增长、促进产业结构调整的一大热点和新兴服务产业。呈现出滑雪场数量不断增加，2017 年底河北省的滑雪场总数已达到 40 家，各个地市均有分布。滑雪运动参与人数增长快速，2017—2018 年冬季河北省共有 263 万人次直接参与了滑雪运动。滑雪场的设施、设备、装备及相关滑雪用品用具都有了显著的发展；滑雪产业集聚区、滑雪小镇等一批新业态应运而生；滑雪从业人员日渐增多，带动效应日益显现。

　　随着冬奥会进入"北京周期"和消费成为我国经济发展的主要动能，国家发改委《2017 年中国居民消费发展报告》：体育娱乐用品消费增长 15.6%"领跑"消费升级。河北省的滑雪运动和滑雪产业发展不仅迎来了滑雪产业发展的关键时期，也迎来前所未有的发展机遇。按照党的十九大确立的新时代下新的发展理念，进一步加快推动河北省区域滑雪产业发展的进程，优化产业结构，提升产业效率，服务全面建设，带动地方经济发展，充分发挥滑雪产业对河北的产业结构调整、收入增加、消费扩大、惠及大众的

　　* 基金项目：河北省高等学校人文社会科学重点研究基地项目"生态建设与产业发展研究"（20143101）；河北省科技计划项目"'十三五'期间河北省生态承载力与经济协调发展的战略研究"（16457625D）资助。
　　** 作者刘娟，河北北方学院经济管理学院副教授，法学博士；贾巨才，河北北方学院生态建设与产业发展研究中心副教授，硕士；秦树文，河北北方学院经济管理学院院长，教授。

重要作用，以滑雪产业高质量发展推动滑雪运动大发展，全面完成到 2022 年力争把河北打造成冰雪运动大省目标任务。

一、河北滑雪场馆现状及前景

（一）河北省滑雪场地数量及分布

根据河北省体育局公布的数据，截至 2017 年底，全省滑雪场数量为 40 家，均为室外滑雪场。其中张家口市滑雪场最多，为 9 家，第二为保定，8 家滑雪场，第三名是省会石家庄市，6 个滑雪场。唐山、邯郸都拥有 4 家滑雪场，沧州 3 家，秦皇岛 2 家，承德、廊坊、衡水、邢台各拥有 1 家滑雪场。

河北省平均每个滑雪场的面积为 19.9 万平方米，其中张家口平均每个滑雪场的面积为 46.5 万平方米，保定平均每个滑雪场的面积为 33.2 万平方米，石家庄平均每个滑雪场的面积为 5.9 万平方米。河北省滑雪面积最大的滑雪场是位于张家口市崇礼区的密苑云顶乐园滑雪场，造雪面积为 88.6 万平方米，见表 1。

表 1 河北省滑雪场数量情况（2017 年）

城市	滑雪场总数	总面积（万平方米）
石家庄	6	35
承德	1	3.3
张家口	9	418.7
秦皇岛	2	21.8
唐山	4	38.3
保定	8	265.5
沧州	3	6.3
衡水	1	2
邢台	1	4.4
邯郸	4	8.1

数据来源：根据河北省体育局相关数据整理得出。

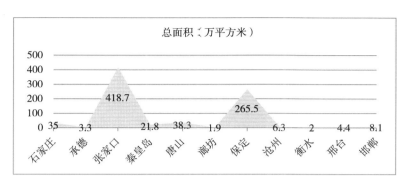

图 1 河北省各市滑雪场面积分布（2017 年）
数据来源：根据河北省体育局相关数据整理得出。

根据河北省各个市区滑雪场的造雪面积，通过 GIS 软件呈现河北省滑雪场的主要分布地区及面积大小。

除河北省体育局正式批准的具有行政许可的滑雪场外，另有 9 家嬉雪乐园，分别是东储温泉嬉雪乐园（廊坊），假日绿岛嬉雪场（张家口），金太阳嬉雪乐园（沧州），狼牙山雪魔方嬉雪乐园（保定），流平寺嬉雪乐园（张家口），鸳鸯湖嬉雪乐园（张家口），盛泰嬉雪乐园（沧州），盛驾岭嬉雪乐园（张家口），黄羊山嬉雪乐园（张家口）。

（二）滑雪场自然条件

1. 滑雪场垂直落差情况

垂直落差是衡量滑雪场硬件基础条件的重要指标，以下将以 100 米、300 米作为两个衡量指标，对河北省的滑雪场进行分类统计，发现：垂直落差小于 100 米的滑雪场有 26 家；100—300 米之间的滑雪场有 5 家，分别是塞纳都滑雪场（张家口）、玉龙湾滑雪场（唐山）、清凉山滑雪场（石家庄）、西柏坡滑雪场（石家庄）、紫云山滑雪场（秦皇岛）；超过 300 米的滑雪场有 8 家，其中 7 家分布在张家口，分别是翠云山滑雪场、云顶滑雪场、多乐美地滑雪场、富龙滑雪场、太舞滑雪场、万龙滑雪场、长城岭滑雪场；1 家在保定，涞源七山滑雪场。其中垂直落差最大的滑雪场为万龙滑雪场，垂直落差最大为 554 米。

由表 2 可以看出，河北省现有滑雪场小于 100 米垂直落差的滑雪场所占比例最大，占到 67%；垂直落差大于 300 米的滑雪场其次，占到总数的

20%，且大多数分布在张家口市；垂直落差在 100—300 米的滑雪场最少，只占到总数的 13%。由此可见，在垂直落差设计方面，河北省滑雪场呈两极分化态势。67% 的滑雪场垂直落差均小于 100 米，大多数只建设有初级道，用途主要是供游客初次体验滑雪和冬季休闲娱乐；20% 的滑雪场垂直落差大于 300 米，除了旅游功能外，更大的功能用于滑雪赛事的举办，并且主要分布在 2022 年冬奥会的举办地，张家口地区。垂直落差在 100—300 米的滑雪场占比最少，只占到总数的 13%。此类滑雪场主要功能为旅游和娱乐休闲，具有一定的专业性，也能承办部分赛事。

表 2　河北省滑雪场垂直落差分类（2017 年）

垂直落差范围	滑雪场数量	滑雪场
<100 米	26	
100—300 米	5	塞纳都滑雪场
		玉龙湾滑雪场
		清凉山滑雪场
		西柏坡滑雪场
		紫云山滑雪场
>300 米	8	翠云山滑雪场
		云顶滑雪场
		多乐美地滑雪场
		富龙滑雪场
		太舞滑雪场
		万龙滑雪场
		长城岭滑雪场
		涞源七山滑雪场

2. 雪道面积基本情况

雪道面积也是衡量滑雪场级别的重要指标。2017 年，有 16 家滑雪场面积超过 10 万平方米；8 家滑雪场滑雪面积在 5 万—10 万平方米，15 家滑雪场雪道面积在 5 万平方米以下。

表 3　河北省滑雪场雪道面积分类（2017 年）

雪道面积（万平方米）	滑雪场数量
<5	15
5—10	8
>10	16

2017 年河北省滑雪场的雪道面积占比最大的为大于 10 万平方米的滑雪场，占到总数的 41%。其次为雪道面积小于 5 万平方米的滑雪场，占比为 38%。雪道面积在 5 万至 10 万之间的滑雪场占比最小，只占总数的 21%。由此可知，河北省的滑雪场目前呈两极发展态势，一方面，分布在张家口的大部分滑雪场雪道面积大，可以承办国内外大中型体育赛事，发展空间巨大；另一方面，为数众多的小滑雪场广泛存在，占比达到 38%。雪道面积小，相应的设施装备不完善，市场竞争力弱，极易被淘汰。不仅极大地浪费了社会投资，同时对水资源、土壤资源、生态资源都造成不可逆转的破坏。需要政府部门统一规划，严格限定滑雪市场的准入规格，减少小规模、低质量、安全系数差的滑雪场的数量。

3. 滑雪场人工造雪情况

就雪资源来看，相比世界上其他雪资源丰富的国家，我国是个缺雪的国家，而河北又地处于华北平原地带，雪资源相比较东北和新疆等其他地域更少。为此，每年都需要进行大量的人工造雪来补充雪资源不足问题。数据显示，由于气候变化导致降雪量逐年减少，加之游客对滑雪场的雪质的要求越来越高，致使大部分滑雪场都依靠人工造雪。即使是在降雪量最大的崇礼，大中型滑雪场几乎都是以人工造雪为主，天然降雪为辅，其他地区基本上100% 依赖人工造雪。没有造雪设备的小型滑雪场经营状况极不稳定，面临困境。

4．河北省各市滑雪人数

表 4　河北省各市滑雪总人数（2017 年）

雪 场 名 称	滑 雪
1．石家庄	
石家庄清凉山滑雪场	20000
石家庄无极山滑雪场	13080
西柏坡温泉滑雪场	42000
西部长青滑雪场	120000
石家庄秦皇古道滑雪场	54795
平山红崖谷滑雪场	25000
总人数	274875
2．承德	
承德元宝山滑雪场	43600
3．张家口	
翠云山·银河滑雪场	53000
密苑云顶乐园	189719
塞那都滑雪场	23000
长城岭滑雪场	47000
多乐美地滑雪场	52188
万龙滑雪场	337961
富龙滑雪场	116520
太舞滑雪小镇	129246
尚义县马莲雪乡鸳鸯湖	683
总人数	949317
4．秦皇岛	
秦皇岛老君顶景区滑雪场	14198
秦皇岛紫云山滑雪场	82000
天女运动山谷	18000
集发滑雪场	10000
总人数	124198
5．唐山	
郭丹丹冰雪嘉年华	30500

续表

雪 场 名 称	滑 雪
玉龙湾滑雪场	85965
硕果生态游乐园滑雪场	40000
滦州·研山滑雪场	65000
总人数	221465
6. 保定	
保定毅川滑雪场	36385
野三坡滑雪场	40000
曲阳嘉山悠乐谷滑雪场	108268
保定七山滑雪场	7250
狼牙山滑雪场	71000
保定仟畂社	50000
保定神湖四季滑雪馆	120000
保定未来行滑雪场	5900
总人数	438803
7. 沧州	
事竞成滑雪场	23000
沧州勇士滑雪场	54000
沧州狮城探乐岛滑雪场	30000
总人数	107000
8. 衡水	
衡水湖间里滑雪场	50000
9. 邢台	
天河山滑雪场	11061
10. 邯郸	
邯郸涉县太行五指山滑雪场	19000
邯郸青青乐园滑雪场（含室内、室外）	35500
邯郸四季滑雪馆	40000
邯郸赵王滑雪	11000
总人数	105500

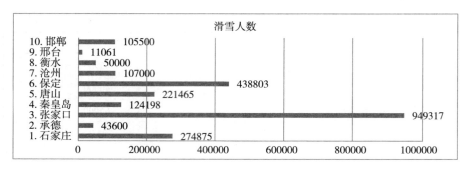

图 2　河北省各市滑雪总人数（2017 年）

数据来源：根据河北省体育局相关数据整理得出。

由图 2 可见，2017 年河北省各市的滑雪总人数中，张家口市滑雪人次最多，为 949317 人次；其次为保定市，滑雪人次为 438803 人次；排名第三位的是石家庄市，滑雪总人次为 274875 人次；第四位为唐山，滑雪总人次为 221465 人次。这与图 3，河北省各市滑雪场数量呈正比。由图 3 可见，河北省拥有滑雪场数量排在前三位的市分别是张家口市、保定市和石家庄市。滑雪场数量越多，则滑雪市场越大，滑雪人次越多。

此外，河北省各市的滑雪场均选址于距离市中心的城郊乡村或是当地产业园内，距中心客源较近。除张家口外，各市均有高铁设施；便于北京和天津的滑雪游客实现当天往返。河北省现有石家庄正定国际机场、秦皇岛山海关机场、邯郸机场、邢台机场、河北保定机场、张家口宁远机场、唐山三女河机场、承德普宁机场，便于中国台湾、中国香港、中国澳门地区和国外游客滑雪旅游。

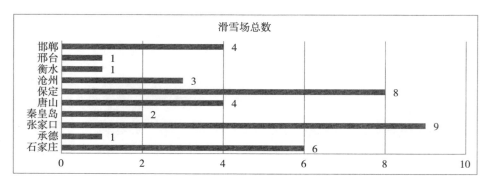

图 3　河北省各市滑雪场数量（2017 年）

数据来源：根据河北省体育局相关数据整理得出。

表5　河北省各市滑雪场地质及造雪总面积（2017年）

城市	数量	名称	场馆地址	造雪总面积（万平方米）
保定	1	狼牙山雪魔方	河北省保定市易县西山北乡于家庄村	13
	2	未来行长岭冰雪世界	河北省保定市涞源县东辛庄区长岭村	4
	3	狼牙山滑雪场	河北省保定市易县西山北乡于家庄村	31
	4	涞源泽亚滑雪度假有限公司	河北省保定市涞源县乌龙沟乡柱角石村	186.6
	5	涞源县七山滑雪场	河北省保定市涞源县白石山镇西龙虎村	20
	6	河北嘉山悠乐谷滑雪场	保定市曲阳县嘉禾山东侧	2.5
	7	涞水荣盛野三坡滑雪场	河北省保定市涞水县赵各庄镇河东村	7
	8	蠡县毅川滑雪场	河北省保定市蠡县生态园内	1.4
沧州	1	盛泰冰雪嘉年华	河北省沧州市渤海新区中捷产业园区盛泰国际酒店	0.3
	2	沧州勇士滑雪场	河北省沧州市青县金牛镇大杜庄	2.2
	3	沧州狮城探乐岛滑雪场	河北省沧州市运河区解放西路狮城公园北门对面	1.8
	4	金太阳梦幻冰雪狂欢节	河北省沧州市中捷产业区	2
承德	1	元宝山滑雪场	河北省承德市双滦区元宝山大街136号	3.3
邯郸	1	太行五指山滑雪场	河北省邯郸市涉县南庄郊沟	7
	2	邯郸四季滑雪馆	河北省邯郸市邯山区代召乡东张策前村	1.1
廊坊	1	东储温泉滑雪场	廊坊市安次区仇庄乡东储村	1.9
秦皇岛	1	老君顶景区滑雪场	河北省秦皇岛市海港区石门寨镇房庄村	6.8
	2	紫云山滑雪场	河北省秦皇岛市海港区北港镇民族路北段	15
石家庄	1	清凉山滑雪场	河北省石家庄市井陉矿区张家井街道	8
	2	无极山滑雪场	河北省石家庄市元氏县苏村乡无极山休闲产业园	11
	3	西柏坡温泉滑雪场	石家庄市平山县北马冢村	10
	4	西部长青滑雪场	河北省石家庄市鹿泉区白鹿泉乡梁庄村	6

续表

城市	数量	名　　称	场　馆　地　址	造雪总面积（万平方米）
唐山	1	迁安首届冰雪文化节暨郭丹丹冰雪嘉年华	河北省唐山市迁安市黄台湖十号岛	0.2
	2	弯道山滑雪场	河北省唐山市路北区缸窑街道 92 号	1.2
	3	玉龙湾滑雪场	河北省唐山市玉田县唐自头镇齐家团城村南	12.6
	4	菩提岛滑雪场	河北省唐山市唐山国际旅游岛菩提岛冰雪温泉体验馆东南侧	1
	5	硕果生态游乐园滑雪场	河北省遵化市遵化区后杨庄村	6
	6	亚太雪世界	遵化市团瓢庄乡山里各庄村	10
	7	滦州·研山滑雪场	河北省唐山市滦县古城区研山风景区南部	7.3
邢台	1	天河山滑雪场	河北省邢台市邢台县白岸乡清泉村北 049 号	3.9
	2	玉泉山滑雪场	河北省邢台市邢台县皇寺镇	0.5
张家口	1	假日绿岛户外滑雪场	河北省张家口市宣化区塔儿村乡窑子头村	50
	2	翠云山·银河滑雪场	河北省张家口市崇礼区大夹道沟	25
	3	密苑云顶乐园	河北省张家口市崇礼区四台嘴乡太子城村梧桐大道	88.6
	4	塞那都滑雪场	河北省张家口市张北县小二台乡塞那都国际生态旅游度假区	1.5
	5	长城岭滑雪场	河北省张家口市崇礼区和平森林公园	14.2
	6	多乐美地滑雪场	河北省张家口市崇礼区四台嘴乡姚子湾	17.4
	7	富龙滑雪场	河北省张家口市崇礼区西湾子镇万龙路	80
	8	流平寺冰雪乐园	河北省张家口市经开区老鸦庄镇流平寺村	5
	9	太舞滑雪小镇	河北省张家口市崇礼区四台嘴乡太舞滑雪小镇	79
	10	万龙渡假天堂	河北省张家口市崇礼区红花梁马场	58
衡水	1	衡水湖闾里滑雪场	河北衡水市衡水湖魏屯南 500 米路东	

（三）滑雪场运营基本情况

滑雪场运营的模式与滑雪产业发展阶段高度相关。目前，我国滑雪产业从运动为主、旅游为辅的初始阶段正在逐步发展到围绕滑雪进行休闲度假的升级发展阶段。滑雪场的运营模式亦发生了重大改变，从原先的仅满足滑雪需求的山村滑雪场到现今满足运动休闲、旅游体验、节假日度假需求的综合型滑雪运动度假经营模式。

1. 滑雪场基本运营形态情况

河北现共有 40 个滑雪场，全部为室外滑雪场。大体分为室外滑雪场和室内滑雪场，室外滑雪场细分为单一滑雪场、综合滑雪度假区和全年性度假胜地三大类。

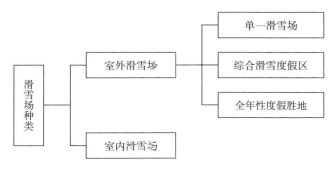

图 4　滑雪场分类

单一滑雪场：主要以省内多数中小滑雪场为代表，仅配备餐饮设施，多为冬季滑雪运动体验，游客当天往返，以近郊娱乐嬉雪滑雪场为主，雪道长度短，数量较少，只具备基本的雪具出租接待设施和魔毯或简易索道。

综合滑雪场度假区：雪道长度较长，数量和类型较多，并具有多条高级索道，吃住等配套服务设施较为完善。主要以冬季经营为主，兼有度假村功能。

全年型度假胜地：不仅雪道长度较长，数量和类型较多，且具有多条高级索道，而且吃住等配套服务设施较为齐全，并具有 4 星级以上高级饭店，在以冬季滑雪运动经营为主的同时，兼具四季体育旅游，全年经营。

2. 出租滑雪双板和单板数量和住宿条件统计情况

2017 年河北省可租赁的双板和单板数量在 1000 套以上的滑雪场共有 14

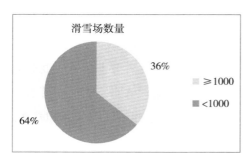

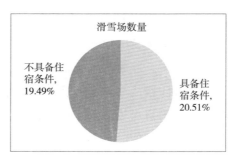

图 5　河北省滑雪场可用于租赁的单板双板　　　图 6　河北省具备住宿条件的
滑雪场比例图（2017 年）　　　　　　　　　　滑雪场数量（2017 年）
数据来源：根据河北省体育局相关数据整理得出。　数据来源：根据河北省体育局相关数据整理得出。

家，占比为 36%；1000 套以下的滑雪场共有 25 家，占比为 64%。由此可见河北省具有大规模接待能力的滑雪场只占总数的 1/3，滑雪产业规模尚未形成，大多数滑雪场只能提供游客少量短期的滑雪需求，总体质量不高。

3．滑雪场住宿设施情况

拥有住宿条件的滑雪场共有 19 家，分别是云顶滑雪场、长城岭滑雪场、塞纳都滑雪场、多乐美地滑雪场、富龙滑雪场、太舞滑雪场、万龙滑雪场、玉泉山滑雪场、菩提岛滑雪场、亚太滑雪场、研山滑雪场、无极山滑雪场、西部长青滑雪场、老君顶滑雪场、四季滑雪场、五指山滑雪场、金太阳滑雪场和狼牙山滑雪场、湖间里滑雪场，占到滑雪场总数的 51%。其余 19 家滑雪场没有用于住宿的宾馆，占比为 49%。可见河北省滑雪场的规模经济效益并未完全体现，与滑雪相关的餐饮、住宿、旅游、娱乐一条龙服务尚有开发空间。这与滑雪场的规模直接相关，具备住宿条件的均为具有行政许可的大中型滑雪场。

4．滑雪场运力设备系统

根据《中国滑雪场大全》分类显示，滑雪场场地设施包括索道、雪道、拖牵、魔毯、造雪机、压雪车、广播覆盖、娱乐项目（如：雪圈、攀冰等）、医务室、滑雪学校。而滑雪场设备主要包括造雪压雪设备和运力设备两大方面。随着河北省滑雪场数量的不断增加，造雪机数量也随之增长。因为河北省绝大多数滑雪场主要依靠人工造雪压雪设备，所以滑雪场对造雪机和压雪车的需求量比较大。目前我国滑雪场使用的造雪机 80%—90% 依靠进口，国产化比重很低，压雪车亦是如此。2017年河北省各滑雪场造雪机数量为1037台，压雪车总量为51台。雪地摩托总量为54台左右。

滑雪场运力是衡量滑雪场等级的一项重要指标。随着滑雪运动在河北省不断发展，滑雪者对于滑雪场硬件设施的要求也越来越高。就索道而言，滑雪者除了对速度的要求外，对乘坐索道时的舒适性体验也很看重。如崇礼的万龙、密苑云顶以及太舞小镇等滑雪场都拥有多条高级索道。2017年，河北省滑雪场共有缆车37条，分布于13家滑雪场，全省滑雪场共计魔毯数量为78条，分布于30家滑雪场。共有雪地摩托54台，分布于5家滑雪场。

表6　河北省各市滑雪场运力设备（2017年）

城市	滑雪场名称	魔毯数量	魔毯总长度（米）	造雪机	压雪机
保定					
1	狼牙山滑雪场	7	819	51	3
2	涞源县七山滑雪场	3	600	28	2
3	河北嘉山悠乐谷滑雪场	1	127	4	1
4	涞水荣盛野三坡滑雪场	2	400	18	1
5	蠡县毅川滑雪场	1	100	1	1
6	保定仟畂社	1	127	2	0
7	保定神湖四季滑雪馆	3	127	8	1
总计		18	2300	112	9
沧州					
1	沧州勇士滑雪场	1	73	2	1
2	沧州狮城探乐岛滑雪场	1	90	2	0
3	事竞成滑雪场	1	68	5	1
总计		3	231	9	2
承德					
1	元宝山滑雪场	1	150	3	2
邯郸					
1	邯郸四季滑雪馆	1	120	4	1
2	邯郸御肥苑滑雪场	4	1300	8	1
3	青青乐园滑雪场				
总计		5	1420	12	2
秦皇岛					
1	老君顶景区滑雪场	1	120	3	0

续表

城市	滑雪场名称	魔毯数量	魔毯总长度（米）	造雪机	压雪机
2	紫云山滑雪场	2	200	6	1
3	天女运动山谷	2	320	10	1
4	集发滑雪场	1	100	2	0
总计		6	740	21	2
石家庄					
1	清凉山滑雪场	1	300	5	1
2	无极山滑雪场	3	890	6	1
3	西柏坡温泉滑雪场	2	300	8	1
4	西部长青滑雪场	3	500	6	1
5	秦皇古道滑雪场	1	210	4	1
6	平山红崖谷滑雪场	1	127	3	1
总计		11	2327	32	6
唐山					
1	玉龙湾滑雪场	4	800	12	1
2	硕果生态游乐园滑雪场	1	800		
3	郭丹丹冰雪嘉年华	1	90	1	0
4	滦州·研山滑雪场	2	280	3	1
总计		8	1970	16	3
邢台					
1	天河山滑雪场	3	550	4	1
张家口					
1	翠云山·银河滑雪场	3	387	26	2
2	密苑云顶乐园	3	440	174	7
3	塞那都滑雪场	2	300	5	1
4	长城岭滑雪场	3	600	17	3
5	多乐美地滑雪场	4	100	8	2
6	富龙滑雪场	8	490	73	5
7	太舞滑雪小镇	14	1320	135	4
8	万龙渡假天堂	3	644	368	4
9	尚义马莲雪乡鸳鸯湖	1	220	11	1
总计		41	4501	817	29
衡水					
1	衡水湖闾里滑雪场	1	121	3	1

数据来源：根据河北省体育局相关数据整理得出。

表7 河北省各市滑雪运力总数

城 市	魔毯数量	魔毯总长度（米）	造雪机	压雪机
保定	18	2300	112	9
沧州	3	231	9	2
承德	1	150	3	2
邯郸	5	1420	12	2
秦皇岛	6	740	21	2
石家庄	11	2327	32	6
唐山	8	1970	16	3
邢台	3	550	4	1
张家口	41	4501	817	29
衡水	1	121	3	1

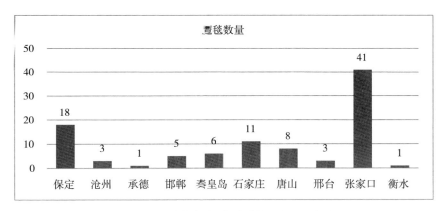

图7 河北省各市滑雪场魔毯数量（2017年）

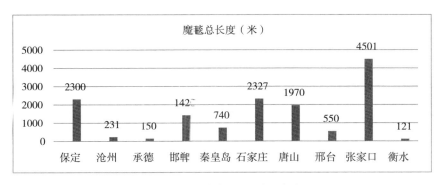

图8 河北省各市滑雪场魔毯长度

数据来源：根据河北省体育局相关数据整理得出。

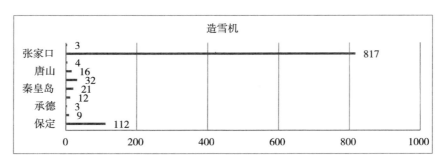

图 9　河北省各市滑雪场造雪机数量（2017 年）

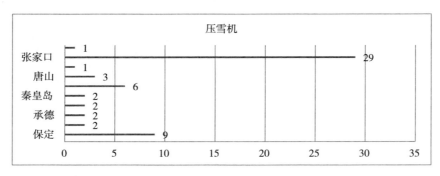

图 10　河北省各市滑雪场压雪机（2017 年）

数据来源：根据河北省体育局相关数据整理得出。

　　综上，河北省滑雪场的数量已经趋于饱和状态，且分布不均。张家口、保定是滑雪旅游市场较发达的地区，也是竞争最激烈的地区，除了极少数的高端雪场外，中小雪场几乎都被卷入了价格战中。此外，从雪场的规模与层次来看，河北省的滑雪场结构也不合理。39 家滑雪场中，具有多条高、中、初级雪道和现代化的缆车、拖迁等运输工具，以及造雪、压雪设备和雪上运输救护设备，规模大型化、功能综合化、设施现代化的雪场不足一半，其余大多数的滑雪场属于中小型。

　　就滑雪场的经营与管理来看，目前河北省滑雪场经营管理水平较过去有所提高，但整体发展仍处于不平衡状态。总的来说，滑雪场高级管理人才还相当匮乏。民营的大中型滑雪场普遍比政府投资的事业单位性质的滑雪场管理水平高。

　　就滑雪场的经济效益来看，目前河北省滑雪场的建设拉动了经济的发展。从目前各雪场盈利状况来看，雪场经济效益主要取决于雪场所处的地理条件及其所依托的中心城市的消费能力。张家口崇礼区的优势在于其地理气候条件，崇礼滑雪场山形地貌好、雪期长，品牌优势明显，吸引了来自全国各地的滑雪旅游爱好者。

二、河北滑雪装备制造业发展现状及前景

2022 年冬奥会对于举办城市的影响，不仅仅体现在场馆群落和基础设施的完善方面，同时也体现在城市功能的重塑和产业的转型升级上。面临世界工业化重塑带来的机遇，我国于 2015 年提出了"中国制造 2025 战略"，其目的就是为了推动我国由制造业大国向制造业强国迈进。自北京携手张家口成功申办 2022 年冬奥会以来，我国民众参与冰雪运动的热情逐年高涨。但是与之不匹配的是我国大部分的冰雪装备依靠进口，这严重地制约了我国冰雪运动产业的发展。从河北省冰雪装备制造业的发展历程和目前对冰雪装备的市场需求判断，滑雪制造业是我省未来重点开发的产业之一。发展滑雪装备制造业可以从根本上解决河北省冰雪产业链发展不均衡的问题。这也对河北省基础性较弱的工业制造业提出了重点发展和转型的全新挑战。河北省滑雪装备制造业应抓住 2022 年京张冬奥会的契机，以提升企业自主创新能力、拓展延伸产业链条为重点，推动冰雪装备制造产业向中高端发展，积极培育打造新的竞争优势。以此促进本省滑雪装备制造业的发展。

表 8　滑雪装备类别、价格与品牌

主要类别		普遍售价区间（元）	代表品牌
滑雪服		300—10000	迪卡侬、北面、探路者、Lafuma
滑雪配件	滑雪手套	50—2000	迪卡侬、北面、凯乐石
	滑雪鞋（单板）	500—5000	海德、伯顿、NorthWave
	滑雪头盔	10—1500	迪卡侬、UVEX、GIRO、BERN
	滑雪镜	100—3000	欧克利、沸鱼、Volocover
滑雪工具	滑雪杖	100—1000	Leki、K2、骆驼、Rossignol
	滑雪板（单板）	1000—20000	伯顿、Hagibis、海德、K2
	滑雪板（双板）		Hagibis、海德、罗迪嘉、Salomon
	固定器	500—5000	迪卡侬、Marker、Union

（一）河北省滑雪装备制造业的现状及存在问题

装备制造业是为国民经济提供生产技术装备的制造业。主要是指对原料（采掘业的产品和农产品）进行处理加工或再加工，以及对零部件装配的工业部门的总称。冰雪装备主要是指在冰雪运动的范围内，所使用的服装、器材、场地设施等的总称。总的说来，冰雪装备主要由以下两个方面的产品所构成：一个是指冰雪运动专用的各式各样的服装器材设备，另一个是指冰雪运动场所需要的各种设备设施。冰雪运动的基础是冰雪装备，冰雪运动的发展是冰雪装备制造业发展的先决条件。因我国成功申办 2022 年冬奥会，客观上为我国冰雪装备制造业提供了市场动力。但是我国的冰雪装备制造业正处于萌芽阶段，冰雪运动所需要的技术和装备还需大量地依赖于国外产品，国外冰雪装备品牌、产品占据了我国市场大部分比例。

整体分析，河北省的冰雪装备制造业，自主品牌严重缺乏，难以和已占主导地位的国际品牌相抗衡，滑雪装备制造业不能满足日益增长的消费需求。滑雪高端市场基本被发达国家品牌所垄断。就如何实现冰雪器材国产化这一问题上，中国、河北和发达国家相比存在巨大差距。基于冰雪器材装备制造业领域极高的精密技术和原材料，发展滑雪装备制造业需要依托有实力的体育用品企业，选择合适的领域和项目，采取收购、合资等方式，引进国外成熟技术，进行短平快的国产化进程。河北省政府办公厅就此问题专门出台了《关于支持冰雪运动和冰雪产业发展的实施意见》，提出了要提升冰雪器材装备研发制造能力，建设冰雪装备制造集聚区，鼓励企业通过海外并购、合资合作、联合开发等方式，引进国内外高端冰雪装备制造企业。合资合作研发制造索道、压雪机、造雪机、雪地摩托等冰雪设施装备，打造核心品牌。

（二）已有的滑雪制造业合作项目

2017 年初，张煤机与法国 MND 公司签订合资合同，成立安美地（张家口）山地发展有限公司，在脱挂式索道、固定式索道、造雪机、滑雪安全设施和运动装备的工程设计、研发、生产、建设和安装等领域全面合作。MND 公司曾是 2014 年索契冬奥会的索道供应商，未来合资项目预计投资总额将达 1 亿欧元，其中一期主要生产脱挂式索道，总投资额 1800 万欧元，达产后年产值可达 5 亿元人民币。

2018年初，占地3165亩的冰雪运动装备产业园一期开工建设，相关冰雪产业项目正陆续投入运营。张家口市冰雪装备制造企业已发展到10余家，年产值近亿元。张家口的万全区也正加快打造"一区三园"冰雪产业链。目前，占地3165亩的冰雪运动装备产业园一期已开工建设。冰雪运动装备产业园重点引进产业方向主要涵盖：轻装备类，包括滑雪服、滑雪鞋、滑雪眼镜、头盔、滑雪板、滑雪杖等；重装备类，包括造雪机、压雪车、索道、魔毯输送机、雪地摩托车等；相关产业，包括体育运动器材、康复训练装备、运动休闲服饰等。同时，将着力引进高端服务业和研发机构，打造轻重装备结合、研发制造服务兼顾的全产业链、全生命周期的冰雪运动装备制造基地。

除万全区外，宣化区宏达冶金机械有限公司为解决造雪机射程范围小的弊端，自主研发了造雪机支架，受省内外部分滑雪场青睐，并成功打入韩国市场。同时，该企业还与北京起重运输机械研究院合作，生产滑雪场客运脱挂索道，填补了该领域国内空白。河钢集团宣工公司就压雪机开展了近两年的研发，目前自主研发的压雪机已正式下线，并在崇礼银河滑雪场试运行。

（三）河北省滑雪装备制造业技术薄弱的原因分析

1. 滑雪装备制造业自主研发能力不足

河北省本身的工业基础较弱，而且制造业也没有掌握核心的制造技术，造成了目前冰雪装备制造业的发展困境。其次，国外对我国冰雪装备的冲击太大，让我国的冰雪装备制造业生存空间一点点缩小。以前，国外的冰雪装

图 1 国产压雪车

备主要瞄准我国的高端市场，由于我国冰雪产业的快速发展，国外冰雪装备目前也慢慢地向我国的中低端市场加大投入力度，试图在我国快速发展的冰雪产业中分一杯羹。我国冰雪装备制造业之所以受到国外品牌的冲击比较大，主要的原因是冰雪装备制造业的自主研发能力不足，研发出来的产品难以达到高端消费者的需要。由于自主研发能力不足，造成了我国冰雪装备制造业止步不前，对于冰雪装备制造业的发展产生了一定消极影响。

2. 滑雪装备制造业创新动力不足

一个行业要想长远地发展，就需要不断地创新，因为创新才能够使企业推出的产品适应时代的需要。纵观我国体育用品制造业，虽然在数量上处于领先的优势，但是大部分的体育用品制造业处于生产业的加工低端，在市场上仅仅充当了"代工厂"的角色。产品研发是一个企业能够存活下去的重要因素。按照国际制造业的经验，一个企业只有研发资金投入销售收入的5%以上才能够具有强大的竞争力。纵观我国的制造业，在产品的研发方面投入均不足，造成了我国许多的关键技术严重依赖于进口，受到国外的限制较多。而冰雪装备制造业也不可避免地出现这种问题。究其原因，主要是各冰雪制造产业对研发的投入不足，造成了产品老旧，创新性和功能性都与国外品牌存在一定的差距。而对研发投入不足的直接表现就是创新人才的匮乏。目前，我国冰雪装备制造业虽然有一些自主品牌，但是一般都不能够占据高端市场，只能在中低端市场徘徊。

3. 滑雪装备制造业缺乏品牌效应

在滑雪市场方面，世界最大的滑雪设备生产商是莱特纳集团、造雪设备生产商是 nivis。在欧美国家，法国的 Quicksilver 滑雪品牌、德国的 Volkl、Head、Adidas-Salomon、Lowa、美国的 K2、蜘蛛、Bution 等滑雪品牌在世界上占据了大部分市场份额。在亚洲，日本的 ESTIVO、DESCENTE、韩国的 EXO 品牌占据了一定的市场份额。我国冰雪装备制造业处于相对劣势的地位，严重制约我国冰雪运动的发展。利用国家提出的"中国制造2025"的契机发展冰雪装备制造业对更好地开展冰雪运动具有积极的影响作用。对于我国冰雪装备影响力较低的问题，就需要加大投入力度，在功能性方面多下功夫，使我国的冰雪装备能够先在国内打开市场，形成自己的冰雪装备文化特色，从而形成自己的特色品牌。

4．河北省发展滑雪制造业的对策分析

河北的装备制造业应抓住冬奥会机遇，注入奥运和体育元素，加快传统制造业的改造升级，与国家创新、协调、绿色、开放、共享的发展理念相契合。在三亿人参与冰雪运动和2022年冬奥会的双重利好推动下，我国冰雪产业快速发展，冰雪产业市场容量急速扩充。从近期一些企业的举措上看，利用自身在本土的渠道优势，结合国外品牌的技术优势，合资创立基于中国市场的品牌，建立面向中国市场的产品研发和生产体系，正在成为一种现象，我们姑且将之视作特殊市场环境下的"弯道超车"，这种弯道超车可以在短期内实现。

（1）建设冰雪装备制造产业集聚区

冰雪运动具有较高的专业性，需要专业的服装和器材作为保障。目前，我国冰雪体育用品生产企业的技术能力较差，高端市场仍被国外占据，冰雪装备和器材仍主要依靠进口。建议京津冀地区联合建设冰雪文化产业园和冰雪装备产业园，招商引资，积极搭建产需对接平台，支持冰雪装备制造企业与冰雪场地等用户单位联合开发冰雪装备，扶持具有自主品牌的冰雪运动器材装备、防护用具、设施设备、客运索道等冰雪用品企业和服装鞋帽企业发展，形成产业集群。支持高等院校、科研院所和企业加大协同创新力度，提高研发水平，以企业为主体开发一批科技含量高、绿色环保、拥有自主知识产权、可替代进口的产品，培育一批具有较高知名度的冰雪用品企业，满足消费者对冰雪服装器械的需求。

（2）充分利用国家冰雪产业促进工程

根据《冰雪运动发展规划（2016—2025年）》，2025年，我国将建立5个产业规模较大、集聚效应明显的国家冰雪产业示范基地，20个高知名度和影响力的国家冰雪产业示范企业，20个特色鲜明、竞争力强的国家冰雪产业示范项目。河北省应借助冬奥会契机，充分利用国家冰雪产业促进工程，在冰雪产业示范基地、示范企业和示范项目中争取最多的发展机会和政策支持。做大做强冰雪产业是加快普及提高冰雪运动、办好2022年冬奥会、推动经济结构调整、满足人民群众提高生活品质需求的重要举措。河北省要定期发布冰雪产业目录，为企业投资发展指明方向；重点扶持六大冰雪产业体系的龙头企业和国家冰雪产业园区，形成集群优势；抓紧组织冰雪产业关键技术的联合攻关，制定行业标准；大力推进海外企业并购，学习消化国外先进技术；实施冰雪产业品牌计划，打造中国冰雪产业品牌；实施冰雪场馆扶持专项计划；实施冰雪人才培养计划；做实冰雪产业联盟；完善落实相关扶持引导政策。

三、河北省滑雪产业存在的问题与发展瓶颈

《河北省冬季运动发展规划（2015—2022 年）》提出，到 2022 年，力争把河北省打造成冰雪运动大省，建成以冰雪体育旅游为主导，以冰雪大众休闲健身和竞赛表演业为基础，冰雪体育服务业初具规模的产业体系；2022年，全省冰雪产业规模要达到 1000 亿元，经常参加冬季健身人口比例要达到 40%、3000 万人次以上，张承等基础较好地区要达到 50%、450 万人以上。然而目前，在河北省滑雪产业发展中仍存在一些亟待解决的突出问题。

（一）雪场经营所占比重大，但滑雪资源优势利用不足

雪场经营在体育产业中属于场馆经营，由于滑雪产业发展以滑雪场为客观条件，因此区域滑雪产业的组成中，雪场经营所占比重最大。而目前河北省绝大多数区域雪场所提供的滑雪服务水平并不高，特别是占有大量比例的中小雪场，在经营过程中对滑雪资源的利用率有限，经营方式单一，缺乏对滑雪市场的目标定位，致使区域滑雪产业在滑雪服务供给中创新性不强，制约了区域滑雪产业的结构效应呈现，从而难以形成区别于相邻区域滑雪产业发展的比较优势。

（二）区域滑雪产业化水平有待提升，关联效应延伸滞后

区域滑雪产业的结构效应呈现需要以现代化的产业运营为基础，因此滑雪产业的产业化水平很关键。滑雪产业的产业化程度主要与大型滑雪旅游度假区相关。目前河北省区域滑雪产业发展中，大型滑雪旅游度假区比例不足，多数滑雪场即使已经形成了住宿、餐饮与滑雪服务多元化的初级度假经营方式，但并没有形成现代化的企业运营模式。

（三）生态资源的开发利用效率低，降低了冰雪产业可持续发展的能力

由于缺乏统一规划以及资源开发利用的技术水平低、缺乏资源保护意识等原因，近年来，河北省在对冰雪资源进行开发、利用的同时往往伴随着对

自然资源的破坏。粗犷式的自然资源开发造成了景区自然资源基础的严重破坏，为了雪道坡度符合标准，景区管理者采用破坏性开发手段，直接破坏山体植被与树木；为实现人工造雪补雪，过度使用景区地下水资源，导致景区生态气候发生恶性连锁反应，冬季降雪明显减少。在河北省 18.88 万平方千米的范围内，共有 40 余家不同规模的滑雪场，其数量远远超过了应有的数量范围，如此密集的滑雪场造成了无序的价格竞争，价格下降必然导致服务质量下降，给消费者造成不良的影响，也导致环境承载能力不足，不得不采用人工造雪的方式维持滑雪场的基本运营，使得当地冰雪体育旅游行业的承载能力大大下降，影响未来冰雪产业的发展。

（四）冰雪产业人才缺乏，成为制约河北省冰雪产业发展的重要因素

北京成功取得 2022 年冬奥会的主办权，将点燃中国人民积极参与冰雪运动的信念，激发社会大众对冰雪运动的热爱和促进冰雪运动发展。习近平总书记提出让三亿人上冰雪，激发了我国冰雪产业发展的潜能，冰雪产品市场发展前景广阔、需求量巨大，也为河北省冰雪产业的跨越式发展带来了巨大机遇。而冰雪产业的发展既要有大量的教练员，还需要大批具有丰富专业知识、能熟练进行经营管理业务的专门性人才。目前，河北省还没有真正形成冰雪产业人才群体，专业冰雪教练员少，整体水平不高，冰雪运动的后备人、冰雪产业高级管理人员、产业规划与开发决策人才、具有冰雪专业师资的专业技术人员等数量缺乏。因此，如何培养高素质、高水平的冰雪产业人才，打造一支强有力的冰雪产业人才队伍，是现阶段河北省冰雪产业发展亟待解决的问题。

（五）冰雪装备制造业研发能力薄弱，自主品牌产品缺乏

冰雪装备制造业是冰雪产业的一个重要组成部分，是进行冰雪运动的基础。发展冰雪装备制造业在根本上是解决目前河北省冰雪产业发展不均衡的一个重要手段。河北省冰雪制造业能力与产业目标并不匹配，虽然河北省冰雪产业的发展居于全国前列，对冰雪装备制造业的品牌质量意识在不断提高，但并不是冰雪装备制造强省。相对国外知名品牌制造业来看，河北省冰雪装备制造业还存在相当的差距。产品的研发能力比较低，特别是缺少对高质量、高端的冰雪装备产品的研发和研制，装备制造产品的高端市场基本被国外占据。

（六）产业的创新能力不足，冰雪旅游产品单一且缺乏浓厚的区域文化特色

河北省是国内冰雪产业发展较快的省份，尽管有些冰雪产品已经成为世界级产品，但是，由于缺乏创新精神和创新能力，长期以来，河北省冰雪旅游一直以滑雪为主，冰雪产业发展的文化内涵缺乏，产品雷同有余而特色不足，并且和冰雪有关的旅游商品开发不足，以冰雪为主题和模型制造的旅游纪念品几乎是空白，亟待打造具有地域特色和民族特色的冰雪旅游纪念产品。

四、河北省滑雪产业优化发展的对策

为进一步加快河北省滑雪产业的发展，首先要有明确的发展思路和发展方向，制定正确的产业政策和目标，作为实现区域滑雪产业健康有序发展的重要政策基础。在此基础上，对河北省滑雪产业进行整体部署和科学规划，针对各个市区滑雪资源分布不均和区域经济发展水平不均衡，要整体考量，合理开发，在全省范围内加快制定滑雪产业发展规划，形成特色区域滑雪产业发展的新局面。

（一）探索滑雪产业发展新模式，实现传统滑雪产业的改造升级

河北省滑雪产业的发展应依托区域资源基础优势，注重内涵式发展。通过对原有滑雪资源体系进行重构，形成滑雪产业中心区，创造核心竞争力。完善区域创新发展新环境，加强自然资源保护，发展绿色滑雪产业。避免滑雪企业多而不强，滑雪区域大而不优的局面。坚持技术创新和制度创新，探索实现商业经营和绿色发展的新模式，建立特色滑雪产业基地。坚持"特色定位新产业，绿色环保促产业，园区带动助产业"的发展理念，开发出适宜河北自然资源与经济优势的滑雪产业发展模式。

具体来说，滑雪产业依据其自身特征应该包括雪场经营、滑雪竞赛表演、滑雪休闲旅游、滑雪设备用品的制造与销售以及滑雪培训等。滑雪产业发展有其特殊性，区域性聚集发展显著，并且与其他产业的关联与融合度较高，因此相应会形成区域滑雪产业结构效应。由于河北省滑雪产业发展起步较晚，区域性特征呈现才刚刚开始，特别是在申办冬奥会成功之后，聚集效应才逐渐加速。因此要发挥河北省滑雪产业的结构效应就必须与 2022 年冬奥会紧密相连；并将滑雪产业的结构效应转化为区域优势，二者互为因果，

相辅相成。例如河北省崇礼依托适宜气候、有效的区域政策支持及相对合理的市场距离使滑雪产业结构效应表现突出。

（二）发展关联产业，完善滑雪产业链

滑雪产业快速高效的发展，离不开关联产业的建设。关联产业是与主体行业供给产品或服务投入密切相关的产业。滑雪产业的上游产业主要涉及场地筛选，基础设施规划、建设，造雪机养护设备，滑雪运动休闲装备、滑雪场管理人员提供等方面，包括的产业主要有滑雪场规划建设业、滑雪设备制造业、滑雪休闲人才培训业等。在2022年冬奥会成功申办的背景下，要加快和滑雪产业相关行业的建设步伐，构建完善的滑雪产业链，实现滑雪场地规划设计、滑雪场地运营管理、滑雪设备用品研发生产、滑雪产品品牌营销、滑雪专业技术人才和管理人才教育培训等高度规范化、专业化、标准化、一体化全方位的产业链发展模式。同时加速产业集聚，加大科技创新力度，形成发展新动力，实现滑雪产业链相关各产业的相互支持和整合能力。政府部门要围绕产业链进行规划部署，提供配套服务，从资金、环境、税收等方面提供优惠和支持，鼓励多元发展，吸引社会资本介入，进一步延伸滑雪产业链布局，实现滑雪产业国际化发展。

（三）加强京津冀滑雪产业的互补与合作，实现区域经济驱动效应

由于滑雪产业发展的区域性特征明显，在结合相应地域的自然资源或技术基础为条件时，各区域经济对滑雪产业发展也形成一定的驱动。区域经济的驱动主要来自于市场消费需求，区域经济基础好的地域，对区域滑雪产业的驱动力就大。以北京周边与河北崇礼为例，由于临界北京首都经济圈，并且已纳入"京津冀协同发展规划"中，因此，即使是滑雪产业起步相对于北方较晚，但在巨大市场份额的作用下，该区域的滑雪产业无论是雪场发展还是滑雪用品、滑雪装备的经营或是滑雪人口的培养等都走在全国滑雪产业的前列。可见，区域经济的驱动是结合实际与潜在滑雪消费需求的外部驱动，这种驱动以滑雪消费促滑雪市场开发，再通过滑雪市场开发促滑雪产业发展。事实证明，区域经济的驱动是一种间接的连锁性驱动，但直接关系到滑雪产业升级需求，同时，这种驱动对滑雪产业的可持续发展以及区域滑雪市场的定位都会产生重要影响。

目前河北省滑雪产业对区域经济及城市发展的推动效应是从宏观层面对

区域形成的一种创新型发展推动，这也是所在区域积极发展滑雪产业的主要动力。典型代表为河北崇礼，崇礼区域的快速发展与其区域内滑雪产业发展密切相关，自 2002 年万龙滑雪场率先进入崇礼后，之后的十几年崇礼与滑雪产业的关系就越发紧密，目前崇礼已经确立了以滑雪为龙头的生态旅游发展战略，而崇礼滑雪也被评为中国体育旅游精品项目，特别是在冬奥会的背景下，崇礼的滑雪产业发展与经济、城市的关系日益密切。由此可知，滑雪产业对区域经济增长、城市发展的推动效应，主要来自于滑雪产业内部结构与所在区域发展的融合程度，这种融合不仅与城市的发展规划相融合，还与城市的冰雪资源特征、发展内涵及城市发展的品牌建设相融合。概括而言，这种结构效应的呈现是建立在对区域滑雪资源与区域发展内涵融合的基础之上而形成的。

目前区域滑雪产业的核心是依托各区域滑雪场形成滑雪服务供给，包括大众休闲滑雪、赛事举办、滑雪培训及相关滑雪设备用品的制造与销售，关联产业丰富，与餐饮、地产、旅游、度假、教育等产业都密切相连。目前河北省区域滑雪产业对其他产业发展的关联效应已经形成：一方面表现为在不同区域以提供滑雪服务为主，并对旅游服务业产生直接关联。另一方面在产业的核心组成上，形成了以大型滑雪旅游度假村为中心的发射式关联。度假区在雪场经营过程中，从冬季经营延伸为四季运营，以滑雪经营为基础延伸形成旅游、度假、房地产等综合性运营的模式。滑雪产业的关联效应来源于对滑雪服务需求的日益多元化，滑雪产业的全面发展将有效带动所在区域的旅游、酒店、培训及房地产开发等延伸服务的现实供给。

（四）"互联网 +"和大数据在智慧滑雪产业中的运营

冰雪产业的互联网化，是"互联网 +"引导下时代发展的必然结果。"互联网 +"为冰雪产业引进资本的同时，也促进了整个产业链的升级、改造与完善，催生了新的经济模式。冰雪 O2O 企业通过布局包括硬件、软件、线上资源、线下资源增值服务等业务，打造一站式服务平台，形成协同效应以打造自有生态圈。目前，河北省冰雪产业的互联网化、集约性程度还不高，针对互联网 + 的商业环境，对冰雪产业加以分析，可以从产业建构、行业发展、服务促进等方面提供相关变革策略，也可以为河北省的冰雪产业行业发展提供智力支持。

温哥华冬奥会遗产工作研究及启示

孙葆丽　宋晨翔　杜　颖　张　畅*

　　奥林匹克运动已经发展成当今世界上规模和影响力最为盛大的社会文化活动，每届奥运会的举办都为后人留下了宝贵的遗产。对前人经验的总结和遗产的继承，是奥林匹克运动可持续发展的不竭动力[①]。2010 年温哥华冬奥会就以其出色的奥运遗产创造、保护和利用工作为奥林匹克运动留下了宝贵财富。

一、研究方法

（一）文献资料法

　　利用国内外相关期刊数据库，查阅了关于奥运遗产和温哥华冬奥会遗产的研究成果。通过对文献的梳理，为本文的研究奠定了基础。

（二）访谈法

　　课题组负责人孙葆丽等在国家公派赴美国高级研究学者项目期间对温哥华 2010 年冬奥会遗产设计者、领导者和实践者进行了现场访谈，进一

　　* 作者孙葆丽，教授，博士，博士研究生导师，亚洲奥林匹克理事会教育委员会委员，京张冬奥研究中心特约研究员；宋晨翔，美国西佛罗里达大学研究人员；杜颖，北京体育大学研究人员；张畅，美国华盛顿大学研究人员。
　　① 闫静，Becca Leopkey. 奥运遗产溯源、兴起与演进研究［J］. 北京体育大学学报，2016，39（12）：14—19，36.

步了解了温哥华冬奥会遗产工作的具体思路和内容。访谈的对象有 2010 Legacies Now and LIFT 首席执行官 Bruce Dewar 先生；Twenty Ten Group 首席合作伙伴负责人 Bill Cooper 先生；Richmond Olympic Experience 项目经理 Jason Kita 先生等。访谈地点为加拿大温哥华、里士满等地相关机构。

（三）实地考察法

2016 年 7 月课题组负责人孙葆丽等对温哥华 2010 年冬奥会的场馆和遗产机构进行了实地考察和调研。考察地点包括：温哥华冬奥会场馆；2010 Legacies Now and LIFT、Twenty Ten Group 等奥运遗产机构；里士满奥林匹克椭圆速滑馆和惠斯勒冬奥会场馆区等。

二、温哥华冬奥会遗产工作的指导思想

温哥华冬奥会遗产工作的指导思想以"创造"为主题，通过"创造遗产""全国创造遗产""在奥组委内部设立政府服务部门"以及"设立专门遗产管理机构"等构想，形成了温哥华冬奥会遗产工作独特的思想体系[①]。

（一）"创造遗产"的理念

"创造遗产"的理念贯穿了申办冬奥会和筹办冬奥会 2 个阶段。在申办冬奥会阶段，温哥华申奥委员会首次在申办报告中提出了在赛前"创造遗产"的概念，报告中屡次提到借冬奥会契机为举办地创造体育、城市、社会、经济、环境等方面的遗产。在筹办阶段，提倡在各个场馆建设期内，在各个社区开展各类文化活动，鼓励人们利用冬奥会契机，并结合各自社区的特点，创造属于各社区独特的冬奥会遗产。

（二）"全国创造遗产"的设想

温哥华奥组委在筹办初期就意识到，冬奥会将给整个国家留下丰厚的遗产，因此，温哥华冬奥会积极动员了全国的力量。如"加拿大运动"战略计划（Canada's Game Initiative）是温哥华奥组委在冬奥会筹办前期以充分动员举国之力办奥运为目的而创立的战略计划。这一计划本着"冬奥会是整个国家，而非单个举办城市财富"的理念，广泛动员全国各界的资源，将举

① 李学江，胡萌. 冬奥会让温哥华大放异彩：冬奥会启示录［EB/OL］.（2014-11-02）［2017-07-10］. 人民网. http://world.people.com.cn/n/2014/1102/c1002-25957014.html.

办冬奥会带来的文化、社会、经济、环境、体育遗产扩散到加拿大全国。同时，这一计划使得温哥华冬奥会在筹备早期不仅得到温哥华本地企业、市政府、省政府的资助，更得到了联邦政府、商业巨头、四大东道主原著民族、高水平运动协会等多方的大力支持。在此基础上，各级政府以及加拿大国家奥委会和国家残奥委会组成了"多方合作伙伴"（Multi-Party Agreement Partners）。因此，以遗产为共同出发点的战略合作也就为温哥华冬奥会遗产的创造和利用打下了良好基础。

（三）"在奥组委内部设立政府服务部门"的设想

在奥组委内部设立政府服务部门是温哥华奥组委的一大创举。往届奥组委内部虽然有专门的财务部门来监测政府的资金是否妥善配置，然而并没有相关部门确保政府的投资用来尽力满足政府的利益。举办地政府是遗产的主要利益相关方，如果政府关切的利益得到解决，通常城市遗产、环境遗产、经济遗产、社会遗产也就得到了落实。因此，温哥华奥组委首创的"政府服务部门"是遗产科学管理的良好基石。

（四）"设立专门遗产管理机构"的构想

温哥华作为加拿大第三个举办奥运会的城市，在其申办初期就意识到了创造遗产的重要性，因此，设立专门机构来管理遗产则具有重大的意义。2010 Legacies Now 就是在这样的背景之下创办的。这个机构具体负责冬奥会遗产创造、发展和落实等工作。该机构在国内申办时期就承诺即使申办冬奥会未获成功，遗产机构依然会推行群众体育工作。在奥运遗产管理过程中，2010 Legacies Now 在筹资、发展、活动等方面发挥了重要作用，被国际奥委会誉为"奥运历史中首个起到催化剂、合作者、串联者作用的遗产机构"[1]。

三、温哥华冬奥会遗产工作的组织体系

温哥华冬奥会遗产的组织管理体系由温哥华奥组委、2010 Legacies Now、其他奥运遗产项目组织、各级政府以及冬奥会各个场馆的运营机构组

---

[1]　Weiler J, Mohan A.Catalyst, collaborator, connector: the social innovation model of 2010 Legacies now-case study. 2009 [R]. 2010 Legacies Now.

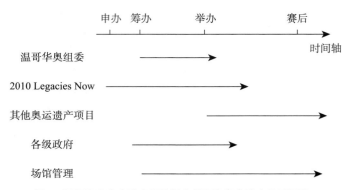

图 1　温哥华冬奥会遗产相关机构管理冬奥会遗产的时间轴

注：2016 年 7 月 15 日在温哥华采访 2010 Legacies Now 首席执行官 Mr.Bruce Dewar 时所绘。

成。他们在遗产工作的管理时间和管理重点上也有所区分。图 1 是温哥华冬奥会遗产相关机构管理冬奥会遗产的时间轴。

（一）温哥华奥组委中的遗产部门

由于温哥华冬奥会遗产工作渗透到冬奥会的各个层面，温哥华奥组委中专门成立了政府合作伙伴服务部门（Government Partner Service Department），该部门主要负责与主办方以及举办地政府合作伙伴商谈和签署各种合作条约，是确保政府在奥运城市遗产、体育遗产、环境遗产和经济遗产的投资能得到充分利用和落实的机构。

（二）专门遗产机构——2010 Legacies Now

2010 Legacies Now（以下简称"2010 LN"）始创于 2001 年，其创办宗旨是"更好地创造并发展奥运会在温哥华当地居民中的影响"。这一机构在遗产管理方面的作用是辅助温哥华奥组委的遗产管理工作。不同于政府合作伙伴服务部门更多地将工作重心放在政府方面，2010 LN 则更多地将工作重心放在公众方面。利用他们在公众，尤其是在青少年、社区和商业赞助中的强大影响力，将奥运遗产工作细化普及。

2010 LN 与其他奥运会遗产管理者之间的关系相对微妙，它并不需要向温哥华奥组委和政府相关部门汇报工作，2010 LN 与它们不构成直接的管理和被管理关系。2010 LN 的董事会成员由温哥华奥组委主席、国际奥委会成员、政府和其他社会组织的成员组成，关于遗产工作的重大议题和实施方案都需要经过 2010 LN 董事会的批准。因此，虽然 2010 LN 与其他遗产管理

图 2　2010 Legacies Now 组织结构
注：2016 年 7 月 15 日在温哥华采访 2010 Legacies Now 首席执行官 Mr.Bruce Dewar 时所绘。

机构的关系非常密切，但在落实具体方案时少了机构与机构间的协作障碍，遗产管理工作更具灵活性。2010 LN 的组织结构如图 2 所示。

（三）其他奥运遗产项目组织

在温哥华冬奥会举办前后 2010 LN"创造"了许多体育遗产，不少冬奥会遗产相关项目也由此衍生出来。2010 LN 在 2011 年转型后，这些奥运遗产项目组织代替其在遗产管理中的工作，继续发挥作用。其中包括如 SportFit、BC Sport Participation Program、Local Sport Council Program 等，这些组织普遍成立于温哥华冬奥会前夕，执行了包括青少年体育推广、社区建设、奥运进校园为主题的 4000 多个项目。在冬奥会后，这些遗产项目组织接替了 2010 Legacies Now 的部分工作，继续管理温哥华冬奥会遗产。

（四）各级政府

各级政府在管理温哥华冬奥会遗产方面发挥着不可替代的作用。正因为奥运遗产可以间接解决许多政府和公众关注的核心利益，因此各级政府都是温哥华冬奥会遗产的重要利益相关方。政府的利益因政府管辖级别不同而有所区分：联邦政府更为关注冬奥会对国家形象的塑造以及对加拿大体育凝聚力的提升；温哥华所在的省政府更为关注的是冬奥会本身对该省可能带来的经济增长；温哥华城市政府则会把更多重心放在温哥华对当地居民生活的改善以及城市建设方面。因此，各级政府通过在温哥华奥组委中设立的政府合作伙伴服务部门，使温哥华冬奥会的遗产工作落实得十分顺畅。

（五）各场馆运营机构

由于在建设初期就考虑到了场馆的赛后利用问题，一些场馆在举办冬奥会之前两年就已建成，各个场馆的运营机构在该阶段中积极寻求利用场馆遗产的途径，因此，在冬奥会后遗产工作能顺利转化，这其中最成功的案例就是里士满奥林匹克椭圆速滑馆。

四、温哥华冬奥会遗产的历史脉络

（一）申办和筹办期："创造"遗产（1999—2008 年）

1. 申办阶段（1999—2003 年）

在申办阶段，温哥华申奥委员会就十分重视有关奥运遗产的问题，在该阶段中，有关遗产工作的思路是明晰的，即以"创造"奥运遗产为主线开展工作。

国内申办阶段。

温哥华奥申委成立后，便开始积极开展国内的申办工作。加拿大与温哥华同时竞争申办冬奥会的城市还有魁北克市和卡尔加里，它们也开始进行了申办活动。温哥华申奥委员会与大不列颠哥伦比亚省为了得到加拿大国内体育社团的支持，投入 500 万美元，打造了 "Legacies Now" 项目，该项目旨在利用冬奥会的影响，为加拿大运动员 "创造" 体育遗产，使加拿大国内各体育社团从中受益[①]。这个重要的战略决策成功地获得了比其他两个城市更多的支持，也使得加拿大奥委会于 1999 年 12 月最终选择温哥华作为 2010 年冬奥会申办城市，并报送至国际奥委会。

旨在为运动员服务的 Legacies Now 项目，是温哥华奥申委在申办阶段工作思路的体现，也是温哥华获得国内申办成功的关键要素，同时 Legacies Now 项目也为温哥华成功申办冬奥会奠定了坚实的基础。

正式申办阶段。

在正式申办阶段，温哥华奥申委进一步加深了对奥运遗产的认识，并延续了"创造"遗产的思路。在执行具体遗产"创造"工作的同时，温哥华奥申委也将他们设想的奥运遗产的内容写入了申奥报告中，在申奥报告第一章"国家、地区以及申办城市综述"中阐述了政府将对奥运遗产项目的支持，即投入大量资金保证以 Legacies Now 为主的诸多有关奥运遗产项目的顺利

---

① Weiler J. The evolution of 2010 Legacies Now: A Continuing Legacy of the 2010 Winter Games through Venture Philanthropy [R]. Vancouver, 2011.

进行。① 申奥报告中对奥运遗产相关内容的提及，进一步彰显了温哥华奥申委在申办阶段的遗产工作思路，它对随后开展的奥运遗产工作具有重要的指导意义，也是温哥华申奥委员会重视遗产工作的一个重要体现。

在国内申办阶段启动的"Legacies Now"项目于 2001 年 6 月从温哥华奥申委脱离出来，成为了独立的社会组织"2010 Legacies Now Society（简称'2010LN'）"。从独立成为社会组织，到温哥华取得 2010 年冬奥会举办权期间，2010LN 的工作主要有：成立土著青年遗产基金，支持土著运动员的训练；组织社区冰球锦标赛，鼓励社区居民参与冬季项目；关注学校体育，鼓励在校学生积极参与体育运动；与卡尔加里奥林匹克发展联盟合作，培养高水平运动员；在惠斯勒建设冬季中心，着力培养雪上项目的高水平运动员等。2010LN 的不懈努力，对该阶段遗产具体工作的开展起到了重要作用。

2003 年 7 月 1 日，温哥华最终战胜其他申办城市，取得了 2010 年冬奥会的主办权。在申办的过程中，温哥华申奥委和 2010LN 在不同方面落实"创造"遗产的思路，这也为之后筹办过程中的遗产工作开了一个好头。

2. 筹办阶段（2004—2008 年）

在筹办阶段，遗产工作的思路是将"创造"遗产的观念和规划付诸实践。该阶段的工作主要分为两个方面，一是有形遗产的"创造"，如奥运场馆、配套设施、城市基础设施等；二是无形遗产的"创造"，如通过各种活动传播奥林匹克精神、营造社区体育氛围，建立运动员培养体系，帮助青少年树立体育意识等。

有形遗产的"创造"。

为了举办冬奥会，温哥华在比赛场馆和配套设施上投入了很大的力量。在温哥华、惠斯勒和里士满地区，规划新建和改建了 10 座场馆，同时在温哥华和惠斯勒两个地区新建了奥运村。这些场馆和奥运村依托于当地社区，在冬奥会结束后，作为永久的奥运遗产服务于周边社区居民。同时其他重要的有形遗产也相继"创造"出来，如连接奥运村与温哥华国际机场的加拿大线（Canada Line），和连接温哥华与另一比赛地惠斯勒的海天公路（Sea to

---

① Vancouver 2010 Bid Corporation.The Sea to Sky Game [R]. Vancouver, 2002.

Sky Corridor，也称 99 号公路）。

无形遗产的"创造"。

在筹办阶段，除了有形遗产之外，温哥华奥组委和其他社会组织对无形遗产的"创造"也非常重视，特别强调要在社区和学校开展各类有关传播奥林匹克精神与文化的活动，通过这些活动加深人们对奥林匹克和冬奥会的认识，"创造"属于温哥华市民的特殊的无形遗产。

2010LN 在筹备阶段是"创造"无形遗产的主要机构。在社区中，2010LN 与当地省政府、各级体育组织、土著团体、市民运动委员会等组织合作，鼓励当地社区居民积极地发现并创造具有本地特色的奥运遗产，丰富了温哥华冬奥会遗产的内容。

在社区遗产的"创造"中，2010LN 前往各个社区宣传冬奥会的相关知识，推动社区居民积极参与与冬奥会相关的艺术、教育、体育、健康等方面的活动，加深社区居民对冬奥会和冬季运动的了解，并鼓励他们积极"创造"具有本社区特点的奥运遗产。同时，2010LN 也利用冬奥会的契机在学校开展各种活动。2003 年，2010LN 开展了 Action Schools! BC 项目，该项目为学校和教师提供教学设备和指导，通过由教师制定的个性化运动计划，鼓励学校的学生健康发展，更多地参与体育活动。在活动执行的 7 年中，共有超过 1400 所学校的 59.5 万名学生参与了该项目并从中受益①。

在筹备阶段，有形遗产的"创造"在具体工作中考虑的是如何使它们在赛后继续服务当地居民，而无形遗产的"创造"则着重考虑如何将奥林匹克精神根植在人们心中。

（二）举办期间："交流"遗产（2009—2010 年）

进入 2009 年后，奥运遗产的工作随着冬奥会的即将举办，其思路也随之转变，主要是温哥华奥组委和 2010LN，同世界各国进行奥运遗产经验的"交流"。

2010 年 2 月 12 日，温哥华冬奥会开幕，而与冬奥会比赛同时进行的，还有以遗产经验交流为主题的奥运遗产研讨会。2010LN 邀请世界各地的奥运遗产专家到温哥华共同交流奥运遗产的经验。在遗产研讨会中，2010LN

---

① VANOC. Legacies of the 2010 Vancouver Olympic and Paralympic Games Report Volume Four: Vancouver 2010 [R]. Vancouver, 2010–06–07.

展示了在温哥华冬奥会筹办期间的遗产工作，同时也讨论了如何将奥运遗产的作用扩展到更多领域。在遗产研讨会后，国际奥委会认为 2010LN 的工作对温哥华冬奥会的申办和举办有重要的意义，将其列为观察对象进行深入的研究。最后形成了 Catalyst Collaborator Connector the Social Innovation Model of 2010 Legacies Now 和 The Evolution of 2010 Legacies Now a Continuing Legacy of the Games 两部关于 2010LN 的研究成果，这些研究成果对之后的奥运会举办国在遗产方面的工作，具有十分重要的借鉴意义。

在此阶段，温哥华奥组委以及 2010LN 积极向已经举办奥运会的国家和城市寻求赛后遗产利用的有效方法，为温哥华冬奥会赛后遗产利用积攒经验。冬奥会期间的遗产交流，是遗产工作的中轴点。它有效地链接了赛前和赛后遗产工作，使得温哥华冬奥会遗产工作具有整体连续性的特点。

（三）冬奥会结束后："利用"遗产（2011 年至今）

温哥华冬奥会的成功举办，给温哥华地区带来了积极的影响。温哥华冬奥会的申办、筹办和举办阶段中稳步开展的遗产工作，也为赛后温哥华冬奥会遗产工作奠定了坚实的基础。冬奥会结束后，温哥华奥运遗产相关部门的工作思路是通过积极利用温哥华冬奥会的遗产，继续发挥冬奥会对当地各方面的影响。

1. 体育遗产

冬奥会的举办使温哥华地区体育基础设施得到了进一步的更新和完善，冬奥会结束后，温哥华冬奥会比赛场馆在赛后利用上既借鉴了前人的经验，又开创性地结合自己地区的特点，形成了温哥华冬奥会场馆赛后利用的模式。

温哥华奥组委在筹办冬奥会期间，通过实地考察、委托研究等方式，总结了前几届冬奥会有关场馆利用的经验，即在冬奥会结束后，将比赛场馆就地转化为供社区或学校使用的场馆，继续为当地社区居民和场馆所在学校的学生服务 ①。如哥伦比亚大学雷鸟竞技场（UBC Thunderbird Arena）在赛后依然为当地市民和哥伦比亚大学的学生服务，且随时可以转换为冰球和冰橇训练比赛场地。此外，各场馆还开创性地结合了自身特点运营。惠斯勒滑行

① 温哥华 2010 可持续发展报告 ［EB/OL］.（2010–03–31）［2017–07–10］. 中国奥委会官方网站. http://www.olympic.cn/e-magzine/1003/2010–03–31/1994695.html.

中心（The Whistler Sliding Centre）是为了举办冬奥会新建成的场馆，在赛后交付惠斯勒 2010 体育遗产组织（Whistler 2010 Sport Legacies）进行管理，惠斯勒 2010 体育遗产组织利用中心相关的配套设施，在赛后吸引了加拿大雪橇、雪车、钢架雪车协会来此处训练和比赛，同时其他国家的队伍也在重大比赛之前来此训练备战。该中心高水平的配套设施也吸引了国际有舵雪橇联合会世界杯、国际无舵雪橇联合会世界杯、雪橇洲际杯等世界级大赛，这些赛事的举办同时吸引了大批游客来此观赛和消费。

温哥华冬奥会场馆的赛后利用体现在就地转化为社区体育中心为当地居民服务，以及保持现有标准吸引国际赛事两个方面。综合考虑场馆各方面的条件，选择不同的方式继续使用冬奥场馆，使得温哥华冬奥会的遗产能够有效利用，并为当地带来较为长远的利益。

2. 社会遗产

冬奥会的举办同时也留给温哥华以及加拿大丰厚的社会遗产，其中包含加拿大土著文化的传播、奥林匹克价值观的弘扬、社会包容度的提高、对弱势群体的关注以及志愿服务精神的传播等等。这些因冬奥会的举办而产生的社会遗产，虽然多数属于意识层面，但温哥华对这些社会遗产的利用并不仅仅停留在对思想和精神的简单传播，而是通过丰富的活动和各类实践，把这些意识化的社会遗产落实到具体层面。

温哥华冬奥会调动了当地市民参与志愿服务的积极性，约 75000 人参与到冬奥会的志愿服务中[①]。在赛后，以温哥华冬奥会志愿者信息系统为基础，遍布温哥华各地的志愿者信息中心纷纷建立了起来，同时志愿者官方网站 VolWeb.ca 以及管理软件 Volunteer Centre Opportunity Listings Tool 也被建立和使用，用以协助志愿者中心在线管理志愿者信息库。在温哥华冬奥会结束后，超过 1.1 万名志愿者和 2000 多个赛事组委会在志愿者信息中心注册[②]。利用志愿者中心和志愿者网站将志愿者、赛事、志愿服务工作需求整合起来，为志愿服务提供了便捷的平台。这些都成功地将温哥华冬奥会志愿精神

---

① VANOC. Legacies of the 2010 Vancouver Olympic and Paralympic Games Report Volume Four: Vancouver 2010 [R]. Vancouver, 2010-06-07.

② Weiler J. The evolution of 2010 Legacies Now: a Continuing Legacy of the 2010 Winter Games through Venture Philanthropy [R]. Vancouver, 2011.

继承下来，并发扬光大。

在温哥华地区生活着许多加拿大土著民族，因此，温哥华冬奥会中也融入了许多的土著元素，随着冬奥会的举办，当地土著文化和冬奥会一同传播到世界各地。在冬奥会结束后，土著团体在惠斯勒建设永久性的斯阔米什利瓦特土著文化中心（Squamish Lil'wat Cultural Centre），并借此向世界传播土著文化。

由于社会遗产大部分是由意识层面的内容构成，在利用和传承上存在很多的不确定性，但温哥华冬奥会社会遗产在利用和继承上，将意识层面的内容注入了具体活动中，使得意识化的社会遗产得以永久存在。

3. 环境遗产

温哥华冬奥会在申办和筹办过程中着重强调对自然环境的保护，温哥华冬奥会场馆和奥运村的建设引进了绿色建筑认证体系（LEED），公共交通采取无污染的氢气驱动，倡导市民选择公共交通出行，从各个方面增加人们的环保意识，并使其随着冬奥会的举办深入人心。同样在温哥华冬奥会后，这些环境遗产也被积极利用起来，用来改善温哥华周边地区的环境。

哥伦比亚大学雷鸟竞技场选用的 Eco-Chill System 热循环系统节约能源的设计，利用制冰机产生的热量，减少了能量的损失。其他冬奥会场馆中也利用了热循环系统实现了场馆的能量循环，减少了碳氧化物的排放。在"加拿大线"中均采用氢气驱动的交通工具，扩建公路工程上融入了智能交通项目（Travel Smart）的要求，在遵循环保的前提下扩大了交通流量。在冬奥会结束后，这些新增的绿色交通工具引导政府建设一套更环保的公共交通系统，并且更多地使用可再生能源，形成新的能源使用习惯。

4. 城市遗产

为举办温哥华冬奥会，温哥华当地加大了对基础设施和公共服务的投入，这些设施和服务在为冬奥会提供保障后，也为城市留下了一系列的遗产。温哥华当地对这一系列城市遗产的利用，在赛后得到了更充分的开展。

温哥华会议中心（Vancouver Convention Centre）是冬奥会的新闻中心和国际广播中心，在冬奥会结束后，温哥华会议中心依然承接各种活动，并且由于冬奥会的影响力，场地预定的数量持续上涨，甚至有一些会议的预约合作期限长达 3—7 年。大型会议在温哥华的举办，一方面提升了温哥华的知名度，另一方面使当地的商务活动也得以增多。

惠斯勒运动员村对当地居民来说是一个使其真正受益的奥运遗产，因为该运动员村的一部分在赛后转型为当地的保障性住房，解决了 800 多人的居住问题，因此惠斯勒留住了一大批技术工人，解决了惠斯勒地区发展所需的劳动力。

在温哥华冬奥会举办前夕，当地政府对原有的轻轨系统进行了扩建，新建的第三条轻轨线"加拿大线"（Canada Line）联系温哥华市中心、列治文和温哥华国际机场，其运载能力达到每小时 5400 人次左右。在冬奥会结束后，"加拿大线"运力继续增加，2011 年 2 月载客量达到了每天 11 万人次，成功地分散了温哥华国际机场的客流，也大大增加了温哥华市内的交通便利性[①]。

对城市遗产的利用为当地居民创造了更高质量的生活环境，同时城市的市容市貌也得以优化。

5. 经济遗产

温哥华冬奥会带来的经济效益是显著的，除了国民经济的增长、就业岗位的增加之外，还带来了旅游产业的繁荣。

温哥华冬奥会的举办，强化了人们将加拿大作为旅游目的地的意识，加拿大旅游部门同 NBC、Olympic Broadcasters 等多家媒体合作，增加温哥华冬奥会在媒体上的曝光度，使美国、英国、德国、澳大利亚、日本、中国和韩国的游客将加拿大视为旅游目的地。根据温哥华旅游部门的统计，在温哥华冬奥会结束后，到温哥华旅游的人数在出现小幅下跌后，呈持续上涨的趋势，见图 3[②]。

惠斯勒市长南希·威尔海姆·莫登在 2014 年接受采访时表示，惠斯勒在建市之初只有 600 居民，可在冬奥会后，惠斯勒的常住人口已近 1 万人，平均每天要接待游客约 2.7 万人。

① 加拿大线 [EB/OL]. (2016–05–01) [2017–07–10]. https://zh.m.wikipedia.org/w/index.php?search= 加拿大线.

② Tourism Data for Metro Vancouver [EB/OL]. [2017–07–10]. https://res-5.cloudinary.com/ simpleview/image/upload/v1/clients/vancouverbc/historical_monthly_visitors_16651e16-f4f1-499e-8b74-f15043ee9b10.pdf.

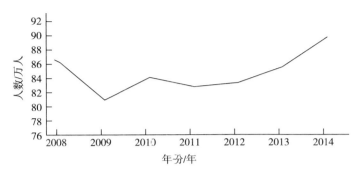

图 3　温哥华旅游人数（2008—2014 年）

温哥华旅游业成功利用冬奥会增加了来该地区的旅游人数，伴随着旅游人数的增多，当地旅游业也日渐繁荣。

五、温哥华冬奥会遗产个案研究——里士满奥林匹克椭圆速滑馆

里士满奥林匹克椭圆速滑馆（Richmond Olympic Oval，又名列治文奥林匹克椭圆速滑馆）是 2010 年冬季奥运会的速度滑冰比赛场馆以及禁药检测中心。在温哥华冬奥会各个比赛场馆中，里士满奥林匹克椭圆速滑馆以其赛后继续发挥遗产的运作理念，并成为仍在盈利的场馆而得到国际奥委会的高度赞扬。

（一）指导思想

1. 冬奥场馆提前建成

里士满奥林匹克椭圆速滑馆在建设时最重要的指导思想就是要提前完工。冬奥场馆提前落成是温哥华冬奥会规划中最必要也是最需要的一环。里士满奥林匹克椭圆速滑馆的建设规划是提前两年完工的，这样的指导思想有助于场馆管理者对冬奥场馆的熟悉和及早规划赛后利用方案，及时发现运营中存在的问题，并提前研究解决的办法。

2. 冬奥会结束后场馆积极转型

里士满奥林匹克椭圆速滑场在建设之初就规划要在冬奥会前就完成改建工作计划并在冬奥会结束后立刻转型为社区群众体育中心。在冬奥会举办之时，由于冬奥会速度滑冰场地需求，该速滑场是 400 米的冰道，观众席能容

纳 8000 人。在冬奥会结束后，该场馆被改造成为超级体育中心，其中包含冰场、篮球场、排球场等多个场地，满足各类群体的体育需求。

3. 冬奥场馆为民所用

里士满奥林匹克椭圆速滑馆是为 2010 温哥华冬奥会专门新建的场馆。该馆在冬奥会期间负责举办速度滑冰项目。由于该项目在民众中普及度不高，且占地面积很大，往届冬奥会不少速度滑冰项目的场馆都在赛后荒废。出于提高场馆利用率的考虑，里士满奥林匹克椭圆速滑馆在建设之初就以赛后利用为出发点，因此从选址开始就选在居民密集的里士满地区。

（二）遗产解析

1. 社会遗产——奥林匹克体验馆（ROX）和教育项目

里士满奥运体验馆（ROX）是一座耗资 1000 万加元修建的奥运博物馆，位于里士满奥林匹克椭圆速滑馆内，是北美首家国际奥林匹克博物馆网络官方成员。里士满奥运体验馆不仅仅是寻常的奥运展览，更是一个具有高科技含量的互动体验中心。博物馆内有诸多运动模拟器，仿真还原运动感受，如雪橇、坐式滑板和激流皮划艇、滑雪等设施。这个具有高科技含量的博物馆使各国访客都能找到自己国家的奥运趣事，已成为加拿大旅游项目的重要组成部分。

同时，里士满奥林匹克椭圆馆本身就是很好的社会遗产，它位于菲沙河边，风景优美，本来就是极好的旅游景点。加上场馆本身的趣味性，更是吸引了不少游客到访。值得一提的是，该馆十分注重后期转型，不仅承办比赛，也承办宴会和生日派对。加之它临河的资源，也特别适合进行教育活动以及团队建设活动。因此，里士满奥林匹克椭圆馆的社会遗产在当地发挥了巨大的作用。

2. 体育遗产——社区体育及健身中心

温哥华冬奥会后里士满奥林匹克椭圆速滑馆进行了综合改造，馆内巨大的滑冰赛道（图 4）被分割成 3 个区域，分别有室内田径场、篮球场、排球场、羽毛球场、攀岩场和 2 块冰球场（图 5），加之设在一楼和三楼的健身和康复中心，整个里士满奥林匹克椭圆速滑馆被改建成为一个社区超级体育中心，能同时满足社区居民不同的体育需求。此场馆年均访客达 100 万人，是所有温哥华冬奥会场馆中唯一仍在盈利的场馆。

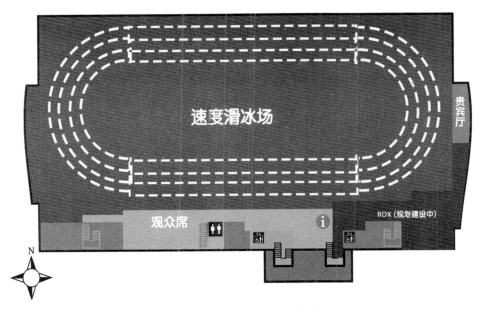

图 4　冬奥会期间里士满奥林匹克椭圆速滑馆 2 层结构

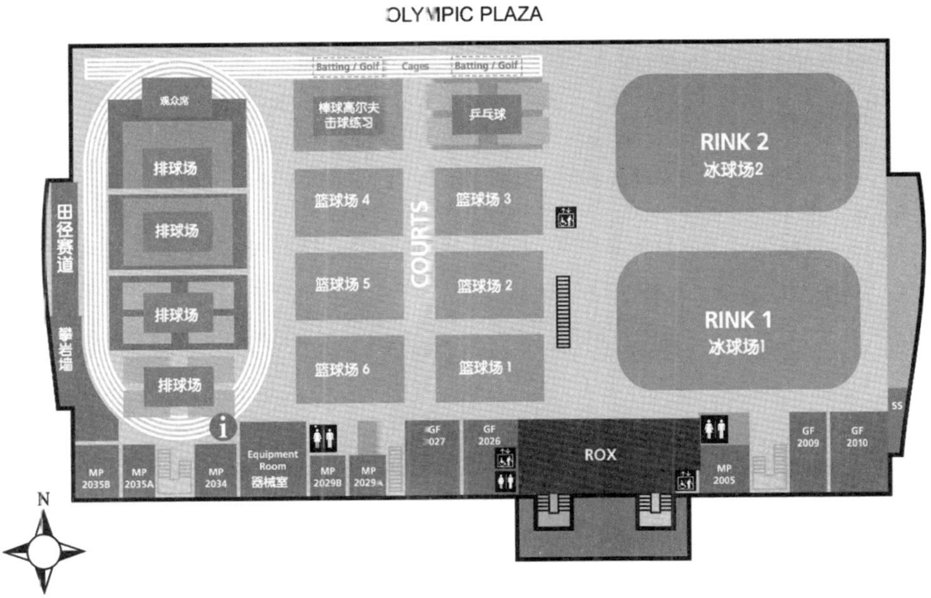

图 5　冬奥会结束后里士满奥林匹克椭圆速滑馆 2 层结构

改建后，里士满奥林匹克椭圆速滑馆的资金来源主要有 3 个方面：会员会费、承办赛事和宴会以及高水平运动基金会，这也体现了该场馆为社区群众和社会其他群体服务的功能。

里士满奥林匹克椭圆速滑馆是温哥华冬奥会遗产利用的典范，它以继续发挥遗产作用为理念，综合当地社区体育需求进行改造，使得温哥华冬奥会遗产成为当地社区体育繁荣的催化剂。

六、温哥华冬奥会遗产工作的经验

（一）在申办阶段中，首次提出了"创造"遗产的思路

"创造"遗产突破了对利用奥运遗产的传统认识，"创造"遗产不仅仅可以是比赛场馆、城市基础设施以及其他物质层面的创造，也可以是奥林匹克精神传播形式、群众体育意识、社区文化等意识层面的创造。

"创造"遗产的思路是温哥华遗产工作中对奥运遗产有着深刻理解的体现，冬奥会的申办和举办历时近十年，在这个阶段中，温哥华各个遗产机构既"创造"了服务于运动员、社区居民、学校学生的有形遗产，也"创造"了体育认识、奥林匹克精神、民族自豪感等无形遗产，这是其他赛事或活动无法做到的。温哥华申奥委员会、温哥华奥组委、举办地各级政府、2010LN 以及其他社会组织，在"创造"遗产方面兼顾有形遗产和无形遗产的模式，是温哥华冬奥遗产在冬奥会结束后还能够持续发挥作用的不竭动力。

（二）建立了专门的遗产机构，保证了遗产工作有组织有计划地运行

在温哥华冬奥会遗产工作中，成立遗产机构具有重要的历史性意义。温哥华冬奥会的遗产工作，证明了奥运遗产机构是开展奥运遗产工作的重要主体，也是推动奥运遗产工作的重要动力。国际奥委会通过的《2020 议程》[①]也表明，国际奥委会在现阶段更注重奥林匹克运动的可持续发展，奥运会的举办国也应更注重奥运会对当地和该国的持续影响。设立专门的奥运遗产机构，不但能够保证奥运遗产工作的顺利实施，也为扩大奥林匹克运动在举办

---

① 奥林匹克议程 2020 [EB/OL]. (2015–07–20) [2017–07–10]. 中国奥委会官方网站. http://www.olympic.cn/e-magzine/1507/2015–07–20/2353198.html.

地和举办国的持续影响提供了组织保障。

（三）遗产工作的连续性，确保了奥运遗产持续发挥作用

从整体上看，温哥华冬奥会遗产工作的连续性确保了奥运遗产持续发挥作用，而且根据不同时间阶段的特点，遗产工作的重点也有不同。

在申办和筹办阶段侧重于遗产的"创造"，为冬奥会的成功申办和举办而努力；在冬奥会举办期间，遗产工作的重点则转移到了遗产经验的"交流"，吸取各国在奥运遗产方面的经验，为冬奥会结束后的遗产"利用"提供思路；在冬奥会结束后，前两个阶段的遗产工作使得赛后奥运遗产的"利用"更加有效。这种连续性的遗产工作，使得遗产工作细化分解并形成体系，将整体目标按各阶段进行细分，以此为依据安排各阶段的工作，使得每个阶段的遗产工作都能有明确的方向，并为达到遗产工作整体目标的实现而积极努力。

七、对北京 2022 年冬奥会遗产管理和利用的启示

（一）成立北京 2022 年冬奥会奥运遗产管理机构

根据温哥华冬奥会的经验，专门而高效的遗产机构是奥运遗产得以合理利用的组织保障。北京冬奥会应借鉴相关经验，成立相应的遗产机构，对遗产进行规划、管理和利用，充分发挥奥运遗产对社会的促进作用。同时，遗产机构也应与其他社会组织展开合作，广泛听取他们的意见和建议，为北京 2022 年冬奥会遗产的利用提供更多的途径和方式。

（二）对北京 2022 年冬奥会遗产进行前瞻性规划

举办一届冬奥会能产生类目繁多的遗产，且各项遗产之间具有很高的关联性，以前瞻性的眼光对北京 2022 年冬奥会将要产生的遗产进行规划，对奥运遗产的创造和利用大有裨益。在制定规划时应注重遗产的整体性原则和可持续发展原则。遵循整体性原则，能够使各领域的奥运遗产产生合力，发挥其最大效用。而可持续发展原则能够使奥运遗产在赛后更好地与京津冀协同发展相结合，做到奥运遗产在各个方面的持久影响。

（三）进行奥运遗产管理和利用的相关研究

有了组织基础和规划指导，还需要强大的智力支持，因此，完善奥运遗

产管理相关研究也成了一项必不可少的工作。在 2022 年冬奥会遗产规划和管理工作开展之前和进行当中，与相关研究机构、高等院校等合作，进行奥运遗产研究，构建"北京冬奥会遗产理论和实践体系"，为 2022 年冬奥会遗产规划和管理工作提供理论和经验上的支持。

结　论

随着国际奥委会对奥林匹克运动可持续发展的关注程度越来越高，各个奥运会举办国的奥运遗产工作也越来越受到重视。温哥华冬奥会遗产工作的成功，让加拿大整个国家和国民都从冬奥会中受益。同时，温哥华冬奥会奥运遗产的工作思路、工作内容、工作方式等多方面的经验都为后人提供了良好的范本，为奥运会举办国如何能让奥运遗产发挥更多的作用提供了宝贵经验。北京 2022 年冬奥会应建立专门的奥运遗产管理机构并制定奥运遗产规划，在可持续发展原则的指导下，使北京 2022 年冬奥会遗产推动中国社会前行、促进体育改革、助力京津冀协同发展、造福更多民众。

热点·视点·观点

——北京 2022 冬奥会研究的回顾与前瞻

易剑东*

　　北京成功申办 2022 冬奥会之后，中国的奥林匹克研究又获得了一个新的发展机遇。尤其是伴随冬奥会筹办工作的渐次展开，关于北京 2022 冬奥会的研究势必成为我国体育研究中的"显学"。按照国际奥委会关于奥运会和冬奥会筹办、举办及其影响周期。北京 2022 冬奥会的影响至少从 2013 年申办到 2025 年冬奥会闭幕 3 年，前后可以有 12 年，因而自然至少也有 12 年的研究热点期。然而，当前我国的奥林匹克研究呈现出与国际学界疏离、孤立等状况，总体上不符合国际奥林匹克研究的学术理论或范式生成轨迹。为了推动中国奥林匹克研究更加完善和进步，本研究首先对国际奥林匹克研究的关键文献资料、资源和数据库进行回顾，以展示国际奥林匹克研究的基本特点和态势。在此基础上，结合部分经典研究成果对整个奥林匹克研究的趋势和动向进行前瞻性分析。最后，结合中国实际和北京筹办 2022 冬奥会的具体情况，对国内奥林匹克研究提供相关建议。

＊　作者为京张冬奥研究中心特约研究员，博士生导师。本文是 2016 年国家社会科学基金重大项目："北京 2022 年冬奥会筹办的基本原则、重点领域与关键问题研究"（批准号：16ZDA226）的部分内容。

一、选题热点：三个来源的分析

（一）选题来源一：国际奥委会奥林匹克研究中心辑录资料

国际奥委会的奥林匹克研究中心（The IOC Olympic Studies Centre）被称为"全球奥林匹克知识的数据源"，拥有奥林匹克研究主题相关的所有文档，包括书籍、期刊、论文以及其他出版物。国际奥委会的奥林匹克研究中心的相关资料中，有三个部分值得全球奥林匹克研究者跟踪学习，分别是中心辑录的最新文献（Academic Olympic Papers Available Online）、电子书籍（E-books）和电子期刊（E-journals）。

1. 奥林匹克研究中心辑录的最新文献

奥林匹克研究中心辑录的最新学术论文，是由奥林匹克研究中心从各国奥林匹克研究学者的作品当中挑选出来的具有代表性、相对经典的文献。奥林匹克研究中心按英文字母排序，将这些文献分为艺术与文化（Arts and Culture）、申办进程（Bid Process）、经济（Economy）、环境（Environment）、伦理（Ethics）、性别（Gender）、历史（History）、国际关系（International Relations）、法律（Law）、营销（Marketing）、媒体（Media）、医疗（Medicine）、奥运会管理/遗产（Olympic Games Management/Legacy）、奥林匹克运动（Olympic Movement）、奥林匹克运动大项/单项/运动员（Olympic Sports/Sport/Athletes）、奥林匹克主义/奥林匹克运动的价值与愿景（Olympism/Spirit and Values of the Olympic Movement）、社会学/社会和政治影响（Sociology/Social and Political Impact）、城市化和建筑（Urban-ism & Architecture）、青奥会/青年体育和奥林匹克主义（Youth Olympic Games/Youth，Sport and Olympism）等 35 个栏目（研究方向）。

在不同的栏目（研究方向）下，有数量不一的收录文献。例如在"Economy"下，有 2 篇文献，分别为希腊规划和经济研究中心研究员 Evangelia Kasimati 女士所做《重大赛事的宏观经济和财务分析：来自希腊的证据》[①] 和英国斯敏斯特大学 Ilaria Pappalepore 博士所做的《奥运文化项目及其在培育当地创

[①] Kasimati E. Macroeconomic and financial analysis of mega-events: evidence from Greece [D]. University of Bath, 2006.

造力中的作用》①。这些项目每年更新一次,除了从在国际奥委会备案的各国奥林匹克研究机构收集相关研究成果外,还有两个重要的成果来源,分别是国际奥委会奥林匹克研究中心的"奥林匹克高级研究资助项目"(Advanced Olympic Research Grant Programme)和"奥林匹克博士生资助项目"(The PhD Students' Research Grant Programme)的研究成果。②

2. 奥林匹克研究中心辑录的电子书籍

国际奥委会奥林匹克研究中心大约每隔 1—2 年专门收录一批奥林匹克研究专著,并将其整理成电子文档,以方便世界各地的研究者和学人存取阅读,例如《国际奥委会运动伤害年报:身体活动中伤害管理指南》③、《运动员第一:残疾人奥林匹克运动的历史》(Athlete first: a history of the Paralympic Movement)④、《奥林匹克政治:一项调查》(The politics of the Olympics: a survey)⑤、《奥林匹克媒介:最大的电视秀》(Olympic media: inside the biggest show on television)⑥ 等。

这些电子书籍呈现出以下特征。首先,学术价值高,都是全球不同语种研究奥林匹克的经典著作。其次,学科范围大,不仅包括政治、经济、社会、文化等方面人文社会科学方面的研究,还包括工程学、医学等自然科学方面的研究。最后,视角新颖,观点鲜明,对奥林匹克领域的分析不局限于简单的阐释,还通常敢于从不同学科范式和理论框架下,审视当前奥林匹克运动管理体制和运行机制方面的缺陷,直面全球各地奥林匹克运动发展中产生的问题,并提出针对性对策。

3. 奥林匹克研究中心辑录的电子期刊

除了图书外,国际奥委会奥林匹克研究中心专门挑选并收录了 18 种学

① Pappalepore I. The Olympic Games' cultural programme and its role in fostering local creativity [R]. IOC Olympic Studies Centre, 2011.

② IOC. Research grant programmes [EB/OL]. https://www.olympic.org/olympic-studies-centre/research-grant-programmes.

③ Engebretsen L, Laprade R, McCrory P, et al. The IOC manual of sports injuries: an illustrated guide to the management of injuries in physical activity [M]. John Wiley & Sons, 2012.

④ Bailey S. Athlete first: a history of the Paralympic Movement [M]. John Wiley & Sons, 2008.

⑤ Bairner, Alan, Gyozo Molnar. The politics of the Olympics: a survey [M]. Routledge, 2010.

⑥ Billings A C. Olympic media: inside the biggest show on television [M]. Routledge, 2008.

术期刊，主要涵盖体育史、体育哲学、体育心理学、体育社会学、体育经济与管理、体育法学、运动生物与化学等各个领域。其中，体育史学类收录《体育和身体活动中的妇女杂志》《国际体育史杂志》《体育史杂志滑雪遗产》《体育史评论》。体育哲学类收录《体育哲学杂志》《体育，伦理与哲学》。体育心理学类收录《竞技透视：运动心理学在线杂志》《运动和锻炼心理学国际评论》《运动和锻炼心理学杂志》《运动和锻炼心理学》《运动心理学家》。体育社会学类的有《国际体育社会学评论》《体育与社会问题杂志》《体育社会学杂志》《体育，教育和社会》《社会中的体育》。体育经济与管理类的有《国际体育政策杂志》《欧洲体育管理季刊》《国际体育财政杂志》《体育和旅游杂志》《体育管理杂志》《体育管理和营销国际杂志》《体育经济学杂志》《奥林匹克营销》《体育管理杂志》《体育营销季刊》。体育法学类的有《国际体育仲裁法庭公报》《体育法》。体育生物与化学类的有《欧洲体育科学杂志》《应用生物化学杂志》《人类运动和锻炼杂志》。其他还包括《奥林匹克教练电子杂志》《国际体育科学和教育理事会公报》《文化和奥林匹克》《国际奥委会通讯：联合国观察办公室》以及《奥林匹克评论》。

这些学术期刊来自不同学科，还包括一些非英语的杂志，能够比较全面地反映世界各国的学术研究，也说明奥林匹克研究成果比较集中。通过对这些刊物最新文献的查阅，能够帮助我们获取国际奥林匹克研究同行们所关注的热点和焦点。同时，通过查阅这些刊物，我们可以看到，很多高水平的研究必然与各学科有不同程度的交叉和融合，很多研究者有着扎实的各个学科的理论基础和研究功底，再结合奥林匹克的理论和现实，使得相关成果体现出理论的新颖性和现实的针对性，深受奥林匹克运动实际工作者的欢迎。这是未来国内冬奥会相关研究者应注意学习和借鉴的，自然，这也需要我们的奥林匹克研究学者至少要具备一种以上外语能力，否则只能在中文语境下进行视野有限的研究。

（二）选题来源二：国际奥委会提供或国际奥委会要求回复的文本

国际奥委会的奥林匹克研究中心是全世界奥林匹克研究机构的一个协调机构，其辑录的论文、书籍和期刊，理应成为国内学者做奥林匹克或冬奥会研究的基本储备，这是中国新时期奥林匹克研究的一个重要基础和参照。

然而，这虽然是必要的基础，但不是中国奥林匹克研究成熟的充分条件。在此基础上，结合北京 2022 冬奥会的筹办和举办，在掌握了更多的材料文本之后，中国学者可以做进一步的实践探索。换句话说，要花大气力深入奥运会或冬奥会申办和筹办乃至总结的全流程。这其中，来自国际奥委会或者国际奥委会要求申办或筹办机构回复的文本就具有十分重要的价值。据笔者了解，国际奥委会的诸多文本，往往是聘请全世界知名的体育和奥林匹克研究机构的专家们完成的，而且一般经过与实际工作者的多轮互动而确定，是典型的理论与实践相结合的产物。这些文本用于指导奥林匹克运动管理的实际工作，同时又通过实践反馈到研究者一方，通过理论和实践对接、国际指南与国家 / 地区实践探索，日益走向成熟和稳定。从目前的现实情况看，这些国际奥委会的规则文本的制定，参与的学者基本来自欧洲和北美、澳州乃至南美等，鲜有亚非学者。

例如，《奥林匹克宪章》（Olympic Chapter）、《主办城市合同》（Host City Contract）、《技术手册》（Technical Manual）、《奥运会指南》（Olympic Guides）。这些文本构成了筹办冬奥会的系列规范文件，自始至终指导着奥运会申办、筹办、经验总结等具体工作。

随着冬奥会和冬残奥会影响力的与日俱增，相关筹办工作的专业化、技术化程度也越来越高。许多来自实践并经过实践反复检验的技术规范文本，为顺利举办冬奥会和冬残奥会提供了重要的技术指导和支撑。《主办城市合同》是国际奥委会和主办城市及其所在国家签订的一系列具有法律意义的合同。主要保证国际奥委会在法律、商业和财政等方面的权利，主办国和主办城市的义务。当主办城市合同和奥林匹克宪章发生冲突时，则以主办城市合同为准。《技术手册》是包含特定主题的教育资料，主要阐释奥运会和残奥会功能诉求、具体构成、规划信息等运营细节。技术手册是主办城市合同的附件，因此本身包含相关要求。

在北京申办 2022 年冬奥会的过程中，随着申办城市的不断退出，国际奥委会及时地增加了冬奥会主办城市的自主性和灵活性，在 2015 年 9 月将过去带有一定强制性的 33 个《技术手册》逐步调整为《指南》（原有的 6 个《指南》继续保持）。虽然技术性和专业性要求依然存在，但《指南》中的强制性要求显然更加柔化和软化了。

《奥运会指南》主要从历届奥运会筹办和举办实践经验中总结梳理出相

关的系统知识，主要包括相关背景信息、指导方针、参考建议和典型案例介绍，有助于奥组委成功举办奥运会和残奥会，是奥运会和残奥会组织工作的培训教育资料。每一届奥运会后，《奥运会指南》都将根据需要做出修正，有关《奥运会指南》的重大更改应在奥运会结束后六个月内获得批准。《指南》与《技术手册》的区别是，这些文件不包含任何合同要求，作用是给出赛会运作各个范围、各个阶段的最佳实践和重要建议。

在北京 2022 冬季奥运会申办、筹办过程中，还产生了大量的工作文本，例如申请阶段（本国 / 地区奥委会批准后提出申办要求还未提交申请报告的阶段）培训手册（Pre-bid Meeting Brochure）、工作组报告（Working Group Report）、评估报告（Evaluation Commission Report）、申请答卷与申请报告（Questionnaire and Applicant File）、申办答卷与申办报告（Questionnaire and Candidature File）、奥组委组建培训文本（Seminar）、保证书与支持信（Guarantee Files and Supporting Letters）、财务和环评报告（Financial and Environmental Report）、IOC 问答及奥申委解答（Question on Candidature File and Answer from Bid Committee）、官方总结报告（Official Report）、最终报告（Final Report）、联合市场开发协议（Joint Marketing Program Agreement）、奥运会赛事管理整合路线图（Olympic Games Management Integration Roadmap）、主办城市选择程序（Election of Host City）、奥运会总结会议（Briefing of Olympic Games）等，都是非常好的研究资料，其中多数资料可以在国际奥委会的官方网站文献数据库中免费下载。然而，由于语言的障碍和缺乏对冬奥会申办、筹办、总结等实际工作的了解，我国的绝大多数奥林匹克研究者尚无法消化和理解、接受这些文本，因此也很难对这些文本本身的科学性和合理性等展开研究。如果中国的冬奥会筹办和奥林匹克学术组织能有效结合、通力合作，相信中国也能诞生对国际奥林匹克运动相关规则和文本完善有价值的成果，从而使中国的奥林匹克运动从主要是顺应规则参与的层次进入协助制定规则影响决策的境界。

（三）选题来源三：各届奥申委和组委会筹办和举办文本

从 1992 年开始，冬季奥运会从夏季奥运会中完全脱离，单独举办，特别是盐湖城 2002 年冬奥会、都灵 2006 年冬奥会、温哥华 2010 年冬奥会、索契 2014 年冬奥会、平昌 2018 年冬奥会，随着奥林匹克知识管理系统的产生和完善，美国、俄罗斯、加拿大、挪威等东道主国家，在申办、筹办和举办冬奥过程中，形成了大量的评估报告、遗产开发总结报告等文本。对各届奥申委和组委会筹办和举办进行系统梳理不仅能够在遵循善治准则、城市建设与奥运规划的可持续性、鼓励社区参与、奥林匹克教育、激励青少年、商业开发与社会责任等方面继承历届冬奥会的卓越经验，还有助于北京 2022 冬奥组委奥运效益综合评价的科学化、规范化和国际化。

根据《主办城市合同的运行需求》，北京 2022 冬奥组委的工作主要包括六大方面和 35 个领域。第一方面为成果和体验，包括体育（包括单项组织服务）、仪式、城市活动和文化广场、文化节、教育项目、奥林匹克火炬接力；第二方面为利益相关者服务，包括营销伙伴服务、媒体、国家/地区奥委会服务、奥林匹克大家庭和要客服务、人员管理；第三方面为场馆和基础设施，包括能源、场馆、奥运村管理、道路标示；第四方面为赛事服务，包括住宿、注册、抵离、食品和饮料服务、医疗服务、技术、交通；第五方面为治理，包括城市运行、财政、赛事管理、信息和知识管理、礼宾、可持续和奥林匹克遗产；第六方面为商务和参与，包括品牌、认同和赛事景观、商务发展、沟通、数字媒体、权益保护、票务等。这 35 个领域同样会产生大量的可讨论素材，对这些方面进行研究也显得十分紧迫和必要。

国际奥委会、北京 2022 冬奥组委与场馆业主和饭店业主等签订的保证书，与我国财政、法律、安保、海关等部门的保证书，与赞助商签署的各类协议和合同等，可以从法学、社会学以及国际关系方面进行讨论。北京 2022 冬奥相关的宣传画、招贴画、主题歌、吉祥物、标志、景观，可以从文化学和传播学范畴进行讨论。国际奥委会 25 个专业委员会、国际单项体育联合会、国际冬季单项体育联合会、国家冬季运动项目协会等，可以从管理学、体育治理层面进行讨论。我国境内展开的冬季运动、冰雪产业、冰场和雪场运营、冰雪小镇建设等，可以从微观经济学和产业学展开讨论。

此外，从不同的视角和角度来分析北京 2022 冬奥会，也是一种很好的治学策略。例如，从申办、筹办、举办、总结和奥运遗产继承这一时间维度的讨论，在不同的阶段如何安排和评估评价奥运会的效益。从申请报告、工作组报告、申办报告、评估报告、最终报告、总结报告这一工作程序落实情况的维度，如何针对不同的目标来完成不同的报告。从多元利益主体分析围绕北京 2022 冬奥会展开的利益博弈，例如组委会、城市政府（合办城市）、主办国体育行政主管部门、国家奥委会、城市体育部门、国家相关部委、城市政府相关委办局、民间协会和社团、赞助企业和其他参与企业、国家级媒体、持权媒体、其他媒体、观众、志愿者、拆迁居民、赞助商所属企业工作人员等多元主体，围绕国际关系、权力、人事、财政、场地、信息等利益展开的博弈，都是非常新颖且有现实意义的选题。只需对这些领域的某一个问题展开理论探索和现实问题分析，就可以产生相关成果，并助力冬奥会的筹办工作。

二、视点取舍：三个维度的比较

（一）人文社会学科的深耕

人文社会科学往往能够为奥林匹克发展提供很多极富创见的设想，从各个角度来促进奥林匹克运动。例如围绕体育与社会的关系、运动员健康及其保护、国际单项体育联合会治理、体育法律政策与伦理等等。在国际奥委会尤其是其信息管理部和奥林匹克研究中心的大力支持下，北京体育大学任海教授曾经与国外学者合作出版了一个中英双语的《奥林匹克研究读本》，对于以上领域有所介绍。[①]

德国科布伦茨应用科技大学 Shuheci 教授，曾在《人文和社会科学中的奥林匹克研究》（Olympic research in social sciences & humanities）中，提出从人文科学、社会科学的角度看待奥林匹克，在理论框架和方法论方面可以分为历史学、社会学、哲学、人类学、教育学等，各个学科也有所细化，譬如历史学要研究那些具体问题。

还有一些特殊主题的研究，譬如女性（Women）、仪式（Ceremonies）、媒体报道（Media Coverage）、赞助（Sponsoring）、少数民族/种族（Minorities/Racism）、看法（Perception）、媒体（Media）、观众（Spectators）、运动员（Athletes）、建筑（Architecture）、全球化（Globalization）、国家主义（Nationalism）、兴奋剂（Doping）、技术（Technologies）、艺术（Arts）、规

---

① 任海，拉马丁·达科斯塔，安娜·米拉加娅，等. 奥林匹克研究读本. 第 2 卷［M］. 北京体育大学出版社，2016.

则（Rules）、宪章（Charter）、殖民·后殖民（Colonial/Post-colonial）、移民（Migration）、残奥（Paralympics）、全球化影响（Effects of Globalization）、文化差异（Cultural Differences）、少数民族（Minorities）、殖民主义（Colonialism）、文化帝国主义（Cultural Imperialism）、残奥会（Paralympic Games）等。这些研究主题虽然集中，也比较时髦，能够产生一些新的观点，但真正做起来非常复杂，它主要涉及学科交叉等方面的困难，尤其对研究者的某一学科基础或跨学科能力有着极高的要求。可喜的是，经过北京2008年奥运会的洗礼，中国有一批青年学人在欧美国家体育人文社会科学领域学习和参与研究乃至相关实践，积累了不少奥林匹克跨学科研究所需的学术资源和能力，这也是今后中国服务北京2022冬奥会学术研究和实践指南的核心资源，值得有关方面高度重视和充分利用。

（二）自然科学的开掘

北京2022冬奥研究显然还需要在自然科学领域有新的开掘。譬如在《主办城市合同运行需求》所包括的6大部分、35个领域，里面就有很多具体的研究，需要自然科学方面的介入。例如，在医疗保障方面，冬奥会的医疗服务需要专门的冬季运动损伤机理和处置方面的研究。由于冬奥会通常在山地或森林等户外环境举办，其能否成功举办与天气息息相关。因此，需要在地区区域气候分析、冬季自然环境评估、降雪及降雪量预测、生态保护等方面提供大量自然科学研究成果。[1] 例如，2014年，地理学学术杂志、SCI期刊《地球物理学理论与应用》（Pure and Applied Geophysics）就以"温哥华2010冬奥会和冬残奥会的天气预测"（Science of Nowcasting Olympic Weather for Vancouver 2010，简称SNOW-V10）为专题，邀请来自加拿大环境署大气数值预报研究院、加拿大城市气象局、美国阿贡国家实验室、美国诺尔曼气象决策技术研究院、美国奥克拉荷马大学强风暴实验室、奥地利气象和地球动力学中央研究院、中国气象科学院等多个国家、多类机构的专家，通过具有可用性的独特观测数据的搜集，来开发短时期内（0—6个小时）复杂地形下冬季天气的预报，预测对象包括风、云、能见度、降水量和

① 任慧涛，易剑东. 国外冬季奥运会筹办研究综述［J］. 沈阳体育学院学报，2017，36（05）：9-16.

降水类型等，这就是典型的自然科学方面的参与。[①]

据笔者所知，目前北京 2022 年冬奥会面临着大量的科技服务需求，国家科技部也设立了为冬奥会科技服务的专项课题，从交通运输、电子通讯、环境保护、能源利用、人工造雪、住宿保障、餐饮服务、医疗救护等方面均需要在冬奥会需求和举办地条件的特殊考量下，展开具体而深入的探索、研究。而这对于正在不断提升 R&D 投入比例的中国来说，不能不说也是一个难得的机遇和突破的目标。

（三）服务于需求的综合研究

基于需求的综合研究，就是不完全从学科角度入手，而是从综合性、紧迫性需求的角度来进行研究。譬如，关于奥运会筹办进程中的"业务口"或者"功能区"（Functional Areas）。北京 2022 冬奥会有 50 多个业务口，这些业务口有些会组成独立部门，有些只是在部门下设一个单元或者一个处室。这些业务主要包括：赛事接待、商务开发/商业、市场伙伴服务、住宿、注册、抵离、国家/地区奥委会服务、礼宾和奥林匹克大家庭服务、转播服务、媒体运行、兴奋剂控制、外部保障城市运行、安保、政府关系、语言服务、能源、法律、物流、医疗服务、交通、清洁和废弃物、食品和饮料、内部支撑规划和协调、传播、文化、教育、场馆开发、场馆公共设施、可持续和遗产、技术、人员管理（人力资源服务）、奥林匹克火炬接力、赛事运行程序、财政、指挥、控制和沟通、风险管理、运营准备、残奥会整合、赛事服务、仪式、观众体验、体育、形象管理品牌，认同与景观、品牌保护、品牌服务、信息和知识管理、标识、测试赛管理、票务、特许、场馆管理、奥运村管理等。

这些内容，实际上很难具体区分，很难单独嵌入人文社会科学或自然科学的分析范畴，大部分是需要综合学科或者交叉学科来介入。比如说票务问题，实际上售票系统的信息建构、安全维护与运行，首先需要强大的技术背景和自然科学思维，但在票务方面又需要市场营销学、消费者心理学乃至政治学等社会科学方面的背景。

总体来看，在服务于需求的综合研究这一理念下，北京 2022 冬奥会筹

---

① G. A. Isaac, P. I. Joe, J. Mailhot. Science of Nowcasting Olympic Weather for Vancouver 2010 (SNOW-V10): a World Weather Research Programme Project [J]. Pure Appl. Geophys. 2014, 171: 1–24.

办过程中要坚持"理念顺应潮流、规划符合规则、运行讲究效率、监管注重效益、评估突出反馈"的基本要求，进而在奥运会管理过程中实现"强化专业化、彰显国际性、衡量协同度、构建整合力、树立责任感"的关键目标。

三、论点创新：三个层面的差异

基于北京 2022 冬奥会背景下推进中国的奥林匹克研究，应该有理论应用、方法应用、哲学思想创新或整合创新等三个层面的创新。

（一）理论运用创新

理论运用方面的创新，主要是将新的理论框架创新性地应用在冬奥会研究中。比如美国加州大学经济学教授安德鲁·K.罗斯曾经在 2009 年发表过一篇文章《奥林匹克经济研究》，以奥运会前后东道主国家国际贸易交易规模作为视角，构建了一个经济分析模型，发现举办奥运会能够提高东道主国家 30% 的贸易额，进而证明了举办大型体育赛事对东道主国家有正向、积极的经济效应。[①] 澳大利亚昆士兰大学旅游学院的布伦特·W.里奇教授研究了媒体在英格兰地区社区居民对伦敦 2012 夏奥会支持方面的影响，发现媒体对奥运会的描述性质，影响了居民的支持/反对程度。该研究是首次对媒体在大型体育赛事民众支持度方面的作用进行分析，它提出了宣传媒体在传播中扮演的角色和价值。[②] 诸如此类的选题还有很多，这些研究相对来讲都有比较强的实践性，道出了很多奥林匹克实践亟待论证的基本观点。

中国目前的奥林匹克研究，相对来讲与实践有一定距离，尤其是关于国际奥委会精神、文化和组织发展等方面的研究，除了首都体育学院裴东光教授等做的奥林匹克教育等少数研究比较深入和具体之外，我们的多数研究成果由于政治、文化和风俗习惯的罤阂，解释或论证未必能够做得非常到位。

---

① Rose A K, Spiegel M M. The Olympic effect [J]. The Economic Journal, 2011, 121 (553): 652–677.

② Ritchie B W, Shipway R, Monica Chien P. The role of the media in influencing residents' support for the 2012 Olympic Games [J]. International Journal of Event and Festival Management, 2010, 1 (3): 202–219.

还有一些管理学、社会学的研究，也亟待鼓励。譬如冬奥会遗产[①②]、冬奥会治理[③]，奥林匹克在全球发展中的作用[④]，奥林匹克和体育在社会融合方面的功能等，类似的研究还有很多。奥林匹克归根结底还是一种社会现象，所以它会涉及人文社会科学研究的方方面面，奥林匹克现象与人文社会科学的任意一个学科进行交融，都可以产生新的研究成果，在此不一一列举。

（二）方法应用创新

国内学者做奥林匹克研究，方法往往比较单调，使用文献资料、信息检索、专家访谈等简单的方法。国外往往会有一些新的视角，例如《现代公共关系：皮埃尔·顾拜旦和现代奥运会的诞生》这篇文章，将皮埃尔·顾拜旦称为"现代公共关系"的创始人，因为顾拜旦在创建现代奥林匹克运动会的过程中，熟练地使用了现代公共关系理念和技术。甚至判断说如果没有这些公共关系学理论和技巧，甚至就没有现代奥运会的诞生。[⑤] 这篇文章就非常新颖，它使用了公共关系学的研究方法，来解读奥林匹克近代史或人物史。发表在《中国季刊》（The China Quarterly）上的这一篇《中国体育外交政策》中，从国际关系学的研究方法，分析了中国台湾如何顺应中国外交政策中参加奥运会，并描述中国通过"奥运模式""一个中国原则"两种理念，有效实现国家主权和确保领土完整。[⑥]

研究方法应用的创新，必须建构在不同学科框架的深刻理解之上。当前国内体育法学做的相对成熟和深入，正是有一大批法学背景的学者在从事体育领域的研究，形成了一些成果。这些成果通常能够揭示一些比较新的研

---

① Gratton C, Preuss H. Maximizing Olympic impacts by building up legacies [J]. The International Journal of the History of Sport, 2008, 25 (14): 1922–1938.

② Kaplanidou K, Karadakis K. Understanding the legacies of a host Olympic city: The case of the 2010 Vancouver Olympic Games [J]. Sport Marketing Quarterly, 2010, 19 (2): 110.

③ Boyle P, Haggerty K D. Civil cities and urban governance: Regulating disorder for the Vancouver Winter Olympics [J]. Urban Studies, 2011, 48 (15): 3185–3201.

④ 任慧涛，易剑东，王润斌. 联合国 2015 年后发展议程视域下全球体育秩序变革研究［J］. 武汉体育学院学报，2017，51（09）：5–11.

⑤ Slater J. Modern public relations: Pierre de Coubertin and the birth of the modern Olympic Games [J]. The Global Nexus Engaged: Past, Present, Future Interdisciplinary Olympic Studies, 2002.

⑥ Yu J. China's foreign policy in sport: The primacy of national security and territorial integrity concerning the Taiwan question [J]. The China Quarterly, 2008, 194: 294–308.

究理论和方法，为我们在开拓选题，尤其是在深入研究观点和论证方面提供重要的启示和借鉴。在冬奥研究方面，之前没有在中国举办过冬奥会，所以我们缺少一手材料，再加上研究视野和研究方法的局限，使我们很难做出对其他国家有借鉴意义和指导意义的东西。北京 2022 冬奥会给了中国奥林匹克研究者一个机会，就是合理使用不同学科范式和研究方法，基于"中国情景"提出新的学术创见和观点，希望我们国内能产生更多接地气、高水平尤其是方法论创新层面的研究成果。不但有力指导中国的冬奥会筹办和总结工作，而且对国际奥林匹克研究与他国举办奥运会和冬奥会做出我们的贡献。

（三）哲学思想创新或整合创新

哲学思想创新或者说是整合创新，是指不完全局限于学科领域或研究方法，而是在思想维度的创新，去启迪一代人或几代人思考。比如《1936 年奥运会仅仅是纳粹运动会？——体育和政治夹缝中的体育》这篇文章中，谈到德国 1936 年夏季奥运会，帮助辩证地认识奥林匹克运动在实际发展尤其是政治干预下，其所面临的深刻矛盾。① 这种讨论未必会有完整的确切的答案，但研究结论是超越研究视角和研究方法的。再比如武汉理工大学的一篇博士学位论文——《北京奥运经济运营与管理研究》，讨论了奥运会的投入—产出问题。② 在当前，无论是夏季奥运会，还是冬季奥运会，在申办遇冷的情况下，可以在更广的层面、更多元的维度来讨论奥林匹克运动的利弊关系，尤其奥运会对城市经济和管理发展的利弊关系。虽然，大型体育赛事带来的经济效益是正是负、积极或是消极，都是可讨论的。但假设和变量的不同，导致所有结论都可以有不同的阐释，因此，这仍是一个非常深刻的、具有辩证意义的哲学命题。

我国著名奥林匹克研究学者任海教授，曾经做过一篇《北京奥运会前、期间和后续的中国奥林匹克研究》③，是第一篇国内向国际推介中国奥林匹克研究的文献，对于国际学者了解我们的研究很有意义，类似的论文还有

① Kessler M. Only Nazi Games? Berlin 1936: The Olympic Games between Sports and Politics [J]. Socialism and Democracy, 2011, 25 (2): 125-143.

② 雷选沛. 北京奥运经济运营与管理研究［D］. 武汉理工大学博士毕业论文，2006.

③ Ren H. The Olympic studies in China before, during and after the Beijing 2008 Olympic Games [R]. IOC Olympic Studies Centre, 2008.

《体育与奥林匹克主义：共同的问题、威胁和机会》①，这些研究，在目前奥林匹克运动遭遇一定的社会信任危机背景下，更具价值，类似这样的研究其实都带有思辨的色彩，它的选题本身并不是寻求一个确切答案，但能够拓展奥林匹克研究的思路和理路。

总之，随着北京 2022 冬奥会越来越近，国际奥林匹克运动的选题热点也越来越多，有许多亟待中国学者介入的奥林匹克研究选题。同时，由于学者有扎实的学科背景和严谨精细的工作态度，国际奥委会也特别乐意邀请奥运会东道主国家的学者参与实际工作，包括进驻奥申委、奥组委等等。遗憾的是，中国奥林匹克研究似乎与中国奥委会乃至国家体育总局外联司相互脱离，中国的奥林匹克事务主导者很少让学者介入其具体工作，这也给中国学者真切地理解奥林匹克带来困难。中国奥林匹克研究深化，首先要做的就是在体制机制上做出一种融合，让学者参与奥林匹克多部门的具体工作，学者也应该广泛关注国际奥林匹克研究热点，积极参与国际奥林匹克研究的学术会议。只有这样，中国的奥林匹克研究，才能够真正跟上国际潮流，在理论、方法乃至哲学思想创新层面取得更大的成绩和突破。

北京 2022 年冬奥会要办得精彩、非凡、卓越。我们不仅要办赛精彩，也要参赛精彩，还应该研究精彩，这将是中国奥林匹克运动为中国社会和世界奥林匹克运动做出更大贡献的必然。

---

① Doll-Tepper G. Sport and Olympism: Common issues, threats and opportunities analysed by academic research [J]. Berlin, Germany, 2008.

滑雪旅游产业的理论分析

杨润田　顾海兵　郭百宏 *

　　旅游产业与体育产业的耦合发展是当今世界重点支持的内容之一，我国在 2014 年也在政策层面给予了明确的支持，在国务院印发的《关于加快发展体育产业促进体育消费的若干意见》中明确指出："促进体育与旅游……的综合发展"；《体育产业发展"十三五"规划》中也明确指出"大力发展体育旅游""大力发展体育 +"。其中滑雪旅游产业作为冬季休闲的重要内容，尤其是在 2022 年我国举办冬奥会的大背景下，滑雪旅游产业成为我国需要发展的重要的产业之一。但是滑雪旅游产业具有自己独特的季节性、政策性等特征，所以必须注意滑雪旅游产业的可持续发展问题。

　　滑雪旅游产业的可持续发展是可持续理念在滑雪旅游产业的应用，其最重要的核心问题是滑雪旅游产业的发展要使得社会人文系统、经济系统、生态环境系统的协调发展。承载力是滑雪旅游产业可持续发展的关键问题之一，超载势必引发自然生态、经济社会等一系列风险。伴随着冬奥会的临近，我国滑雪旅游产业日渐升温，冬奥会滑雪比赛举办地——京张地区的滑雪旅游产业发展迅猛，仅崇礼一地 2016 年滑雪旅游者即达 218.5 万人次，同比增长 30.8%；滑雪旅游产业收入 15.4 亿元，同比增长 31.4%；雪具租赁店从 15 家猛增至 64 家，累计相关投资增长近 1 倍。[①] 在迎来投资"狂潮"

　　* 作者杨润田为张家口学院教授，京张冬奥研究中心特聘研究员；顾海兵，中国人民大学教授，张冬奥研究中心特聘研究员；郭百宏，中国人民大学政治经济学专业博士生。

　　① 数据来源：张家口市旅游局。

的同时，滑雪场、房地产、酒店、餐饮等似有盲目冒进、急功近利之势。节假日滑雪旅游高峰不断，房价、物价不断攀升，如不及时应对，势必造成资源环境恶化、引发投资经营风险、激化社会矛盾，整个产业发展也面临着巨大的赛后运营和利用风险。上述问题已经引起党中央、国务院的高度重视，2017 年 1 月 23 日国家领导人在张家口崇礼考察冬奥会筹办工作时强调，要注意"空间的承载力，承载度一定要掌握，不是密度越大越好"。指出要树立科学和先进的规划理念，节约集约利用资源，秉承可持续发展观，充分考虑赛后场地利用等问题，做到科学谋划，合理配置要素。这一问题得不到良好解决，势必阻碍我国冰雪产业的可持续发展，直接影响着冬奥会和京津冀协同发展国家战略的实施。为此，加强对京张地区滑雪旅游产业的承载力评估及风险防范研究已刻不容缓。

在新形势、新情况下开展滑雪旅游产业承载力这一问题的研究，是科学防范冬奥会前后可能出现的承载风险的必然要求。通过对冬奥会下京张地区滑雪旅游产业承载力的全面分析识别、估测评价，对风险因素和风险点进行科学研判，提出预警防范对策，不仅丰富了滑雪旅游产业发展理论的内涵，也为我国体育产业发展提供了新的研究视角，而且在实践上提出具有较强操作性、前瞻性的战略防范对策和可执行方案，有助于举办一届精彩、非凡、卓越的冬奥会，实现赛后场馆的科学利用和滑雪旅游产业的可持续发展。

一、滑雪旅游产业的界定

滑雪旅游产业的概念界定需要从旅游产业——体育旅游产业——滑雪旅游产业进行一步一步的剖析：

（一）旅游产业

旅游是随着生产力的发展按照迁徙——旅行——旅游的路径演变而来：在原始社会时期，生产力不发达，人类迫于自我的生存发展需要由一个地方迁徙到另外的地方谋求生存，主要以游牧民族为典型；随着生产力的发展，人类从事商业活动、传教活动、人类探险、科学考察等旅行活动，在这些旅行活动中产生了最初的少数的以游览为目的的旅游活动；到了 19 世纪，以 1841 年以英国人托马斯·库克父子公司的成立，进入了旅游迅速发展阶段，

2003 年成立的世界旅游组织（UNWTO）也给旅游做了界定："旅游是指人们为了休闲、事务或其他目的而旅行到其惯常环境之外的地方并在那里停留持续时间不超过一年的活动。一个人的惯常环境是由其居住地周围的地区及所有他或她经常光顾的地方所组成。"

旅游产业是基于"旅游"而产生且被广泛使用的概念，是依托旅游资源和旅游设施，专门或者主要从事招徕、吸引、接待游客取得收入为目的，为游客提供交通、游览、住宿、餐饮、购物、文娱、体验等环节的综合性行业，旅游产业区别于其他产业的主要特点是因时因地变化的不可替代和不可复制性。旅游产业按照旅游目的可以分为观光度假型、商务会议型、探亲访友型、健康疗养型和其他五种类型。旅游产业按照国家统计局分类标准可以分成旅游住宿、旅游餐饮、旅游游览、旅游购物、旅游娱乐、旅游综合服务、旅游相关产业以及政府旅游管理服务。

旅游产业收入包括基本旅游收入（游览费、食宿费、交通费等）和非基本旅游收入（咨询费、信息通讯费、购物费用等），2016 年我国全年实现旅游总收入 4.69 万亿元，占 GDP 比重的 6.30%。[①] 旅游产业的作用越来越明显，成为经济增长的新引擎，我国旅游产业的发展也朝着生态化、融合化、区域合作化、新兴旅游产业方向发展。

（二）体育旅游产业

目前，学界对于体育旅游的认识视角差异较大，卢长宝等通过梳理国外体育旅游的有关文献，将国外学界对于体育旅游的认识归纳为"体育主导论、旅游主导论和体育与旅游协同论"[②]。国内学界对于体育旅游的认识，代表性的有"内容与形式论"，如柳伯力等认为，体育旅游是以体育为主要内容的一种旅游活动形式[③]，"体育旅游结合论"，如谭白英、邹蓉认为，体育旅游是体育产业与旅游产业结合的产物，具有集体育竞技与旅游休闲观光于一体的特殊性[④]，"活动论"，如《体育大辞典》中将体育旅游解释为"以欣

① 数据来源：国家旅游局数据中心。
② 卢长宝，庄晓燕，邓新秀. 视角、理论与方法：体育旅游研究的现状与趋势［J］. 成都体育学院学报，2018（01）：57.
③ 柳伯力. 体育旅游导论［M］. 北京：人民体育出版社，2005.
④ 谭白英，邹蓉. 体育旅游在中国的发展［J］. 体育学刊，2002，9（3）：23-25.

赏、观看或参与体育活动为内容的旅行游览活动"。综合以上文献梳理，结合本课题研究需要，我们认为"体育旅游是体育与旅游高度交叉融合所产生的，以体育运动为核心，以现场观看、参观体验为主要形式，达到健康旅游与休闲旅游目的的经济活动。"

体育旅游产业是体育旅游研究的重要切入点，对于何谓"体育旅游产业"，学界目前并无共识，王辉认为体育旅游产业是指社会为满足大众体育旅游的需求，而将人类所创造的一系列物质形态的工具有机地组合起来，并以商品化的综合服务方式，为体育旅游者提供便利条件的综合性服务产业。[1] 张健[2] 认为"体育旅游产业是指为满足社会体育大众需求体育旅游需求，将人们创造出来的一系列的物质工具有机组合起来，以商品化的综合服务方式，为体育旅游者提供便利条件的综合性服务业"。习羽[3] 认为"体育旅游产业就是体育产业与旅游产业交叉渗透、相互融合而产生的一个新的产业类型"。若以"体育产业"和"旅游产业"关系的视角来认识体育旅游产业，按照旅游产业与体育产业的渗透与融合程度的不同，体育旅游产业从低到高可以分为民俗体验型产业、健体养生型产业、体育观赏型产业、探险刺激性产业以及赛事参与型。若以"参与程度"的视角进行分类，孔丰念将体育旅游产业分为观战类、休闲健身类、尝试刺激类[4]。若以"旅游体验"的视角进行分类，姜付高把体育旅游分为娱乐类体育旅游、教育类体育旅游、审美类体育旅游、刺激类体育旅游[5]。可以说对于体育旅游产业的不同认识和不同分类是基于不同的研究视角和不同的研究需要，本课题不以界定"体育旅游"或"体育旅游产业"为研究任务，而以体育产业中的滑雪产业为研究的切入点，着重以经济的视角来预测崇礼滑雪产业的承载力问题，因此本课题更加关注"体育旅游"的经济属性，对于"体育旅游"经济属性的分析主要通过实物量和价格量的双重分析实现，而实现的过程本身就形成了对"体育旅游"或"体育旅游产业"认识的新的视角，这可能比单纯地界定

① 王辉. 体育旅游产业特征及发展策略探讨 [J]. 体育与科学，2010（07）：59-64.

② 张健. 体育旅游产业 [J]. 新体育·社会体育指导员，2017（04）：43.

③ 习羽. 秦皇岛市体育旅游产业现状调查研究 [D]. 河北师范大学，2016.

④ 孔丰念. 我国体育旅游区域开发模式研究 [J]. 产业经济，2007（02）：242-243.

⑤ 姜付高. 体育旅游概念的哲学思辨 [J]. 首都体育学院学报，2005.

"体育旅游"或"体育旅游产业"更有意义。

（三）滑雪旅游产业

滑雪活动最早产生于人们的日常生活，后来又以实用和军事为目的，然后逐渐演变为表演和竞技项目，最后发展为今天的滑雪运动。人类滑雪可能最早起源于中国新疆阿勒泰地区，而世界现代滑雪运动则起源于挪威等北欧国家。1924 年北欧滑雪项目列入了在法国沙莫尼举行的第一届冬季奥运会。

滑雪旅游是体育旅游的一个分支。袁书琪、郑耀星认为体育旅游资源分为自然体育旅游资源与人文体育旅游资源两大类，雪场资源是自然体育旅游资源的亚类。[①] 虽然学界对滑雪运动的发展有很多研究，但大多数研究都集中在"滑雪旅游"和"滑雪产业"上。王世金、徐新武指出，滑雪产业以积雪资源为依托，以滑雪旅游设施建设和装备制造为基础，通过提供多样滑雪旅游产品和服务，满足消费者各种滑雪旅游需求的综合性行业。[②] 吴必虎、党宁认为滑雪旅游与观光旅游、度假旅游相结合，可以提高旅游地的利用率。[③] 本课题认为，应该用联系的观点认识滑雪产业和旅游产业，这是因为现代滑雪产业已经逐渐演变成为以滑雪为主题的休闲旅游产业。在滑雪的同时，人们也会进行相关多类休闲度假的消费。

虽然学界对滑雪旅游产业没有准确的界定，但本课题组在借鉴前人对"滑雪旅游"和"滑雪产业"的研究基础之上，尝试对滑雪旅游产业的概念作出界定。张昆仑认为产业就是由于人类分工而形成的能够生产或提供同一性质产品或服务的经济、社会各行业，产业的微观基础是各行业内的生产经营服务单位。可见，产业是为生产或提供服务和产品而形成的。[④] 叶海波、张莹认为滑雪旅游是一项集休闲、健身、娱乐和度假等多项功能于一体的运

① 袁书琪，郑耀星. 体育旅游资源的特征、涵义和分类体系［J］. 体育学刊，2003（02）：33-36.

② 王世金，徐新武，邓婕，周蓝月. 中国滑雪旅游目的地空间格局、存在问题及其发展对策［J］. 冰川冻土，2017，39（04）：902-905.

③ 吴必虎，党宁. 中国滑雪旅游市场需求研究［J］. 地域研究与开发，2004（06）：78-82.

④ 张昆仑."产业"的定义与产业化——从马克思的"产业"思想论起［J］. 学术界，2006（01）：105-108.

动旅游项目。[①] 因此我们认为为滑雪旅游提供产品和服务的滑雪旅游产业的概念应该包含两层。从狭义上来说，由于滑雪旅游产业是依靠雪场资源进行经营和发展的，因此从这个意义上讲，滑雪旅游产业可以理解为提供雪场资源和滑雪服务的滑雪场经营活动的集合。从广义上来说，由于滑雪旅游产业兼有"滑雪产业"和"旅游产业"特征，所以滑雪旅游产业是提供雪场资源和滑雪服务的滑雪场经营产业及提供以滑雪为主题的旅游服务产业在宏观上的集合。这些旅游服务产业包括住宿业产业，餐饮业产业，装备制造业产业等滑雪旅游服务相关企业。根据研究需要，本课题主要从狭义范畴上预测分析滑雪旅游产业，重点研究与滑雪直接相关的实物量（旅游人次）和价格量（旅游收入）未来十年的动态变化，并由此推断滑雪产业的承载力问题。

二、中国滑雪旅游产业：历史、现状与问题

中国已成为全球最大的初级者滑雪市场，本部分通过中国滑雪运动发展历史、中国滑雪旅游产业发展现状及其中国滑雪旅游产业发展的问题进行分析。

（一）中国滑雪运动发展历史

对于中国滑雪运动的时间分段目前并无定论，本课题组经过大量的资料梳理，初步认定中国滑雪运动按照发展历史可以分为古代滑雪、近代滑雪和现代滑雪三个时间阶段。

1. 中国古代滑雪运动发展情况

中国的滑雪运动最早可追溯到旧石器时代的新疆阿勒泰地区。虽然中国古代滑雪运动留下了支离破碎的印记，但是通过查阅民族志资料及其历史资料可以发现，我国滑雪运动最早的文字记载出现在隋唐时期的《隋书》，其中记载到"木马形如弹弓，长四尺，阔五寸，一左一右，系于两足，激而行之雪中冰上，可以及奔马"，里面的"木马"即为滑雪板；《史集》中也有介绍说："他们制造一种叫做察纳的特别的板子，站立在那板子上，用皮带做成缰绳，然后手拿着棒，以棒撑地，于雪面上，有如水上行舟……他们将打

---

① 叶海波，张莹. 我国滑雪旅游产业的可持续发展研究［J］. 冰雪运动，2015，37（04）：88-92.

杀的野兽放在上面"。① 可见，中国古代最早的滑雪是一种特殊的生产方式，是随着旧石器时代狩猎经济的发展而出现的，也是人类克服自然界的限制而做出的选择。但是直到 2006 年，通过对阿勒泰地区的实地考察，来自挪威、芬兰、瑞典等 18 个国家的 30 多位滑雪历史专家在考察了汗德尕特蒙古族乡敦德布拉克滑雪狩猎岩画和古老的滑雪文化的基础上发表了《阿勒泰宣言》，才明确"新疆阿勒泰是人类滑雪最早起源地"。

2. 中国近代滑雪运动发展情况

虽然新疆阿勒泰可能是我国乃至人类滑雪起源地，但是由于我国经济文化社会等多方面的限制，滑雪运动并没有得到广泛的传播和发展，直到 20 世纪初近代滑雪运动才从俄罗斯和日本等传入中国，中国近代滑雪文化虽有些许记载，但实际内容寥寥无几，几乎处于停滞不前的状态。②

3. 中国现代滑雪运动发展情况

中华人民共和国成立之后，滑雪运动在中国逐渐发展起来，1950 年出现了中国第一道发展滑雪运动的指令——《1951—1952 年工作计划大纲》；1951 年出现了中国第一个滑雪表演活动——吉林北山滑雪场百人滑雪表演；1957 年出现了中国第一个全国滑雪冠军——单兆鉴；③ 以此拉开了我国滑雪运动及其参与世界滑雪运动的序幕，滑雪领域不断增大，滑雪项目不断扩展，而且我国也积极参与世界滑雪赛事并且在世界杯滑雪比赛及欧洲杯滑雪比赛等众多赛事中取得优异成绩。

（二）中国滑雪旅游产业发展现状

中国滑雪旅游产业相较于欧美等国家来说起步晚，但是随着我国经济的迅猛发展，国家和地方政府对冰雪运动的重视和推力，最近几年我国的滑雪旅游产业得到了一定的发展，目前我国滑雪旅游产业发展的现状为：

1. 滑雪场及其滑雪人数增长迅速

我国现代滑雪最早集中于东北三省地区，由于此地区具有天然适宜滑

---

① 张碧波，董国尧. 中国古代北方民族文化史专题卷.［M］哈尔滨：黑龙江人民出版社，1995.

② 刘仁辉，李玉新，吴颖. 欧美滑雪文化的流变及对中国滑雪文化传承与传播的启示［J］. 沈阳体育学院学报，2014（08）：56-62.

③ 单兆鉴. 中国滑雪运动之最［J］. 冰雪运动，2002（09）：30-36.

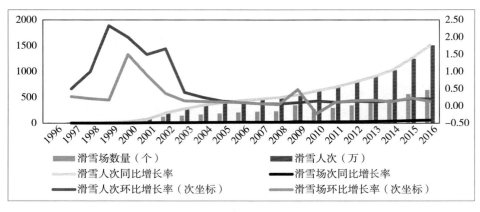

图 1   中国滑雪场数量 & 滑雪人次情况图

数据来源：作者根据《中国滑雪产业白皮书——2017 年度报告》整理绘制。

雪的自然环境（山脉、降雪等条件）和气候条件（每年 4 个月以上的冰雪季节），2001 年之后，我国的京津冀地区及少数的南方地区也开始开展滑雪运动，2009 年之后，全国开始发展滑雪运动，如图 1 所示，到了 2016 年，我国共有滑雪场 646 个，环比增幅 13.73%，按照省份分布来看，646 个滑雪场分布在我国的 27 个省份、自治区和直辖市，其中排名前十的区域依次是黑龙江 122 个、山东 58 个、新疆 57 个、河北 46 个、山西 42 个、河南 41 个、吉林 38 个、辽宁 35 个、内蒙古 33 个、陕西 27 个。2016 年滑雪人次 1510 万，环比增幅 20.80%，按照目的地雪场省份分布来看，华北占滑雪总人次数的第一，为 33.38%，排名前十的是北京 171 万人次、黑龙江 158 万人次、河北 122 万人次、吉林 118 万人次、新疆 99 万人次、山东 98 万人次、山西 96 万人次、河南 82 万人次、浙江 79 万人次、内蒙古 76 万人次。[1]

2. 四季滑雪场领先全球

四季滑雪场具有不受纬度、季节与自然天气限制进行四季经营的特点，解决了我国南方公众对滑雪运动的需求。按照四季滑雪场的特征，可以将其分为室内滑雪场、旱雪滑雪场和室内滑雪模拟训练场三种形式：室内滑雪场是依靠制冷系统、保温系统、造雪系统、压雪机、飘雪机等设备人工进行造

---

[1]   数据来源：《中国滑雪产业白皮书——2016 年度报告》。

雪、存雪满足雪上活动的场地，室内滑雪场可以追溯到 1920 年的柏林和威尼斯，但是截至 2017 年 6 月，我国室内滑雪场主要有北京乔波冰雪世界、辽宁冠翔冰雪大世界、哈尔滨万达娱雪乐园、石家庄西部长青室内冰雪馆等 14 家，占全球总数量的 1/3，成为世界上室内滑雪场数量最多的国家。旱雪滑雪场是在人工合成的特殊材料制作的旱雪毯上滑雪的场地，其具有绿色环保、投资成本小、场地灵活等特点，截至 2017 年 6 月，预估我国目前有 23 家旱雪滑雪场。室内滑雪模拟训练中心是基于 VR 技术发展，在室内机器设备上进行模拟滑雪动作达到滑雪训练的运动。

3. 政府支持与规划，同时冬奥助力，推动滑雪旅游产业向前发展

为贯彻落实《国务院关于加快发展体育产业促进体育消费的若干意见》，2016 年发展改革委、国家体育总局、教育部、国家旅游局联合制定的《冰雪运动发展规划（2016—2025 年）》以及由体育总局七部门联合制定了《全国冰雪场地设施建设规划（2016—2022 年）》，简称"两个冰雪规划"，通过冰雪运动"南展西扩"战略，对冰雪场地设施建设、培养冰雪人才、组织冰雪活动赛事以及推行"全国大众冰雪季"和"百万青少年上冰雪"系列活动，引领推动我国三亿人参与冰雪运动。除此之外，中国 2022 年冬奥会的举办，为京张滑雪旅游产业发展提供了巨大的历史机遇，基于奥运经济的视角分析，冬奥的举办已经将张家口崇礼的滑雪旅游产业打造成为世界名牌和金字招牌，这必将带动我国滑雪旅游产业的蓬勃发展。[①]

（三）中国滑雪旅游产业发展问题

中国滑雪旅游产业发展与世界滑雪旅游产业相比较而言，发展晚，滑雪旅游市场发展还不完善，主要存在的问题有两个方面，一是滑雪旅游产业发展中的一般问题，另一个是以承载力为基础的承载度问题。

中国滑雪旅游产业发展中的一般问题：

一是滑雪旅游产业市场不规范，侵犯消费者利益时有发生。2018 年的亚布力滑雪场事件及其雪乡宰客现象，一方面折射出当地的营商环境不佳，另一方面也折射出目前我国部分滑雪旅游产业市场发展不规范，侵犯消费者利益的情况时有发生，这主要是与冰雪旅游产业的季节性特征及当地的经济

---

① 王晓军、王浩、宋之杰. 2022 年冬奥会对张家口冰雪旅游产业的影响及对策研究［J］. 冰雪运动，2016（05）：65-69.

发展情况有着直接的联系，同时也是由于我国没有对滑雪旅游产业的整体的监管所造成的。滑雪旅游产业市场发展不规范，不利于我国滑雪旅游产业的持续健康发展。

二是滑雪旅游产业中滑雪装备设备制造业发展不足，巨大利润流入外国企业。我国滑雪旅游产业发展晚，相应的装备设备企业发展处于起步阶段，目前我国的滑雪场使用的大型机器设备较大部分为外国进口，巨大的利润流入了国外企业，因此为了培育良好的滑雪旅游市场需要加大政策鼓励滑雪装备设备制造业的发展。

三是我国缺乏滑雪运动的专业人才，同时我国滑雪培训进入起步阶段，滑雪指导员制度严重不完善。滑雪培训对于稳定滑雪人群，提升滑雪转化率具有非常重要的作用。从滑雪培训总体看，相比国外滑雪培训的联营模式，专门的滑雪培训学校，我国滑雪培训主要以滑雪场简单培训为主，第三方滑雪培训发展缓慢，因此滑雪培训具有较强的季节性特征。从滑雪指导员来看，我国滑雪指导员水平参差不齐，主要表现在第一，欧洲的滑雪指导员一般是经过专业的培训取得指导员上岗证，长期从事滑雪培训工作，例如加拿大惠斯勒滑雪学校的指导员都是世界级专业选手，且有的指导员进行双语服务，而我国的滑雪指导员构成复杂，有退役的教练员、退役的滑雪运动员，体育院校滑雪的学生，还有滑雪场的工作人员及其周围居住的居民，持证上岗人员较少，"野教练"较多。第二，欧洲的滑雪指导员一般为高中以上学历，知识结构较为完善，理论教学与技能传授方面有很高的水平，且欧洲指导员参加相应的国际滑雪指导员联盟组织进行教学培训事宜的相互沟通学习，而我国滑雪指导员高中以下学历居多，且我国的指导员组织与认证体系发展较晚，2005 年才培训出我国首批高级滑雪指导员。从滑雪者来看，我国滑雪人群初次体验者居多，安全意识较为淡薄，聘请专业指导员的较少。

（四）中国滑雪旅游产业发展中的承载度问题

1. 滑雪旅游产业呈现明显的季节周期性，承载度夏松冬紧。滑雪旅游产业的承载度并不是一成不变的，而是具有典型的季节周期性。一般而言，冬季的下雪时节是滑雪旅游产业的旺季，此时期对滑雪旅游的硬件设施和软件环境的需求都较大，容易造成承载不足的问题，但是到了夏天滑雪旅游产业的淡季，此时期则会出现空置的基础设施和人员闲置问题，出现空承载问题。

2. 滑雪旅游产业破坏原有的生态环境，增加环境承载难度。发展滑雪旅游产业的人为干扰使得原有的生态环境和结构改变较大，尤其是一些特殊地区，例如张家口一带，处于干旱半干旱、内流域外流域、森林草原、寒暖温带的多重交界处，属于典型的生态环境脆弱地带，容易超过当地的环境承载能力，无法做到社会效益、经济效益与环境效益的有机统一。

3. 滑雪旅游产业发展中存在的不确定因素，导致承载力难以准确测度。经济学的典型特征是并不存在完全竞争的市场环境，由于信息的不对称以及微观经济主体的个体行为，滑雪旅游产业的存在不确定性，从而导致很难测度承载力，容易导致投资过热资源闲置或者投资过冷承载不足问题的发生。

三、国内外滑雪旅游产业发展的比较分析

（一）增长比较：起点、速度和广度

我国滑雪旅游产业较国外滑雪旅游产业起步晚、渗透率低、发展迅速。现代世界滑雪旅游产业自挪威到今天共经历了起步发育阶段、缓慢成长阶段、快速发展阶段及平稳均衡阶段；到目前为止，世界上有 67 个国家提供户外滑雪运动场所，考虑到室内滑雪场则有 100 个国家提供滑雪服务，如图 2 所示，世界各国滑雪旅游产业的发展情况从空间格局和时间演化的角度看：区域性特征，依靠山脉和气候条件，主要集中在三大聚集区——阿尔卑斯山区域（意大利、奥地利、法国、瑞士、列支敦士登），占世界滑雪参观者的 43%；北美区域（美国、加拿大），占世界滑雪参观者的 21%；亚太区域（中国、日本、韩国），占世界滑雪参观者的 15%。时间性特征中共性是滑雪旅游产业受降雪条件和温度的影响，世界滑雪主要是集中在每年的 11 月份到次年的 4 月份；到 2017 年，除了中国滑雪市场处于快速上升以外，世界其他国家滑雪产业发展低迷，处于停滞状态。① 随着 2022 年冬奥会的举办，我国的滑雪产业是一个蓝海，会存在很大的发展机遇。

---

① 数据来源：2017 International Report On Snow & Mountain Tourism-Overview of the key industry figures for ski resorts.

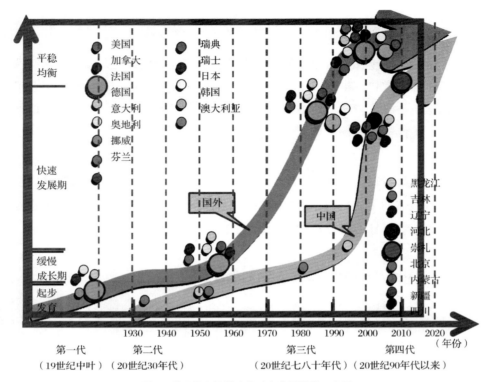

图 2　世界滑雪旅游产业时空发展阶段示意图
资料来源：《张家口崇礼赤城滑雪区域规划（2011—2025 年）》。

（二）模式比较

我国滑雪旅游产业较国外滑雪旅游产业基础薄弱，模式单一。国外滑雪旅游产业发展较为成熟，形成了"滑雪＋其他专业运动＋休闲活动＋温泉养生＋特色商业＋游览服务＋节庆活动"等综合成熟的模式。以加拿大惠斯勒滑雪度假区为例，如表 1 所示，依托优越的自然条件及其 2010 年冬奥会、残奥会的举办，有效地利用了赛后场所，将滑雪场改造为专业滑雪高手、初次体验者、家庭休闲、商务会议、大型文体活动等不同需求人群向往之地。相比之下，我国滑雪产业基础薄弱，模式较为单一，目的地度假型滑雪场仅占总滑雪场数的 3%，雪道面积 30 公顷以上的雪场仅有 15 座，缺少相应的合理规划，甚至出现无效投资，没有形成综合的度假功能区，野蛮生长、冬季繁荣与夏季凋零的景象成为我国滑雪产业最真实的写照。

表 1　惠斯勒滑雪度假区功能区分

TA 定位	区　域	活　动　分　类
专业滑雪者	惠斯勒黑梳山	奥运项目体验、高山滑雪、直升机滑雪等
初级滑雪者	惠斯勒黑梳山	滑雪学校培训、雪鞋健行、雪橇等
其他专业运动	户外活动区	世界级山地自行车运动、高尔夫球等
休闲活动	生活居住区	迷宫、蹦床、空中吊杆、烟火表演、室内攀岩、儿童主题活动等
温泉养生	生活居住区	10 余项从传统按摩到先进方法的养生项目
特色商业	商业及 公共服务区	餐饮、住宿、购物、休闲、娱乐为一体，度假风情街、度假酒店、度假酒吧、咖啡厅、工艺品、时尚服饰、高档珠宝、艺术画廊、滑雪设备等，突出当地特色和世界融合，提供差异化服务
游览服务	旅游区	丰富的自然 + 人文旅游资源 + 儿童托管服务
节庆活动 专业赛事	商业及 公共服务区	节庆主题以传统文化艺术、当地特色节日为主 + 世界级赛事 + 演唱会等

（三）技术装备比较

我国滑雪装备较国外滑雪装备发展较为落后，但是前景光明。我国的滑雪装备主要分为器械类、服装类以及配件类三大类。目前为止，我国还没有出现强大的民族品牌，依赖进口严重且进口品牌抢占了我国的中高端市场；从器械类看，我国滑雪场使用的造雪机、压雪机以及雪地摩托 80% 以上依靠进口，市场占有率最大的造雪机厂商为美国 SIM 造雪工程公司、意大利天冰、意大利迪马克、奥地利 SNOWNET 集团公司、波兰 SUPERSNOW 等，市场占有率最大的压雪机厂商为意大利凯斯鲍尔、意大利普瑞诺特、意大利雪兔；市场占有率最大的雪地摩托主要有加拿大庞巴迪公司、日本雅马哈公司；且以上这些公司在国内都有运营成熟的代理公司。从服装类和配件类看，进口品牌锁定滑雪发烧友主打我国的中高端市场，国内品牌则聚集在京津冀地区，以劳动密集型为主生产研发含量低附加值较低的产品，主要的品牌有探路者、三夫户外、安踏等。

虽然我国滑雪装备产业发展落后于世界其他国家，但是我国的滑雪人数约占世界市场的 10%，且随着"三亿人参与冰雪"概念的提出，我国滑雪消费发展空间巨大，为我国滑雪装备产业的发展提供了良好的基础，除此之外，随着冬奥会、滑雪赛事等的推动，供给侧结构性改革的调整，我国滑雪装备产业也随之进行产业链升级、结构升级、品牌升级、装备质量和功能升级，引导滑雪者消费转移。

（四）市场潜力比较：巨国背景

中国较国外的一些国家来讲是巨国，其经济是巨国经济、滑雪旅游产业市场潜力巨大。

2016 年，中国大陆拥有 13 亿人口 ①，居世界第一位；960 万平方公里的国土面积，居世界第三位；11 万亿美元的经济总量，居世界第二位 ②，所以中国经济是巨国经济，巨国经济的特征根本上是"巨国"特征引起的，即"巨大规模"和"多元差异"特征。第一，"巨国经济"体现了巨国的地域辽阔、资源丰富、人口众多、国内市场巨大、区域差异较大、区域经济发展不平衡，经济规模大，对世界经济影响大等特征。③ 相应地中国的滑雪旅游产业也呈现出和挪威、奥地利、日本等国家不同的特征，是滑雪旅游产业市场潜力最大的国家；第二，我国滑雪旅游产业主要分布在东北、华北及新疆几个重点区域的哈尔滨市、吉林市、白山市、张家口市、沈阳市、乌鲁木齐市、阿勒泰地区几个城市，因此滑雪旅游产业可以进行区域错位，分散经营，区域之间实现互补优势，避免大规模的重复建设，产能严重过剩的现象。综上所述，中国相对于其他滑雪国家而言是"巨国经济"，拥有明显的"巨国效应"，其滑雪旅游产业市场潜力巨大。

四、滑雪旅游产业承载力的理论分析

（一）承载力的类型思考：资源承载力、经济承载力和社会承载力

承载力（carrying capacity）是衡量人类经济社会与自然环境之间相互关

---

① 数据来源：国家统计局。中国大陆总人口数：13 亿 8271 万人，包括 31 个省、自治区、直辖市以及中国人民解放军现役军人，不包括香港、台湾、澳门以及海外华侨数量。

② 数据来源：世界银行。

③ 顾海兵，张敏. 中国经济的定位：由大国经济到巨国经济［J］. 南京社会科学，2015（10）：1—8.

系的科学概念，是人类可持续发展度量和管理的重要依据。[①] 承载力理论最早可追溯到 1798 年马尔萨斯的人口论以及应用生态学和种群生物学，关于旅游环境承载力；其最早是 1963 年拉佩芝（Lapage）提出，但其并没有做深入的研究；随后，1971 年里蒙（Lim）和史迪克（George H. Stankey）对环境承载力这一概念进行了进一步的讨论，并将其分为了生物物理承载力、社会文化承载力、心理承载力和管理承载力四部分。承载力理论经过了理论起源、应用探索阶段发展到了理论深化阶段，2003 年我国《旅游规划通则》中明确："旅游承载力是指在可持续发展前提下，旅游区在某一时段内，其自然环境、人工环境和社会经济环境所能承受的旅游及其相关活动在规模和强度极限值的最小值"。

按照承载力的发展定义，相应地可以将承载力分为资源承载力、经济承载力和社会承载力三种类型。其中资源承载力是指一个经济体或者一个地区所拥有的水、土地、大气、生物等资源对该经济体或者地区的人口的基本生存、发展等活动的支撑力。相应地，如表 2 所示，研究滑雪旅游产业的资源承载力由于滑雪旅游产业需要大量的水资源用来造雪，而水资源在某个地区是有限的，水资源的供给与水资源的需求就会产生对比，如果当地的水资源供给小于水资源的需求，则会产生水资源承载力不足的问题。出于这样的考虑，本课题在资源承载力方面主要研究水资源承载力。经济承载力是从经济的角度考察承载力，主要是指在某个区域在一定的环境和资源容量的条件下，其经济发展的速度和经济水平是否符合区域长期的经济协调健康发展，经济承载力是本课题研究的重点。对于经济风险，我们将通过雪季旅游收入和游客人次两个指标来衡量。对于产业来说，能否有持续稳定的创收能力，将直接决定该产业是否存在经济风险。而游客数量是支撑滑雪旅游产业收入的重要因素。一般来说游客数量的增加，将为滑雪产业带来更多的收入。不过游客数量受自然资源限制，不可能无限制增加。从这个角度来说，游客数量与自然资源风险和经济风险都有较强的关系。社会承载力是指从社会的角度来考察产业对当地社会系统产生的影响，本文对社会风险的研究将集中围绕居民对房价变动的主观感受展开。

[①] 张林波，李文华，刘孝富，王维. 承载力理论的起源、发展与展望 [J]. 生态学报，2009（02）：878–888.

表2 承载力分类指标分层示意表

目 标	分 类	一级指标	二级指标
承载力	资源承载力	水资源承载力	造雪耗水量
			可用于造雪的水资源总量
	经济承载力	实物量	滑雪者人次
			滑雪者容量
		价格量	旅游产业收入绝对量
			旅游产业收入增长率
	社会承载力	居民承载力	房价

（二）承载力的空间观察：局地有限和宏观准无限

研究承载力要从空间经济的视角进行观察，而空间经济视角既要有空间观，又要有时间观。滑雪旅游产业就时间上来看存在局地有限和宏观准无限的特征：

1. 局地有限

从时间维度来看，滑雪旅游产业存在局地有限的特征，主要是因为滑雪旅游产业要受到气候条件的影响，以往的滑雪旅游一般情况下是在寒冷的雪季，但是随着气候条件的变化，正如瑞士信贷银行研究所于2018年12月发布的《瑞士提警》（Monitor Switzerland）报告中认为气候变化是瑞士滑雪场的最大威胁。反观我国，降雪量也并不足以满足滑雪旅游产业的需求，更多的是使用人工造雪机进行造雪，带来水资源的需求增大和相应的经济成本，所以滑雪旅游产业主要集中在有气候合适的时间，存在局地有限的特征；但是，局地有限也有弹性，主要是因为滑雪旅游产业属于非必需品，其价格弹性较大，可以使用价格机制、竞争机制、供求机制进行调节，所以从经济学的意义上来讲是不存在经济学上的有限，例如如果滑雪需求超过滑雪供给，则可以从需求方入手使用经济手段进行调节，例如实行滑雪场白天和黑夜分段经营，或者将滑雪场的价格进行调整，以此解决供需不平衡的问题；除此之外，从空间维度来看，我国是巨国，幅员辽阔，其气候和山脉条件呈现出多元化的特点，我国标准的空间经济结构是多层级中心—外围结构，^① 滑雪旅游产业也集中在东北、西北、华北"三北"地区的重点城市，以此为中心向外扩展，从这个角度看，滑雪旅游产业的局地有限主要表现在空间地理特征，尤其是地理特征引起的资源有限。

2. 宏观准无限

滑雪旅游产业的宏观准无限主要是滑雪产业在区域间可以转移需求，具体而言，从供给角度来讲，虽然滑雪场受季节因素影响严重，但是随着室内滑雪场及旱雪的发展，一方面扩大了滑雪的地域和范围，可以进行区域滑雪需求的调整，从而调节资源的闲置和饱和状态，另一方面，随着交通运输的迅速发展，滑雪旅游的需求者可以进行区域间的转移，以张家口崇礼为例，京张高速的建设与发展，未来会将一部分北京地区的滑雪旅游爱好者转移到张家口崇礼，实现滑雪需求者的区域间转移。

综上所述，滑雪旅游产业呈现局地有限和宏观准无限两大特征，局地有限主要表现在时间上的季节性及其空间上的资源有限性，宏观准无限主要表现在区域间可以转移需求，但是需要说明的是，宏观准无限是在经济长周期的前提下所得出的结论，而本课题研究的时间范围 2016—2022 年，此时间段并非长周期，所以存在经济学范围上的合适承载与不合适承载问题。所以从宏观上来讲，滑雪旅游产业并不存在合适承载与不合适承载的界限问题。

（三）承载力的经济学分析：合适承载与不合适承载

经济学上的承载力研究较晚，其是在生态环境承载力基础上发展而来的，具体而言，经济学上分析的承载力是与可持续发展联系在一起的概念，指在一定时间和一定区域范围内，维持一个区域资源、经济、社会可持续发展的最大的人类社会经济活动。承载力也可以使用承载度，即经济的可持续发展是滑雪旅游产业发展的下限，承载度是滑雪旅游产业发展的上限，在最大的承载度范围内则为合适承载，超过此最大的承载度则为不合适承载，或者简称为"过载"。

"过载"必然导致相应的经济风险。基于承载力的滑雪旅游产业的经济风险主要有两个方面，一方面是由于承载过度造成的承载力不足风险；另一方面是由于承载过剩造成的过剩风险两个方面。对承载力的评价的主要方法

---

① 梁琦. 关于空间经济研究的若干认识 [J]. 广东社会科学，2010（04）：5-11.

有单指标评价法、综合承载力分析法、承载率评价法、系统动力学方法和多目标模型最优化方法等，其中本课题根据不同阶段承载力的不同，将承载力分为奥运前、奥运中、奥运后三个阶段，采取数理模型预测法、规划预测法和历史类比法的综合预测方法。

五、基于承载力的滑雪旅游产业风险与防范的理论分析

风险是指某一事件未来发展的不确定性，滑雪旅游产业也存在一定的风险，而风险可以根据承载力来区分，具体而言，合适承载导致的风险较小，能够使滑雪旅游产业可持续发展，但是不合适的承载将会给滑雪旅游产业的发展带来较大的风险或者潜在危险。基于承载力的滑雪旅游产业风险主要表现在如下几个方面：

（一）一般风险分析：资源生态风险，安全风险，经济风险

滑雪旅游产业发展需要科学合理的规划设计，从现有自然资源和气候条件出发，因地制宜地兴建雪场、雪道等设施，实现人与自然的和谐共存，加强对水资源、土地资源、生态环境的保护。一旦超过了合适的承载，则会产生一般风险，一般风险主要包括三个方面：资源生态风险，经济风险和社会风险。

1. 资源生态风险。滑雪旅游产业虽然被公认为"绿色"产业，但是也会因滑雪场大量耗水用于造雪，以崇礼地区为例，辖区内各滑雪场在生活用水和造雪用水方面都须建设引水工程，这就造成了一方面增加了引水工程的成本费用问题，进而影响和水相关的产业的成本，不利于其他产业的发展；另一方面，生活用水和造雪用水、辖区内以及引水区域水资源的此消彼长关系，形成了水资源的生态风险。

2. 安全风险。滑雪存在一定的安全风险，在某种特定的条件下会导致受伤甚至是重大安全事故，我国的滑雪旅游产业还处于初级发展的阶段，滑雪旅游产业的供给侧和需求侧都使得滑雪旅游产业存在一定程度的安全风险，就供给侧而言，我国由于处于滑雪旅游产业的初级阶段，相关的专业人才甚少，导致在滑雪场的设计上、滑雪场的运营和管理上、滑雪场的安全防护设施上都存在一些不合理因素；就需求侧而言，滑雪者的安全意识不强、

滑雪技术不规范、不经过专业的训练盲目进入滑道等都造成了安全风险。

3．经济风险。滑雪旅游产业的经济风险主要源于由供求关系所引发的承载状态异常，根据上文关于经济承载力的分析可知，经济领域并无绝对的"过剩"或"过载"，在价格机制的调节下，供需会自发趋向平衡。本课题所讨论的承载状态异常并由此引发的经济风险是一种"不适合承载状态"，所谓"不适合承载状态"是指滑雪行业供需对比非适度状态，突出表现为供求长期失衡，主要包括滑雪旅游产业可能的过载和可能的过剩两个方面。为了深入分析崇礼滑雪产业承载状态，本课题从实物量和价格量两个角度来预测未来十年的供需对比情况，再结合一定风险标准来判定崇礼冬奥前、冬奥中、冬奥后的经济风险。

针对以上所提出的风险，要进行相应的风险防范。第一，对于资源生态风险来说，加快冰雪—气候—资源的调查与评估，制定全国的滑雪旅游产业发展规划和监督体制，避免土地资源和水资源的过度开发①。明确各项资源的市场价格，用市场价格调节滑雪旅游产业的开发和利用。第二，对于安全风险，从国家和法律层面上来说，要借鉴意大利、美国、加拿大等国家的风险防范措施，在立法和司法实践方面对于滑雪运动伤害事故中的过失责任进行认定。② 除此之外，国家一方面要明确滑雪旅游产业各管辖单位的职责，建立健全滑雪旅游产业的安全标准，加大对滑雪设备及其滑雪旅游安全的监管力度，另一方面国家也要积极鼓励发展滑雪旅游产业相关保险产品的创新，保障滑雪旅游者的安全利益得到保障。从滑雪场层面上来说，硬件上，在滑雪旅游场地经营前要请专业的滑雪人士和施工设计人士等进行合理的场地和设备的规划，并进行实时的维护，积极发展无线射频识别技术（RFID）在滑雪场的应用，建立相应的滑雪人员信息卡；软件上，要建立安全管理制度，配备相应的滑雪旅游的医疗队伍及其安全教育训练和专业的滑雪教育教员，防范安全风险的产生。从滑雪者个人层面上来说，要提高滑雪者对滑雪的认知，提高其安全意识。第三，对于经济风险来说，要在分别预测未来十

---

① 王世金，徐新武等．中国滑雪旅游目的地空间格局、存在问题及其发展对策［J］．冰川冻土，2017（08）：902-908．

② 张鹏．滑雪运动过失责任认定之域外经验与中国路径［J］．体育成人教育学刊，2018（01）：26-31．

年崇礼滑雪行业供给和需求实物量、价格量的基础上，科学判断崇礼冬奥前、冬奥中、冬奥后滑雪行业供需对比态势和风险演化趋势，并提前采取供给侧防范或需求侧防范或供给需求综合防范措施。

（二）经济风险分析：投资过热

资本和政策的推动容易催生滑雪旅游产业产生一定的泡沫，产生经济风险，其中最典型的为投资过热。主要表现在三个方面，第一，普通滑雪场的投资上，目前在国内大中小型滑雪场不胜枚举，但是随着市场的调整，大资本吞并小资本很容易使得本来就经营管理不善的小滑雪场倒闭。第二，冬奥会场馆的建设利用上，冬奥会筹办工作时指出体育场馆赛后利用是世界性难题，北京是世界上唯一举办完夏季奥运会又举办冬季奥运会的城市，体育场馆反复利用、综合利用、持久利用，这是我们的经验。防范经济承载力风险，限制企业过度投资，加强监督管理，警惕投资泡沫。第三，滑雪场周边的房地产投资上，滑雪场的投资大，回收成本周期长，导致目前我国的许多滑雪场依赖周边的房地产回收资本，以张家口崇礼为例，由于其冬奥会举办的优势及其政府的支持，原本的贫困县如今房价飙升至 2 万左右，但是奥运经济效应是有时间效应的，未来不能保证崇礼会如今天一样发展迅速。

（三）雪都投资风险的理论分析

河北省崇礼县目前是世界著名的滑雪胜地，被称为"中国雪都"，总体定位分为国际滑雪旅游胜地、国际旅游城市和中国北方四季休闲度假目的地三个层次，[①] 但是其滑雪的发展具有独特的特点。许寒冰、林显鹏将滑雪场地的发展模式进行了分析，将滑雪场地按照其特点分为"要素 + 市场"发展模式（以北京为典型地区）、"要素 + 资源"发展模式（以黑龙江为典型地区）、"市场驱动"发展模式（以山东、浙江、江苏省为典型地区）、"资源型驱动"发展模式（以内蒙古为典型地区）、"政策型驱动"发展模式（以河北为典型地区），雪都崇礼为典型的"政策型驱动"发展模式的地区，其投资热主要是来源于 2022 年冬奥会的举办，[②] 因此滑雪投资具有一定的冬奥经济效应。

---

① 张家口市旅游发展委员会等. 张家口市奥运旅游项目规划（2016—2030），2016.
② 许寒冰，林显鹏. 我国滑雪场地服务业发展潜力分析［J］. 沈阳体育学院学报，2018（01）：7—13.

　　根据国内外的研究显示，冬奥经济效应一般有"前七后三"的说法，所以对雪都投资风险的理论分析应该分为冬奥前滑雪投资风险、冬奥中滑雪投资风险和冬奥后滑雪投资风险三个主要阶段。第一阶段：冬奥前滑雪投资风险主要表现在两个方面，第一为因 2022 年冬奥会的申办成功，众多大小资本集中在对滑雪场等旅游基础设施的建设上，但是滑雪旅游产业的投资较大，尤其是固定资本的投资较大，但是其回收时间较长，投资额与投资回报率明显不匹配。第二为政策红利释放的信号——包括修建"冬奥"铁路，建设国际性旅游城市等，在市场经济的背景下，促使来自全国各地的人到雪都进行房地产投资，但是炒房容易带来当地房地产出现泡沫，出现投资风险。第二阶段：冬奥中的投资风险相应下降，此阶段随着冬奥会的举办，无论是冬奥旅游线路体系、冬奥旅游服务体系还是冬奥旅游产品体系等滑雪旅游产业都会产生较好的发展，会给当地的投资带来可观的回报。第三阶段：冬奥后的投资风险，主要表现在随着冬奥经济"前七后三"效应的消失，随着时间的增长，如果当地政府或者企业等不进行创新，妥善处理冬奥经济后各产业的融合，则容易导致滑雪旅游产业的衰落，房价的跌落，带来前期投资资产的大量缩水，投资风险进一步加大。

　　本课题组按照"旅游产业——体育旅游产业——滑雪旅游产业"的脉络，对滑雪旅游产业进行逻辑层面的推演，按照"历史——现状"的线索，对滑雪旅游产业进行时间层面剖析，按照国内外"增长——模式——技术装备——市场潜力"的排布，对滑雪旅游产业进行空间层面的对比，从而实现从多个维度全面认识滑雪旅游产业的内涵和外延。在此基础上，本课题组着重从理论层面对滑雪旅游产业承载力进行分类研究，并对滑雪旅游产业承载力进行经济学分析和空间观察，在滑雪旅游产业承载力理论分析的基础上，本课题组又基于承载力研究结论，按照"一般风险——经济风险——崇礼投资风险"的分析脉络对滑雪行业进行了风险研究，并提出了风险防范对策，从而为整个课题奠定了理论基础。

冰雪运动与旅游业融合发展的体系研究

——以京张区域为例

何文义　郭　彬　封　英[*]

一、相关概念理论

（一）冰雪运动

冰雪运动是集休闲、健身、竞技于一体的冬季体育活动，在西方国家一般称为冬季运动（Winter Sports），是冬季主流的活动项目。项目通常分为滑雪运动和冰上运动，分别又包含了冬奥会比赛项目和非冬奥会比赛项目。其中雪上冬奥会比赛项目包含俯式冰橇、自由式滑雪、冬季两项、越野滑雪、跳台滑雪、北欧两项（越野滑雪、跳台滑雪）、无舵雪橇、有舵雪橇、单板滑雪、高山滑雪，雪上非冬奥比赛项目包含雪合战、雪地足球等；冰上冬奥会比赛项目包含短道速滑、速度滑冰、花样滑冰、冰球、冰壶，冰上非冬奥会比赛项目包含冰龙舟、冰上自行车等。

（二）旅游业

旅游作为调节生活的一种方式，正成为衡量现代生活水平的重要指标，成为人民幸福生活的刚需。根据《国家旅游及相关产业统计分类（2015）》标准，旅游业是指直接为游客提供出行、住宿、餐饮、游览、购物、娱乐等

---

　　* 作者何文义，北京大学中国体育产业研究中心执行主任、研究员；郭彬，北京大学中国体育产业研究中心秘书长、副研究员；封英，北京大学中国体育产业研究中心副研究员。

服务活动的集合；旅游相关产业是指为游客出行提供旅游辅助服务和政府旅游管理服务等活动的集合。

（三）冰雪旅游

冰雪旅游是依托冰雪资源，集参与性、趣味性、刺激性于一体的具有休闲、健身、娱乐、度假功能的旅游形式，已成为当今最为时尚的冬季旅游内容。其以冰雪运动为核心，以现场观赛、参与体验及参观游览为主要方式，以满足健康娱乐、休闲度假为目的，冰雪旅游可以分为参与型冰雪旅游和观赛型冰雪旅游两大类。

（四）产业融合理论概述

产业融合是指在开放的产业系统中，构成产业系统各要素的变革，在扩散中引起不同产业要素之间相互竞争、协作与共同演进而形成一个新兴产业的过程。在这个动态的过程中，随着市场需求的不断变化、技术的进步与创新、政策更新等外部因素的推动，两大产业的最初界限逐步模糊，产业边界被突破而走向融合。产业融合可分为产业渗透、产业交叉和产业重组三类。

本研究虽然是冰雪运动和旅游业的融合，但如果从业态整体发展上看，也是以冰雪运动为核心的体育产业和旅游相关产业的融合。冰雪运动由于有了旅游成熟的产业链而实现更好更快地发展，旅游及相关产业由于有了冰雪运动的内容而使其产业价值裂变。

二、冰雪运动和旅游业的关系

（一）冰雪运动对旅游业有极大的促进作用

1. 冰雪运动可以协助解决旅游业淡季客流问题

旅游行业有着明显的周期性，分为淡季、旺季和平季，旅游淡季是指一年的旅游业经营中，旅游者来访人数（或某地人口中外出旅游人数）明显较少的时期。明显较多的时期称为旺季，其余时间称为平季。影响旅游热度的因素很多，比如地域性、气候、活动项目、假期、经济收入等。冰雪运动能够为旅游业带来冬季旅游产品，弥补冬季旅游市场的空白，比如在淡季时举办一些体育赛事，就可以有大量人群集聚，为旅游业提供了大量客源。

2．冰雪运动可以直接增加旅游业中"回头客"

对旅游目的地来说，初次来访的旅游者与多次来访的旅游者构成了两大群体，一个旅游地的成功不是简单地吸引初访游客，更重要的是如何有效吸引回头客，如何有效把握回头客来增加旅游地持久的生命力。冰雪运动是体验性极强的活动形式，参与者需要多次学习才能掌握运动技能，在掌握了一定的运动技能后还会多次参与体验，来获得快乐和成就感，就会成为"回头客"，冰雪运动又被称为"白色鸦片"，强调的就是冰雪运动巨大的、健康的吸引力。

3．冰雪运动可以提升旅游业的品牌传播力度

通过大型冰雪运动赛事赛前声势浩大的宣传推广，以及众多媒体的大规模报道，可有效提升举办地的知名度，不仅在赛事举办期间带来大量客源，而且对本地旅游业的可持续发展产生积极影响，使一批技术先进、功能配套齐全的现代化基础设施设备投入运行，促使本地基础设施供应能力和运行效率全面提高，也会带动餐饮、住宿、通讯等行业的发展。

4．冰雪运动可以挖掘旅游业产品和服务的附加值

传统的旅游业以景区门票收入为主，同时辅以吃、住、行、购等方面的收入，随着价格的逐渐透明，利润不断被压缩，亟需寻找新的价值释放点。以冰雪旅游为代表的体育旅游给旅游创造了更大的附加值，从目前中国游客旅行新变化大数据看，体育旅游成为消费增长最快的项目。据前瞻产业研究院《中国体育旅游行业发展前景预测与投资分析报告》整理数据显示，2015—2017 年，体育旅游人次每年有 70% 的增长，2016 年客单均价 8673元，2017 年客单均价 15295 元，比如在京张区域石京龙滑雪场进行半天滑雪，基本人均消费在 300—400 元，比单纯的在京张区域八达岭观光游的消费要高出近一倍。一场冰雪比赛带来的赛事收入是有限的，但是会给赛事举办地带来餐饮、住宿、交通、购物等多方面收益。

（二）旅游业对冰雪运动的助推作用

1．旅游业为冰雪运动的发展构建了商业模式

旅游业经过多年的发展，有较为清晰和成熟的商业模式，通过吃、住、行、游、购、娱等将资源转化为产品和价值，冰雪运动从本质上讲是一种运动形式，本身不具备商业的属性，需要借助旅游业的商业模式来获得价值的

最大化，也为持续的发展提供动力。

2. 旅游业为冰雪运动的发展提供了基础配套

旅游业是综合的业态形式，在我国 3A 级以上景区的基础配套都比较完备，尤其是一些景区本身就具备较好的冰雪资源，这为冰雪运动提供了开展基础。举办一项赛事，各项花费很大，场地的费用所占总体支出比例很高，而且对赛场周边的住宿、餐饮、交通等都有一定的要求，如果旅游和体育联手，把景区景点等平台提供给体育使用，既解决了赛事的配套问题，二者还可以共享增值的部分，实现共赢。

3. 旅游类企业成为冰雪运动普及的主力军

随着"三亿人参与冰雪运动"口号的提出，增加冰雪运动人口将成为近几年冰雪运动发展的主要任务之一，目前旅游类经营企业很多都推出了冰雪旅游类产品线路和服务，为更多的人参与到冰雪运动中来起到了巨大的推动作用。

总之，无论是体育通过旅游业态来构建体育的商业模式，延伸和实现体育产业的价值，还是旅游通过体育赛事的巨大影响力吸引旅游人口，提升旅游产业的价值，总体来说，实现体育和旅游的产业融合是一件双赢的事。冰雪运动和旅游业是互促、互补和互利的关系，冰雪运动和旅游业的融合是大势所趋，是可以持续发展的。

三、京张区域冰雪运动和旅游业融合的环境基础

（一）政府非常重视冰雪运动和旅游业的融合

2016 年 5 月，国家旅游局与国家体育总局签署了《关于推进体育旅游融合发展的合作协议》，12 月出台了《关于大力发展体育旅游的指导意见》，其中把冰雪运动和旅游的融合作为重点。2016 年北京市出台的《关于加快冰雪运动发展的意见（2016—2022 年）》及七项配套规划中也将冰雪运动和旅游的融合作为重点。2016 年张家口市出台《关于加快冰雪运动振兴发展的意见（2016—2022 年）》提出促进冰雪产业快速发展，实现相关产业融合发展。2018 年 5 月，河北省政府办公厅印发《河北省冰雪产业发展规划（2018—2025 年）》提出打造世界冰雪旅游目的地，从上到下，各级政府的

相关政策都为融合发展提供了良好的政策环境。

（二）作为 2022 年冬奥会的举办地拥有冬奥经济动力

冬奥经济是拉动旅游发展的强大动力。数据显示，2010 年温哥华冬奥会旅游业发展到了极致，冬奥会结束后仅一年，承担雪上竞赛项目的惠斯勒雪场全年总收益就达 1.43 亿美元，之后又以每年 10%—15% 的涨幅增加；2014 年索契冬奥会，直接接待游客达 160 万人次，世界超过 30 亿人通过电视直播观看比赛。冬奥会在推进冬奥城市地区建设、带动旅游发展、促进区域经济一体化过程中作用无可替代，为承办城市带来的综合收益和社会效益难以估量。京张地区作为冬奥会的赛场所在地，冬奥经济将为京张地区的冰雪运动和旅游融合发展带来极大的推动力。

四、京张区域冰雪运动和旅游业融合的体系设计

（一）融合思路

2022 年冬奥会是顶级国际盛会，对京张地区来讲，是一次历史性的战略机遇，将一举获得全球的瞩目，这为京张地区冰雪运动和旅游业的发展提供了国际化的舞台，必将成为京张区域新的经济增长点，要站在国际的视野上，按照国际化标准，借助冬奥的大平台，以冰雪运动为载体发展新旅游、构建新产业、实现新发展，打造具有世界影响力的京张冰雪体育休闲旅游带。

京张地区应该抓住千载难逢的发展良机，借助冬奥会、京津冀一体化等重大事件吸引投资来实现振兴区域经济和推动社会发展的目的，突破现有京张冰雪运动和旅游业的发展瓶颈，转变发展模式，开发精品冰雪旅游产品项目，围绕冰雪主题，深度挖掘冰雪文化及冬奥文化，在冬奥经济的平台上重新整合资源，充分发挥冬奥效应，将冰雪旅游作为引爆点，打造适合京张区域发展的冰雪＋旅游业链，形成国内外知名品牌，为京张冰雪体育休闲旅游带来持续发展动力。

（二）融合原则

1. 创新改革原则

坚定不移地把改革创新作为第一动力，积极探索冰雪运动和旅游、教

育、文化等各方面的体制机制改革，加大政策扶持力度，不断增强冰雪旅游市场主体活力。

2. 区域协同原则

冰雪旅游要与区域经济发展相适应，立足冰雪旅游，融合相关产业。结合京张区域发展定位和京津冀一体化战略，依托冬奥会，与周边省市共促发展。

3. 引领转型原则

借助顶级事件，以冰雪体育旅游引领区域经济升级。引入社会资本，推进市场开发，加大高端旅游业态的综合开发，促进观光旅游向休闲度假旅游转型发展。

4. 绿色生态原则

坚持贯彻绿水青山也是金山银山的理念，生态优先、保护环境，结合京张区域生态涵养区的定位，在开发过程中以绿色产业为主导。

（三）融合要素

产业融合的基础是两方核心要素的演进。（1）冰雪运动发展的核心要素包括：政府部门、协会（联盟）、俱乐部、专业人才、赛事、场馆、媒体、知识产权、体育明星、中介服务（经纪）、赞助商、金融机构（基金、保险）、消费者，主产业链包括：冰雪健身休闲业、冰雪竞赛表演业、冰雪场地建设运营业、冰雪旅游业、冰雪培训业、冰雪装备业。（2）旅游业核心要素包括：政府部门、协会（联盟）、旅游公司、旅游平台、景点景区、酒店、餐饮、交通部门等，主产业链包括吃、住、行、游、购、娱、商、养、学、会。

从供给端分析，冰雪运动和旅游融合创造出新的产品，包括新的景区景点、新的旅游项目、新的旅游服务。由于"运动"元素的加入，提供了更新奇、更刺激、观赏性和体验性更强的旅游产品，获得了更多的客源、更大的收益利润和发展空间，产业竞争力得到更大提升。

从消费端分析，由于冰雪运动能够瞬间聚集人群，可有效帮助旅游形成客流，解决旅游自身无法解决的淡季、回头客、旅游传播等问题，推动观光旅游升级为体验旅游，单点旅游升级为全域旅游，单季旅游升级为四季旅游，满足旅游者不断变化的需求，促进消费升级。又由于冰雪元素可

"跨界"到"一二三"产业，带动旅游"吃住行游购娱商学养会"全产业链受益。

（四）融合形式

1. 上层设计

主要从制度创新、理论创新、理念创新三方面助推融合。政府部门因时度势开展上层设计，营造有利于融合的良好环境。推动制度创新，发挥政府主导作用，成立统一的融合发展领导机构；推动理论创新，加强融合理论和政策研究，出台融合政策和扶持措施；推动理念创新，引导各部门、全行业和全社会树立融合发展理念，营造良好外部环境和氛围。

2. 应用层面

主要从技术创新、组织创新、商业模式创新三方面深化融合。（1）技术创新（文化创意）推动产品融合。创新冰雪旅游文化产品，打造知名品牌，发展冰雪旅游赛事、节庆、会展、旅游等精品项目和衍生品。（2）组织创新推动企业融合。推动跨行业的冰雪旅游集团化发展，加快冰雪企业和旅游企业的战略重组、业态延伸，形成完整的冰雪旅游业链。（3）商业模式创新推动市场融合。整合冰雪运动和旅游优势，培育冰雪旅游市场，打破原来的运营模式；加强市场营销融合，加快营销手段融合和创新。

3. 关联层面

由于冰雪运动和旅游业的融合优化了资源配置、扩展了两方的功能与价值，使旅游升级成为刺激好玩的体验性强的品质产品，具备了跨界融合多维度平台、多领域发展的可能。通过"冰雪+"，发挥体育"瞬间聚集人群、黏合重复消费、自带传播媒介"的特点，跨界融合所有产业门类，通过二次融合实现产品创新，取得更好收益。

（五）融合路径

根据冰雪运动和旅游业的供给侧和需求侧，本课题组设计了融合路径，如下所示。

表 1　冰雪运动与旅游业融合发展体系

上层设计	制度融合	发挥政府主导作用，成立统一的融合发展领导机构。
	理论融合	加强融合理论和政策研究，出台融合政策和扶持措施。
	理念融合	政府引导各部门、全社会树立融合发展理念，营造外部环境和氛围。
应用层面	产品融合	融合冰雪旅游文化产品，打造知名品牌，发展冰雪旅游赛事、节庆、会展、旅游精品项目、衍生品。
	组织融合	推动跨行业的冰雪旅游集团化发展，加快冰雪企业和旅游企业的战略重组、业态延伸，形成完整的冰雪旅游业链。
	商业模式融合	整合两者的优势资源，培育冰雪旅游市场，打破原来的运营模式；加强市场营销融合，加快营销手段融合和创新。
关联层面	产品融合	通过"体育+"，发挥体育"瞬间聚集人群、黏合重复消费、自带传播媒介"的特点，跨界融合所有产业门类，通过二次融合实现产品创新，取得更好收益。

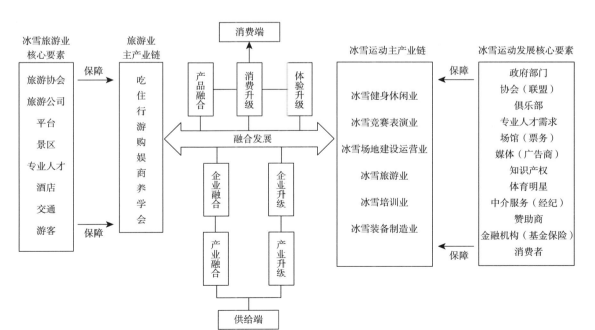

图 1　冰雪运动与旅游业融合路径

五、政策建议

（一）产品融合方面的建议

1. 冰雪旅游产品开发要冷暖融合

冷，即重点开展冰雪旅游主题项目，如滑雪、滑冰运动、冰雕节艺术等，参与冰雪旅游体验，丰富冬季旅游产品内容和文化内涵，打造国内外著名的冰雪旅游目的地。暖，即在滑雪主题项目的引领下，整合京张区域的温泉资源，开展"温泉＋养生＋度假"的体验项目，满足游客运动娱乐、度假养生的全新需求。"冷暖共融"简言之就是"白天滑雪＋晚上温泉"。

2. 冰雪旅游产品开发要动静互补

动，即充分利用京张区域的山地、雪资源，借助 2022 年冬奥会这一巨大宣传平台，开展滑雪、山地体育运动项目，满足游客运动健身的需求。静，即整合现有的观赏型的旅游资源，重新整合现有观光路线，增加休闲度假体验项目，延长游客停留时间。"动静互补"简言之就是"滑雪＋观光＋度假"。

3. 冰雪旅游产品开发要四季经营

冰雪旅游受季节影响比较大，要充分利用区域内其他资源设计不同季节的产品和服务。比如京张区域的延庆山地资源优势突出，山区占全区面积72.8%，拥有国家级自然保护区的松山、全市第二高峰海坨山、玉渡山、莲花山等。山区夏季均温低于主城区5—6摄氏度，不仅是夏季避暑胜地，也是登山、攀岩爱好者的胜地以及山地骑行、滑翔伞运动的绝佳圣地。除滑雪、滑冰、赏冰灯外，还有避暑、赏花、住宿、商务会议等主题，开展登山、攀岩、高尔夫、山地自行车、溜索、徒步、缆车观光、滑翔伞等活动。组织各类音乐节、电影节、美食节等四季经营模式。

（二）品质提升方面的建议

1. 打造智慧旅游交通体系

积极融入京津冀协同发展，加强区域间交通网络规划和建设，京张冰雪体育休闲旅游带大交通体系建设。提升完善区内通往冰雪活动场地和景区的小交通体系建设，构建人流、物流畅通的交通网络。重要赛事活动开展期间开通公共交通专线，提高道路交通便捷性。与机场建立便捷的驳接线路，为外地冰雪旅游的客源提供便利。借鉴网络租车、打车的平台，推动智能化服务应用，宣传提供汽车租赁业务、导航业务、项目定制业务等一条龙服务，形成便利化、智能化、一站式的冰雪旅游租车服务体系，提升游客来访的欲望。

2. 升级旅游配套支撑体系

对标国际标准，强化区域特色，提升硬件设施水平，提供高品质旅游服务。

吃的方面：国际标准 + 地方特色，既有标准的中西餐，又有区域特色宴席，满足不同游客需要。

住的方面：精品民宿 + 星级酒店，打造以冬奥为主题的精品民宿和满足国家赛事标准的星级酒店。

行的方面：快速通道 + 慢行绿道，打造"快进慢行"全域旅游交通。

购的方面：特色商品 + 商旅消费，打造奥运特许主题产品及滑雪产品的中高端商品体系。

娱的方面：节事演艺 + 民俗活动，借助赛事活动和节庆表演，形成全时全季娱乐体验。

学的方面：滑雪教学 + 户外研学，冬季滑雪学校开设各类滑雪培训课程，夏季主打青少年户外研学教育和企事业单位团建活动。

会的方面：商贸会展 + 企业会议，引入国内外滑雪类、山地户外类商贸活动、大型会展，引入企业年会，突出"会议 + 滑雪 + 温泉 + 户外"特色。

（三）内容丰实方面的策略

1. 创建"景区 + 赛事活动"工程

鼓励国内外冰雪运动类、山地户外运动类赛事活动落户到京张区域举办，建议每年举办 5 项以上国际级赛事活动，10 项以上国家级赛事活动，20 项以上大众冰雪或山地户外体育赛事活动，落户到景区或滑雪场，保障每个景区或滑雪场都有 2 项以上品牌赛事活动。通过赛事的集聚，打造观赏和体验的双重功能的赛事活动旅游。

2. 开发节庆冰雪或户外赛事活动

在春节、五一、端午、国庆、元旦等节日期间开发、策划、举行有一定影响力的、群众喜闻乐见的冰雪或户外赛事活动，扩大影响，丰富群众节庆生活，争取实现每个节日有1—2项品牌赛事活动。

（四）品牌传播方面的策略

1. 联合旅游企业

与中青旅、国旅、携程、凯撒等百余家旅行社或旅游平台建立战略合作联系，鼓励旅行社加大对京张区域冰雪山地户外旅游线路的推广。

2. 加大宣传力度

通过中央电视台体育频道、旅游卫视等平台大力宣传京张区域冰雪户外旅游，争取在本区域举办的各类冰雪赛事活动能够通过北京电视台、河北电视台或中央电视台体育频道等平台通过直播、录播或新闻报道等形式进行传播，利用新媒体和传统媒体对京张冰雪旅游进行宣传营销。通过印制宣传手册、建立京张区域冰雪旅游网站等方式加强宣传。

（五）联合管理方面的策略

1. 成立冰雪运动和旅游业融合发展推动机构

在融合发展过程中，首先在行政范围上涉及跨省跨市的管理权限问题，其次在业务上还涉及直接的政府管理部门有体育局、旅游委、奥组委及下设运行中心等，间接管理部门有发改委、商务委、水务局、教委等多个部门，为了推动融合工作高效进行，建议各地成立融合发展联席办公室，建立发展联席会议制度，联席会议成员由具体业务单位和部门组成，承担谋划指导本区冰雪旅游发展、督促检查重点任务完成情况、协调解决冰雪旅游发展工作中重大事项和重大问题的职责。针对突发的各类事件制定快速反应的机制，及时解决产业融合发展过程中的重大问题，为融合创造条件。制定加快冰雪旅游发展重点工作的分工方案。

2. 抓好冰雪旅游安全保障

健全冰雪活动安全管理条例和预案。参照国家安全局与国际SOS联合制定的《旅游紧急救援服务规范》，制定《冰雪旅游安全监管制度》《冰雪赛事活动安全管理制度》《校园冰雪安全监管制度》等条例，打造冰雪旅游安全工作指导规范和预案体系。积极与保险公司合作，完善冰雪旅游的保险体系；创新旅游事故保险与赔付服务，按需购买旅游保险，有责赔付、无责垫付、代为追偿。建立冬季旅游医疗保障体系，在重点冰雪旅游景区设立医疗服务机构或服务点，并与周边三甲医院建立配对联系和绿色通道。加强冰雪活动危机管理，提高管理职能部门的风险管理意识；开展多种相关安全宣传教育活动，特别是校园冰雪活动的安全教育；定期增加教练安全技能考核和导游安全技能考核。

参考文献

［1］ 史瑞应. 冰雪产业与旅游产业融合发展模式的研究［J］. 科技冬奥论坛暨体育科技产品展示会论文摘要汇编，2017.

［2］ 张瑞林. 我国冰雪体育产业商业模式建构与产业结构优化［J］. 体育科学，2016（5）.

［3］ 任桐. 冰雪旅游目的地引力模式的理论与实证研究［D］. 东北师范大学博士学位论文，2012.

［4］ 张春艳. 冰雪旅游资源价值形成与实现机制研究［D］. 哈尔滨工业大学博士学位论文，2008.

［5］ 刘国民，张彩云. "互联网＋冰雪旅游"产业发展路径选择［J］. 学习与探索，2018.

［6］ 程志会，刘锴. 中国冰雪旅游基地适宜性综合评价研究［J］. 资源科学，2016（12）.

［7］ 李建臣. 冬奥会促进北京和张家口冰雪旅游产业发展效应研究［J］. 科技冬奥论坛暨体育科技产品展示会论文摘要汇编，2017.

［8］ 姚小林. 我国冰雪体育文化产业链的发展现状研究［J］. 哈尔滨体育学院学报，2015（03）.

［9］ 任小敏，王焕. 冰雪体育旅游产业链研究综述［J］. 内江科技，2017（1）.

［10］ 杨志亭，孙建华. 我国冰雪休闲度假旅游的文化特色及开发战略研究［J］. 沈阳体育学院学报，2013（06）.

［11］ 北京市冰雪运动发展规划（2018—2025）.

［12］ 张家口市人民政府关于加快冰雪运动振兴发展的意见（2016—2022年）.

［13］ 河北市冰雪产业发展规划（2018—2025）.

中国传统冰雪运动文化的基本内涵、研究动态与研究价值

张宝强 *

2015 年 7 月，北京携手张家口获得 2022 年冬奥会的举办权，为在国际上传播中国传统冰雪运动文化提供了新的机遇。2017 年 1 月党中央和国务院发布《关于实施中华优秀传统文化传承发展工程的意见》，2017 年 10 月党的十九大提出"筹办好北京冬奥会""提高国家文化软实力"等要求，为传承中国传统冰雪运动文化提供了新的动力。在这一背景下，对我国传统冰雪运动文化进行全面发掘，自然成为学界的时代担当。

一、中国传统冰雪运动文化的内涵

一提到冰雪运动，人们常常会想到流行于欧美的短道速滑、高山滑雪、冰球等。其实，冰雪运动是具备冰天雪地等自然条件的世界各地普遍存在的一种运动类型，只不过表现出或奔放或收敛、或刺激或优雅等不同的属性和形式而已。

中国传统冰雪运动文化，即中国人自己创造的在冰雪上活动的各种器械、设施，在冰雪上开展的各项运动、习俗，以及由此形成的规则、制度和相应的观念、思想等的总和。中国传统冰雪运动文化主要包括中国古代冰雪

* 作者为咸阳师范学院体育学院教授，博士。

运动文化（远古时期至 1840 年）、中国现存的传统冰雪运动项目和习俗等。其内容主要包括冰雪传说、冰雪游戏和冰雪习俗等三个方面。

（一）富含教育价值的冰雪传说

在我国古代，有许多关于冰雪的传说与故事，或感人至深，或含义隽永，充满了丰厚的教育价值。

1. 袁安困雪

《后汉书·袁安传》里说，有一年，洛阳大雪，人们皆除雪外出乞食，独有袁安门前积雪如故。洛阳令按户查看，以为袁安已经冻饿而死，便让人扫除积雪，进屋察看。只见袁安直挺挺地躺着，差役问他为何不出门。袁安说，天下大雪，人人皆饿，我不应去打扰别人。洛阳令甚为感动，后举袁安为孝廉。袁安先后做了阴平县长和任城县令。后人把宁可困寒而死也不愿乞求他人的有气节的文人，称作"袁安困雪"（或"袁安高卧""袁安节"）。

2. 囊萤映雪

《晋书·车胤传》《初学记·卷二》记载，晋代车胤小时家贫，夏天用白绢做的口袋装萤火虫照明读书；晋代孙康在冬天的夜晚，常利用雪的反光读书。后以"映雪囊萤"形容夜以继日，苦学不倦。

3. 卧冰求鲤

《搜神记》里说，晋朝的王祥，早年丧母。继母不喜欢他，常在其父面前数说王祥的不是，还让王祥进行艰苦的劳作。父母生病时，王祥为照顾他们，忙得连衣带都来不及解。一年冬天，继母生病，想吃鲤鱼。因天寒，河水冰冻，无法捕捉，王祥便赤身卧于冰上，这时，冰面忽然裂开，从冰缝中跃出两条鲤鱼。王祥喜极，用鲤鱼俱奉继母……王祥的举动，在十里乡村传为佳话，被后世奉为"二十四孝"之一。

4. 程门立雪

《宋史·杨时传》里记载，宋代进士杨时，在 40 多岁时，得知当时著名的学问家程颐在洛阳，就想去拜见程颐，向他求教。到程颐家时，程颐正在打瞌睡。于是，杨时和一同前来的游酢，一直站在门外等候。当程颐醒来时，门外的雪已经下了一尺厚了。现用"程门立雪"一词比喻求学心切和对有学问长者的尊敬。

这些传说，往往成为后世冰雪诗词、冰雪绘画、冰雪雕塑、冰嬉表演等创作的源泉和素材。

（二）具有民族特色的冰雪游戏

在我国古代，较早地出现了滑雪板、狗车、冰床、爬犁、冰鞋等冰雪活动器械和形式，并出现了封建时代大型冰上运动形式——"冰嬉"。直到现在，民间还有抽冰尜、拉雪橇、打爬犁、推冰磨等形式多样的冰雪游戏。

（三）充满祈福意愿的冰雪习俗

在我国民间，除了冰雪游戏外，还流传有内涵丰富的冰雪运动习俗。

1. 满族萨满教雪祭

雪祭是满族萨满教古老的祭祀大典之一，主要流传于满族先世黑水女真部中，分布地域广阔，黑龙江沿岸直至库页岛一带原始部落都行雪祭大典。直至民国初年，满族富、吴等姓仍举行雪祭典礼。满族萨满教雪祭的主要性质是敬雪、拜雪和娱雪。其中娱雪包括走雪迷宫、闯雪阵、跳冰雪滑板、堆雪人、塑冰雕等。满族萨满教雪祭以物化的形式、隆重的礼仪展示了满族及其先世对冰雪的崇拜，具有浓郁的北方文化特色。其中的娱雪活动，蕴含和保留了满族古老的冰雪运动因素。

2. 轱辘冰

清代满族妇女中流行着一种习俗——"轱辘冰"，又叫"滚冰""走白冰"。每年正月十六晚上，妇女们三五成群，手执灯笼，嬉笑着来到旷野。她们在冰雪上左右翻滚，口里诵唱着："轱辘冰轱辘冰，腰不痛腿不疼""轱辘冰轱辘冰，身上轻一轻"。接着，在冰雪上嬉戏取乐。该活动俗称为"脱晦气"，又叫"走百病"（"走白冰"的谐音），认为"轱辘冰"能滚走疾病和晦气，带来健康和运气。

3. 背冰亮膘

在运城市永济市长旺村和芮城县匼河村世代传承着一项民俗活动——"背冰亮膘"。所谓"背冰亮膘"，是指黄河汉子每年正月在凛冽寒风中仅着短裤，赤裸上身，背着冰块、敲着锣鼓游街串巷，在场地表演时还有下河、破冰、匍匐前进、刀枪不入等动作，整场表演气势宏大，古朴彪悍，令人震撼。"背冰亮膘"主要形成于当地的社火和庙会两种场域中，是农耕信仰的集中体现，寄托了劳动人民祛邪避灾和祈求福祉的愿望。

4. 雪地走

雪地走是满族的一种传统体育活动，专为女子而设。该项目在跑道上进行，距离有 100 米、200 米、400 米不等。参赛运动员脚穿三寸高底的"寸子鞋"，身着满族服装，向终点快速奔走。行进时，两脚不得同时离地，谁先到达终点谁胜。雪地走项目一说是因穿高底鞋走路，如踏雪而行，故称雪地走；另一说为此项目源于古时满族妇女正月在雪地上"结伴出行"的习俗。

这些冰雪传说、游戏和习俗，既是一种民间、民俗文化，也是一种有别于西方的独特的冰雪运动文化。传承和发展中国传统冰雪运动文化，对凝聚民族深厚情感，实现民族文化认同，增强民族文化自信具有积极作用。

二、中国传统冰雪运动文化的研究动态

（一）国外研究情况

早在公元前 5 世纪，古希腊史学家希罗多德在其《世界史》中记载了新疆阿勒泰地区的滑雪活动。13 世纪末，意大利旅行家马可·波罗在其《马可·波罗游记》中描述了元代狗拉雪橇的形制和用途。公元 13、14 世纪之交的波斯人拉施特，在其《史集》一书中记载了蒙古族所辖部落的滑雪活动。1986 年韩国出版的《朝鲜王朝实录》一书，记录了朝鲜国王到瀛台观看清朝冰床、冰嬉的情况。近年来美国学者尼尔·拉尔森等多次率领团队到新疆阿勒泰地区进行调研，考察当地古老的毛滑雪板。总之，除了对中国古代冰雪运动文化进行个别记载外，西方学者对中国传统冰雪运动文化的研究比较少。

（二）国内研究情况

自 1919 年郭希汾的《中国体育史》一书论述清代"打滑挞"游戏起，我国学者陆续开始关注传统冰雪运动文化问题。该领域先后经历了 20 世纪 50 年代整理古代滑冰活动资料、70 年代创办专业期刊《冰雪运动》、80 年代发表若干早期研究论文、90 年代出版第一部冰雪运动史《中国滑雪运动史》（张彩珍）等探索过程。进入 21 世纪，我国传统冰雪运动文化研究迎来热潮，主要表现为：涌现一大批相关期刊论文和学位论文、出版多部冰雪运

动史著作、建立中国冬季运动博物馆等。

截至目前，关于我国传统冰雪运动文化的研究可概括为以下几个方面：

第一，关于世界滑雪运动发源地的考证。2011 年单兆鉴等人论证了"新疆阿勒泰地区是人类滑雪起源地"，并得到"上海大世界基尼斯总部"的认证，是该领域最重要的成果之一，扩大了我国冰雪运动文化在国际上的影响。

第二，关于古代冰雪运动的研究。《中国滑雪运动史》（张彩珍）、《中国滑冰运动史》（冯建中）、《中国冬季运动史》（徐文东和朱志强）等冰雪运动史著作均对古代冰雪运动进行了简要论述。姚世庆、姜广义等人分别对我国古代北方少数民族的滑雪活动及其文化内涵进行了分析。韩丹、齐震、王聪等对冰嬉的沿革以及相关文艺作品进行了研究。这些成果在史料和理论方面具有一定的借鉴价值，为开展我国传统冰雪运动文化研究奠定了重要基础。

第三，关于冰雪运动文化的研究。冰雪运动文化涉及冰雪运动的器材、制度、观念等内容。张晓琳、关景媛、佟岗等分别对冰雪运动文化的结构、主题、国家冰雪运动文化建设等方面进行了探讨，为研究我国传统冰雪运动文化的概念、价值、传承与发展等积累了有益经验。

第四，关于传统冰雪运动项目和习俗的研究。我国有许多关于冰雪的传说、故事和习俗等。学者郭淑云、任亚娟、王宇舟、陈立华等对我国历史上及现存的"雪祭""背冰亮膘""滚冰节""雪地走"等冰雪运动项目、习俗进行了初步研究，为深入探讨我国传统冰雪运动文化提供了重要线索和参考。

第五，关于冬奥会与冰雪运动的研究。奥运会历来是主办国展示本国优秀历史与文化的重要平台。张瑞林、易剑东、王惠、刘慧等分别对北京冬奥会促进冰雪运动发展的作用和瓶颈、冬奥会的价值和意义、冬奥会的对外宣传工作、冬奥会对河北省非物质文化遗产传播的作用等进行了研究，相关思想值得借鉴，但关于冬奥会对中国传统冰雪运动文化展示与传播方面的研究很少。

从上述学术史和研究成果的简要梳理可以看出，经过历代学者的努力，我国传统冰雪运动文化的研究取得了一定的成果，为后续研究奠定了学术基础。该领域的研究主要有以下特点：①在冰雪运动史研究方面，大多数冰雪运动史著作多着墨于近代与现代冰雪运动，对源远流长的中国古代冰雪运动缺乏全面、深入的发掘；②在冰雪运动文化研究方面，对从西方引进的现代冰雪运动项目关注较多，对中华民族传统的冰雪运动项目、习俗考察和研究的不多；③在北京冬奥会研究方面，对冬奥会的影响、作用研究的较多，对冬奥会与我国传统冰雪运动文化关系的研究明显不足。

三、中国传统冰雪运动文化的研究价值

中国冰雪文化源远流长。冰雪运动在各个时期具有不同的活动器具和样式，是世界冰雪运动文化多样性的重要组成部分。

习近平同志曾指出，要系统梳理传统文化资源，让收藏在禁宫里的文物、陈列在大地上的遗产、书写在古籍里的文字都活起来。因此，在传承民族优秀传统文化、举办北京冬奥会、大力发展冰雪运动和冰雪产业的时代背景下，作为"人类滑雪起源地"的中国，十分有必要对本国传统冰雪运动文化进行全面、深入的挖掘。

第一，从学科发展来看，该研究可以丰富体育史的研究内容。如前所述，目前国内出版的众多相关著作，多侧重于近代与现代冰雪运动，尤其是重点介绍从西方引进的现代冰雪运动项目，对中国古代冰雪运动文化关注不够。对中国古代冰雪运动文化进行专门研究，发掘材料，裨补缺漏，可以丰富体育史研究内容。

第二，从民族情怀来看，该研究有助于民族传统体育文化的认同和保护。以"冰嬉"为代表的中国古代冰雪运动文化，是世界冰雪运动文化中的一朵奇葩，是中华民族对世界体育文化的重要贡献，但年青一代对此了解不多，甚至常常出现"言必称希腊""数典而忘其祖"的现象。目前尚存的"雪地走""背冰亮膘"等民间冰雪运动习俗，是古代冰雪运动文化遗留至今的自然形态，也是濒临消亡的体育非物质文化遗产。该领域的研究，对民族传统体育文化的认同和保护将起到积极作用。

第三，从国家需要来看，该研究可以为冬奥会及冰雪运动的发展提供历史与文化支持。2015 年 11 月，国家体育总局在其下发的《关于进一步做好运动项目文化建设的通知》中指出，要提高对运动项目文化建设重要性的认

识，挖掘运动项目文化和历史，提升运动项目的文化内涵。该研究可以提高我国冰雪运动的历史厚度和文化内涵，为 2022 年冬奥会的举办以及我国冰雪运动的发展提供有力支持。

第四，从国际视野来看，该研究有利于加强中外体育文化交流。习近平同志 2013 年 12 月在中共中央政治局第十二次集体学习时强调，"在 5000 多年文明发展进程中，中华民族创造了博大精深的灿烂文化……要把跨越时空、超越国度、富有永恒魅力、具有当代价值的文化精神弘扬起来，把继承传统优秀文化又弘扬时代精神、立足本国又面向世界的当代中国文化创新成果传播出去。"在北京冬奥会筹备及举办期间，开展关于中国传统冰雪运动文化的研究和交流，有利于传播中华民族独特的冰雪运动文化，扩大中国传统体育文化在国际上的话语权。

国际视野

平昌冬奥会的九个关键词[*]

陈　剑

2018 年 2 月 25 日晚上 8 点 18 分，在平昌冬奥会组委会主席李熙范将奥林匹克会旗交给国际奥委会主席巴赫后，北京市市长陈吉宁从巴赫手中接过奥林匹克会旗，意味着冬奥会的北京时间正式开始。16 天的平昌冬奥会，全球 92 个国家 2922 个运动员相聚一起，演绎了精彩纷呈的灿烂时刻。

一、南北缓和

2018 年 2 月平昌冬奥会是在周边严峻的国际环境背景下举办的。2017 年 9 月 19 日至 20 日，笔者应邀参加了韩国江源道政府主办的由中日韩俄四国专家参与的冬奥论坛。

此时，2018 年平昌冬奥会能否如期举办，面临严峻的考验。因为不久前，朝鲜又进行了核试爆。在平昌冬奥会举办期间是否会继续核试爆，剑拔弩张的各方是否会擦枪走火，存在巨大的不确定。也正因为此，此时一些国家已表态不参与平昌奥运会。笔者在论坛上提出的问题是，有无可能朝鲜半岛南北双方携手，同唱阿里郎歌以联队形式参与平昌冬奥会，我的提问得到论坛主办方的支持。2018 年 1 月 1 日，朝鲜领导人发表新年致词，发出朝韩和解的信号，以冬奥会作为和解突破点，派出代表团参加 2 月在韩国举行

---

* 此文原载爱思想网站 2018 年 2 月 27 日。

的冬奥会。朝鲜领导人的新年致词，得到了韩国积极响应。2月9日晚上，当韩国有舵雪橇运动员元润钟和朝鲜冰球运动员黄忠金共同高擎半岛旗，伴着《阿里郎》，引领着朝韩联队运动员在平昌冬奥会的开幕式上步入赛场时，这一届冬奥会已经载入史册。这是两国运动员在奥运历史上第二次携手入场（上一次是2000年的悉尼奥运会），更重要的是，这是他们第一次在奥运赛场上并肩作战。朝方在派出了运动员参加冬奥会比赛同时，还进行了多方位的外交攻势。例如，派出了朝鲜最高人民会议常任委员会委员长金永南率领的高级别代表团，代表团成员包括朝鲜最高领导人的亲妹妹、朝鲜劳动党中央委员会第一副部长金与正等。2月10日，韩国总统文在寅在青瓦台会见到访的朝鲜高级别代表团并共进午餐。金与正作为朝鲜最高领导人金正恩的特使向文在寅转交了金正恩关于改善朝韩关系的亲笔信，并转达了他对文在寅访问朝鲜的口头邀请。此外，朝鲜的美女啦啦队也让人们眼前一亮。还有朝鲜演出团、跆拳道表演团等一系列动作。很显然，朝鲜利用冬奥会作为舞台，寻求改善同韩国的关系。这样一个举动，笔者以为应当给予积极点赞。使这届冬奥会能够正常如期顺利举办。

与此同时，笔者认为，应对朝鲜行为保持高度警惕。这是因为，在韩国召开平昌冬奥会同时，朝鲜正经反联合国的最严厉的制裁。2017年9月11日，联合国安理会11日一致通过第2375号决议，决定对朝鲜实施新的制裁。根据这份决议，国际社会将减少对朝鲜的石油供应，禁止朝鲜纺织品出口以及禁止朝鲜海外务工人员向国内汇款等，以最大限度遏制其核武器和导弹计划。这是2006年以来联合国安理会第九次通过针对朝鲜核导计划的制裁决定。在以往的制裁中，特别是第七轮制裁中，制裁内容已经包括：禁止朝鲜出口煤、铁、铅和海产品；禁止其他国家雇用新的朝鲜劳工；禁止他国向现有与朝鲜合资项目中追加资金，禁止与朝鲜进行新的联合投资项目。正是在联合国对朝鲜的严厉制裁背景下，朝鲜通过参与平昌冬奥会，试图缓和同韩国的关系以寻求突破。这其中或许也有通过参与平昌冬奥会，进而破坏安理会对朝鲜的制裁，以做实有核国家事实，迫使国际社会承认其为有核国家的图谋。如若如此，无疑是需要国际社会加以警惕的，也是包括中国政府在内国际社会强烈反对的。因为朝鲜拥核，中国或许是最大的受害国，对中国带来的灾难实际是一个大概率事件。笔者2016年底去吉林延边调研并作报告，了解的实际情况是，近年来延边经济下滑，一个重要原因是邻边国家的持续核试验和导弹发射导致投资萎缩。

实际上，国际社会对朝鲜的行为也始终保持高度警惕。美国副总统彭斯2月8日率美国冬奥代表团抵达韩国。他提出要警惕朝鲜借机"绑架"冬奥会。2月9日晚冬奥会开幕式上，韩朝代表团联合入场，现场欢声雷动，彭斯却与坐席相隔不远的金永南、金与正等朝鲜高官"零互动"。平昌冬奥运会临近尾声，2月24日，美国宣布对朝鲜实施了最严厉的经济制裁，韩美两国同时宣布，他们将在3月18日平昌冬残奥会闭幕至3月底前这段时间里，宣布联合军演具体日期。

围绕朝鲜拥核的问题，各方博弈如影随形贯穿于平昌冬奥会始终。随着平昌冬奥会的结束，新的博弈和角逐已经开始。

二、规则　博弈

北京时间2月20日晚，这是关注平昌冬奥会的中国人观众较为郁闷的一天。平昌奥运会短道速滑女子3000米接力A组决赛中，中国队与加拿大队被判犯规，遗憾地失去了奥运奖牌。对此，中国舆情反响强烈，普遍认为裁判判罚有误，对中国队不公。根据国际滑联官网2月21日消息，国际滑联对此事件进行了说明，并公布了作为判罚依据的图片，认为范可新在中国队最后一次交接棒时与韩国队员崔敏静的身体接触造成妨碍（impeding）犯规。视频显示中国队在最后交接时范可新很明显向内侧横向滑行，手臂挡住韩国队，确实存在犯规。短道速滑是个技术性要求很高的项目。技术发挥又受很多因素影响。此次中国短道速滑运动员先后9次被裁判判罚，中国队确实存在对技术规则理解不到位的问题。问题是，本届冬奥会的判罚尺度不一，给选手们带来了很大的困扰，违背了奥林匹克主义公平公正这一核心要义。这应当看作是本届冬奥会的缺陷与不足。从中国队的情况看，媒体报道情况是，赛后中国队向国际滑联技术委员会提交了申诉，但国际滑联于21日对该申诉予以驳回，理由是没有在比赛结束30分钟内进行申诉。如果此事报道准确，从中国队自身找原因，说明中国队对技术规则和赛事规则都缺乏深刻了解。

2016 年巴西举办的里约奥运会时，美国队利用技术规则申诉解决女子
4×100 米接力掉棒的处罚，笔者在里约奥运会后撰文，"里约奥运会九大关
键词"一文中专门就此事作了评说，认为加强对奥运规则的理解十分重要。
笔者建议，要重视规则，利用规则。国家应该重视律师参与大型国际体育赛
事的作用，中国参与以后的历届奥运会，中国奥运团队都应配备专业律师。
奥运比赛是一个国际舞台上的博弈，不仅仅需要运动员与教练的努力，也需
要充分发挥律师的作用，充分重视对奥运规则的学习。

无论观众和运动员，还应当有一个相对成熟的心态。中国冬奥冠军杨扬
说得好，"场上有 8 名裁判，来自不同的国家，从我在国际组织工作多年的
理解，（裁判）很难去偏袒，所以还是要理性。现在的判罚比过去更先进，
更容易看清楚。我还是想请我们的队员能摆正心态，你看男子 500 米，我们
的状态非常好"。一些国内观众，对项目对规则缺乏了解，输了就骂裁判，
骂韩国偏袒，这样一种认识是有问题的。

从本届冬奥会引起的诸多争议来看，已经制定的规则也不是尽善尽美。
在女子 500 米、男子 1500 米比赛、男子 1000 米预赛、男子 5000 米接力和
女子 3000 米接力半决赛中，就有 20 次犯规，所有的犯规均为阻挡犯规。20
次犯规判罚给了 11 个不同国家的运动员，这么多的国家和运动员对规则的
适应存在问题，说明国际滑联制定的项目规则有修订空间。在北京冬奥会开
始前，必须将判罚尺度与即将开始的冬奥会的尺度完全一致，使运动员知
道什么是犯规，教练员能够有效组织比赛，安排战术。这也对中国提出了挑
战，中国应当参与规则制定。从长远发展考虑，应当通过自身努力提升中国
在国际奥委会乃至各单项联合会的地位，这应是中国体育的长期战略。

但无论中国是否能够成为规则的制定者、掌握者、主导者，是否拥有解
释权，也都需要认真研究规则的变化，努力适应规则，更要尊重规则。这应
当是唯一正确的态度。

三、武大靖

2018 年 2 月 22 日的夜晚应当属于武大靖，2018 年平昌冬奥会中国最耀
眼的明星运动员是武大靖。这个 23 岁来自黑龙江佳木斯的运动员，用两次

打破 500 米短道速滑世界纪录夺取了这一比赛的冠军，可以说是酣畅淋漓，一骑绝尘，令守候在电视机前旁的无数中国观众兴奋无比，一扫几天来的郁闷情绪。预赛中，武大靖以 40 秒 264 打破奥运会纪录；1/4 决赛他又以 39 秒 800 成绩的破世界纪录。A 组决赛中，武大靖利用有利的道次和出色的起跑抢占第一位的位置，全程比赛中，武大靖牢牢占据第一位，并远远甩开了身后的两名韩国选手，没有给对手任何尝试超越的机会，最终以 39 秒 584 的成绩率先通过终点线，体现了具有超强的统制能力，为中国代表团收获本届冬奥会的首枚也是唯一一枚金牌，刷新了他在 1/4 决赛创造的全新世界纪录，中国男子短道速滑选手也首次站上冬奥会最高领奖台！笔者以为，更令人称赞的是武大靖在紧接着 5000 米接力赛中的表现。武大靖和韩天宇、许宏志、陈德志组成中国队在短道速滑男子 5000 米接力赛中又获得了亚军，为中国短道速滑平昌之行画上了较为完满的句号。如果比赛日程安排科学一些，中国队完全具备夺取这块金牌的实力。回顾一下，在短短的两个小时内，武大靖前后参加了近四场比赛（500 米 1/4，1/2 和决赛，还有因场地问题而取消的几乎跑了全场的比赛），在消耗大量体力情况下参加的 5000 米接力赛，武大靖咬牙坚持，这无疑影响了水平的充分发挥。

如何看待武大靖的成功呢？这可能是一个较为复杂的问题。武大靖的成长之路实际是一个典型的励志故事。梦想渺茫，但没有放弃，从 7 年前女队陪练，长距离滑不过周洋，短距离滑不过范可新，从黑龙江转到江苏，由于始终坚持，终于修成正果。这或许是其成功的关键。

四、重在参与

重在参与，是奥林匹克精神的重要内容。奖牌固然重要，但能够享受比赛，展现自身的实力，其意义可能超过获得奖牌。毕竟在奥运会上，无论是夏季奥运会或冬季奥运会，能够获得奖牌的运动员毕竟是少数。

重在参与。人们可以从这届冬奥会非洲选手的参与理解这一精神的含义。平昌冬奥会有来自 92 个国家和地区的 2922 名运动员中。其中就有来自 8 个非洲国家的运动员。他们分别是尼日利亚、厄立特里亚、南非、摩洛哥、马达加斯加、加纳、多哥、肯尼亚；并有多名运动员参加了高山滑雪、越野滑雪、雪车以及钢架雪车这 4 个大项的争夺。虽然在没有积雪的非洲，大多数冰雪项目无法开展，这些运动员也很难获得奖牌，但他们在参与过程中感受到其中的意义。美国《时代周刊》写道，"尼日利亚队或许无法登上平昌奥运会的领奖台，但她们让全世界看到了冰雪运动在这片国度所种下的种子，史诗般的成就。"

重在参与，实际是享受比赛，人们可以从一些运动员长期坚持，感受到这一精神的意义。印度选手希瓦 – 卡沙万，今年 37 岁，从 1998 年长野冬奥会起，连续参加 6 届冬奥会，前前后后跨越了 20 年的时间，这份坚持尤为不易。虽然一次也没有拿到奥运会奖牌，当他冲击终点时，人们对他最后一次参加冬奥会给予热烈掌声，其重在参与的精神让人们感受到奥林匹克的巨大魅力。

中国女运动员常馨月，以第 35 名的身份获得了冬奥会该项目的最后一张入场券。"我来这里是享受比赛，是来学习的。"常馨月说。这种心态下，常馨月完成了载入中国跳台滑雪史册的第一跳。虽然，常馨月没能继续创造历史，但对她而言已经成功了。

重在参与，在参与过程中展示运动员精彩一面，体现更高更快更强的奥运理念，这需要有一个良好健康的心态。中国第一块奖牌获得者单板滑雪运动员刘佳宇，三届奥运，在年少成名，又跌入低谷后，对单板滑雪的热爱和不懈坚持终于使刘佳宇在 25 岁的时候梦想成真。此外，中国短道速滑奖牌的李靳宇，美国单板滑雪运动员肖恩怀特，日本花样滑冰运动员羽生结弦，他们的充满自信良好的健康心态，向人们展示了卓越才能，很好地诠释了奥林匹克主义这一理念。

五、中国军团

中国军团在此次平昌冬奥会的表现评价不一。笔者以为，有得有失，总体还是应当给予积极评价。

先说"失"。从金牌和奖牌数看，中国队获得了 1 金 6 银 2 铜，奖牌数 9 块，位列平昌冬奥会各参赛国第 16 名。创下 2002 年盐湖城冬奥会近 16 年来最差战绩。

以下是中国队自 1980 年开始参加冬奥会获得奖牌和金牌的情况。

1992 年第 16 届阿尔贝维尔（法国）冬奥会，叶乔波为中国队夺得首枚冬奥会奖牌。中国选手在这届比赛中获得 3 枚银牌，排在奖牌榜的第 15 位。

2002 年第 19 届盐湖城（美国）冬奥会，短道速滑运动员杨扬成为中国第一位夺得冬奥会金牌的运动员。这届比赛中国队一共获得 2 金、2 银、4 铜的好成绩，位列奖牌榜的第 13 位。

2006 年第 20 届都灵（意大利）冬奥会，中国队以 2 金、4 银、5 铜，位列奖牌榜第 14 位。

2010 年第 21 届温哥华（加拿大）冬奥会，中国以 5 金、2 银和 4 铜，11 枚奖牌的成绩平了 2006 年都灵冬奥会时的最高纪录，而金牌数则创造了历史最高。位列奖牌榜的第 7 位。

2014 年第 21 届索契（俄罗斯）冬奥会，中国代表团以 3 金 4 银 2 铜共收获 9 枚奖牌排名金牌榜第 12 位，奖牌数位列第 12 位。

中国队此次"得"主要有，雪上项目进步明显，参赛项目大面积拓展，一批新人展示了潜力。

平昌冬奥会中国体育代表团 82 个运动员，共获得 82 个参赛资格，参加了 5 个大项、12 个分项、55 个小项比赛，其中冰上、雪上项目各 41 人，男运动员 36 人，女运动员 46 人。相较于 2014 年索契冬奥会以及以前的历届冬奥会，无论是参赛人数还是参赛项目上都有了十足的进步。此次中国队选手初次亮相冬奥会的 10 个项目中，7 个属于雪上项目。中国选手在跳台滑雪女子标准台、男子四人雪车、男子双人雪车、男子钢架雪车、单板滑雪女子平行大回转和自由式滑雪男、女 U 型场地技巧共 7 个小项上第一次站上了冬奥赛场。尽管从成绩上看，中国队在实现奥运首秀的项目上与世界强队存在不小差距。但由于积累了大赛经验，无疑为 4 年后的北京冬奥会做了准备。

在此之前，冬奥会的雪上项目，中国队有奖牌入账的只有空中技巧。在平昌，首次参加冬奥会的金博洋再次刷新了中国选手在男子单人滑最好成绩，获得第四名；中国男选手高亭宇获得了男子 500 米的季军；在速度滑冰的赛场上，由郝佳晨、李丹、刘晶、韩梅组成的中国女队也在团体追逐赛中创造了第五名的历史最佳战绩；耿文强以排名 13 名完成了中国选手在男子钢架雪车项目中的奥运首演。此外，男子双人雪车的李纯健／王思栋、金坚／申可，四人雪车的邵奕俊、李纯健、王思栋、史昊、王超等，这些项目中国队都是首次获得奥运参赛资格。

此次中国队一批新人展示了潜力。为中国队在平昌夺下第一枚短道速滑奖牌的李靳宇只有 17 岁，自由式滑雪 U 型场地技巧队就是一支由"00 后"挑起大梁的队伍，15 岁的小将张可欣获得的第 9 名也是中国选手在该项目中的历史最好成绩。

对 4 年后的北京冬奥会，我们应当鼓足信心，同时也应当对自身水平有一个清晰的认识。当下世界冬季运动项目格局基本稳定。如果把冬季运动项目由高到低分为三类的话，那么第一类国家应当是欧美诸国，特别是北欧一些有着悠久滑雪历史的国家，例如挪威、瑞典、荷兰、芬兰等国。此外，还包括美国、加拿大、德国、法国、意大利、奥地利、俄罗斯等欧美国家。这些强国实力超群，历史悠久，冰雪项目有扎实的基础；第二类国家应当是日本、韩国、哈萨克斯坦和中国等国家，这些国家虽然近年来奋力追赶，但由于基础相对薄弱，总体水平与一流国家还有距离。其余参与的国家就是三流国家。这类国家应当是印度、非洲等冬季运动项目不是十分普及、地理气候不适合大力发展的国家。在二流国家中，就目前综合实力分析，日本和韩国在中国之上。此次韩国和日本获得奖牌数分别达到 17 枚和 13 枚，金牌分别达到 5 枚和 4 枚，分别位列奖牌数的第 7 位和第 10 位。中国要想在 2022 年冬奥会上有所进步，逼近或赶上日韩水平，也需要付出巨大努力。应当认识到，中国冰雪运动其实和中国足球运动一样存在基础薄弱，普及不够、教练尤其是青少年教练缺少而且水平亟待提升的问题。因而，从更长远发展考虑，还需要在打基础、重普及、加强科学训练上下功夫。中国冰雪运动从东北走到华北、山东、新疆等一共有 3 亿人口的更广阔的天地，实际上对普及中国冰雪运动打下了很好的基础。

六、冬奥经济

平昌冬奥会开幕前，笔者曾接受环球时报采访，询问冬奥经济。我的观点是，历届冬奥会从 1924 年从法国夏蒙尼算起，就直接效益分析，很少有几个国家能够获得盈利。一届奥运会，直接收入来源主要有三个部分，即赞助收入，电视转播收入和票务收入。就平昌冬奥会来说，由于平昌冬奥会还没有结束，还有紧接着冬残奥运会，目前还难以就前两项收入作些分析，但就平昌冬奥运会票务而言，平昌冬奥会人气爆满，为历届冬奥会之最，票务收入令人满意。按照 2018 平昌冬奥会组委会主席李熙范提供的数据，平昌冬奥会的门票销量达到目标值（106.8 万张）的 100.2%，截至 23 日付费购票观众数量累计达到 114.2 万人次。尽管如此，也难以保证平昌冬奥会盈利。笔者以为，平昌冬奥会，由于前期投入巨大，整体亏损应当是在情理之中。正因为举办冬奥会，其直接效益难以盈利，因而冬奥会很长时期都是在欧美一些小镇举办，大量的临时设施，随着冬奥会举办结束也随之撤除。包括此次平昌冬奥会也是如此。但为什么仍然有那么一些国家积极参与冬奥会的申办，那就是综合效益有可能是盈利的。综合效益影响，实际包括经济和社会发展诸多内容的影响。例如，提升国家和民族凝聚力、自信心，扩大其城市和区域的知名度，提升企业品牌的影响力，推动冰雪产业发展，吸引更多的人上冰雪，推进城市和基础设施发展，等等。对历届冬奥会举办地分析，由于冰上项目和雪上项目往往是城乡之间进行的，因而冬奥会对缩短城乡之间的差距有积极意义。以平昌冬奥会为例，在申奥之前，韩国的平昌和江陵是并不受太多关注的偏远小城镇，平昌、江陵归属江原道，其经济发展水平相对滞后。因此，借冬奥会之机，完善江原道公路网、修建首尔至江陵这一贯穿韩国东西两端的高铁线、扩大江原道内港口和机场的功能等完善基础设施的举措对发展江原道经济来说是重大利好。通过 7 年申办冬奥，江原道经济和居民收入增速都位于韩国前列，基础设施的完善起到了助推作用。同样，2022 年冬奥会，北京携手张家口共同举办。张家口是一个经济相对落后的不发达地区，但通过目前三年冬奥会筹办，张家口受到全球的关注，不仅基础设施近年来有了突飞猛进的进步，其他方面的投入带来的变化也是巨大的。

由于冬奥会直接效益难以盈利，也正因为此，无论是夏季奥运会或是冬奥会，都面临发展的瓶颈，国际奥委会收到参与申办城市的报名，从以往的趋之若鹜到目前的门可罗雀，反映了这种窘境。

这些建筑冬奥会结束后将被撤除

七、反兴奋剂

从目前报道的情况看，2018 年平昌冬奥会兴奋剂的使用目前只发现了 3 例：第 1 例是日本短道速滑男选手斋藤，他在赛前药检结果呈阳性，不得不尴尬宣布退出平昌冬奥会；第 2 例是俄罗斯籍奥运代表队选手亚历山大 – 克鲁谢尔尼斯基违反了反兴奋剂规定，最终被剥夺了他和安娜斯塔西亚冰壶混双铜牌；第 3 例则是参加女子雪车比赛的俄罗斯籍运动员塞尔吉娃。也正因为 3 例服用兴奋剂中有 2 例来自俄罗斯运动员，2 月 25 日国际奥委会执行委员会针对俄罗斯奥运代表团的请求在评估后作出建议，不允许俄奥运选手在平昌冬奥会闭幕式上身穿俄罗斯国家队队服、手持俄罗斯国旗入场。随后，国际奥委会全体成员一致投票通过了该决定。

正因为服用兴奋剂案例少，平昌冬奥会可以看作是一次较为干净的冬奥会。这也是国际奥委会长期对兴奋剂的使用采取"零容忍"措施的成果。因为兴奋剂的使用严重影响了奥林匹克主义的核心价值理念的实现，即公开公平公正等内容的实现。

至于俄罗斯国家被禁赛，与 2014 年索契冬奥会有关。2017 年 12 月 5 日，国际奥委会执委会在瑞士洛桑决定，禁止俄罗斯代表团参加将于 2018 年举行的平昌冬奥会，邀请符合条件的运动员以"来自俄罗斯的奥林匹克运动员（Olympic Athlete from Russia）"名义参加个人或集体项目，并被冠以"来自俄罗斯的奥林匹克运动员"的称谓。仪式上只允许升奥林匹克会旗，奏奥林匹克会歌。此外，不允许俄罗斯体育部官员出席平昌冬奥会。据了解，受邀参加平昌冬奥会的运动员的资格将由一个委员会决定，运动员必须经过各自项目的选拔达到参赛标准，且不存在违反兴奋剂条例的情况。

国际奥委会作出对俄罗斯奥运代表团禁赛的根据是《施密德报告》。这份报告是由俄罗斯兴奋剂事件纪律委员会出具的。2016 年 7 月，世界反兴奋剂机构发布了由该机构独立委员会成员、加拿大律师理查德·麦克拉伦所完成的"独立调查报告"。报告中称，俄罗斯体育部门操纵了 2014 年索契冬奥会及其他在俄罗斯举行的大赛尿检，并建议国际奥委会考虑禁止俄罗斯参加里约奥运会和平昌冬奥会。

八、北京时间

北京携手张家口联合举办 2022 年冬奥会，利用东道主优势是历届奥运会和冬奥会主办国的常态。而东道主的优势，就是通常所说天时地利人和。

一是场地优势。这在水平相近的情况下，体现得十分明显。由于对场地的熟悉，或者可以更方便选择训练场所，更方便选择比赛场地，有利于东道主选手更好地发挥优势。

二是裁判的优势。千万不要对裁判的优势产生任何不切实际的联想。一些中国观众看到中国运动员在平昌冬奥会因为违规被罚，认为主要是裁判因素所致，以为到了中国主场后，就可以利用主场优势对中国运动员有更多的偏袒。这种认识显然不符合奥林匹克精神，同时也十分不切实际。主场裁判优势的含义在于，中国运动员可以在更加公正的赛场环境中享受比赛，而相对较少地受到不公正裁判因素的干扰。这无疑有利于中国运动员心无旁骛，专心比赛，无疑有利于中国运动员出好成绩。

三是主场人气。主场的人气，对运动员的激励，一般的情况下，较之非主场，更有利于运动员潜力的发挥，有利于运动员取得好成绩。

四是可以增设一些有利于东道主获得奖牌的项目。东道主可以在比赛项目中增设一些新项目，尤其是增设小项需要精心谋划。日本 2020 年奥组委与各单项组织和国际奥委会项目委员会的沟通，使得东京 2020 年奥运会的项目数从里约的 306 增加到 339，其中大约半数是日本的较强项目。

由于主场优势，笔者认为，北京 2022 年冬奥会中国体育代表团的成绩会好于以往历届。金牌和奖牌数至少都会超过温哥华的 5 金和 11 枚。金牌最多有可能达到 8 枚。能否如愿，则需要看今后四年的努力。

北京时间到了，人们对北京时间也还充满愿景。2022 年北京冬奥会愿景有以下十项内容：

一是 2022 年冬奥会，应当是能够真正体现节俭原则，并实现中国对奥林匹克运动的承诺，政府很少投入且吸引更多社会资本广泛参与的冬奥会；

二是 2022 年冬奥会，应当是阳光透明、政府行为可预期，包括政府的各项投入都十分清晰让人们一目了然的冬奥会；

三是 2022 年冬奥会，应当是充分体现中国法治进步且赛事规则透明、规划严谨且得到很好实施、廉洁高效的冬奥会；

四是 2022 年冬奥会，应当是充分尊重奥林匹克知识产权且对知识产权的使用有一个完整准确的理解，有利于市场活力和社会活力迸发的冬奥会；

五是 2022 年冬奥会，应当是中国冰上项目和雪上项目迈上一个崭新台阶，至少能够比肩日韩进入世界强国行列的冬奥会；

六是 2022 年冬奥会，应当是能够真正体现志愿者精神且志愿者大放光彩的冬奥会；

七是 2022 年冬奥会，应当是能够充分体现五大发展理念特别是创新精神充分体现且新技术广泛运用的冬奥会；

八是 2022 年冬奥会，应当有助于提升健康理念、吸引更多人参加冰雪运动的冬奥会；

九是 2022 年冬奥会，应当是赛事结束后，场馆的后续利用较为显著的一届冬奥会；

十是 2022 年冬奥会，应当是有利于奥林匹克主义精神弘扬并且助推中国社会全面进步的冬奥会。

九、奥运合作

平昌冬奥会结束，东北亚三国还将在 2020 年日本举办东京奥运会，2022 年中国举办北京冬奥会，以及日本很有可能申办的 2026 札幌冬奥会。因而，东北亚三国，在今后 4 年甚至 8 年，还将举办 2 至 3 届奥运会。因而，如何借助奥运会开展东北亚三国的次区域合作提上了议事日程。平昌冬奥会，由于受诸多因素的影响，特别是朝鲜核试验的影响，致使三国之间的奥运合作不尽如人意。虽然中日韩三国在政治上的互信还存在问题，但三国作为世界经济有影响的大国，中日韩三国分别是全球经济总量的第二、第三位和第十一位，在全球经济中举足轻重，三国可以在各自举办的奥运会中加强合作。例如，在与韩国合作方面，平昌冬奥会已经结束，但平昌残疾人冬奥会即将举办，韩国可以在经验分享，推进三国间旅游合作等领域找到共同合作的空间。平昌冬奥会的经验分享，包括其举办赛事的经验教训，或许对中国都是一个借鉴。

在经验分享方面，平昌冬奥会至少包括以下一些内容，五大理念落实到位，注重民众参与，文化展示精彩纷呈，奥运经济注重衍生品开发以及后奥运的一些措施。以五大理念落实到位为例，平昌冬奥会提出了"文化奥运、和平奥运、环境奥运、经济奥运、ICT奥运"五大理念，特别是其中的科技创新，将文化、经济、信息通信、环保等串接在一起，并注重各国游客的亲身体验，将理念落在实处。平昌冬奥会实现了大部分体育赛事的UHD超高清直播，能提供更加鲜明和逼真的画质。物联网和人工智能为游客提供了便捷的观赛体验，包括智能导航、多国语言翻译服务、更加便捷和个性化的智能购物服务以及信息提示等。也就是说，科技奥运是此次平昌冬奥会的亮点。在注重民众的参与方面，韩国尤其重视国民参与度，力求通过丰富多彩、具有趣味性的活动激发广大民众参与冬奥会的热情，从而在宣传冬奥会的同时，丰富民众的业余生活。在后奥运方面，平昌冬奥会也有可圈可点之处。按照最初制定的计划，平昌冬奥会结束后，江陵和平昌的场馆将作为综合体育设施继续使用；13个场馆中的6个为完全新建，很多奥运设施在赛会结束后将被拆除，降低相关设施的赛后维护管理费用。平昌为节俭办赛提供了借鉴。

东北亚三国奥运合作及政策建议

陈　剑

2017 年 11 月 11 日，习近平总书记在越南岘港会见日本首相安倍晋三时，提出了利用两国相继举办奥运会的机会开展奥运合作，增强两国关系发展的民意纽带。习近平总书记的提议得到了安倍晋三首相的积极回应：日中将于 2020 年和 2022 年相继举办夏季奥运会、冬季奥运会，日方愿就此同中方开展交流合作[①]。

韩国平昌冬奥会结束，东北亚三国还将在 2020 年日本举办东京奥运会，2022 年中国举办北京冬奥会，以及 2014 年 11 月 27 日日本札幌正式宣布申办 2026 年冬奥会，这有很大成功的可能。因而，东北亚三国，在今后四年甚至八年，还将举办两至三届奥运会。因而，按照习近平总书记提出的开展奥运合作十分必要。中日韩三国作为世界经济有影响的大国，分别是全球经济总量的第二、第三位和第十一位，在全球经济中举足轻重。三国通过在各自举办的奥运会中加强合作，有利于提升三方互信，增进人民友谊，做大奥运经济蛋糕。

中日韩三方奥运合作，可以围绕以下一些内容展开。

---

① "习近平会见日本首相安倍晋三"，新华社，2017 年 11 月 11 日。

一、奥运经济合作

奥运会的举办对扩大居民消费和投资都能够起到十分积极的作用，有利于促进经济增长。同时也为中日韩三国经贸往来提供了平台和进一步合作空间。

（一）加强在冰雪产业合作

2022 年北京冬奥会作为中国冬季体育产业崛起的催化剂。北京和张家口地区将借此打造一批体育产业带、集群或者基地。为拓展中国冰雪产业市场，日韩可以加大对中国冰雪产业市场的投资，包括冰雪健身休闲业、高水平竞赛表演业和冰雪旅游业，通过打造一批顶级的滑雪装备设备制造企业，与冰雪基地、冰雪旅游形成一个完整的产业链，逐步将中日韩三国的冰雪产业打造成与欧美比肩的支柱产业。

此外，北京冬奥会的赛区之一是张家口，这个区域是华北地区风能和太阳能资源最丰富的地区之一，加大三国在风能和太阳能资源方面的合作，共同打造国际领先的"低碳奥运专区"。

（二）推进交通等基础设施领域的合作

在交通等基础设施建设方面，三国可以与日韩进行优势互补，中国在价格、劳动力方面有竞争优势，而日韩在工程、技术方面优势明显，中国可以利用日韩的技术优势，欢迎日韩参与中国冬奥会的基础设施建设和投资。2020 年 7 月 24 日至 8 月 9 日，日本将举办东京奥运会。东京奥运会比赛场馆计划总数为 37 个。其中，15 个场馆利用现有设施，再新建 22 个场馆。新建设施中，11 个场馆为永久设施，11 个场馆为临时设施。与此同时，日本也将推进与奥运会举办相关的一些基础设施建设。在基础设施和场馆建设中，如果需要，中国也可以利用自身优势参与日本的基础设施和场馆建设。

（三）推进奥运市场开发的合作力度

奥运会的开发计划是由赞助计划、特许经营计划和票务计划三部分组成。赞助计划含金量高，特许经营计划参与度广，票务计划对体育迷有吸引力。从时间跨度分析，赞助北京 2022 年冬奥会和冬残奥会的营销期将从 2017 年至 2024 年，涵盖平昌、东京、北京。赞助计划将赞助企业设定为四个层级。由于北京冬奥会的赞助商也涵盖了东京奥运会，动员本国企业积极参与有利于企业自身发展并由各自组委会的赞助计划，既有利于市场开发，也有利于中日之间的合作。此外，积极推介中日奥运会的票务计划，并适度给予优惠，以激发观赛热情，让更多两国观众观赏两国奥运会，既有助于促进人民往来，同时有利于扩大奥运经济规模。

（四）加强三国在 ICT 领域的交流与合作

2018 年韩国平昌冬奥会，韩国确立的五大愿景之一，是在 ICT 领域取得突破。作为 IT（信息业）与 CT（通信业）两种服务的结合和交融，通信业、电子信息产业、互联网、传媒业都将融合在 ICT 的范围内。韩国政府公布的"韩国 ICT 2020"（K-ICT 2020）的五年战略规划，政府将扩大在 ICT 领域的投资，使其成为韩国创新经济推动下的新"蓝海"。近年来，不仅韩国、日本在 ICT 产业发展方面取得了卓有成效的进步，中国也在一些领域取得突破。中国 ICT 领域在 2013—2018 年间年均增长率有望达到 13.3%。中日韩三国应当在这领域加强交流与沟通，尝试深度合作，共同推进三国在 ICT 领域的水平，进而维持东北亚地区与全球 ICT 产业发展同步，并在一些领域居于全球领先地位。

（五）推动中日韩三国间旅游发展

中日韩三国一衣带水，毗邻而居。三国也是全球旅游市场上成长性强、潜力巨大的重要旅游区域。利用奥运会的举办，进一步推进三国的旅游合作，向旅游人数 3000 万人次迈进，无疑是值得期待的目标。例如，统一设计线路，让三国之外的游客经过该线路，分别到访中日韩；建立中日韩青少年旅游合作机制，制定交流计划，定期组织青少年旅游互访，让青少年成为三国旅游的后备力量；打造新的旅游线路，推动旅游市场的发展。

二、分享办赛经验

日本、韩国和中国分别于 1964 年、1988 年和 2008 年举办过夏季奥运会，都积累了较为丰富的经验。日本作为三国中最早举办夏季奥运会、冬季奥运会和冬残奥会的国家，在筹办冬季奥运会和冬残奥会方面积累的经验值得共同分享。

（一）中国经验

1．将奥运经济作用扩展到最大限度

北京在 2008 年奥运会举办过程中，努力将奥运经济的作用扩展到最大限度。例如，让更多的城市参与奥运会的举办。北京奥运会涉及的举办城市，除了主办城市北京，还有两个项目城市——山东青岛（帆船）和香港（马术），四个足球预赛城市——上海、天津、辽宁沈阳和河北秦皇岛。北京奥运会涉及七个城市，筹办奥运会推动了这些城市及其所在区域的发展。在提升城市基础设施水平的同时，提升区域产业结构水平，推动区域经济合作。奥运会为举办城市周边地区及其他非奥运会举办城市带来了发展机遇，进而推动区域间的交流与合作。

2．注重后奥运经济风险的防范

北京在筹办 2008 年奥运会之初，就对防范后奥运经济风险有了明确认识，并采取一系列措施来降低这种风险。在奥运场馆选址、规划和设计等方面，就考虑到赛后利用问题。例如，增加临时场馆建设；将一些场馆建在大学校园内，奥运会后这些场馆就直接为大学生体育活动新增了体育设施。此外，还建立社会化的投融资机制来缓解资金压力和资源闲置风险。在北京奥运场馆建设中，社会投资占投资总额一半以上，使政府投资压力减小了许多，而企业也可在其中找到自己的发展机遇。其他项目投资大多是企业联合体公开竞标，然后投资、运营。这种机制，对控制投资规模和赛后利用都大有好处①。

（二）韩国经验

2018 年平昌冬奥会已经结束。在经验分享方面，平昌冬奥会至少包括以下一些内容：

1．科技奥运有亮点

平昌冬奥会提出了"文化奥运、和平奥运、环境奥运、经济奥运、ICT奥运"五大理念，特别是其中的科技创新，将文化、经济、信息通信、环保等串接在一起，并注重各国游客的亲身体验，将理念落在实处。平昌冬奥会实现了大部分体育赛事的 UHD 超高清直播，能提供更加鲜明和逼真的画

① 陈剑. 奥运经济：中国的创新与发展［N］. 人民日报，2008-7-25，10.

质。物联网和人工智能为游客提供了便捷的观赛体验，包括智能导航、多国语言翻译服务、更加便捷和个性化的智能购物服务以及信息提示等。也就是说，科技奥运是此次平昌冬奥会的亮点。

2. 城乡之间的融合发展

对历届冬奥会举办地分析，由于冰上项目和雪上项目往往是在城市和乡村之间进行的，因而冬奥会对缩短城乡之间的差距有积极意义。韩国平昌冬奥会为此提供了可资借鉴的经验。在申奥之前，韩国的平昌和江陵是并不受太多关注的偏远小城镇，平昌、江陵归属江原道，其经济发展水平相对滞后。因此，借冬奥会举办之机，完善江原道公路网、修建首尔至江陵这一贯穿韩国东西两端的高铁线、扩大江原道内港口和机场的功能等完善基础设施的举措对发展江原道经济来说是重大利好。通过 7 年冬奥筹办，江原道经济和居民收入增速都位于韩国前列，基础设施的完善起到了助推作用。

3. 后奥运注重场馆的后续利用

奥运会场馆的后续利用，要解决场馆闲置问题，奥运会场馆设计不但重视场馆赛时功能需求，还特别关注场馆赛后的功能定位与综合利用，全面考虑到场馆的复合化、多功能化设计，并在建造阶段就为赛后的多元利用预留设计空间。按照最初制定的计划，平昌冬奥会结束后，江陵和平昌的场馆将作为综合体育设施继续使用；13 个场馆中的 6 个为完全新建，很多奥运设施在赛会结束后将被拆除，降低相关设施的赛后维护管理费用。平昌为节俭办赛提供了借鉴。

（三）日本经验

1. 在提升城市形象同时，注重经济持续增长

"二战"后的日本，一片废墟。1964 年东京奥运会开幕式，日本用了一个 1945 年 8 月 6 日（美军在广岛投放原子弹的日子）在广岛出生的 19 岁的早稻田大学学生坂井义则作为火炬手，意味着日本在"二战"后的废墟上已经重新站立。这是一个政治色彩很浓的宣示。与此同时，日本政府把举办奥运会当成了一项国家事业，纳入了《国民收入倍增计划》，由政府投入巨资，对东京的基础设施和公共事业进行了大规模的改造。在通过庞大的工业化基础建设后，日本经济迅速腾飞，持续增长。东京奥运会后，这种现象被概括为"东京奥林匹克景气"。

2. 利用东道主优势增设一些有利于东道主获得奖牌的项目

日本利用东道主优势，在尊重国际奥委会相关规则的同时，精心谋划，在比赛项目中增设一些有利于自身优势发挥的项目，值得借鉴。2016 年 8 月 3 日，日本 2020 年奥组委与各单项组织和国际奥委会项目委员会沟通后，在里约热内卢举行的国际奥委会第 129 届全会上，国际奥委会全会表决通过，滑板、冲浪、攀岩、棒垒球和空手道 5 个大项进入 2020 年东京奥运会。在新增项目中，其中大约半数是日本的较强项目。例如棒垒球和空手道等。

此外，日本冬残奥运会举办经验丰富。由于日本对残疾人有着健全的法治要求，残疾人的工作、生活和学习都有着切实的制度保障。这也为日本人举办残疾人奥运会提供了便利。日本在残疾人参与冬奥会以及在提供运动条件方面，值得中国和韩国借鉴。

当然，在分享三国办赛经验的同时，也应当避免一些不足和欠缺。例如避免奥运低谷现象的出现。奥运低谷并不是普遍现象，中日韩三国举办夏季奥运会都没有出现奥运低谷。但并不能保证这一现象不发生。例如日本 1998 年长野冬奥会后出现的"长野萧条"。这一现象就应当努力避免。

三、政策建议

（一）成立三国奥运城市联盟

1964 年东京奥运会，开启了中日韩也是亚洲人举办奥运会的先例。以后的 1988 年韩国首尔奥运会，2008 年北京奥运会，都彰显了奥运会巨大魅力，在提升了举办城市良好的形象的同时，也推动了三国奥运城市甚至国家经济的持续发展。今后四年甚或八年，三国还要举办两届甚至三届奥运会，这也就意味着，中日韩三国将会有更多的城市进入奥运城市行列。

北京是第 29 届奥运会的主办城市，在北京之外还有其他六个城市。此外，2014 年南京举办青年奥林匹克运动会，2022 年北京携手张家口举办 2022 年冬奥会。也就是说，中国有九个城市属于奥运城市。其中北京、天津和上海是中国直辖市。

韩国的奥运城市是首尔（1988 年）、江陵和平昌（2018 年），日本的奥运城市是东京、札幌（1972 年）和长野（1998 年）。基于此，建议成立三国奥运城市联盟，共涉及包括三国首都在内的 15 个城市。并成立具体办事机构——中日韩三国奥运城市联盟秘书处。以三国首都为核心，加强联盟中各自成员的交流与合作。作为次区域的一种发展联盟，由于只涉及成员国部分城市，其发展空间有较大的灵活性，合作范围十分广泛。既能够继承奥运遗产，同时也能够推进中日韩奥运城市之间的经济、文化和社会发展。

（二）设立奥运城市发展基金

在中日韩三国奥运城市联盟的基础上，设立奥运城市发展基金，用于中日韩三国奥运城市的文化交流、基础设施建设、体育产业发展和奥林匹克主义的弘扬。

政 策 建 议

共享"北京时间"

——对 2022 年冬奥会筹办工作的几点建议

孙大光[*]

2018 年 2 月 25 日，第 23 届冬奥会在韩国平昌落下帷幕，北京市市长从国际奥委会主席手中接过奥林匹克五环旗，冬奥会开启"北京周期"，正式进入了"北京时间"。为此，对筹办 2022 年第 24 届冬奥会工作，提出以下十点建议。

一、用文化的视角解读

奥运会从本质上讲是全球的文化大聚会。奥林匹克运动从一开始就极其重视文化的作用。从现代奥林匹克的倡导者顾拜旦开始，始终把奥林匹克与文化紧密结合在一起。国际奥委会原主席萨马兰奇有句名言："奥林匹克精神就是体育加文化。"奥林匹克源自于西方，这也是历史上大多数奥运会都是在西方国家举办的主要原因。中国是一个具有 5000 年文明史的东方大国，其高贵典雅的东方神韵和带有神秘色彩的东方古老文化，也成为中国最吸引世界的特点之一。

文化是人类社会发展的灵魂。如果说奥林匹克对中国经济、政治、社会

* 作者曾任国家体育总局体育科研所党委书记、体育文化发展中心主任、北京 2008 年奥运会组委会委员，中国体育博物馆（中国奥林匹克博物馆）馆长等。现任京张冬奥研究中心特聘研究员，教授、博士生导师。

发展的影响是很大的，那么，奥林匹克来到中国，中西文化融合，对中国乃至对世界的影响则是更深层次、更深远的。北京 2008 年奥运会、南京 2014 年青奥会以及正在筹备的北京张家口 2022 年冬奥会，最大的意义正是东西方两大文化体系在东方这块古老的土地上碰撞、对话、交流、融合。毫无疑问，源远流长的中华文化及其特点，拨动了众多国际奥委会委员和许多外国人探知中华文化渊源的心弦，并深深吸引了他们对中国的兴趣。

体育是文化中最具活力的部分，是一种既看得见、摸得着，又极具深刻内涵的文化形式。体育又是全球共通的文化，是一种极通俗的世界语言，是沟通世界各种不同文化的桥梁。奥林匹克运动既是典型的西方文化代表，又像是一座沟通中西文化的桥梁。源远流长的中华文化，通过奥林匹克之桥，缓缓流向世界各地；西方文化也通过奥林匹克之桥，缓缓流进来。奥林匹克又像是一个大熔炉，中西文化在这个大熔炉里，提取精华，炼成经典，流芳百世。

体育的本质是文化。中国体育事业多年来取得了长足的进步和辉煌的成绩，在历届奥运会及各种世界大赛上也获得了不少金光闪闪的金牌。然而，深入分析当代中国体育存在的一些明显问题和弊端，特别是还有腐败问题，其根本原因，是不够重视文化。金牌背后的那些深层次的体现中华民族精神的精髓，还远远没有挖掘出来；一代代老体育工作者积累的很多好传统、好经验正在一点点流失；中国人在 10 年申奥、7 年筹办奥运会等许多方面创造的北京奥运精神和中华体育文化经典，体育界没有做过认真总结、学习，不能不说是很大的遗憾。多年来，体育文化在体育决策部门一直没有真正提到重要的日程上来。许多体育人，包括体育界个别领导人对奥林匹克运动的认识，还仅仅停留在单纯金牌意识的层面。

从深层次看，筹办 2022 年冬奥会的过程，是又一次大的中西文化交流、融合的大平台。因此，笔者认为，要用文化的深度认识举办冬奥会的意义；用文化的高度规划 2022 年冬奥会筹办工作；用文化的广度开展"北京周期"的各种活动；用文化的视角解读未来四年以及更长远的"北京时间"和"奥林匹克与中国"的内涵与外延。

二、用系统科学方法组织

运用系统科学思想和方法，就是用法治而不用人治。用系统科学的思想和方法进行科学规划、管理，是多年来体育界筹办大型国际综合性运动会的好传统、好经验。1990 年北京亚运会是中华人民共和国成立以来第一次举办的国际大型综合性运动会，从筹办北京亚运会开始，体育界把我国组织"两弹一星"大型科研项目的系统科学思想和方法，运用到组织大型综合性体育活动中。被钱学森同志称为是"一件更深层次的事，对领导干部尤为重要"，"是一件要大书特书的事"，"以唤起各级领导的注意"。这也受到了中央最高领导的表扬。笔者认为，当年北京亚运会总结的运用系统科学的 10 种工作方法，今天仍然有借鉴意义。这 10 种方法是：照章办事、程序决策、计划网络法、层次管理、目标管理、矩阵管理、流程图、热运行、时间统一系统和 C3I 系统。从那以后，北京两次申办奥运会和筹备、举办北京 2008 年奥运会以及所有大型体育比赛和活动的组织中，都或多或少借鉴、运用了系统科学思想和方法，既提高了工作效率，又克服了官僚主义、形式主义等不良风气，避免了一些腐败现象。这方面我们积累了丰富的、行之有效的好经验，同时也受到国际奥委会的充分肯定和借鉴，并形成了国际奥委会对举办城市筹办工作的"规定动作"。

但是，从近几年国内举办的大型国际综合性运动会的筹办工作情况看，并不都如人意。有的组委会机构基本是行政机关的翻版，工作人员不良工作作风有过之而无不及。有的组委会机构名称越叫越大，不顾国家规定，追求所谓"高级别"；有的官僚主义严重，一个报告要经过五六个层次，甚至更多人的"把关"，也不一定能报到组委会领导手里；有的部门配了六七个正副部长，互相扯皮、推诿；凡是算个部门领导的，每人一辆专车，并有专职司机；没有专车的，也想方设法从不同渠道借公车长期占用；工作人员中凡是所谓处长的大都一个人开着一辆公车上下班，扬扬得意，但工作效率却十分低下。如，某组委会，管事的领导不在组委会上班，在组委会上班的领导管不了事；上下只为某一位主要领导负责。甚至为了讨好这位领导，连演练突发事件都是事先布置好的"状况"，把"演练"变成了"演戏"。因此，在今天 2022 年冬奥会进入"北京时间'的重要节点，强调在筹办工作中加强系统科学思想和方法的运用具有重要的意义。具体建议：

（一）尽早建立组委会组织指挥系统，在高层领导决策层下面设立组委会指挥中心

指挥中心的任务，主要是为组委会领导的决策服务，协助组委会领导，统筹协调组委会各部门和各方面工作。保证冬奥会筹备工作高效、高质、灵活运转。指挥中心可由组委会常务副主席或秘书长兼任主任，工作人员由各部门抽调精兵强将组成。

（二）实施运用计划网络法

明确三个层次要求：组委会层面制定 2022 年冬奥会总体工作计划网络图；各部门、各系统制定部门、系统工作计划网络图；各项重点工作（如：组委会迎送工作，开、闭幕式组织工作等）制定详细工作流程图。并用文件的形式确定下来，作为组委会内部正式文件下发执行。

三、重视体育的政治功能

体育的政治功能不应避讳，体育也从来没有离开过政治，并且有时还在政治活动中扮演着极其重要的角色。最著名的中国"乒乓外交"，世上无人不知，无人不晓，小球转动地球，实现中美两国"破冰"，多少政治家为之惊叹！中国奥委会恢复在国际奥委会的席位，创造了解决台湾问题的"奥运模式"成为奥林匹克历史上的经典。古代奥运会举办时，处于交战的各方都必须停止战争，这为后来现代奥运会打下了良好的基础。当从战火纷飞中走出来的伊拉克运动员出现在奥运会开幕式上时，全世界为之欢呼；当韩国、朝鲜两国运动员携手参加奥运会开幕式和比赛时，几乎全场的人起立鼓掌祝贺，电视机前多少人为他们流下了激动的热泪。2001 年 7 月 13 日那个注定不平静的夜晚，当中国获得 2008 年奥运会举办权时，多少人为此兴奋而失眠！"中国红"传遍了世界各地，中国社会主义制度开始引起世人的高度关注，中国的政治地位在世界上迅速提高，中国开始走上国际舞台的中央。当北京奥运会开幕式上那天籁般的童声唱出"五星红旗迎风飘扬……"的歌声传向世界各地的时候，全世界五分之一的人无一不为自己是龙的传人而感到

无比骄傲和自豪！从这个意义上说，北京奥运会的成功首先是中国政治上的成功。

奥运会的意义绝不仅仅在奥运会本身，绝不仅仅是在比赛场上争金夺银，也绝不仅仅在于它的经济效益，它更深层的意义在政治和文化上。奥运会本身就是一个全球性的大舞台，世界上很少有像奥运会这样的大舞台，把地球上几乎所有国家、所有民族、各种肤色、各种不同信仰、不同政治派别的人集中到一起，交流、欢庆、融合。

2022年冬奥会是北京"双奥城市"的标志，是张家口第一次举办奥运会。2022年又恰逢中国改革开放发展的重要历史节点，历史赋予了冬奥会特殊的使命。有一句话总结得好，"体育的政治色彩淡，但体育的政治功能强"。因此，要利用体育的这个特点，在筹办2022年冬奥会过程中，在今后的四年"北京时间"以及后冬奥会若干年里，充分发挥奥运会和体育政治功能强的特点，实现经济上、文化上和政治上的全面丰收。

四、全面重视群众的意见

群众支持是做好工作的基础，申办、筹办奥运会都离不开群众支持。中国老百姓对举办奥运会的热情是最高的。据有关资料显示，京张冬奥会的支持率，全国是95%，北京是92%，张家口是99.5%。还有资料显示，国际奥委会做的调查结果是，北京及其周边地区77%支持，3%反对。无疑，与历届冬奥会相比，2022年冬奥会的支持率在所有申办、举办城市中是最高的。但我们不能头脑发热，要淡定，要全面、客观分析各种问题。虽然绝大多数人民群众的热情很高，将以各种形式支持冬奥会，但我们不能只看到90%多的群众支持率，不能仅仅满足于90%多群众的愿望和要求，不能忽视少数群众的利益和要求。要充分了解那8%、3%、甚至那0.5%群众的想法和要求。他们之中可能有的是不关心，有的可能是无所谓，真正反对举办2022年冬奥会的只占其中很小的比例。但由于我们人口众多、基数大的特点，8%的绝对人数也不少。即便是0.5%的群众数量也是不少的。如果按照国际奥委会调查的结果，北京周边有3%的人反对，这也是不少的人群。

在2022年冬奥会进入"北京时间"的今天，筹办冬奥会的国际、国内环境，与当年筹办北京 2008 年奥运会时相比，已发生了很大的变化。中国举办冬奥会的能力和各种条件已得到了世界的普遍公认。但我们不能骄傲自满，要更加细心工作，不忽视任何一点意见。在中国进入新时代的重要历史时刻，筹备 2022 年冬奥会工作与国家两个一百年奋斗目标同步进行，更要坚持以人为本，不仅要保证绝大多数群众利益，同时也绝不忽视那些"少数人"的想法和利益。不能以照顾大多数人的利益为借口，影响甚至损害"少部分群众"的利益。要力争把负面的影响降到最低。就像国家要实现"全面小康"一个也不能掉队一样，要认真对待，让全体人民共享奥林匹克，共享"北京时间"。

五、建立反馈机制，办一届透明的冬奥会

中国的发展变化极大地影响了世界发展的格局和趋势。中国已经成为世界关注度最高的国家之一，中国的一举一动都会引起世界的高度注意。因此，客观讲，"北京时间"是在国际、国内高度监督下进行的。一方面，需要我们高度重视、严谨工作，不断提高工作水平；另一方面，要求我们在工作方式、工作程序上加以改进，适应新要求、新变化。为此建议，2022 年冬奥会组委会加强反馈机制，在指挥中心或总体部下设立一个反馈部门（可叫研究室、调研室或其他名称）。随时了解情况，掌握动态，特别是来自国内、外各方面的不同意见，包括国际上的反对声音内容及其动向，国内反对或不支持举办冬奥会人员的理由、具体意见等，为高层决策提供依据，并根据实际情况及时调整工作方针策略和计划方案。

反馈部门职责还应包括：1. 定期向社会报告工作进展情况；2. 定期向社会公布各种数据，特别是组委会财务执行情况等；3. 不定期征求意见，特别是重大事项和与群众利益相关的事项；4. 不定期组织进行有关咨询会、决策论证会等。

六、3 亿人参与冰雪运动，要兑现承诺

关于 3 亿人参与冰雪运动，是我们申办冬奥会时的宣传重点之一，也是

我们获得 2022 年冬奥会举办权的重要因素，更是我们向国际社会做出的庄严承诺。国际奥委会委员们对此数字非常感兴趣，"3 亿人"让他们为之一振。国际奥委会主席巴赫曾多次在公开场合讲到这个数字。要知道，按照有关方面 2017 年公布的数字，目前全世界参与滑雪的人数是 1.2 亿（滑冰的人数应该会多一些）。中国举办冬奥会将会使这个数字成倍增加，这对国际奥委会来说，将是一个很大的成绩。

冬奥会申办成功后，3 亿人参与冰雪运动成为我们筹备冬奥会中的一项重要工作和目标，也是国内外媒体追踪的热点之一。国家体育总局也高度重视，制定了规划，采取了一些措施。国家体育总局原主要领导也在接受采访中，对 3 亿人参与冰雪运动进行了阐述。要"以北京申冬奥为契机，以京冀优先快速发展为带动，以东北地区稳步全面建设为主要基础，西北、华北地区发展为重点，大力促进、带动、引领我国北方地区和部分南方地区冬季体育运动的开展，带动更多的人参与冰雪运动，从而达到冬季项目群众体育活动在中国的普及"。解释了 3 亿人参与冰雪运动的参与者主要是两部分群体：一是"直接参与冰雪运动的群体"；二是"通过冰雪体育比赛和冰雪活动影响到的群众"。

但我认为，仅仅提出原则和解释参与群体是不够的。要实现 3 亿人这个目标，困难很大，需要做的工作很多。如果没有切实可行的方案和措施，不下大力气抓，这个目标是很难实现的。首先，按人口简单计算，最新的统计，东北三省总人口是 1.2 亿，加上北京、河北、内蒙古、山西、新疆、宁夏、甘肃等省区市总共 3.2 亿多，其中，有多少人能够参与进来？如果按全国 13 亿人口计算，3 亿人意味着要占全国的 23% 左右，将近四分之一，不到 4.5 人中就要有 1 人参与冰雪运动。不管如何解释参与人群，要真正实现 3 亿人的目标困难之大是显而易见的。我认为，"参与冰雪运动"的工作重点，应该是放在鼓励、动员更多的人亲身参加冰雪运动，特别是学生。记得小时候在哈尔滨上中学时，那个学校条件是比较好的，一到冬天，学校的田径场就浇水变成了滑冰场，学校给刚上初一的学生，每人发一双冰鞋，整个冬天归自己用，虽然不如现在的冰鞋好，但很实用。学生每天上学时，高高兴兴地背着书包和冰鞋，体育课上老师教基本动作，放学后学生自己去滑冰。市里面的冰场也很多，学生业余时间大都去滑冰。所以，一冬天下来，全校学生，除个别身体有残疾的外 100% 都会滑冰，有滑得很好的就可以进校队专门训练。所以，条件是第一位的，只要给学生时间、空间和必要的设备，哪个孩子不爱玩？

因此建议：第一，承诺就一定要努力兑现，绝不失言。中国文化讲究诚信，"一诺值千金"。第二，要遵守国际规则，不能玩文字游戏。不能申办时一个说法，申办成功后又一个解释。无论是"上冰雪"，还是"参与冰雪运动"，都要按照国际惯例和世界各国共同的理解。应以亲身参加冰雪运动和冰雪健身活动为主体。对于"影响到的人群"有些含糊。第三，参与人数可分三类进行统计：运动员、业余爱好者以及观众和其他。第四，要有切实可行的具体规划，并且认真落实。也可分步实施，因为时间已经很紧了。7 年筹备期已经走过了一半。从现在（2018 年 4 月）起，到 2022 年 1 月冬奥会开幕，总共还有 3 年零 9 个月，也就是 1370 天左右，不能光喊口号。体育主管部门需要认真下一番功夫才行。

实践证明，中国人已经创造了许多不可能，经过努力，3 亿人的目标也一定会实现。

七、加强冬奥会遗产工作

国际奥委会特别重视奥运会的遗产工作。在近几届奥运会筹备过程中，国际奥委会都专门对遗产工作做出具体要求。其实，奥运会遗产问题更应该是举办城市自己高度重视的问题。北京 2008 年奥运会最大的成果之一，就是不仅为中国，也为世界留下了一批独特的遗产。但是，看一下国内在举办国际大型综合性运动会工作中，对遗产工作的认识，还没有达到应有的高度；在工作中重视的还很不够。如在 2014 年举办的某个国际大型综合性运动会，由于组委会主要领导的短视思想，遗产工作的职责始终不清楚，没有明确哪位领导分管，没有明确哪个部门负责。导致各部门之间互相推诿，文件报不上去，报上去又多日批不下来，有关遗产工作的会议迟迟开不了，导致遗产问题迟迟提不到日程上来，使得其博物馆建设等方案一直未得到很好的落实。

2022 年冬奥会筹备工作伴随我国实现两个一百年伟大目标进行，意义重大。北京是第一次举办冬奥会，意义不言而喻。2022 年冬奥会更是张家口发展史上的一个重要里程碑事件，必将对张家口人民的生活产生深远的影响。对于张家口以至对于河北省来讲，冰雪文化可能是今后若干年发展都离不开的一个重要平台和抓手。从这个意义上讲，冬奥会遗产正是举办冬奥会的目的所在。

遗产工作既要重视硬遗产，更要重视软遗产。冬奥会理念、精神的传承，冬奥会无形资产的保护，冰雪文化的推广，奥林匹克文化的普及，奥林匹克大家庭的融合，中西文化的交流，中华体育精神的发扬等等，冬奥会的软遗产覆盖冬奥会工作的各个方面。所以，遗产工作涉及组委会的每个部门，同时涉及城市规划、运转的很多方面，是一项工作量很大的工作。因此建议，组委会领导要有专门人分管，在办公室下面成立一个专门的遗产机构，负责冬奥会遗产工作。并要求各部门有专门人员负责遗产工作，使冬奥会遗产工作与冬奥会筹办工作同步进行。

八、鼓励有条件的城市申办奥运会

自从 1991 年北京开始申办奥运会以来，中国奥林匹克现象一直伴随中国改革开放的进程，形成越来越强大的正能量，引领社会的文明、积极、向上，并已成为中国当代社会发展中的重要内容，对实现中国发展大目标起到了重要的促进作用。北京 2008 年奥运会带动了全国形成了奥林匹克热。南京成功举办了第二届青奥会，特别是北京携手张家口申办冬奥会成功，更是调动了很多省市申办奥运会的积极性。杭州已经成功申办 2022 年亚运会。近几年，国内一些有条件的城市，如上海、广州、深圳、天津、成都等都有意愿申办奥运会。可见，中国奥运现象还远没有结束，"后奥运时代"还远没有到来，中国奥运现象仍方兴未艾，"中国奥运时间"还在"现在进行时"，奥林匹克之花将在中国大地越来越多的开放。

中国是一个大国，在向强国努力奋进的路上，借助申办、举办奥运会或其他大型综合性运动会，不失为一个好的、正能量的、多赢的举措。在为国际社会做出贡献的同时，也发展了自己。为此建议，鼓励有条件的城市积极申办奥运会或国际大型综合性运动会。在今后一段时期，我们应该继续发展中国奥林匹克现象，推广奥林匹克精神，利用奥林匹克精神振奋民心，增强凝聚力。同时，在和平、友谊、进步的奥运大平台上开展对外交往，开展"中国文化走出去"大战略；实现国家的跨越式发展。

九、共享奥林匹克，共享"北京时间"

很多事情需要经过一段时间后才能更清晰地认识到它的本质、规律及其深远意义。中国奥运现象也是如此。在中国为实现奥运梦想而奋斗的过程中，在中国两次申奥的艰辛和筹备奥运会的过程中，在奥林匹克现象越来越成为中国人生活中不可缺少的内容的今天，我们对中国奥运现象的意义认识越来越深刻。

"北京时间"就是"中国时间'。其实，从 1991 年北京正式开始申办奥运会以来，奥林匹克的"中国时间"就没有间断过。继北京 2008 年奥运会后，2010 年南京申办青奥会成功，2013 年北京携手张家口申办冬奥会，2014 年青奥会开幕；2015 年申办冬奥会成功；更是强化了奥林匹克的"中国时间"，中国奥运现象迎来一个又一个高潮。

奥林匹克是人类史上一个伟大的文化现象，它一直伴随着人类的发展、进步。古代奥运会起源于公元前 776 年，到公元 394 年，共历经 1170 年，共举办了 293 届。多么不可思议！多么令人赞叹！现代奥运会是 1896 年举办的第一届，到今年才 122 年，共举办了 31 届夏季奥运会和 23 届冬奥会。我们正处在现代奥林匹克运动发展的上升期，奥林匹克运动必将伴随并深刻影响人类社会向更高阶段发展。中国经过 40 年改革开放的发展，今天已进入了一个新的时代，向着中华民族伟大复兴迈进。为此建议，将"共享奥林匹克，共享北京时间"作为一条重要主线，贯穿于北京和张家口筹办冬奥会的全过程，以至后冬奥会的更长时间。要让"共享"覆盖更多人民群众，不仅与北京和张家口人民共享，也要与京津冀人民共享，与全中国人民共享，更要与全世界人民一道共享奥林匹克在中国结出的硕果，一同见证中华民族复兴伟大目标的实现。

十、2022，重要时间节点的思考

中国改革开放以来取得了巨大成绩，也积累了许多经验，特别是经过申办、举办奥运会，参加国际大竞争，我们在世界竞争的"大海"中学会了游泳，并且游得越来越好，超过了很多选手，让世人刮目相看。

北京携手张家口申办 2022 年冬奥会成功，一方面，表明中国人将继续一如既往地践行奥林匹克运动，把实施奥林匹克战略更好地与实现中华民族伟大复兴的目标结合起来。另一方面，2022 年是中国发展目标中的一个重要时间节点，筹备和举办 2022 年奥运会，恰是中国发展史上重要的时期，中国共产党将度过百岁生日，中国将实现两个一百年之一的发展目标。京张冬奥会将伴随着中国进入新时代，见证新时代下中国发展的重要历史过程。奥运梦与中国梦交织，中国奥运现象与国家发展战略目标紧紧依偎，中国奥运现象必将在凝聚民心、聚集民族精神等方面，更好地服务于中华民族复兴的伟大目标。

关键的时间节点是纯粹的"巧合"吗？不是。这正是中国政府的深谋远虑，运筹帷幄，高瞻远瞩，英明决策的结果。是符合民意的一个正确决策。再次显示了中国人决胜千里的大智慧。两个一百年的重要时间节点是一个里程碑，它承前启后，是中华人民共和国发展史上的一次重要总结。以举办冬奥会来配合国家大战略，保证大目标的实现，是一项意义深远的决策。两个一百年的重要时间节点也将是一个新的起点，将开启新的圆梦旅程。

这是历史赋予 2022 年冬奥会的历史使命，是我们这一代奥运人的光荣历史使命。

奥运文化遗产保护的若干政策建议

吴友石　孙啸轩　陈圣涛 *

奥运文化遗产是指在奥运会举办之后，奥运会遗留下的奥运建筑、奥运媒介、奥运宣传片、奥运广告等，这些属于文化遗产的范畴。这些奥运文化遗产如何保护，如何传承，如何充分地利用为现代人的生活服务，这是承办方和举办地必须要思考和研究的重要命题。

作为已成功承办过一届夏季奥运会的中国来说，成功申办冬奥会对于首都北京和张家口市是千载难逢的好机会，奥运文化遗产又是一个国家、一个民族、一个地区的文明进步和经济发展的象征，对于其保护、传承有着重要的现实意义和深远的历史意义。

一、建立 2022 年奥运文化遗产保护评估体系

作为承办奥运的城市和地区，让奥运文化遗产成为我市历史文化遗产中又一璀璨的奇葩，与我市其他历史文化遗产一样受到良好的保护和传承利用，要不断地汲取历届奥运遗产保护评估体系的标准，对正在进行、未进行的以及即将进行的一些奥运设施、奥运媒介、奥运景观、奥运文物、奥运公园等进行可行性分析，比如制定《奥运会物质和非物质文化遗产登记和保护管理办法》，并将其科学纳入城市总体规划中；通过问卷调查等方式全面了

* 作者吴友石为张家口职业技术学院社科部教授；孙啸轩和陈圣涛，均为张家口市社科联工作人员。

解冬奥会的未来建设规划，开展对冬奥文化建设的普查登记；按照评估标准，经专家对奥运设施建设进行认真评估后，将重要的资料建档纳入档案馆保存的范围中，使其成为后奥运时代珍贵的文化遗产。

二、形成奥运文化遗产管理保护体系和法律规范

市委、市政府及其有关部门的高度重视是承办好一届奥运会的必要前提，而制定一系列法律规范和管理规则，是办好奥运会的必要保证。对于奥运后的文化遗产保护工作，有必要建立一整套完善的可行的奥运文化遗产保护机构、咨询机构和科研机构，组织成立一些专门从事研究和传承的文化遗产保护的社团组织；同时还要加强对本地居民的历史文化遗产保护的法律教育，通过组织参观、讲解和宣传等手段，引导社会各界、民间组织、市民个人更多地认识和了解历史文化遗产保护的重要性；树立起保护和传承的强大法律意识，有意识、有目的、自觉地、主动地做好日常宣传、保护传承工作。形成奥运文化遗产保护人人有责的意识和思想，为后奥运时代保护传承奉献智慧和力量。

三、重视奥运文化遗产媒介的保护

媒介就是传递大规模信息的载体，保护奥运会媒介也是奥运文化遗产保护传承的一个重要方面。通过媒介的传递不断扩大奥运会文化遗产的影响力。一来媒介可以从多领域、多学科、多产业的方面发挥有效的传播作用。二来媒介作为国家舆论的工具，承载着保护与传递文化遗产的功能，它可以全方位、多视角、广渠道地对奥运会文化遗产进行国际化传播。三是媒介在奥运会没有开始前，就开始对这一伟大的全球性体育盛会展开了铺天盖地的宣传报道了。当奥林匹克运动会以后，各媒介还会以极其敏锐的洞察力对奥运会形成的文化魅力、经济价值、美学享受和前进的价值进行宣传报道，这种不遗余力的传播，对奥运文化遗产传承保护起到了不可缺少的重要作用。

四、让奥运文化遗产真正融入现代城市的现实生活中

首先，将奥运文化遗产全方位地融入现代人的现实生活场景中，不仅仅是历史文化遗产的目的，也是奥运文化遗产的目标。无论是奥运会场馆的宣传资料，还是奥运其他的媒介载体或比赛内容的记录，都承载着奥运会的筹备、建设的精心付出，在奥运之后这些媒介遗产与其所创造的价值与奥运会其他具有独特的标志性建筑设施紧密相连。

其次，要将冬奥会的冰雪场馆等标志性建筑融入城市的现代生活中。这些奥运建筑想必一定具有独特的建筑风格，运用了新技术新材质。在后奥运时代，这些标志性的奥运会建筑需要加以维护，同时这些建筑场馆必将成为广大民众从事体育和娱乐的场所，保护好这些奥运场馆，让其充分发挥应有的后续利用作用。通过发挥奥运场所的体育运动功能、传播体育服务信息、策划奥运遗产日纪念活动、组织专题奥运文化公益性活动等，形成与奥运文化遗产相关话题及活动的社会性关注与互动，使之最后融入市民的日常娱乐生活消费的生活中。使后奥运时代宝贵的奥运媒介和标志性的奥运会场馆成为广大市民从事体育、娱乐、旅游、休闲的最佳场所。

再次，将奥运文化遗产与文化创意产业融合。发展奥林匹克文化和创意产业文化，是促进奥林匹克运动发展的新思路。冬季奥运主要展示的是奥运健儿的冰雪运动的体育风采，将奥运健儿们在冰雪项目上的各种矫健的身姿、完美的动作、奥运的吉祥物、奥运的纪念品、奥运图片等标志成果通过剪纸、音乐、动漫用艺术形式等表现出来，成为后奥运地方发展我市创意文化产业提供素材。

最后，充分发挥奥运会文化遗产的文化教育作用和奥运会文化遗产的巨大价值和多元功能，比如通过街景的设计规划、乡村的建设标牌的树立、校园文化园地的宣传等让广大市民、青年学生对冬奥会了解认识，熟悉支持，在全社会形成支持奥运、服务奥运、宣传奥运的效应，以此最大效益地促进地方经济协调发展，让奥林匹克精神和文化创意永放光辉。

冬奥背景下张家口智慧城市建设研究

许利军　赵　静*

引　言

2017 年 1 月 23 日，习近平总书记来到我们张家口市考察 2022 年冬奥会的筹办工作情况。习总书记指出，张家口冬奥滑雪赛区的规划要与北京的冬奥会筹办总体规划以及北京市的筹办规划紧密对接，全面落实 2022 年冬奥会赛事和配套服务的各项功能需求，各项规划都要体现节约集约利用资源、最大限度发挥资金使用效益的原则，不要贪大求全、乱铺摊子[①]。其中，就包括了张家口智慧城市建设与北京配套对接方面的要求。京津冀协同发展和冬奥会为张家口带来了重大历史发展机遇，极大地推动了张家口市智慧城市建设的投资力度和建设速度。为力争在 2022 年冬奥会前建成满足冬奥会信息化需求的智慧城市，建设国际化的"冬奥名城"，还需要继续对智慧城市的顶层设计进行深入研究，加强统筹规划，分析张家口市智慧城市建设过程中仍然存在的问题及问题的成因，借鉴其他先进城市智慧城市建设的经验和做法，提出改进措施和应对策略。

　＊　作者许利军，张家口学院教授；赵静，张家口学院教师。
　①　习近平在张家口市考察冬奥会筹办工作：科学制定规划集约利用资源　高质量完成冬奥会筹办工作［N］. 人民日报，2017-1-24（1）.

一、张家口智慧城市建设现状综述

（一）制定了智慧城市建设的顶层设计

中国工程院刘韵洁院士主持编制的《张家口市智慧城市顶层设计规划》，于 2015 年 11 月通过了张家口市政府组织的城市规划编制终期评审。该顶层设计初步对张家口市智慧城市的整体体系进行了科学合理的设计，对重点项目进行了合理布局。然而，随着信息技术的突飞猛进和冬奥会的日益临近，原有的顶层设计规划对冬奥会具体任务指标的分解还欠缺完善和清晰明确，运营模式和保障体系还有待进一步优化。随后，经过全国各科研院所和高校科研团队的现场调研，张家口相继推出了《智慧张家口总体发展规划（2016—2020 年）》和《张家口市信息化发展"十三五"规划》。张家口市政府将以这些规划为指引，继续以国际化标准积极加快推进"智慧张家口"建设，打造国际化的"冬奥名城"，不断提升政府城市建设水平和管理水平，提速建设卫生文明，整洁有序的美丽张家口。

（二）提升了城市的信息化水平

张家口市信息化建设依据顶层设计规划，不断整合现有资源，突出重点项目建设，充分利用顶层设计的导向作用，信息化硬件水平大幅度提升，互联网、4G 通信网、广播电视网的建设规模以及城乡覆盖范围不断扩大，已经基本形成了容量大、速率高、覆盖范围广的"互联网+"信息通信网络。随着城乡信息化基础设施水平的不断提高，为张家口创建"智慧城市"，满足冬奥会信息化需求，建设国际标准的"冬奥名城"提供了硬件和软件的基本支撑和根本保障。目前，张家口已经初步实现了城市管理、道路交通、环境保护、医疗卫生、远程教育、旅游服务、社会保障等方面的智慧化应用。截至 2016 年底，张家口已经完成了主城区行政服务场所、主干道、公园广场、旅游景区等公共区域无线 WiFi 接入点 i-zjk 免费全覆盖，建成了政府综合信息服务网络平台、卫生系统网络办公平台、城市管理信息平台、全方位"智慧环保"信息平台、旅游文化信息平台等智慧城市信息服务窗口[①]，已经

---

① 许利军，许向前. 张家口冬奥会信息服务物联网平台建设模式研究［J］. 张家口职业技术学院学报，2016（1）：5.

走进了全国智慧城市建设的先进行列。然而由于缺乏统一有效的建设框架、科学的标准体系以及适合张家口区域特点和经济发展水平的建设与运行模式，在城市信息化建设的过程中，造成了建设水平不高、重复建设和信息孤岛等诸多问题，限制了张家口智慧城市建设的进程和覆盖面。

（三）开创了智慧民生的服务模式

从 2015 年以来，张家口大力提高城市信息化软硬件水平和信息产业发展能力，以政策为导向，全面启动"智慧城市"建设。从 2016 年起，泛在无线网络、智慧交通、智慧环保、智慧政务、智慧医疗、智慧教育等一批重点惠民应用先后取得重大突破，给张家口的城市风貌和城市服务管理带来了翻天覆地的变化。2017 年以来，张家口智慧城市公共信息服务平台及"智慧张家口"手机 APP 的落地，标志着张家口智慧城市建设的框架已经基本搭建成功。在市区主干街道、公园场馆、旅游景点和主要的商圈建成了免费 WiFi 接入点 i-zjk，提供了多个信息服务窗口，市民可以随时随地接入免费无线网络 i-zjk，享受"一站式"的信息服务，开创了互联、智能的智慧民生的服务模式。不可否认的是，在冬奥背景和"互联网+"环境下的智慧城市建设，张家口目前的城市基础硬件建设水平和信息化设施建设水平都与2022 年冬奥会的信息化需求有很大的差距，还没有真正地与北京以及 2022 年冬奥会实现对接，基础设施、数据处理能力和服务水平有待进一步完善和加强。2017 年，根据习总书记"绿色办奥、共享办奥、开放办奥、廉洁办奥"的要求，京张高铁和崇礼支线高铁的建设如火如荼，张家口冬奥会赛区的场馆及交通、电力、通信等配套服务设施已全面开工建设，文明城市创建活动全面展开，张家口的城市面貌和城市管理水平正在发生日新月异的变化，智慧城市建设的进度和水平将得到突飞猛进的提升。

（四）开启了"冬奥名城"的智慧城市建设模式

目前，张家口正在全力以赴抓好冬奥会筹办工作和奥运经济的发展，以冬奥会带动本地发展，大力推进智慧城市、卫生城市、文明城市、海绵城市的发展，开启了国际"冬奥名城"的建设模式。2015 年以来，张家口市通过完善智慧城市公共信息服务数据平台，打造智慧政务、智慧安防、智慧交通、智慧城管等智能化信息系统，不断提升城市精细化管理水平，使城市变得越来越畅通、卫生、惠民和现代。目前，张家口城市建设仍然面临道路交通拥堵问题严重、城市历史传承与保护重视不够、城市管理信息化利用率低等亟待解决问题，还需采取引入智能交通应用与服务系统、构建保护与开发相结合的整体发展利用体系、以信息化提升城市管理服务水平等措施，继续推进张家口的智慧城市建设工作。

二、冬奥背景下张家口智慧城市建设面临的主要问题

（一）智慧城市建设的顶层设计不能真正落实

目前，张家口市智慧城市建设的顶层设计尚未真正落地，还没有进入大规模落地建设期。由于在城市信息化建设的过程中缺乏合理有效统一的建设规划，各单位各行业在进行信息化建设的过程中出现了重复建设的现象。各业务单位数据相对比较独立，部委间存在壁垒，形成信息孤岛，数据难以共享，没有实现数据和信息的互联互通。封闭的内部管理系统，很难让广大市民实现有效参与及互动①。尚未形成集智慧政府服务管理、智慧城市交通、智慧城市管理、智慧环保、智慧安防和智慧医疗等信息系统于一体的"智慧张家口"综合门户信息服务平台，没有发挥最大化的综合效应，市民还没有真正体会到智慧城市带来的便利，智慧城市的"最后一公里"还没有完全打通。从智慧城市的物联网本质来说，张家口目前的网络基础设施建设水平尚不能完全支撑智慧城市的框架体系建设。从技术层面讲，不同行业所使用的不同的数据平台、不同的中间件、不同厂家建设的信息系统，如何兼容是所有城市在整合信息孤岛时面临的一个老大难问题，也是张家口在智慧城市建设过程中必须考虑的问题。目前张家口正处于城市信息基础设施全面升级、城市管理向精细化发展②的关键时期。

（二）缺乏完整、科学、统一的标准体系

目前，张家口的智慧城市建设还处在初级阶段，智慧城市建设标准体系初步形成。智慧城市的物联网基本架构体系所需的基础设施还有很大的空间需要投资建设，不同部门、组织、行业制订的信息化标准不统一、不协调，智慧张家口总体发展规划尚未转化为完整、科学统一的"互联网+"模式下

① 黄煜. 智慧城市的建设顶层设计与实现［D］. 长春：吉林大学硕士学位论文，2016.
② 宁家骏等. "十三五"智慧城市转型创新发展路径［J］. 电子政务，2016（3）：2.

的智慧城市建设标准体系。政府规划部门还有待对 2022 年冬奥会信息化建设实际需求进行进一步的科学分析，与时俱进地不断强化智慧城市的顶层设计，建立科学、实用的冬奥背景下智慧城市建设的标准体系。张家口经济发展的实际水平和城市基础设施建设的落后，导致当前张家口智慧城市的建设水平跟国际国内一些先进城市的智慧城市建设水平和 2022 年冬奥会的信息化要求还存在相当大的差距。

（三）缺乏科学合理的运营管理模式

科学合理的运营模式是智慧城市建设成功的关键因素。智慧城市是一个复杂的巨系统，需要很多的业务应用开发商的技术支持，需要移动运营商的资金支持和后期运营管理。目前，国内比较成熟的智慧城市建设模式主要有四种：政府投资运营，企业参与建设；政府与企业合资建设与管理；政府统筹规划，企业投资建设；企业建设运营，政府、公众购买服务。张家口目前还没有探索到适合自己区域特点、经济条件和符合冬奥会信息化需求的智慧城市建设与运营模式，面临建设资金、技术支持等智慧城市建设的多项难题。在建设国际"冬奥名城"智慧张家口的过程中，应结合冬奥会的需求和自身特色，因地制宜，探索适合张家口的智慧城市建设运营模式。

三、张家口智慧城市建设的对策与建议

（一）树立"互联网＋冬奥会"的智慧城市建设思维模式

智慧城市建设的关键在于"互联网＋"下的城市合理布局，"互联网＋"能有效推动"集约、智能、绿色、低碳"的科学发展思路。张家口市智慧城市建设要解决的首要问题是要树立"互联网＋冬奥会"的"1+1"思维模式，如何将"互联网＋冬奥会"的概念落地实施，是推动冬奥名城智慧张家口建设的关键。科学合理制定张家口智慧城市建设的总体规划，节约集约利用资源，不贪大求全，重点搞好崇礼赛区的智慧城市建设工程，重点打造"智慧崇礼"示范区，按进度高标准高质量完成"智慧冬奥"对信息化建设的任务。

"互联网＋冬奥会"的智慧城市是以人为本的新型智慧城市，除了具有一般意义的智慧城市特征以外，应更加注重"冬奥特色"城市核心数据中

心的建设，增加环境监测、安保、赛场管理、赛事点播、门票预订、社会人文、旅游餐饮、体育健身等冬奥方面的公共服务与数据增值子平台，为冬奥会提供全方位的综合信息服务，同时主动向市民提供日常生活工作所需的各类信息和服务，充分展示智慧城市建设的成果，让广大市民享受到智慧城市建设所带来的泛在化、个性化服务。

（二）强化智慧城市的顶层设计与规范，推动建设进程

智慧城市建设对于任何一座城市都是一项巨大的社会系统工程，除了首先做好顶层设计规划之外，还要重点抓好落实工作。由于我国多数城市在智慧城市建设之初，缺乏统一具体的规划设计，导致出现了重复建设和政绩工程，造成了资源浪费和信息孤岛等多种问题。目前，智慧城市建设最大的难点就是如何将智慧城市建设初期形成的信息孤岛连接起来，通过整合发挥更大的能力，实现数据共享，消除部门间"信息孤岛"和利益壁垒。要打破"信息孤岛"难题，破解之道在于"互联网+"思维下的大数据变革。"冬奥名城"智慧张家口的核心基础就是大数据中心的建设，即建立全市基础信息资源库、实现信息交互和共享的核心载体。

张家口市要成立专门的智慧城市建设领导小组，建立高效的工作机制，以政策来引导城市规范性发展，全面统筹、开展、落实张家口的智慧城市建设。通过合理谋划布局，科学分解任务指标，由各部门分别牵头各个智慧城市数据平台的建设，实现智慧城市建设的长远发展。各业务单位要加强信息共享，促进业务协同，避免各自为政、信息孤岛等老问题出现。建立一个统一的、集市政、交通、城管、安监、环保、农业、园林、水务、体育、旅游等多个领域的城市运行综合管理平台，发挥最大化的综合效应，不断提升城市管理水平和应变能力。

（三）加快重点区域（领域）智慧化建设的速度

"互联网+冬奥会"的"1+1"智慧城市思维模式充分体现了互联网模式、冬奥会标准体系在智慧城市的各个层面的应用。"互联网+"就其本质而言，实际上仍然是传统的三层架构。第一个层面是消息层，第二个层面是工作流层，第三个层面是数据层。这三个层面构成了互联网的全貌，搭建起了智慧城市整体架构。基于智慧城市的基本架构，制定统一、科学、实用标准体系，加快重点区域（领域）智慧化建设的速度，推动大数据应用示范区

建设，增速张家口智慧城市的进度。第一，充分利用张北的云计算数据中心，整合、共享和利用各类城市信息资源，推动张家口数据存储基地、张家口新能源基地等大数据应用示范区建设，打造集设计研发、数据服务、装备制造、信息查询、应用推广、运营管理为一体的智慧产业发展集聚中心，建设智慧产业示范基地、信息化教育培训中心和科技服务基地等为主的功能区，并吸引云计算、物联网、大数据等智慧城市相关领域的高科技企业和人才入驻。第二，通过"互联网＋冬奥会"的"1+1"智慧城市建设模式，首先推进冬奥会有关智慧城市关键技术的创新应用，加大经济和科技创新投入，打造崇礼区及冬奥赛场智慧城市示范工程，全面提升张家口智慧城市建设创新水平与服务民生的能力，推动我市的冬奥会筹备工作。第三，全面打造"互联网＋"交通、教育、旅游、健康、智能家居等多方面的智慧城市应用工程，真正实现以人为本，提升政府公共服务能效，使城市生活更健康、更环保、更便捷。

（四）创新智慧城市建设运营机制

找到适合区域特色的智慧城市建设运营机制对于智慧城市的建设至关重要。张家口市的综合经济实力较弱，信息基础设施建设较为落后，本市的科研院所、高校在智慧城市方面的科研实力较弱。但是，2022 年冬奥会、京津冀协同发展战略和"一带一路"发展战略为张家口智慧城市的建设带来了令许多一线城市都羡慕的机遇。综合分析张家口信息化建设的硬件和软件，建议张家口智慧城市建设应采用政府规划、购买服务、社会资本注入、专业公司运营的 PPP 商业模式或者政府部分出资，委托运营商建网的合作模式，彻底解决建设资金投入不足、后期运营管理不善等智慧城市建设的多项难题。这样，政府就能更好地实现从城市基础设施、公共服务的提供者转换为监管的角色，从而保证智慧城市建设的质量，同时减轻政府的财政负担。但是，政府应宏观调控智慧城市建设的统一协调工作，由专门的智慧城市建设领导小组来负责，严格按照智慧城市的顶层设计和技术标准实施。

结束语

智慧城市建设是一项宏大的社会系统工程，是一项只有起点没有终点的工程。"互联网＋冬奥会"从思维模式到技术手段为智慧城市建设过程中出现的诸多问题提供了有效的解决方案。张家口要充分利用京津冀协同发展和举办"冬奥会"的历史机遇，制定科学统一的标准体系，探索可行的建设运营管理模式，建设具有"冬奥"特色的智慧城市，保证2022年冬奥会的顺利举办，建设国际化的"冬奥名城"。

民间资本投资冬奥会张家口赛区设施建设研究

王永莉　　张艳书*

2022 年北京冬季奥运会为张家口市带来了千载难逢的发展机会，有机遇就有挑战，张家口市要在规定的时间内完成奥运场馆及一系列基础配套设施建设，预计总投资近千亿元。为了有效地破解融资难题，笔者认为冬季奥委会、张家口市政府及相关部门应充分发挥牵引与主导作用，积极创新融资平台和资金补偿机制，在继续利用传统融资渠道的同时，着力激发民间资本的投资积极性，充分调动社会资金积极参与奥运设施建设投资，确保奥运基础设施及场馆的建设有充足的资金保证，同时为保证赛后设施能持续发挥效益、资金快速回笼和债务按时清偿提供足够的体制机制保障。

一、民间资本投资奥运会基础设施和奥运场馆建设情况分析及启示

（一）民间资本投资奥运会基础设施和奥运场馆建设分析

随着奥运会举办规模的不断扩大，单纯依靠政府投资已难以维持现代奥运会对基础设施和场馆设施建设的资金需求。通过对 1984 年洛杉矶奥运会至 2016 年里约奥运会的投融资模式进行比较研究，以期为 2022 年冬奥会张家口赛区的基础设施和场馆的建设提供经验借鉴与理论支持，见下表。

---

* 作者王永莉是河北建筑工程学院经济管理学院教授，张艳书工作单位为张家口市福利彩票发行管理中心。此文曾发表在《河北建筑工程学院学报》2017 年第 3 期。

1984—2016年夏季奥运会投融资方式及赛后运营管理对比分析

投资模式	奥运会	筹资方式	投资领域	场馆的运营和维护
私人投资	1984年洛杉矶奥运会	赞助商投入,出售电视转播权,出售门票,资金收入总计10.195亿美元。	新建了游泳跳水馆,自行车赛场以及射击场,其余的20个比赛场馆进行修缮。	私人机构。
	1996年亚特兰大奥运会	亚特兰大奥组委是私人机构,资金全部由其筹措,包括:出售电视转播权,赞助商投入,门票收入,TOP计划和本地商业收入。	24个比赛场馆,很多是临时建设,奥委会只出资2.89亿美元建设亚特兰大奥运会主场馆,后拆除了2/3。	亚特兰大英雄队取得了主场馆30年经营管理权,30年后移交给当地政府。其他场馆私人机构维护。
政府投资	2004年雅典奥运会	由希腊中央政府和各部委共同出资。	基础设施,雅典奥运会场馆和奥运村。	Olympiakakinita的管理公司专门负责奥运会后的场馆经营管理问题。
	1988年汉城奥运会	主要有发行彩票,出售电视转播权,发行纪念币,纪念章以及各种赞助等融资方式。私人部门承担了全部资金支出的21.3%。	112个比赛场馆修缮或建设,文化设施,环境维护支出,交通运输等基础设施。	韩国当局成立了"韩国国民体育振兴工团",负责经营管理。
	1992年巴塞罗那奥运会	政府支出占总支出的38%,企业赞助,投资拉动,出售电视转播权,出售门票。	基础设施,37座场馆,其中新建了15座,翻新和改建了10座,临建了12座场馆。	巴塞罗那奥运会控股公司(即HOLSA)。
政府与私人合作投资	2000年悉尼奥运会	政府投入占总投资的30%,银行贷款,出售无形资产,PPP模式融资,发行组合证券。	绿化,旅游开发,奥运配套设施,主体育场,多功能体育,游泳中心,田径运动中心等场馆。	主体育场馆由"Abigroup"运营30年,30年后场馆经营权将移交给新南威尔州。
	2008年北京奥运会	政府投入,公私合作,捐赠,冠名权,单位自筹等多种筹资方式。	配套设施,北京市共建设31个体育场馆,新建12个永久性的体育场馆和8个临时性场馆,改造11个场馆。	财政拨款改扩建的由国资委、国家体育总局等运营;国家体育场由北京中信联合体;国家体育馆,会议中心以及五棵松篮球馆等场馆由投资单位在一定期限内运营。
	2012年伦敦奥运会	财政支出或政府借贷,英国国家彩票22亿英镑,私人投资20亿英镑。	奥运会主要场馆,奥运村以及国际广播和媒体中心,伦敦奥运会场馆基础设施建设,温布利球场。	奥林匹克公园遗产公司负责款奥运会主体育场,游泳中心以及自行车赛馆20年。
	2016年里约热内卢奥运会	政府投资,私人投资,冠名权,赞助,广告收入,门票收入。	政府主要投资基础设施建设,包括改造机场和地铁。建设33个体育场馆,新建9个永久性的体育场馆和6个临时场馆,改造18个场馆。	巴西政府管理奥林匹克公园1号和2号党技场,田径场和网球中心,其他场馆暂时关停。

（二）历届奥运会对民间资本投资基础设施和奥运场馆建设的启示

1．私人投资注重经济利益，提高了资金的使用效率和效果，但容易忽视奥运会本身的公益性。

洛杉矶奥运会和亚特兰大奥运会是完全市场化运作，私人投资是以盈利为目的，以尽可能少的投资获得最大的收益，充分利用原有场馆，必须新建场馆则采用临时建筑方式，住宿场所则是采用租借方式解决，通过出售电视转播权和寻找赞助商来获得利润。

2．政府投资重视了奥运会本身的公益性，但是设施后期维护及运营管理的难度提高了，另外巨额的资金投入，加重了政府的财政负担。

3．公私合作很好地结合了单纯政府投资和民间投资的优势，又可有效地规避二者的缺陷，是未来举办奥运会投融资的方向。

历届奥运会的投融资方式为民间资本参与投资基础设施和奥运体育场馆建设提供了丰富的经验。由民间投资者部分或全部承担基础设施、奥运场馆建设，同时负责设施的后期维护和经营管理，既减轻了政府的财政支出，又可有效地降低和分散投融资风险。

二、影响奥运会基础设施和奥运场馆投资模式选择的主要因素

（一）经济发展战略

经济发展战略是综合考虑了当地的自然资源条件、人口状况、经济条件和外部环境等诸多因素确定，一个与当地经济发展相适宜的发展战略，可使当地的资源得到合理配置，产业结构体系优化，为当地创建良好的投资环境。一个地区优良的投资环境、适合的投资管理体系必然可以吸引更多的民间投资者。

（二）城市整体规划布局

城市建设的整体规划布局受城市经济战略的影响，也受城市发展定位的制约。一个城市的发展有其自身发展的规律，政府不能仅仅为了扩大政治影响而盲目追求大而全的设施建设，这不仅加大了资金的投入，降低资金的使用效率，而且也为城市的可持续发展带来隐患。有了良好的基础设施和场馆规划设计，才能选择适宜的投资模式，提高资金的使用效率和效果。

（三）赛后的管理模式

基础设施配套建设影响着赛后场馆的开发与利用，奥运场馆赛后的管理模式又直接影响投资模式的选择。为有效地防范场馆运营的经营风险，应合理配置新建、改建、临时场馆的比例，为尽可能地节省资金投入，提倡建设临时设施。在规划设计场馆时要充分考虑场馆赛后管理模式，不仅要与当地城市定位一致，还要具备人文与商业价值，避免一味追求标志化，忽视市场需求。同时也要考虑到投入资金的回收期，使奥运场馆建设走上健康合理的发展道路。场馆具有公益属性，政府进行管理，则场馆建设投资主要是政府投资或者是公私合作开发，如果场馆建成后是以盈利为目的，则以私人投资为宜。

（四）地区的生态环境

张家口的生态环境较好，空气质量在全国名列前茅，在规划和建设过程中要充分考虑对生态环境的保护，交通等基础设施和场馆的建设都应该为生态功能区让步，保护好京津冀生态水源涵养区，成为北京的后花园。张家口市在奥运基础设施的规划设计上要充分考虑生态环境的保护问题，这必然会增加奥运设施建设的资金支出，比如绿化工程在提升生态环境质量的同时，也必然会导致资金投入的增加。

（五）融资的难易程度

体育场馆融资模式的选择，不仅要考虑投资风险、融资成本，项目管理、资金来源和其他因素，而且也要注重体育场馆的特色，综合各方面因素，应因地制宜，灵活运用，突出重点，不拘束于某一种固定模式。

（六）资本市场的发达程度

如果资本市场欠发达，由于投资渠道较少，普通的投资者很难找到适合的投资机会，于是选择投资金融资产或房地产居多。如果资本市场足够发展，不仅可以为民间资本找到足够多可选择的投资机会，也能够把更多的普通投资者的闲置资金集中起来，从而为政府找到更多的资金来源。

三、民间资本投资基础设施和奥运场馆建设的运作方式

（一）租赁—建设—运营（LBO）投资方式

LBO 是英文"Lease-build-operate"的缩写形式，即"租赁—建设—运营"方式。是指民间投资方先通过租赁方式获取政府的基础设施的使用权，然后对其进行改扩建，再由政府授予特许经营权，民间投资方在约定的时期拥有该设施的经营使用权。约定期满，该设施的经营使用权由投资方无偿移交给政府。采用这种投资方式可以改善公共产品或服务运营的效率，承租企业不需要进行基础设施的前期建设，节约下大笔资金用于基础设施的改扩建，同时承租企业还可以获得租赁支出税前可以抵扣的利益。该投资方式政府不仅保留对公共基础设施的所有权，而且地方政府还可以通过民营企业租赁基础设施获得稳定的现金流入。政府和承租方双方都有得到和增加收入的机会。缺点是会减少政府对该设施的控制，租赁期内由于租金的支出会暂时导致国家税收收入减少。同时接近项目租赁期满时，投资方为经济利益可能会减少维护基础设施的支出。

LBO 投资方式适用于交通项目、供水项目、排水及污水处理、垃圾处理、道路的维护、机场等。

（二）PPP 融资方式

PPP 是英文"Public-private-partnership"的缩写形式，即"公共—民营—伙伴"方式。PPP 模式是指政府、私人营利性企业和非营利性企业基于某个项目而形成的相互合作关系的形式[①]。在这种融资方式下，对社会需要的特定公共产品或服务，政府不再直接投资，而是鼓励企业投资（或企业与政府联合投资）并提供公共产品或服务，政府根据需要购买。参与该项目的各方按协议共同享有收益、共同承担责任，同时共同应对可能出现的风险。

在该合作方式下，项目建设既可摆脱政府行政干预和限制，又可充分发挥民间投资者在资源整合与经营上的优势。政府为民间资本合作方进行指导和监督。民间资本参与奥运设施建设，可以有效地缓解政府资金的不足，达

---

① 陈柳钦. 运用 PPP 模式进行城市轨道交通建设融资［J］. 中国交通信息产业，2006（5）.

到比政府独立投资更有利的结果。

PPP 融资方式适用于张家口冬奥会新建设施，如京张城际铁路、张家口奥运村、冬季两项中心等。

（三）TOT-BOT 组合融资

TOT-BOT 是英文"Transfer-operate-transfer"和"Build-operation-transfer"的缩写形式。即："转让—经营—转让"和"建设—经营—转让"组合融资方式。是由政府组建专门机构（SPV），专门机构（SPV）将已建成的大型基础设施用 TOT 的方式转让给受让方，取得可观的收入，再将这笔收入与投资方合作，利用 BOT 的融资方式共建大型基础设施项目①。

利用 TOT-BOT 组合融资模式的优点：一是有利于吸引投资。一些公共体育场馆赛后闲置，收益不稳定，导致投资商不愿投资。采用 TOT-BOT 组合融资模式，先将能够产生稳定现金流的项目转让给投资商经营，保证了投资商的收益，有利于吸引投资商投资。二是有利于降低风险。政府以 TOT方式将已有项目转让给投资商后，用收入入股，可以保证在 BOT 项目中占据控股优势，确保 BOT 项目建设中的控制权。与单独采用 BOT 模式相比，可以破解投资商不愿投入更多资金用于场馆设施的维护与更新的难题，确保经营期满政府接手资产的完整性和优良性。另外，政府与投资商共建体育场馆，有助于降低场馆赛后的经营风险。三是有利于加强对建设过程的监控。由于政府入股，可避免投资商在项目施工过程中偷工减料、工程物资和设备采购以次充好等质量问题，确保资金安全及工程质量。

这种融资方式适用于张家口冬奥会现有设施的改扩建，如道路工程、污水处理和垃圾处理工程等。

（四）企业投资经营

通过一些有实力的企业直接或间接投资，按照投资比例对设立的项目公司进行管理，同步经营获取利益的一种模式。这种融资方式适用于有比较稳定收益的经营性项目，如新建的冬季两项中心、北欧中心越野滑雪场、云顶滑雪公园场地 A、云顶滑雪公园场地 B 等。

① 李鸿煊. 我国大型体育场馆融资模式研究综述［J］. 中国市场，2008（40）.

（五）冠名权融资方式

开发体育场馆的综合功能，提升场馆的未来潜在收益，吸收赞助商为获取场馆的冠名权而支付资金。例如中石化在鸟巢建设时就以铺装鸟巢赛道沥青和安装普通观众座椅支付了 3000 万元左右，中石化因此取得了 7 万个座椅背后印有石化的 LOGO，并可以在赛后利用鸟巢进行各种商业宣传。2011年，5 年内五棵松体育馆的内部和外墙及门票都以"万事达中心"出现，北京五棵松体育馆成为国内第一家获得商业冠名的奥运场馆。

（六）发行冬奥会债券

可以在国家政策允许范围内，积极创造条件发行以冬奥会为主题的地方政府债券；或者通过当地投融资公司作为平台发行冬奥会债券筹集资金。

1. 发行以冬奥会为主题的地方政府债券。张家口市政府可积极向河北省政府申请，由河北省政府与财政部协调，发行以冬奥会为主题的地方政府债券来筹集资金。

2. 以投融资公司作为平台发行冬奥会债券。积极培育有实力的投融资公司，在条件允许的情况下，以投融资公司作为平台发行冬奥会债券筹集资金。

（七）事业单位自筹资金

利用驻张家口的各所大学的体育场馆，由各单位自筹部分建设资金，新建或改扩建校内体育场馆，实现体育场馆的再利用。北京奥运会时，驻北京的北京大学、中国农业大学等大学都各自筹措资金对本校的体育馆进行了建设，不仅为奥运期间提供了比赛场所，也提高了赛后体育场馆的利用率。

四、政策建议

（一）加强政府的牵头组织

1. 组成专门机构

建议张家口市政府设立由具有财政、金融、财务、会计、税务和工程等专业背景的高层人才组成的专门机构（以下简称政府专门机构），在市政府主要领导的直接领导和协调下，代表市政府具体负责冬奥项目融资战略的制订、融资计划的编制与落实、PPP 投资融资洽商、PPP 投资融资协议的起草与签约、张家口体育产业基金与冬奥会债券发行、监督项目运营及赛后项目的移交和运营等事宜；负责管理基于冬奥项目而设立的政府融资平台（国有独资公司）的信贷融资和资金统一调度等事宜。

2. 组建国有独资的政府融资平台

在政府专门机构的统一协调指导下，具体负责银行信贷融资，包括信贷融资洽商、信贷融资协议的起草与签约、信贷资金的回笼与偿付等业务。

3. 健全投资管理制度体系

政府依据国家政策文件，建立一套清晰、透明、规范的，涉及与民间投资、设施建设与运营及资金退出等方面的规章制度，使民间资本投资2022年冬奥会张家口赛区基础设施和场馆建设健康有序地进行。

4. 细化政府与民营企业间的合作协议

政府应该经过多方面研究、考证，周密规划设计，与民间资本投资者签订协议时，严格各方的权利和义务，避免因为"一纸公文"而让投资的参与方承担不合理的风险，合理保护民间投资者的权益。避免出现临时修改协议，既不利于政府的自身形象，又伤害了民间投资者的利益。

5. 合理运用税费杠杆调节投资结构

为鼓励民间资本投资张家口冬奥会设施建设积极性，可对地方性的收费实施减征或免征的优惠政策，申请上级政府对相关税收减征或免征的优惠。

（二）完善治理结构，合理管控风险

1. 组建专门的监管机构，明确监管机构的权责，建立严格规范的运行制度，突出服务功能，落实绩效责任。监管机构对基础设施和场馆的后期运营的成本、价格进行指导和监督，同时也要对服务的内容、质量、安全、环境等进行有效的专业化监管，既保护投资者的经济利益，又有利于政府维护公平竞争的市场秩序，实现双赢。

2. 加强新组建政府融资平台的组织建设。落实专家治企，完善内部治理结构。对被投资项目的管理去行政化，实现政企分开，由企业按市场需求自主管理，在完成社会责任和提高服务水平的前提下，不断实现投资基础设施和场馆的经济利益持续增长。同时，按现代企业制度构建相应的治理结构，有效地监管投资项目的运营。

3. 规范新组建项目平台（国有独资公司）的内部治理，关键管理岗位实行政府委派制，合理管控财务和运营风险。

4. 充分利用"外脑"在科学决策中的智囊作用。实施"走出去、请进来"战略，在注重考察与借鉴国内外成功经验的同时，注重发挥专家学者的智囊作用，建议成立冬奥设施建设投资咨询专家委员会，聘请国内外金融、财务、工程、规划等领域的专家指导冬奥项目投融资工作。

参考文献

［1］ 梁蓓. 梳理与启示：奥运场馆投融资模式研究［D］. 武汉：华中师范大学硕士学位论文，2013.

［2］ 王志美. 重庆市大型体育场馆公私合作经营（PPP）产权配置研究［D］. 重庆：重庆大学硕士学位论文，2015.

再创奥运新的辉煌

——京张冬奥研究中心三年工作综述

京张冬奥研究中心 *

一、基本情况

京张冬奥研究中心前身是北京奥运经济研究会。这个研究会的组成人员主要是来自北京市市长刘淇主持的大型决策咨询课题《北京奥运经济研究》课题组成员。研究会的发起单位是由北京市政府研究室、北京社会主义学院等机构发起，在 2003 年成立。在 2008 年北京夏季奥运会七年筹办和举办期间，北京奥运经济研究会创造了诸多辉煌，所做的大量工作，包括出版六部《奥运经济年度报告》，得到包括时任国家副主席习近平、北京市委书记刘淇、北京市市长王岐山、国际奥委会主席罗格等诸多领导，以及社会各界广泛的好评、支持和肯定。

2010 年以后北京奥运经济研究会更名为北京改革和发展研究会。虽然研究方向有所调整，但始终没有放弃奥运研究。2015 年 2 月，由北京改革和发展研究会发起，京张冬奥研究中心成立。从中心筹办到成立之初就参

---

* 此稿执笔人为京张冬奥研究中心秘书长毛雪峰。

与了 2022 年冬奥会的申办，特别是完成 2022 年冬奥申委组委会委托的课题《北京张家口可持续发展研究》，为 2022 年北京冬奥会成功申办做出了一份贡献。目前，京张冬奥研究中心积聚了国内 50 多名从事奥运赛事、体育经济等相关领域研究的知名的专家学者。

研究中心成立的宗旨是以推动 2022 年冬奥会顺利举办，推动冬季体育项目在中国的开展和奥林匹克精神在中国的传播和弘扬，促进京津冀协同发展和京张两地可持续发展。主要承担与冬奥会相关的课题研究，为企业、政府及社会各界把握冬奥会机遇、参与冬奥市场开发提供意见和政策咨询，围绕 2022 年冬奥会开展国内和国际交流。

京张冬奥研究中心已经被社会各界广泛公认为是中国奥运研究领域深具影响力的智库机构。

二、举办学术研讨会

京张冬奥研究中心（以下简称研究中心）成立三年多来，先后举办了十几场学术研讨活动，在社会上产生了积极影响。

2015 年 7 月 31 日，北京携手张家口成功获得 2022 年冬奥会举办权，如何利用冬奥会的契机推动地区经济发展，成为社会各界关注的热点。为此，研究中心联合中国经济体制改革研究会、北京国际城市发展研究院、财经杂志等单位，于 2015 年 8 月 15 日在北京兆龙饭店共同举办了"2015 年冬奥经济论坛"。与会专家学者分别围绕 2022 年京张冬奥会筹办以及经济和社会影响等内容进行了研讨。中心主任陈剑提出：与 2008 年夏季奥运会相比，2022 年冬奥会应当是一届常态奥运会。其显著特征就是落实北京市政府向国际奥委会的庄严承诺。即落实"以运动员为中心、可持续发展、节俭办赛"三大理念，这不仅符合我国体育转型的需要，也符合奥林匹克运动的发展趋势。在奥运会筹办工作中，最重要的是把理念落到实处。

在此次论坛上，中国自由式滑雪项目第一个世界杯总决赛冠军、2015 北京申办冬奥会形象大使李妮娜，接受京张冬奥研究中心聘请，成为"京张冬奥研究中心形象大使"。李妮娜发表感言说："今天荣幸地成为京张冬奥研究中心的形象大使，我感觉这也是对我的一个肯定。申冬奥成功并不是冬奥的结束，而是新的奥运周期的开始，今天的论坛也是为了冬奥所做的第一步工作。希望今天的论坛能够为冬奥的筹办提供有用的资讯，为 2022 年冬奥出一份力！"

本次论坛是北京携手张家口申办冬奥成功之后，国内第一个以冬奥为主题的学术论坛，在社会上引起了巨大的反响，好评如潮。

以此为开端，2015 年 9 月 29 日，研究中心接受张家口市政府委托，和张家口市申奥办共同组织专家举办"张家口冬奥发展研讨会"。京张冬奥研究中心名誉主任蒋效愚、魏纪中，中心主任陈剑，执行主任杜巍等六位专家，分别围绕冬奥筹办工作中筹办原则、城市定位、资金运作、外事宣传、场馆建设等问题，结合北京 2008 年夏季奥运会经验和各自研究成果分别作专题报告。并围绕张家口的实际情况提出政策建议。时任张家口市委书记侯亮、市长马宇骏，张家口市四大班子，各委局、区县主要负责人 200 多人参加研讨会。围绕冬奥会筹办举办如此大规模地由张家口市主要领导、区县主要领导、委办局主要领导参加的研讨会，在张家口历史上是第一次。

此后，研究中心又分别于 2016 年 12 月 30 日和 2017 年 10 月 28 日，在北京兆龙饭店和张家口云顶国际酒店先后举办了"京张冬奥发展论坛 2016"和"京张冬奥发展论坛 2017"，成为目前国内以冬奥为主题的品牌学术论坛。这两次论坛，分别得到了张家口市政府、中国滑雪协会、中国滑冰协会、北京滑雪协会、张家口滑雪协会以及云顶雪场等单位大力支持。论坛围绕冬奥筹办、冰雪产业和区域发展、冬奥市场开发等社会各界关注的热点话题展开讨论。北京市老领导蒋效愚、国际排联终身名誉主席魏纪中、2022年冬奥申委总体策划和法务部部长徐达、时任张家口副市长张远、崇礼区委书记王彪、中国第一位冬奥奖牌获得者叶乔波，以及杜巍、易剑东、林显鹏、孙葆丽、李庚等诸多专家学者参会论坛。中央电视台、北京电视台、天津电视台、中国共产党新闻网、新华网、中新社、凤凰财经、新浪、搜狐等主流媒体对这两次论坛给予了深度报道，社会反响强烈。

冬季奥林匹克运动会是世界冬季冰雪运动的最高水平赛事，具有深远的影响力和广泛的参与度。2022 年冬奥会的成功申办，激发了社会各界的热情，企业界也对此投入了极大关注。但是，中小企业如何在尊重奥林匹克知识产权的前提下参与冬奥市场开发？如何利用 2022 年冬奥会契机，推动冰雪、旅游、体育产品等相关产业的发展？以上问题是社会各界尤其是企业界普遍关注的热点话题。为此，研究中心于 2015 年 10 月 31 日，与张家口滑雪协会联合举办了"首届张家口冬奥经济论坛"。这届论坛，是北京携手张家口申办 2022 年冬奥会成功后的第一个雪季之前的论坛，300 多位企业家参会，旨在向全中国、全世界发出声音：张家口，已经开始准备！因此倍受社会关注。这次论坛得到张家口市人民政府、北京张家口企业商会等单位的支持。

此外，2017 年 7 月 9 日，研究中心与北京联合大学应用文理学院联合举办了"冬奥商机与冬奥市场开发研讨会"。

上述两个论坛，都是以冬奥市场开发为主题，围绕冬奥会市场开发计划、冬奥机遇与产业项目关联、中小企业在冬奥会市场开发中的商机、冬奥文化元素与创意等热点话题进行探讨，为中小企业参与冬奥市场开发搭建一个开放性平台。

随着 2022 年冬奥会成功申办和京津冀协同发展国家战略的稳步推进，处在京西山区的门头沟，既面临重大的发展机遇，也需要应对巨大的工作挑战。如何利用京张冬奥会和京津冀协同发展的契机，促进京西地区尤其是门头沟区的社会和经济发展？围绕相关话题，2016 年 10 月 29 日，京张冬奥研究中心联合中国国土经纪学会房地产资源专业委员会，在门头沟组织举办"首届京张冬奥会与京西发展论坛"。会议围绕冬奥会与京西地区资源市场开发、冬奥会背景下"十三五"期间门头沟发展判析、冬奥会与京西绿色经济发展、京西产业发展趋势分析等热点话题展开讨论。政府相关部门的领导、相关领域专家学者以及企业界代表约 100 人参加会议。

中共十九大报告提出，要坚持中国特色社会主义文化发展道路，激发全民族文化创新创造活力。如何利用冬奥会契机推动文化创新，推动中西方文化交流，是一件非常有意义的工作。2018 年 4 月 15 日，研究中心在国家游泳馆（水立方）举办"刘以林艺术作品研讨会"。本次研讨会的主题："东方原创艺术如何走向世界"。中国社会科学院学部委员田雪原、中国文联副主席夏潮、全国总工会行业工会主席盛明富等专家学者和嘉宾 80 多人参加研讨会。刘以林先生是研究中心的特约研究员，与莫言、余华、迟子建、刘震云等文坛名家同级毕业于北京师范大学和鲁迅文学院联办的创作研究生班。他的作品，空灵与现实相结合，抽象与具体相依托，将东西方传统的文化艺术特色完美结合在一起，令人耳目一新，给人极强的震撼和视觉冲击力。自

2016 年 2 月 8 日至 2017 年 12 月，受法国政府邀请，刘以林先生的雕塑、油画和钢笔画作品在法国巡展引起巨大反响。2018 年 1 月 10—14 日，第 23 届美国洛杉矶艺术博览会开幕，在中国文化部的支持下，刘以林先生作为中国国家展区的主推艺术家，其作品在博览会展出，再次引起轰动和巨大关注。本次研讨会的召开引起文艺界极大关注，有媒体报道称，刘以林的作品将东方原创艺术的神韵以西方的形式完美地表达出来，尤其是以冬奥为题材的作品，在艺术创作领域引起巨大轰动，被称为"刘以林现象"。

三、国内国际学术交流

除了上述学术研讨活动以外，研究中心还多次组织专家学者、企业代表赴张家口各区县进行考察交流。早在申冬奥成功之前的 2014 年，受张家口市政府邀请，中心筹备组组织专家赴张家口调研，筹备组组长陈剑研究员向时任张家口常务副市长武卫东赠送《北京奥运经济报告》（2003—2008 年），并与崇礼县政府、张家口市发改委、财政局、旅游局、体育局等职能部门的 40 多位负责人进行座谈。在冬奥会申办成功后，研究中心又多次应张家口怀来县委、宣化区委、怀安县委等区县的邀请进行专题考察，就冬奥和当地经济发展问题与当地政府负责人进行座谈交流。上述的这些交流考察活动，既为当地发展提供了咨询指导，为当地的经济和社会发展提供了宝贵的参考意见，同时也为研究中心积累了丰富的第一手研究资料。

研究中心的工作成绩，也得到了国内外学术界的积极肯定，同时也为研究中心开展更广泛的合作交流拓宽了渠道。

2017 年 6 月，中日韩三国合作秘书处（中日韩三国政府间国际组织）致函京张冬奥研究中心，邀请中心三任陈剑研究员担任《2017 中日韩三国经济报告》主笔，这是中日韩三国政府间一年一度的三国宏观经济运行情况的总报告。项目于 2017 年 12 月圆满完成，获得委托方高度评价。

2017 年 9 月 22 日，受韩国江原道（省）邀请，京张冬奥研究中心主任陈剑研究员、执行主任杜巍研究员和秘书长毛雪峰赴韩国江原道，参加由韩国江原道和 2018 年平昌冬奥组委会共同主办的"2017 冬奥会经济合作论坛"，研究中心执行主任杜巍在论坛上发表演讲，得到邀请方的很高评价。

2018 年 6 月 26 日至 28 日，受中日韩三国政府秘书处的邀请，陈剑研究员出席在韩国济州岛举办的第 13 届济州论坛。本次论坛汇聚中、韩、美、俄、日、加、意、印等多国约 500 位政要和学者。联合国前秘书长潘基文、日本前首相福田康夫、加拿大前总理马尔罗尼等发表主旨演讲，陈剑研究员受邀参与大会发言和嘉宾对话。此次论坛上，陈剑研究员提出的"设立三国奥运城市联盟，助推中日韩发展"的建议受到各方广泛关注。

四、冬奥之友的评选

如果说 2008 年奥运会奠定了中国在国际舞台上体育大国的基础，那么 2022 年冬奥会将使中国的冰雪运动迈向一个新的台阶。中国冰雪运动在中国有着久远的历史。冰雪运动进入到华北地区，特别进入到张家口崇礼，实际是从 1995 年萌芽，至 2015 年成功申办第 24 届冬奥会，历经了整整 20 年。20 年间，一批杰出人士为推动中国冰雪运动，推动冰雪产业的发展和冬奥会的申办付出了辛勤和汗水，做出了突出贡献。为此，2017 年，研究中心发起了冬奥之友的评选活动。经各方推荐，并经评委会专家评议，推选出单兆鉴、林致华、徐达三位有代表性的人物入选，并由论坛组委会授予"冬奥之友"荣誉，颁发"冬奥之友"杰出贡献证书。此次评选活动，在社会上引起了积极反响，取得了很好的社会效果。

五、出版冬奥报告

除了举办学术研讨和交流活动以外，研究中心还组织专家出版了《京张冬奥发展报告 2016》。这份报告是由北京市社会科学界联合会提供资助、第一部反映 2022 年冬奥会筹办情况的年度报告，由中国文史出版社公开出版发行。报告约 40 万字，内容包括序言、领导指示、宏观要旨、特别报道、综合分析、课题研究、北京研究、张家口研究等几个方面。报告对 2022 年冬奥会申办至今的工作做了整体评述，系统反映了中国自申办冬奥至 2016 年底相关的工作情况。报告围绕 2022 年冬奥会面临的挑战、区域经济效应与冬奥会效益、冬奥会对京张地区经济可持续发展的影响等不同领域的热点话题进行了论述，并结合当前国内冬奥筹办情况，包括冰雪产业的发展现状、京张地区的社会经济状况等，从不同角度分析存在的问题，针对这些问题提出改革思路和对策。报告对促进京张地区经济社会可持续发展和京津冀协同发展具有积极的推动作用。

北京与张家口同为历史文化名城，两者不仅地理相接文脉相承，而且近年来经济社会发展渐趋一体。2015 年 7 月，北京携手张家口获得 2022 年冬季奥林匹克运动会举办权后，世界目光迅速聚焦北京、聚焦张家口，"京张"一词也一跃成为炙手可热的文化标识，频频显现于各大媒体。然而，喧嚣背后忽略的一个事实是，相比首都北京，人们对于张家口这座北方重镇的历史了解不多，对其厚重悠长的文化底蕴更是知之甚少，这不仅同张家口原有的文化地位不相匹配，而且某种程度上也是影响张家口经济迅速扩张的束缚因素。为了使更多的人了解张家口，了解京张两地深厚的历史文化渊源，研究中心携手北京中华文化学院，组织京张两地众多知名的专家学者，历时一年编写成《京张历史文化与当代发展》。该书由研究中心主任、中国经济体制改革研究会副会长陈剑研究员担任主编，国家行政学院出版社负责出版。主要内容包括：京张的地理联系及资源禀赋、北京历史沿革及其文化发展、张家口历史沿革及其文化发展，以及冬奥与冬奥经济等。该书旨在以一种通俗的方式对京张两地尤其是张家口厚重悠久的历史文化作一个全景式的生动介绍，涉及自然地理、历史沿革、经贸往来以及冬奥发展等诸多内容。该书出版后，研究中心与张家口市委宣传部联合在张家口举办了《京张历史文化与当代发展》一书的研讨会和新闻发布会。张家口市委宣传部的领导出席了此次新闻发布会并对此书出版给予了很高评价。此书的出版，将有利于更多的人了解京张历史文化，对提升张家口的品牌形象、推动京张两地社会和经济的共同发展具有积极的意义。

研究中心成立三年来，为北京 2022 年冬奥会的筹办和促进地区经济发展做了一些有益的工作。目前，2022 年冬奥会的各项筹办工作已进入提速阶段，在未来的几年内，研究中心将继续发挥专家聚集的优势，为推动北京 2022 年冬季奥运会的顺利举办、促进京张地区的融合，促进京张两地社会和经济发展做出新的贡献！

单兆鉴、林致华、徐达获"冬奥之友"杰出贡献奖荣誉证书

2017 年 10 月 28 日，"京张冬奥会发展论坛 2017"在河北崇礼召开。京张冬奥会发展论坛组委会在此次论坛上为单兆鉴、林致华、徐达三人颁发"冬奥之友"杰出贡献奖荣誉证书。

京张奥运中心名誉主任、原北京奥运经济研究会会长魏纪中和中国冬奥会第一块奖牌获得者叶乔波，向获奖者和获奖者代表单兆鉴等颁发了"冬奥之友"杰出贡献奖荣誉证书。

京张冬奥研究中心主任陈剑介绍了此次设立"冬奥之友"杰出贡献奖荣誉证书的初衷。2022 年冬奥会的成功申办，中国冰雪产业发展进入到一个新的阶段。中国冰雪产业自 1995 年萌芽，至 2015 年成功申办第 24 届冬奥会，历经了整整 20 年。20 年间，一批杰出人士为推动中国冰雪产业的发展和冬奥会的申办付出了辛勤和汗水，做出了突出贡献。经各方推荐，并经诸多评委评议，推选出三位有代表性的人物，并由论坛组委会授予"冬奥之友"荣誉，颁发"冬奥之友"杰出贡献证书。

陈剑介绍说，本次评选纯属公益。评选出为冬奥申办和筹办做出重要贡献的杰出人士，旨在推进 2022 年冬奥会的筹办，助推区域经济发展，推进冰雪产业发展，弘扬奥林匹克主义，进而让全社会对 2022 年冬奥会的筹办有更多的关注，以顺利推进 2022 年冬奥会的筹办。由于此次是第一届，本

届更多关注是为申冬奥做出贡献的人士。目前仍在职和副部级以上公务人员不在评选范围。

评选标准共四条：一是为申冬奥做出贡献；二是为崇礼、延庆作为冬奥会赛区做出贡献；三是为推进中国冰雪产业发展做出贡献；四是为弘扬奥林匹克主义做出贡献。

获得首届"冬奥之友"杰出贡献奖的人员分别是：

单兆鉴，男，1938年出生于中国吉林省。中国第一位全国滑雪冠军。曾任国家体委滑雪处处长、中国滑雪协会秘书长、亚洲冬季两项滑雪联盟技术部主任等职。著有多部滑雪全领域专著及几十篇滑雪论文，2011年主编《人类滑雪起源地——中国·新疆阿勒泰》，全面阐述了人类滑雪起源的研究理论、根据及历程。2010年3月荣获国际滑雪组织授予的"单兆鉴——对世界滑雪运动做出贡献"的特制奖牌，称其为"中国滑雪界的传奇人物"。1995年，单兆鉴作为国家体委工作人员，跑遍北京周边，为最终选择崇礼作为滑雪赛场做出了重要贡献。

林致华，男，1956年出生于马来西亚。密苑云顶乐园投资人代表、卓越集团董事局主席、拿督。英国伦敦经济学院（The London School of Economics）的经济学士。曾任北京2022年冬奥会申办委员会委员。2007年，林致华在中国多方考察后，决定在离北京更近的崇礼建造滑雪场。2012年1月云顶滑雪场正式开业运营后，林致华向河北省政府提出申办冬奥会，并筹备团队。2014年8月，云顶成为冬奥会申办委员会支持单位。创建的密苑云顶乐园项目，为中国申办2022年冬奥会奠定了良好的基础，对中国成功获得2022年冬奥会的主办权起到了积极的推动作用。2017年1月，习近平主席视察云顶滑雪场，接见林致华先生并对其做出的成绩给予了充分肯定。

徐达，男，1957年出生于中国黑龙江省。曾任共青团中央处长、北京奥申委办公室副主任、北京奥组委信息中心主任、南京青奥会组委会顾问、北京2022年冬奥会申办委员会副秘书长兼总体策划与法律事务部部长等职务。1999年起先后在北京奥申委、北京奥组委工作，经历北京奥运会申办、筹办、举办和善后全过程，是北京2008年奥运会《申办报告》《总结报告》的主要撰稿人之一。2010年5月，参与南京青奥会筹办。2013年10月起，参与北京2022年冬奥会的申办工作，主持起草北京冬奥申委《申办报告》

和国际奥委会迎评考察的陈述稿，为北京成功申办 2022 年冬奥会做出了突出贡献。

北京改革和发展研究会副会长，著名奥运专家、北京体育大学孙葆丽教授宣读了三位的获奖词——

单兆鉴（原国家体委滑雪处处长、中国滑雪协会秘书长、中国滑雪队领队）：作为新中国第一位全国滑雪冠军的获得者，半个多世纪努力，中国滑雪事业从起步到今天的成长壮大，你为此做出了杰出贡献；由于发现了中国新疆阿勒泰地区是人类滑雪最早起源地的研究成果，曾经被国际滑雪联合会颁发了"对世界滑雪运动做出贡献的专门奖牌"；1995 年前的一次探访，你把让人们惊艳的滑雪圣地崇礼带入了人们的眼帘。

林致华（马来西亚林氏家族第二代、密苑云顶乐园投资人代表、卓越集团董事局主席）：作为一名走遍世界的滑雪发烧友，感受了不同地域的滑雪运动魅力；1995 年对崇礼五道沟山谷的一次考察，你从金朝太子被隐藏的传奇故事中，命名了密苑，密苑云顶雪场提升了崇礼的影响；2015 年 7 月 31 日，世界的目光集中到崇礼，人们不会忘记你最早向河北省政府提出申办 2022 年冬奥会并为此做了积极准备；云顶对申冬奥成功居功至伟，国家领导人的赞誉，由此让世人知晓你为中国申奥所做的贡献。

徐达（原北京 2022 年冬奥会组委会总体策划兼法律事务部部长）：从俄罗斯的莫斯科到马来西亚的吉隆坡，从 1999 年参加奥申委一路走到今天，近 20 年的守望，浓密的黑发早已两鬓斑白。2008 年北京奥运会的无与伦比有你的身影，还有宣讲 200 多场的奥运故事；2014 年南京青奥会有你的经验与智慧，为中国奥运谱写了新的华章。2022 年北京——张家口申办冬奥会的陈述稿伴随着您多少个不眠之夜，让北京最终成为全球唯一一个冬夏同办的奥运之城。

亲临现场接受颁奖的单兆鉴，难言激动之情："心情非常激动，因为这个奖项是对我前半生工作的一个奖励和激励，同时这个奖项在崇礼县获得又分外有意义。崇礼县有许多的全国第一，甚至是世界第一，但是沉睡了多年。如今崇礼县从穷山沟变成了滑雪之城，这里的农民兄弟们正喜气洋洋地迎接冬奥会的到来。"

远在马来西亚的林致华先生和远在瑞士的徐达先生也委托他人转达了他

们的获奖感言。徐达说，被大家推举为"冬奥之友"，心情十分忐忑。在为大家的信赖感到欣喜之余，更多的是名不副实的不安和德不配位的惭愧。北京携手张家口赢得2022年冬奥会的举办权，是1908年国人"奥运三问"不懈追求的延续；是1980年普莱西德湖以来历届冰雪健儿的逐梦之旅；是时逢盛世中国屹立世界民族之林的有力佐证。再有4年零4个月，2022年冬奥会的圣火，将在"冬夏同城"与奥林匹克之城北京点燃。让我们不忘初心，一如既往，在为世界奉献一届精彩非凡卓越的冬奥盛会的征途中，奉献我们的智慧和力量！

陈剑说，论坛组委会拟在明年直至2022年冬奥会筹办的4年间，每年为2—3名为冬奥会做出贡献的人士颁奖。

刘以林艺术作品研讨会在京成功举办

　　2018年4月15日，由京张冬奥研究中心主办，北京改革和发展研究会、北京星光立人国际文化发展有限公司承办，亚设（北京）国际体育文化发展有限公司、水立方、北五环空间协办，主题为"探讨东方原创艺术如何走向世界"的"刘以林艺术作品研讨会"在京举办。

　　中国文联原党组成员、副主席、书记处书记夏潮，全国总工会行业工会主席盛明富，京张冬奥研究中心主任陈剑，京张冬奥研究中心特约研究员、北京改革与发展研究会会长周茂清，诗人、艺术家、作家刘以林，著名人口学家、经济学家田雪原，北京星光立人国际文化发展有限公司董事长刘伟，京张冬奥研究中心执行主任杜巍，亚设（北京）国际体育文化发展有限公司总经理汪洋，国家行政学院社会与文化教育部主任祁述裕，北京师范大学教授孙津，清华大学美术学院教授岛子，北方工业大学教授肖红，画家宋连民，中共北京市委统战部原常务副部长李雅清，画家苗京平，中国劳动和社会保障科学研究院研究员哈晓斯，深圳地方税收研究会会长章家寿以及来自安徽、深圳，还有其他地方的专家教授，媒体记者近百人出席本次研讨会。陈剑与央视主持人王琳方担任会议主持。

　　作为当代艺术家，刘以林在雕塑、绘画、诗歌等方面有着非凡的建树，在十几年的闭关山居过程中，他创作了超过6000件雕塑、1.2万幅钢笔画、1600幅油画。他的作品，空灵与现实相结合，抽象与具体相依托，将东西

中国文联原党组成员、副主席、书记处
书记夏潮讲话

艺术家刘以林讲述艺术创作

方传统的文化艺术特色完美结合在一起，令人耳目一新，给人极强的震撼和视觉冲击力。2016年他的雕塑、油画和钢笔画作品在法国南部巡展期间引起巨大反响。2018年1月份的第23届美国洛杉矶艺术博览会上，刘以林作为中国国家展区的主推艺术家，其作品再次引发全球关注。

陈剑在开场致辞中说，自2013年以来，刘以林先生的雕塑、油画、钢笔画作品在法国、美国展出引起了三大反响。特别是今年1月份，在美国洛杉矶的展出，成为文化艺术界人们广泛关注的"刘以林现象"。今年是改革开放40周年，刘以林先生既是改革开放40年的受益者，同时也是改革开放积极的参与者。作为一个成就卓然的艺术家，同时还是一个有担当的思想家，这在当下中国是十分稀缺的资源，也是十分可贵的特质，这就构成了我们举办此次研讨会的全部理由。我们希望通过举办此次研讨会，揭示"刘以林现象"所蕴含的规律性特征，进可为弘扬中华文化，提升文化自信做出一份努力。

"刘以林先生是很有天赋的艺术家，虽然没有受过科班教育，但是他却能够创作出这样令人耳目一新的艺术作品。"夏潮在发言中说，作为一个有较高人格修为的艺术家，刘以林很谦虚，也很有社会责任感。当我们呼唤中国出现伟大作品的时候，应该把更多的眼光关注到像刘以林这样的艺术家身上，我们召开这个研讨会，一是要探讨刘以林现象，二是想推动一下北京文

国家行政学院社会与文化教育部主任
祁述裕发言

清华大学美院教授岛子发言

化中心的建设。目前刘以林正当创作盛年，希望通过研讨会，引导他创造出更多艺术精品来丰富中华文明宝库。

研讨会现场，刘以林先生为大家分享了他艺术创作的心路历程。据介绍，这是他的作品在欧洲、美洲盛大展出，辗转大半个地球后，首次在中国落地。他认为，中国作为世界大国，不可能长期是美术信息输入的国家，时下或将来会成为一个美术信息输出的国家。事物的最后存在形式是哲学的形式，比如说蛇，蛇有两个东西是不会改变的，一是精神上的阴森感不能改变；二是身形的细长不能改变，如果把这两个去掉了，就不是蛇，但是我们的蛇把这两个东西都去掉了，为什么还是蛇，这是欧洲美术领域不能解释的，也是中国美术领域也不能解释的，需要当下来认知。人生是有极限的，美术从来不是以数量算的，而是以质量来算的，但是如果质量能在这个位置，数量又如此巨大，就很怪异，是需要探讨的。

研讨会上，来自文化艺术等不同业界的专家学者杜巍、祁述裕、岛子、孙津、肖红、宋连民、张大力、盛扬、刘国林、哈晓斯、张晓翔、胡艳雯、周茂清、朱玉奇等，围绕着探讨会主题"东方原创艺术如何走向世界"，对刘以林先生的作品给予了极高的评价，对"刘以林现象"展开深入研讨。

后 记

　　呈现在读者面前的这部《京张冬奥发展报告2018》，是北京改革和发展研究会自2003年成立以来的第八奇奥运报告，也是京张冬奥研究中心围绕2022年冬奥会展开论述的第二部冬奥报告。

　　随着2018年平昌冬奥会的结束，2022年冬奥会的举办地——北京和张家口成为世界的目光聚集点。如何才能够办一届精彩、非凡、卓越的冬奥会，既能够彰显大国风采，又能够遵循国际奥委会要求，进而得到国际社会和中国民众的认可，这实际上是一件既困难又不是十分困难的工作。困难，是因为总有一些因素影响对国际奥委会规划的遵守；不困难，是因为只要真正下定决心是一定能够实现的。这其中，重要的是兑现对国际奥委会的承诺。特别是兑现北京市政府向国际奥委会提出的以运动员为中心、可持续发展、节俭办赛三大理念的承诺。这其中，能否节俭办赛是衡量一届奥运会是否是常态奥运会的核心内容。

　　《京张冬奥发展报告2018》的出版，得到了社会各界人士的支持和鼓励。我中心名誉主任蒋效愚和年过八旬的魏纪中，此次为报告撰写序言和撰稿，两位十几年始终如一对研究会工作的支持让我们深受感动；北京市社会科学界联合会多年来一直大力支持研究会和我中心工作，为此书出版提供了部分经费支持；中共张家口市委也对本书的编辑出版工作给予了大力支持。2022年冬奥组委总体策划与法律事务部原部长徐达，张家口市委常委王彪，张家口市宣化区委书记张聪，以及北京市延庆区冬奥办、中共张家口怀来县委、张家口市社会科学界联合会，他们撰写的文章紧密围绕冬奥会筹办工作开展，成为本报告的一大亮点；京张冬奥研究中心诸多著名的专家学者，例如孙大光、杜巍、孙葆丽、易剑东、孔繁敏、顾海兵、刘以林、纪宁等，他们积极参与报告写作，为本报告出版增辉。此外，张家口市社会科学界联合会，河北北方学院生态建设与产业发展研究中心也为本书出版提供了支持；河北北方学院副校长任亮教授、张家口市社会科学界联合会黄莺主席、中国文史出版社王文运主任、京张冬奥研究中心秘书长毛雪峰为本报告出版付出了诸多辛苦和支持，在此一并表示感谢。

2022 年冬奥会筹办，不仅要完成国际奥委会的各项规定动作，还应当能够助推北京和张家口的发展。此外，北京通过携手张家口联合筹办冬奥会，在全社会加大对奥林匹克主义的弘扬，以推动中国社会全面发展，也应当是题中之义。而上述三方面内容，正是我中心成立的初衷和使命。从一定意义上说，加大对奥林匹克主义的弘扬，可能更具有长久的意义。在冬奥会筹办期间，京张冬奥研究中心将与 2022 年冬奥组委、政府机构和社会各界密切合作，为奥林匹克主义弘扬、2022 年冬奥会的筹办和北京张家口融合发展做出一份贡献。

陈　剑

2018 年 7 月 28 日

图书在版编目（CIP）数据

京张冬奥发展报告. 2018 / 陈剑，任亮主编；北京改革和
发展研究会编. —北京：中国文史出版社，2018.10
　ISBN 978-7-5205-0607-6

　Ⅰ.①京… Ⅱ.①陈… ②任… ③北… Ⅲ.①冬季奥运会 –
研究报告 – 北京 – 2018 Ⅳ ①G811.212

中国版本图书馆 CIP 数据核字（2018）第 231876 号

责任编辑：王文运　赵姣乔　　装帧设计：王　琳　程　跃

出版发行：中国文史出版社
社　　址：北京市西城区太平桥大街 23 号　　邮编：100811
电　　话：010–66173572　66168268　66192736（发行部）
传　　真：010–66192703
印　　装：北京地大彩印有限公司
经　　销：全国新华书店
开　　本：787mm×1092mm　1/16
印　　张：24.75
字　　数：392 千字
版　　次：2018 年 10 月北京第 1 版
印　　次：2018 年 10 月第 1 次印刷
定　　价：86.00 元